La España de Franco (1939-1975)

Política y sociedad

PROYECTO EDITORIAL
HISTORIA DE ESPAÑA. 3.er MILENIO

Dirección:
Elena Hernández Sandoica

La España de Franco (1939-1975)

Política y sociedad

Enrique Moradiellos

EDITORIAL
SINTESIS

Diseño de cubierta: Manuel Gracia Gascón

© EDITORIAL SÍNTESIS, S. A.
Vallehermoso, 34 - 28015 Madrid
Tel.: 91 593 20 98
http://www.sintesis.com

Depósito Legal: M-33.696-2000
ISBN: 84-7738-740-0

Impreso en España - Printed in Spain

Para Susana, nuevamente.
Para Inés, por primera vez.

Índice

Introducción

El propósito básico de este libro es ofrecer a sus potenciales lectores una panorámica sucinta pero suficiente de varios aspectos esenciales de la historia política y social de España durante la vigencia del régimen institucional presidido por el general Francisco Franco (1939-1975). De acuerdo con las convenciones editoriales de la colección histórica en la que se incluye, el conjunto del texto se articula sobre cuatro grandes apartados distintos y mutuamente interrelacionados.

El primero y fundamental trata de ofrecer una exposición informativa sobre los principales fenómenos sociopolíticos del proceso histórico del franquismo y se estructura en siete capítulos de diversa entidad. A excepción del formato temático del capítulo inicial y del final (que constituyen, respectivamente, una introducción general al franquismo y un epílogo sobre su desmantelamiento durante la transición política), los restantes capítulos abordan monográficamente las cinco etapas en las que se ha dividido la historia de la dictadura franquista: la configuración del régimen durante la guerra civil (1936-1939), la fase de hegemonía nacional-sindicalista (1939-1945), la fase de preponderancia nacional-católica (1945-1959), la década tecnocrático-desarrollista (1959-1969) y el período de crisis tardo-franquista (1969-1975).

El segundo apartado del libro tiene por objeto profundizar en algunas claves explicativas ofrecidas en la sección anterior y se dedica a la presentación pormenorizada del debate historiográfico suscitado en torno a tres aspectos específicos muy relevantes de la historia socio-política española durante el franquismo. El correspondiente "estado de la cuestión" aborda así una trilogía de materias temáticas suficientemente importante y todavía objeto de polémica entre especialistas: la discusión sobre la naturaleza social y tipología política del régimen franquista; la entidad, carácter y finalidad de la intensa represión desplegada durante la guerra civil y en la posguerra; y, por último, la actitud oficial y conducta efectiva del régimen de Franco durante la Segunda Guerra Mundial.

La tercera parte del libro pretende servir de complemento al estudio y comprensión de las dos anteriores y, con ese fin, trata de ofrecer un conjunto básico de materiales documentales relativos a la historia del franquismo en sus facetas política y social. Dentro de ese conjunto documental, se incluyen tanto notables textos escritos originales (disposiciones jurídicas, declaraciones políticas, informes reservados, etc.) como cuadros y tablas estadísticas de inexcusable pertinencia (evolución de la población española, cambios en la población activa laboral, tasas de urbanización, cifras de escolarización y alfabetización, etc.).

Finalmente, el cuarto y último bloque del libro está destinado a ofrecer una sumaria presentación de la más esencial literatura bibliográfica disponible sobre la historia sociopolítica del franquismo, dividiéndola en temas con objeto de facilitar su posterior consulta por parte del lector. A esta presentación comentada le acompaña como corolario un listado alfabético de las obras que han sido utilizadas en la redacción de esta obra y que aparecen citadas y referenciadas tanto en el primer apartado como en el segundo.

La realización de un libro genérico e introductorio de estas características nunca resulta una labor estrictamente individual de su autor y firmante solitario. Muy al contrario, las obras sintéticas sólo se hacen posibles gracias a las múltiples investigaciones y publicaciones previas de un larga nómina de historiadores y de otros colegas de las ciencias sociales que han roturado aspectos parciales o globales de la temática tratada. Las referencias bibliográficas en el texto y en el apartado final, aparte de ser fruto de una convención gremial más que centenaria, quieren ser también un testimonio de nuestro reconocimiento intelectual a todos esos autores y a sus obras.

En un plano más personal, no queremos terminar esta introducción sin dejar constancia de la enorme deuda de gratitud que hemos contraído en la redacción de este libro con tres amigos y maestros en el oficio de historiador: la profesora Elena Hernández Sandoica, directora de esta colección, sin cuyo tesón y constante estímulo no hubiera sido posible completar el trabajo encomendado; el profesor Paul Preston, modelo de profesionalidad y vocación historiográfica, cuyas observaciones y comentarios han enriquecido fecundamente nuestra comprensión del período franquista; y el profesor Ismael Saz Campos, auténtico cirujano de las a veces olvidadas entrañas fascistas existentes en el franquismo, de quien hemos recibido una influencia crítica bien apreciable en el conjunto de la obra. Excusamos añadir que ninguna de las personas citadas tiene la menor responsabilidad en el producto final elaborado, cuyos posibles fallos, errores o insuficiencias nos pertenecen en exclusiva y sin ninguna duda razonable.

1

El franquismo
como etapa histórica
de la España contemporánea

1.1. Propuestas de conceptualización política e histórica

Refiriéndose a la dictadura totalitaria implantada en Italia por Benito Mussolini, el gran historiador que fue Angelo Tasca afirmaba ya en 1938: "definir el fascismo es ante todo escribir su historia" (Saz Campos, 1983: 307). En el caso de la definición del régimen político español encabezado por el general Francisco Franco y denominado genéricamente como *franquismo*, esa afirmación es si cabe aún más pertinente y acertada. Aunque sólo sea por un hecho transcendental desde el punto de vista histórico: su extensa y prolongada duración cronológica y vigencia temporal, que superó con mucho los poco más de veinte años de existencia del fascismo italiano (1922-1943).

En efecto, el franquismo, como tipo peculiar de régimen político y como sistema de dominación institucional, rigió los destinos de la economía, la sociedad y la cultura española durante un lapso de tiempo muy considerable: casi cuarenta años del siglo XX. No en vano, el proceso de su configuración histórica se inició en el año 1936, al compás de una potente insurrección militar reaccionaria contra el Gobierno reformista de la Segunda República que dio origen a la cruenta guerra civil española librada entre julio de 1936 y abril de 1939. En este último año, con la definitiva derrota de los últimos focos de resistencia republicana, el régimen franquista extendió su poder y dominio sobre la totalidad del territorio peninsular, insular y colonial de España. A partir de entonces, la dictadura de Franco disfrutaría de una larga y prolongada vida y vigencia hasta su ocaso, a finales de 1975 (con motivo del fallecimiento de su titular), cuando se iniciaría un precario proceso de transición política hacia un régimen pluralista democrático y parlamentario.

La extraordinaria duración temporal del sistema de poder político-institucional definido bajo la rúbrica de "franquismo", "régimen franquista" o "dictadura franquista" plantea varias dificultades para su conceptualización rigurosa y para su comparación con otros modelos políticos más o menos similares y coetáneos registrados en el siglo XX en la historia europea y universal. Esa dimensión temporal es una de las razones y causas últimas del prolijo debate y duradera polémica que siempre han acompañado las tentativas de definición del franquismo y de inserción del mismo en las tipologías de sistemas políticos de la historia contemporánea. En gran medida, el motivo de esas controversias radica en un hecho incontrovertible: el régimen presidido por el general Franco evolucionó, se desarrolló y cambió de forma (si es que no de fondo y de naturaleza) durante ese amplio lapso temporal y cronológico de casi cuatro décadas completas.

El primer concepto acuñado para definir del modo más simple, neutro e indiscutible al sistema político del franquismo es el de *dictadura militar*. El régimen español configurado durante la guerra civil aparece así como un régimen autoritario de fuerza y excepción erigido y dominado por el Ejército para hacer frente a una emergencia sociopolítica de especial gravedad y que no podía ser contenida por los habituales mecanismos institucionales democráticos y parlamentarios vigentes durante la corta vida de la Segunda República (1931-1936). En esencia, según esta línea interpretativa, la institución militar, como corporación burocrática encargada del monopolio de las armas y del uso legítimo de la violencia, habría decidido tomar a su cargo la dirección del Estado en una coyuntura crítica según la tradición militarista y pretoriana activa en España desde la disolución del Antiguo Régimen a principios del siglo XIX. Esa arraigada tradición, que hacía del Ejército la "espina dorsal" de la nación encargada de su integridad y seguridad, asumía como legítima la necesidad de una intervención militar en caso de patente incapacidad por parte de las autoridades civiles para mantener el orden social constituido o preservar las instituciones estatales unitarias y centralizadoras. La consecuente militarización del Estado y la sociedad implícita en esa tradición pretoriana fue agudamente expuesta el 12 de enero de 1936 por el prestigioso líder de la derecha monárquica antirrepublicana, José Calvo Sotelo, en un abierto llamamiento al pronunciamiento militar:

> No faltará quien sorprenda en estas palabras una invocación indirecta a la fuerza. Pues bien. Sí, la hay... (...) ¿A cuál ? A la orgánica: a la fuerza militar puesta al servicio del Estado. (...) Hoy el Ejército es la base de sustentación de la Patria. Ha subido de la categoría de brazo

ejecutor, ciego, sordo y mudo a la de columna vertebral, sin la cual no es posible la vida. (...) Cuando las hordas rojas del comunismo avanzan, sólo se concibe un freno: la fuerza del Estado y la transfusión de las virtudes militares –obediencia, disciplina y jerarquía– a la sociedad misma, para que ellas desalojen los fermentos malsanos que ha sembrado el marxismo. Por eso invoco al Ejército y pido al patriotismo que lo impulse (Arrarás Iribarren, 1963, IV: 13).

Los ensayistas políticos e historiadores más proclives hacia el régimen franquista tienden a suscribir esta conceptualización de "dictadura militar" como la más pertinente y hasta como la única verdaderamente reveladora de la esencia del franquismo. Como hemos de ver posteriormente con mayor detalle, esta opción definitoria tiene fundamentos muy sólidos en un primer análisis. De hecho, nada más iniciarse la insurrección en julio de 1936, los generales sublevados constituyeron una Junta de Defensa Nacional que "asume todos los Poderes del Estado". Se trataba de un organismo militar colegiado en el que participaban todos los jefes militares sublevados con respeto estricto a su rango y antigüedad en la corporación. Uno de sus integrantes, el general Emilio Mola, definiría con precisión sus funciones y competencias: "(La reconstrucción de España sobre nuevas bases) hemos de iniciarla exclusivamente los militares: nos corresponde por derecho propio, porque ese es el anhelo nacional, porque tenemos un concepto exacto de nuestro poder" (Fontana, 1986: 13). Esta configuración de un poder militar exclusivo en la España insurgente fue paralela a un intenso proceso de involución social y política que revelaba el sentido autoritario, reaccionario, antirreformista y contrarrevolucionario del movimiento de fuerza en curso. Ese dominio incontestado de las autoridades militares en la zona insurrecta fue completado por la total subordinación de los partidos derechistas afines, que acabaron por acatar sin discusión la hegemonía de los generales tanto en el plano estratégico de la conducción de la guerra como en el plano político de la reconstrucción de un Estado alternativo.

Sin embargo, el régimen franquista no fue nunca una mera y simple dictadura militar colegiada y pretoriana, aun cuando tuviera sus orígenes en ella y aun cuando el Ejército fuera siempre y hasta el final un pilar clave de dicho sistema político-institucional. Por el contrario, la inesperada prolongación de la guerra civil y el crispado marco internacional que sirvió de contexto a su curso y desenlace fueron los principales motivos del rápido tránsito desde la fase de dominio de una junta militar colegiada al estadio de una plena dictadura militar de poder personal e individualizado. De hecho, tras la conversión del golpe de Estado en una guerra larga fue haciéndose imperativa la necesidad de concentrar el mando estratégico en una única persona para hacer más eficaz el esfuerzo bélico. Reconociendo esa situación, la Junta de Defensa nombró a finales de septiembre de 1936 al general Francisco Franco (Ferrol, 1892-Madrid, 1975) como "Generalísimo de las fuerzas nacionales de tierra, mar y aire" y " Jefe del Gobierno del Estado Español". La dictadura militar colegiada y pretoriana se convertía así en una *Dictadura militar de poder personal,* cuyo único, exclusivo y absoluto titular individual era Franco, el más prestigioso de los mandos militares insurgentes y el que mayores éxitos había cosechado en el campo de batalla y en el frente diplomático. A partir de entonces, comenzaría propiamente a configurarse el régimen político denominado "franquismo", en honor a la importancia crucial y decisiva de su titular en la conformación y evolución posterior de dicho régimen.

Franco no se contentó con mantenerse como un simple *primus inter pares* con relación a sus compañeros de armas que le habían elegido para el cargo. Por el contrario, desde el principio demostró su voluntad de desbordar su condición de dictador comisarial designado por sus iguales para tratar de hacerse resueltamente con "todos los poderes del Nuevo Estado". El 1 de octubre de 1936, al tiempo que creaba una Junta Técnica del Estado para asesorarle en sus tareas civiles, se autotitulaba "Jefe del Estado" además de mantener la jefatura del Gobierno transferida por la Junta. Se iniciaba así el proceso de conversión de Franco en el representante absoluto y la personificación individual de la autoridad y el poder militar que había regido desde el principio los destinos de la España insurgente sin cortapisa alguna.

Sin embargo, Franco tampoco limitó su actividad política a remarcar su condición de representante individual y personal del poder detentado por el Ejército como corporación burocrática estatal. Por el contrario, muy pronto demostró su intención de superar esa categoría de mero dictador militar para asumir otras fuentes de legitimación y sustentación de su poder que redundaran en su propio beneficio y que apuntalaran aún más su incipiente régimen de autoridad personal individualizada e indiscutida. El mismo 1 de octubre de 1936, además de asumir la "Jefatura del Estado", Franco anunció su propósito de organizar España "dentro de un amplio concepto totalitario de unidad y continuidad". En efecto, desde muy pronto, demostraría su voluntad de emular a sus valedores italianos y alemanes mediante la promoción de un proceso de fascistización política que habría de convertirle en el "Caudillo" de una España que quería dejar atrás siglos de decadencia y postración para volver a recuperar su fortaleza y emprender una nueva marcha hacia el Imperio. Igualmente, sus desvelos para restituir a la Iglesia católica todos sus privilegios y derechos perdidos durante la República le valieron la gratitud del episcopado español, que contribuyó a ese proceso de encumbramiento político individual proporcionándole una sanción religiosa de enorme valor propagandístico nacional e internacional. La conversión del esfuerzo de guerra nacionalista en una "Cruzada por Dios y por España" fue así completada con la conversión de Franco en un *Homo missu a Deo,* un emisario de la Divina Providencia para la defensa de la patria católica amenazada por el ateísmo comunista y el anticristo.

Dentro de esa vía de consciente fascistización, Franco fue capaz de acometer una de las tareas más cruciales a la hora de definir su régimen político: la unificación forzosa en un partido único de todas las fuerzas políticas que apoyaban la guerra contra el reformismo de la República y el espectro de la revolución social desatado en la retaguardia republicana: la nueva derecha radical fascista representada por Falange Española, la vieja derecha reaccionaria encarnada en el tradicionalismo carlista, y la hasta entonces mayoritaria derecha conservadora articulada por el catolicismo político y por el monarquismo autoritario. El 19 de abril de 1937, el caudillo procedió a disolver todos esos partidos para integrarlos, "bajo Mi Jefatura, en una sola entidad política de carácter nacional": la Falange Española Tradicionalista y de las JONS. Así se creaba un "partido del Estado" (donde predominaría el componente falangista) que, junto al Ejército y a la Iglesia, pasaría a constituir el tercer pilar del entramado político-institucional ya perfectamente caracterizable como régimen franquista. Como apuntaría en 1938 el veterano falangista Ernesto Giménez Caballero, la necesidad de ganar la guerra no sólo vetaba cualquier oposición a Franco sino que sellaba con un pacto de sangre (la derramada en el frente y en la represión de retaguardia) la lealtad de todos hacia el caudillo: "el partido franquista será el de los combatientes de esta guerra" (Tusell, 1992: 302).

En abril de 1937, la paulatina conversión de Franco en jefe del Estado, jefe del Gobierno, generalísimo de los Ejércitos, cruzado de la fe de Cristo y jefe del partido único había convertido el franquismo en algo más que una mera y simple dictadura militar de poder personal individualizado. El naciente sistema de poder político-institucional franquista ya no era una mera junta militar con una destacada cabeza prominente y superaba con mucho el previo modelo del directorio militar encabezado por el general Miguel Primo de Rivera (1923-1930). Varios politólogos, sociólogos e historiadores aluden a este proceso de transformación conceptuando el franquismo como un caso paradigmático de *Régimen dictatorial bonapartista* o *Dictadura caudillista* (Aróstegui, 1986: 102; Elorza, 1996: 49; Ferrando Badía, 1984; Juliá, 1993: 123-125; Miguel y Oltra, 1978).

Tanto en un caso como en el otro, dichos conceptos sugieren que el nuevo caudillo cumplía en el seno de su régimen el mismo papel de dictador carismático que Napoleón Bonaparte o su sobrino Luis Napoleón Bonaparte habían desempeñado en el primer y segundo Imperio francés decimonónico, respectivamente. Según la hipótesis interpretativa del modelo bonapartista,

Franco se había convertido al igual que aquéllos en el elemento central del sistema político y derivaba su omnímoda autoridad de su condición de punto de máximo equilibrio y de árbitro inapelable entre todos los componentes y facciones sostenedoras del mismo. La naturaleza última de su poder indiscutido y decisorio como juez y árbitro respondía a su carácter de mínimo común denominador de todos los intereses y fuerzas que apoyaban como propio el régimen político que presidía y le prestaban su concurso y sostén con mayor o menor entusiasmo. A estas características bonapartistas, la tipología del modelo caudillista (o cesarista) añade la condición de Franco como líder carismático cuyos plenos poderes y máxima magistratura se fundan en sus supuestas dotes excepcionales como militar y como gobernante victorioso frente al enemigo, que suscitan la adhesión de aquellos a quienes manda por su prestigio y la exaltación de su persona como irrepetible. El caudillaje como principio de autoridad recogería su fuente de legitimación política, no en la razón o en la tradición, sino en el carisma excepcional de un dirigente ejemplar por sus dotes y capacidades demostradas en una coyuntura histórica específica.

Parece evidente e incontestable tanto el carácter bonapartista como el caudillista del sistema político franquista, aunque sólo sea si atendemos a la propaganda realizada por el mismo con el consentimiento y aprobación del propio Franco. A finales del año 1936 ya estaban en circulación los siguientes lemas y divisas obligatorios en la retaguardia insurgente: "Una Patria, un Estado, un Caudillo"; "Los Césares eran generales invictos". Pocos años más tarde, el escritor y dirigente falangista Dionisio Ridruejo afirmaría sin rodeos: "el Caudillo no está limitado más que por su propia voluntad" (Fontana, 1986: 13). En efecto, hasta el final de su vida, Franco fue sobre todo "El Caudillo", la institución capital de su régimen político, no sólo en el orden de la representación jurídica-institucional sino también en el ejercicio del poder ejecutivo y legislativo cotidiano. No en vano, a lo largo de los casi cuarenta años de ejercicio de su magistratura, Franco siempre fue beneficiario de las tres características básicas del modelo político caudillista: exaltación personal e identificación con el supuesto destino de su pueblo; plenitud de poderes concentrada en sus manos; y ausencia de control institucional de su ejercicio de la autoridad puesto que sólo era responsable "ante Dios y ante la Historia". Sus propias declaraciones públicas reflejaron clara y reiteradamente su autoconcepción del poder (del "mando") tan genuinamente militar como caudillista y providencialista. Así, por ejemplo, el 18 de julio de 1940, al recibir la gran cruz laureada de San Fernando por su victoria en la guerra civil, no dudó en afirmar:

> Si la vida de España ha de ser milicia, necesita de las virtudes militares y del espíritu de disciplina. Es el Ejército espejo en que la nación

se mira. (...) Disciplina, que es nervio de las virtudes castrenses; disciplina, que ha de ser alma de toda una nación; disciplina y unidad, (...) que no admite reservas, condición ni menoscabo. (...) Esa es la disciplina: uno que manda, con su empleo responsable ante las jerarquías superiores, cuando no ante el supremo juicio de la Historia, y otros que, ciegos, le siguen y obedecen, como siguieron a Fernando e Isabel, como siguieron a nuestros caudillos en las tierras remotas de América y como me seguiréis vosotros (*Extremadura. Diario católico,* 19 de julio de 1940).

Sin embargo, el consenso historiográfico, sociológico y politológico sobre esta doble característica del régimen se trueca en desavenencia a la hora de calificar con mayor propiedad y precisión el tipo de régimen bonapartista o caudillista a que correspondería el franquismo: ¿se trata de un régimen caudillista de naturaleza totalitaria, al modo del régimen nacional-socialista alemán y su doctrina del Führerprinzip aplicada a Hitler? ¿O más bien se trata de un sistema caudillista meramente autoritario, similar al "Estado Novo" portugués de Oliveira Salazar, y sin vinculación esencial con los fascismos europeos coetáneos?

El concepto de *Régimen Totalitario* fue elaborado en la postguerra mundial por varios politólogos y sociólogos (Franz Neumann, Karl Friedrich, Zbigniew Brzezinski, entre otros) tomando básicamente como modelo la estructura política de la Alemania nazi y de la Rusia estalinista. En esencia, la tipología del régimen totalitario se caracteriza por manifestar los siguientes rasgos definitorios en mayor o menor medida (históricamente más plenamente desarrollados en el caso alemán): 1. la presencia de un poder hegemónico, personificado e individualizado en un líder carismático, un *Führer* o un *Duce,* que ejerce su autoridad absoluta de modo monopolístico y sin autonomía apreciable para mandos intermedios; 2. la existencia de un partido único de masas que forma parte integral del aparato del Estado y que responde a una ideología precisa y definida; 3. la pretensión de control absoluto de todas las actividades públicas políticas y sociales, con la reducción al mínimo o supresión simple de la esfera de la vida social privada; 4. el mantenimiento de un alto grado de movilización política de la población a través de canales y vías de encuadramiento oficial: sindicatos, organismos juveniles, grupos de mujeres, etc.; 5. el control policiaco y la represión intensa y activa de toda oposición latente o patente y de cualquier grado de libertad de prensa y de comunicación; 6. la voluntad de control y centralización de la vida económica mediante políticas ultranacionalistas y autárquicas como vehículo para el reforzamiento militar del Estado.

Atendiendo a estas características, muchos historiadores y analistas políticos, especialmente significados por su compromiso antifascista, han señalado la existencia de todos o algunos de esos factores definitorios en el franquismo en algunas etapas de su historia (particularmente la inicial) y, por consiguiente, lo consideran una variante específicamente española del fascismo europeo originado en el período de entreguerras. Además, esta corriente interpretativa sostiene que la definición del fascismo atendiendo únicamente a la presencia de una tipología de rasgos políticos como los apuntados es insuficiente por formalista (equipara el nazismo y el bolchevismo, olvidando su distinto significado social). A su juicio, una plena definición histórica del fascismo debe considerar la función social violentamente contrarrevolucionaria y represiva ejercitada en cada caso nacional por las distintas coaliciones de fuerzas derechistas que crean su propia solución fascista para hacer frente a su respectiva crisis y salvar así los intereses de las clases dominantes (Casanova, 1992; Preston, 1986; Ramírez, 1978; Biescas y Tuñón de Lara, 1982). Es significativo que en 1957 el propio Franco confesara en la intimidad a su primo y ayudante personal que él encontraba grandes similitudes entre su régimen y los totalitarismos europeos, tanto de derechas como de izquierdas:

> El comunismo, el hitlerismo, el fascismo y el falangismo son sistemas políticos distintos, pero todos ellos tienen algo en común, como es el mantenimiento de la autoridad del Estado, base del orden de un país, la disciplina social y económica, etc. (Franco Salgado-Araujo, 1976: 220)

Sin embargo, la definición del franquismo como una mera variante específica española del fascismo ("fascismo frailuno", "fascismo clerical-militar") dista mucho de ser compartida por la totalidad de los politólogos, sociólogos e historiadores interesados en el tema. Una gran parte de éstos desestiman esa identificación y se adhieren como categoría definitoria apropiada a la de *Régimen autoritario* (Miguel, 1975; Payne, 1987; Tusell, 1988). En este sentido, según la célebre exposición del sociólogo Juan José Linz en 1964, el franquismo sería un ejemplo paradigmático de sistema político autoritario porque cumpliría los rasgos básicos definitorios de esa categoría del análisis político, claramente distintos de los propios de un sistema totalitario: 1. el régimen franquista gozaría de un grado notable de "pluralismo político limitado" dentro de sus propias filas internas; 2. carecería de "una ideología elaborada y directora" aunque mantendría "una mentalidad peculiar"; 3. descartaría la necesidad de la "movilización política intensa" en favor de la "apatía", la desmovilización y el conformismo pasivo de la población; 4. el partido único vería frenada su pretensión de dominio omnímodo del Estado por la resistencia efectiva de otras instituciones (el Ejército y la Iglesia); y 5. el dictador "ejerce su poder dentro de límites formalmente mal definidos, pero en realidad bastante predecibles" (Linz, 1974: 1474).

Como hemos de comprobar posteriormente, gran parte de las discusiones y polémicas sobre el carácter totalitario o autoritario del régimen franquista provienen de la concentración de cada autor y analista en una u otra época de los cuarenta años de historia que experimentó la dictadura, con sus cambios y evoluciones a tono con el contexto internacional. Unos cambios y evoluciones que afectaron la forma externa e interna del franquismo por decisión expresa del propio caudillo, como reconocería sin pudor en 1964, en su tradicional mensaje de fin de año a los españoles: "Durante este largo período de tiempo hemos gobernado adaptando la norma al tiempo que nos tocó vivir".

Atendiendo específicamente a ese elemento evolutivo y temporal, algunos historiadores han tratado de superar la dicotomía autoritario/totalitario introduciendo el concepto de *Fascistización* para dar cuenta del devenir efectivo del franquismo durante la guerra civil y la Segunda Guerra Mundial (1939-1945). A tenor de este concepto, el régimen de Franco, surgido como una dictadura militar reaccionaria y represiva durante los primeros momentos de la guerra, habría experimentado desde muy pronto un proceso de fascistización por imitación consciente de varios aspectos claves del modelo político ofrecido por la Italia fascista y la Alemania nazi. Mediante ese proceso, Franco trataba de ofrecer soluciones a las necesidades de movilización popular exigidas por la propia contienda bélica civil y, a la par, pretendía forjar las instituciones políticas precisas para asegurarse un lugar destacado en el nuevo orden europeo impuesto por las victorias de las potencias del eje italo-germano sobre los aliados en la guerra mundial. Sin embargo, dicho proceso quedó truncado por un doble fenómeno: la resistencia interna al mismo de fuerzas conservadoras poderosas y el cambio de la suerte de las armas a favor de los aliados a partir de 1942. De este modo, la progresiva conversión totalitaria de la dictadura franquista quedó finalmente truncada y dio paso a un repliegue forzoso hacia fórmulas autoritarias más tradicionales y conservadoras. En definitiva, el franquismo habría sido por aquellas fechas, más que un mero régimen autoritario, un régimen fascistizado, y "lo que caracteriza a un régimen fascistizado es esa capacidad de evolución; su *reversibilidad* hacia una dictadura conservadora o régimen autoritario" (Saz Campos, 1993: 198).

Ciertamente, a pesar de todos los cambios más o menos profundos operados en el franquismo durante su larga existencia, hubo un elemento permanente y constante que nunca sufrió menoscabo alguno: el enorme grado de concentración de la autoridad omnímoda en una sola mano y persona. No en vano, "Franco había concentrado en sus manos mucho más poder que ningún otro gobernante español anterior, pues ningún rey medieval o de los primeros tiempos de la Edad Moderna gozó de una autoridad tan absoluta como la suya" (Payne, 1996: 6). El propio Franco definiría su fórmula política como "un régimen de mando personal" y además de "magistratura vitalicia" (Fusi, 1985: 72). La realidad persistente es que el franquismo constituía sobre todo una dictadura personal y así quedó recogido tempranamente en la *Ley de Reorganización de la Administración Central del Estado* firmada por el propio Franco el 8 de agosto de 1939, tras su victoria incondicional en la guerra civil. En ella, a tono con los decretos previos de la Junta de Defensa Nacional, se atribuía al caudillo "invicto y providencial" todos los poderes legislativos y ejecutivos:

> Artículo 7. Correspondiendo al Jefe del Estado la suprema potestad de dictar normas jurídicas de carácter general, (...) y radicando en él de modo permanente las funciones de gobierno, sus disposiciones y resoluciones, adopten la forma de Leyes o de Decretos, podrán dictarse, aunque no vayan precedidas de la deliberación del Consejo de Ministros, cuando razones de urgencia así lo aconsejen *(Boletín Oficial del Estado,* 9 de agosto de 1939).

Tampoco experimentó cambio sustancial el triángulo de pilares institucionales que sostendrían el régimen desde su etapa de configuración en la guerra civil: el Ejército, la Iglesia y la Falange Unificada. El primero constituiría el arma indispensable para vencer en la guerra civil y sería posteriormente la garantía coactiva y represiva de la irreversibilidad de dicha victoria frente a las fuerzas de la oposición interna o externa. La segunda iba a proporcionar un catolicismo militante y beligerante que habría de ser hasta el final la ideología suprema y omnipresente del régimen triunfante. Finalmente, el partido único sería el instrumento clave para organizar a sus partidarios, suministrar fieles servidores administrativos y encuadrar y controlar a la sociedad civil a través de sus órganos dependientes (Organización Sindical, Sección Femenina, Frente de Juventudes). El propio caudillo, actuando como árbitro bonapartista, trataría siempre de encontrar un punto de equilibrio entre las esferas de influencia de las respectivas instituciones para evitar cualquier división o conflicto grave que pudiera amenazar seriamente la continuidad del régimen. Así lo reconocería en privado en marzo de 1957:

> La campaña roja trata ahora de dividir y minar a las fuerzas que son la base del Movimiento Nacional: la Falange, el Ejército y la Iglesia.

Se procura sembrar cizaña y dividirlos (Franco Salgado-Araujo, 1976: 203).

Al margen y a la par de esas tres instituciones básicas, dentro del franquismo persistieron *de facto* varios grupos políticos más o menos organizados pero igualmente operativos que respondían a las previas fuerzas políticas derechistas de época republicana. Se trataba de las llamadas "familias" del régimen: falangistas (tanto camisas azules "viejas", de militancia anterior a la guerra, como "nuevas", integradas con posterioridad a la sublevación), tradicionalistas carlistas, católicos y monárquicos. Franco tuvo la gran habilidad de ejercer un continuo arbitraje moderador entre todas ellas, dividiendo internamente sus filas entre colaboracionistas e irreductibles y contraponiendo a unas "familias" contra otras para evitar el excesivo crecimiento de una única opción que pudiera hacer sombra a su poder personal y su condición arbitral: "los gobiernos deben tener una representación de las fuerzas que han contribuido a la victoria" (Franco Salgado-Araujo, 1976: 230). En marzo de 1957, el caudillo confesaría su característico modo de operar como fiel de la balanza en la composición de sus Gobiernos y el consecuente reparto de carteras ministeriales:

> Yo hubiera designado un ministerio homogéneo, de tipo falangista, por ejemplo, pero inmediatamente toda la rama monárquica se hubiese puesto enfrente y haría opinión y ambiente en contra. Digo Falange como de otro sector político. Por ello repartí las carteras entre los que tienen ideas afines a las de los sectores que han contribuido al Movimiento Nacional (Franco Salgado-Araujo, 1976: 208).

El resultado de esa combinatoria equilibrada, en la que Franco iba a ser siempre un maestro consumado, se aprecia en la composición política de sus Gobiernos (en los que, por supuesto, a tono con el reaccionarismo social y costumbrista del franquismo, no hubo una sola mujer). Estos Gobiernos fueron siempre una pieza básica y vital de su dictadura porque constituían el órgano de representación de todas las "familias" políticas al más alto nivel ejecutivo. En palabras de Franco en 1957, esos Gabinetes de concentración eran "equipos de hombres que aceptan los principios y el sentido histórico del Movimiento" (Fusi, 1985: 73). De hecho, la habitual reunión de los viernes del Consejo de Ministros habría de ser el decisivo foro de encuentro y debate franco y reservado entre las fuerzas de la coalición franquista; el mismo foro que en un régimen liberal y democrático desempeña el Parlamento o los órganos de la prensa libre.

Desde luego, como corresponde al origen del régimen, los mandos militares siempre tuvieron un papel preponderante y acumularon como mínimo los Ministerios correspondientes a las tres armas (Ejército, Aire y Marina) y el de Orden Público y Gobernación. De los 114 ministros que sirvieron en todos los Gabinetes de Franco hasta 1974, 32 fueron militares (el 28%). Hasta 1969, un tercio de los ministros estaba formado por jefes militares: 6 ministros sobre 18 por término medio. En conjunto, desde el primer gobierno franquista en la guerra civil y hasta el Gobierno creado en 1962, los militares proporcionaron el 38,5% de todos los ministros. A continuación, seguían en importancia los ministros de procedencia falangista, que llegarían a proporcionar entre esas mismas fechas un 25% de todos los titulares de cartera ministerial franquistas y coparían los departamentos "sociales" (Trabajo, Vivienda, Organización Sindical, Agricultura, etc.). Los ministros de carácter técnico y funcionarios competentes sin clara adscripción política más allá de la genéricamente conservadora proporcionarían otro 16%. Las restantes "familias" franquistas tendrían una participación sensiblemente menor en los Gobiernos de Franco: carlistas (4,5%, dominando casi siempre la cartera de Justicia); monárquicos (3%, casi copando los ministerios económicos); católicos políticos (4,5%, con fuerte presencia en Educación); miembros del Opus Dei (4,5%, con predominio en carteras económicas); etc. (Linz, 1974: 1516; Miguel, 1974: 35).

Los principios ideológicos básicos del régimen franquista reflejaron fielmente esa heterogeneidad de componentes e integrantes que le daba su fuerza sociológica real e indubitable (por esa razón es habitual hablar de una "mentalidad" franquista más que de una "ideología" perfilada). Se trataba de una serie de ideas genéricas y sencillas que recogían el universo doctrinal compartido por todas las instituciones y "familias" de la derecha española por igual y sin conflicto. Entre este conjunto ideológico destacaban cinco ideas motrices en particular: 1. el nacionalismo español unitarista y ferozmente centralista y antiseparatista; 2. una fobia antiliberal y antidemocrática sumamente arraigada e identificada especialmente con la oposición a la masonería; 3. la hostilidad abierta y beligerante contra el comunismo y "sus cómplices y secuaces" (socialistas, anarquistas y demás tendencias de izquierda); 4. la profesión de fe católica de carácter ortodoxo, integrista y tridentino; y 5. un rígido conservadurismo social tradicionalista y reaccionario.

Franco, en particular, parece haber sentido especial afecto y simpatía por la doctrina tradicionalista renovada por Víctor Pradera y encarnada en un cuarteto simbólico: "religión, Estado, propiedad y familia" (Fusi, 1985: 76; Suárez, 1984, I: 63-64). Desde 1939, el libro *Catecismo patriótico español*, escrito por el padre Menéndez-Reigada y "declarado de texto para las escuelas por orden del Ministerio de Educación Nacional", sintetizaba esos principios según los cánones catequéticos habituales después de afirmar que "el

Caudillo es como la encarnación de la Patria y tiene el poder recibido de Dios para gobernarnos".

Algunas de sus páginas rezaban así:

> ¿Cuáles son las notas o caracteres de España?
>
> España por sus notas es: Una, Grande, Libre, católica, imperial y madre de veinte naciones.
>
> (...)
>
> ¿No hay pues en España división de Poderes?
>
> En España no hay división de Poderes, sino unidad de mando y de dirección y, bajo ella, orden y jerarquía.
>
> (...)
>
> ¿Cuáles son los enemigos de España?
>
> Los enemigos de España son siete: el liberalismo, la democracia, el judaísmo, la masonería, el capitalismo, el marxismo y el separatismo.

Preservando siempre su condición de dictadura personal y sus propias instituciones, "familias" y principios básicos, el franquismo experimentó una evolución notable a lo largo de sus cuarenta años de existencia histórica. Y ello sin dejar de ser nunca, sobre todo y ante todo, la institucionalización política de la victoria común de la coalición derechista sobre la República reformista y el espectro revolucionario derrotados en el campo de batalla. Como recordó el propio Franco el 17 de julio de 1953: "Somos la contrafigura de la República" (Franco, 1955: 306). En cada una de esas etapas evolutivas, predominaron una u otra de dichas instituciones, "familias" y principios, sin menoscabo del poder último, supremo y decisorio del propio caudillo de la victoria. Precisamente esa evolución dilatada, con sus correlativos cambios de grado e intensidad en algunas de esas facetas y aspectos, constituyen quizá la razón esencial de las distintas interpretaciones sobre la naturaleza y carácter del régimen del general Franco. Por eso mismo, cabría reiterar que quizá la única constante definitoria y configurativa del franquismo fue la presencia del general Franco como omnímodo dictador militar bonapartista de juicio inapelable y "magistratura vitalicia". Así lo había apreciado y descrito hace ya mucho tiempo el fino y perspicaz observador que era Salvador de Madariaga (1979: 511):

> La estrategia política de Franco es tan sencilla como una lanza. No hay acto suyo que se proponga otra cosa que durar. Bajo las apariencias tácticas más variadas y hasta contradictorias (paz, neutralidad, belicosidad; amnistía, persecución; monarquía, regencia), en lo único en que piensa Franco es en Franco.

1.2. Los tiempos del franquismo: la periodización necesaria

El modelo de dominación socio-política del franquismo tuvo una longevidad totalmente excepcional en la historia contemporánea española. Los casi cuarenta años de existencia de ese régimen (1936-1975), incluidos sus cambios evolutivos y su desarrollo interno, constituyen un hecho insólito y sobresaliente en términos comparativos. No en vano, respecto al devenir histórico de la España de los siglos XIX y XX, la etapa franquista constituye la de mayor vigencia cronológica después del lapso temporal correspondiente al régimen liberal-oligárquico de la Restauración borbónica (1874-1923). Y la comparación no es totalmente exacta porque el régimen restauracionista registró el reinado de dos monarcas y una larga regencia, en tanto que el franquismo sólo contempló un único titular de la Jefatura del Estado. Sin contar, además, que esa extraordinaria permanencia tuvo lugar en un contexto internacional de cambio histórico acelerado y de enormes y cruciales transformaciones de todo orden: crisis de los años treinta; Segunda Guerra Mundial; reconstrucción de posguerra y guerra fría durante la segunda mitad de los cuarenta y el decenio de los cincuenta; expansión económica y distensión a lo largo de la década de los sesenta; recesión y crisis económica durante la primera mitad de los años setenta.

La dilatada existencia temporal del régimen franquista, junto con su evidente evolución correlativa, hacen imprescindible prestar una atención especial a las dimensiones cronológicas como base para su estudio y comprensión histórica rigurosa. No en vano, la perspectiva de análisis historiográfico se asienta sobre la doble consideración de los ejes temporales y espaciales de cualquier fenómeno humano y, en consecuencia, no cabe emprenderla sin la debida ponderación de la cronología como medida esencial del paso del tiempo histórico. Años atrás, José Ortega y Gasset expresó certeramente este principio con palabras reveladoras:

> Comenzamos a persuadirnos de que en historia la cronología no es, como suele creerse, una denominatio extrínseca sino, por el contrario, la más sustantiva. La fecha de una realidad humana, sea la que sea, es su atributo más constitutivo. Esto trae consigo que la cifra con que se designa la fecha pasa de tener un significado puramente aritmético o, cuando más, astronómico, a convertirse en nombre y noción de una realidad histórica. (...) Cada fecha histórica es el nombre técnico y la abreviatura conceptual –en suma, la definición– de una figura general de la vida constituida por el repertorio de vigencias o usos verbales, intelectuales, morales, etc..., que "reinan" en una determinada sociedad (J. Ortega y Gasset (1966): "Prólogo", en W. Dilthey, *Introducción a las ciencias del espíritu*, Revista de Occidente, Madrid).

Habida cuenta de la larga duración del franquismo, la delimitación de sus perfiles cronológicos en el decurso histórico contemporáneo de España implica, a su vez, la determinación de etapas, fases o períodos significativos dentro de la propia evolución temporal conjunta. Parece claro, por ejemplo, que desde una perspectiva historiográfica no podría considerarse por igual el momento de configuración inicial del régimen, en pleno contexto de la guerra civil y con Franco en la plenitud de su vida y de sus facultades físicas y mentales, y el momento terminal del mismo régimen, con el caudillo en franco declive físico y serio deterioro de sus facultades mentales. En otras palabras, el historiador está obligado a fragmentar, a periodizar, el tiempo del franquismo para encontrar "espacios de inteligibilidad" (Aróstegui, 1995: 217) dentro de su propio devenir global. La consecuente y necesaria labor de periodización histórica requiere, como es natural, determinar críticamente la existencia de etapas, fases o períodos diferenciados a partir de una combinación de factores relevantes, significativos y sustantivos de orden social, político, cultural o económico.

Entre los historiadores y otros analistas del franquismo existe práctica unanimidad al considerar que el conjunto de la etapa histórica de la dictadura puede dividirse, como mínimo, en dos grandes períodos diferenciados. El año de 1959, testigo de la aprobación de las medidas económicas del Plan de Estabilización, suele considerarse el hito divisorio crucial entre ambas fases. En efecto, casi nadie niega que las decisiones de orden económico tomadas en ese año (por las disposiciones previas políticas y legislativas que requirieron y por las implicaciones sociales y económicas inmediatas que tuvieron) representaron una cesura fundamental en la evolución del régimen franquista. En esencia, esas medidas supusieron el final de una primera etapa (caracterizada todavía por los efectos políticos y materiales de la guerra civil, con su secuela de represión, miseria, autarquía y aislamiento) y el arranque de un segunda etapa (definida por un rápido desarrollo económico, profundo cambio social, incipiente bienestar material y apertura internacional). En definitiva, habría existido un primer franquismo "retardatario", instalado en el estancamiento socioeconómico, la rigidez política y el aislamiento internacional, que fue reemplazado por un segundo franquismo "modernizador", abocado al desarrollo social y económico, la flexibilización política y la apertura exterior.

Todavía cabe discutir entre los especialistas si 1959 es el término cronológico más adecuado para discriminar ambas etapas o, por el contrario, si es más oportuno fijar el año de 1957 (con la resolución de una grave crisis política mediante un nuevo Gobierno) o incluso 1960 (con los primeros efectos tangibles de la estabilización y liberalización) como hitos decisivos en esa transformación (Payne, 1987: 651-652; Tuñón de Lara y otros, 1991: 577-578;

Tusell, 1988: 247-264). En todo caso, lo que no es objeto de discusión es la pertinencia de los años 1957-1960 como decisivos años bisagra entre esas dos grandes etapas de la evolución histórica de la dictadura.

Sin embargo, la genérica periodización binaria descrita no agota, ni mucho menos, la necesidad de ajustar y acotar más precisa y rigurosamente el tiempo histórico del franquismo. Sobre todo si atendemos fundamentalmente, como es obligado en este caso, a criterios de demarcación cronológica de orden político y social con primacía sobre otros criterios económicos o culturales. Y a este respecto, las opiniones y alternativas disponibles son mucho más variadas y polémicas porque los criterios y factores resultan más heterogéneos o discutibles. Así, por ejemplo, una minoría de autores consideran que los casi tres años de la guerra civil no forman parte propiamente del período de la dictadura franquista: "(su inclusión) sería algo así como incluir la guerra civil rusa en una historia del estalinismo" (Tusell, 1988: 250). No obstante, la mayoría de investigadores estima que esa etapa bélica fue decisiva en la configuración y "el establecimiento de la dictadura de Franco" (Payne, 1987: 121).

Al margen de la inclusión o exclusión de la fase bélica en la cronología del franquismo, las restantes alternativas de periodización descansan básicamente en una estructura que oscila entre el uso de la terna y la preferencia por el quinteto.

Un ejemplo de esa última alternativa es la elaborada e influyente periodización ofrecida por Javier Tusell, que contempla el despliegue histórico de la dictadura en cinco fases bien perfiladas: 1.ª 1939-1945, período definido por la influencia determinante ejercida sobre el régimen por "el contexto bélico mundial"; 2.ª 1945-1951, etapa de aislamiento y autarquía caracterizada por "la supervivencia exterior e interior"; 3.ª 1951-1959, fase de consolidación interna y externa y "apogeo del régimen"; 4.ª 1959-1969, decenio del "desarrollo" y de tentativas de "apertura" política; y 5.ª 1969-1975, sexenio de crisis y ocaso del "tardofranquismo" (Tusell, 1988: 251-262).

La conocida periodización formulada por Manuel Tuñón de Lara es quizá el caso más representativo de un esquema de cuatro fases combinando criterios políticos, sociales y económicos: 1.ª 1939-1950, años del "primer franquismo o etapa "azul", dominados por la incidencia de la guerra mundial y sus consecuencias; 2.ª 1951-1960, decenio de "afianzamiento exterior" del régimen y de los primeros "conatos de rebelión interior"; 3.ª 1961-1973, etapa del "desarrollo económico" y de "conflictividad obrera y universitaria". 4.ª 1973-1975, epílogo cronológico caracterizado por la "crisis económica mundial y crisis política interna" (Tuñón de Lara y otros, 1991: 577-578). Una versión ligeramente distinta de este esquema cuatripartito ha sido sugerida por Paul Preston: 1.ª 1939-1945, "época azul de aparente predominio falangista"; 2.ª 1946-1957, "período de severo gobierno demócrata-cristiano"; 3.ª. 1957-1969, "modernización económica presidida por los tecnócratas asociados con el Opus Dei"; y 4.ª. 1969-1975, "ruptura de la coalición del régimen" (Preston, 1997: 185).

Por último, uno de los autores que mejor han definido el esquema ternario de periodización de la dictadura es el hispanista norteamericano Stanley G. Payne. Coincidiendo plenamente con el planteamiento de Juan Pablo Fusi (Fusi, 1985: 73-74), a juicio de Payne la historia del franquismo puede dividirse en tres épocas bien diferenciadas: 1.ª. "la fase semifascista, potencialmente imperialista, de 1936 a 1945"; 2.ª. "la década del corporativismo nacional católico de 1945 a 1957, que presenció el irremediable y definitivo sometimiento del componente fascista"; y 3.ª. "la fase desarrollista de la llamada tecnocracia y una especie de autoritarismo burocrático desde 1957-1959 hasta el final" (Payne, 1987: 651-652).

A la vista de esas variadas y divergentes tentativas de periodización, parece difícil establecer un acuerdo historiográfico definitivo sobre las fases precisas que se perfilaron en el devenir cronológico de la dictadura de Franco. A los efectos de este estudio político y social, resulta claro que ninguna de las alternativas planteadas es plenamente satisfactoria. En consecuencia, como es patente en el índice programático y en el propio texto del volumen, se ha optado por una periodización en formato de quinteto que combina y reformula varias opciones presentes en las propuestas de los autores antedichos. A tenor de esta tentativa de solución, la dictadura franquista puede estudiarse y analizarse atendiendo a cinco etapas básicas en su desarrollo histórico:

1. 1936-1939. Configuración inicial del régimen durante la guerra civil.
2. 1939-1945. Etapa nacional-sindicalista en el transcurso de la Segunda Guerra Mundial.
3. 1945-1959. Etapa nacional-católica de breve aislamiento y posterior reintegración internacional.
4. 1959-1969. Etapa autoritaria de desarrollismo tecnocrático y expansión económica.
5. 1969-1975. Tardofranquismo y crisis terminal del régimen.

1.3. El soldado que llegó a caudillo: Franco hasta la guerra civil

Francisco Paulino Hermenegildo Teódulo Franco Bahamonde nació en la localidad gallega de El Ferrol el 4 de diciembre de 1892, en el seno de una familia de clase media baja ligada desde antaño a la Administración de la

Armada. Fue el segundo hijo varón del matrimonio formado por Nicolás Franco Salgado-Araujo y Pilar Bahamonde Pardo de Andrade, que tuvo otros tres hijos (el mayor, Nicolás, la tercera, Pilar, y el pequeño, Ramón). El solitario y tímido Francisco, llamado "cerillito" por sus compañeros de colegio debido a su delgadez, creció en esa pequeña ciudad provinciana (20.000 habitantes) bajo el influjo de su conservadora y piadosa madre y distanciado de un padre mujeriego y librepensador. Tras fracasar en su intento de convertirse en oficial de Marina (debido a las restricciones de plazas derivadas de la pérdida de la flota en la guerra hispano-norteamericana de 1898), y después de que su padre abandonara definitivamente el hogar familiar, Franco consiguió entrar en la Academia de Infantería de Toledo en 1907, cuando contaba con 14 años de edad. En Toledo y entre militares se labró gran parte de su carácter y de sus ideas políticas básicas (Preston, 1994: 19-31; Suárez, 1984, I: 79-115).

El Ejército, con su rígida estructura jerárquica de mandos y la certidumbre de las órdenes, la obediencia y la disciplina, cubrió por completo sus necesidades afectivas y proporcionó al hasta entonces tímido muchacho una nueva y segura identidad personal y pública. En adelante no dudaría nunca sobre cuál era su profesión y vocación: "Soy militar". Al mismo tiempo, bajo el trauma del desastre colonial de 1898, en pleno ascenso de la conflictividad sociopolítica en el país y en el fragor de la nueva y cruenta guerra librada en el norte de Marruecos, Franco asumió durante sus años como cadete todo el bagaje político e ideológico de los militares de la restauración. Ante todo, hizo suyo un exaltado nacionalismo español unitarista e historicista, nostálgico de las glorias imperiales pretéritas, receloso de un mundo exterior que había asistido impasible al desigual enfrentamiento con el coloso americano en el 98, y sumamente hostil a los incipientes movimientos regionalistas y nacionalistas periféricos que osaban poner en duda la unidad patria. El complemento a ese nacionalismo era una concepción militarista de la vida política y del orden público que hacía del Ejército una institución pretoriana casi autónoma del poder civil y, en ocasiones de emergencia interna o exterior, superior al mismo por su condición de "espina dorsal de España", "cimiento más seguro de la paz pública", "defensor más resuelto de las instituciones" y "base más sólida del bienestar y la felicidad de la patria". Como directo resultado de esa teoría nacional-militarista y de las brutales experiencias bélicas en Marruecos, gran parte de los militares españoles (los llamados *africanistas*) fueron desarrollando una decidida mentalidad autoritaria y antiliberal, culpando al liberalismo, al Parlamento y al sistema de partidos de la prolongada decadencia sufrida por España desde la guerra de la Independencia de 1808 (Payne, 1968: 79-80; Ballbé, 1983: cap. 10; Lleixá, 1986).

Tras finalizar sus estudios en Toledo con un mediocre resultado (sólo logró el número 251 de una promoción de 312 cadetes) y después de un breve período de servicio en El Ferrol, Franco solicitó y obtuvo en 1912 su traslado al Protectorado español en Marruecos. Las operaciones de conquista y ocupación de aquel territorio se dilatarían desde 1908 hasta 1926 y cobrarían la vida de más de 17.000 soldados, jefes y oficiales del Ejército español. Durante su etapa en Marruecos, donde permanecería más de diez años de su vida (sólo interrumpidos por un corto período de destino en Oviedo entre 1917 y 1920 y de nuevo en 1923), Franco se reveló como un oficial valiente y eficaz, obsesionado con la disciplina y el cumplimiento del deber: el arquetipo de oficial *africanista,* tan distinto de la burocracia militar sedentaria que vegetaba en los tranquilos cuarteles peninsulares. Esas cualidades y el arrojo mostrado en el combate (sobrevivió a una herida grave en 1916), motivaron sus rápidos ascensos "por méritos de guerra" hasta convertirse en 1926 en el general más joven de Europa, a los 33 años de edad. Para entonces, su nombre había adquirido cierta fama en la península gracias a la publicación en 1922 de una pequeña obra en la que relataba sus experiencias bélicas como comandante de la recién creada Legión: *Marruecos. Diario de una bandera* (Franco, 1986).

Su etapa africana, en el contexto de una despiadada guerra colonial y al mando de una fuerza de choque como era la Legión, reforzaron las sumarias convicciones políticas de Franco y contribuyeron en gran medida a deshumanizar su carácter. No en vano, combatiendo o negociando con los rebeldes jefes cabileños marroquíes, el joven oficial aprendió bien las tácticas políticas del "divide y vencerás" y la eficacia del terror (el que imponía la Legión) como arma militar ejemplarizante para lograr la parálisis y sumisión del enemigo. Además, su dilatada experiencia marroquí confirmó en la práctica el supuesto derecho del Ejército a ejercer el mando por encima de las lejanas y débiles autoridades civiles de la península. De hecho, a partir de entonces, Franco siempre entendería la autoridad política en términos de jerarquía militar, obediencia y disciplina, refiriéndose a ella como "el mando" y considerando poco menos que "sediciosos" a los discrepantes y adversarios (Alonso Baquer, 1986: 14, 20, 23). En 1939, ya victorioso en la guerra civil, recordaría la influencia de su época marroquí en su formación y la de todos los oficiales africanistas del ejército español:

> Mis años en África viven en mí con indecible fuerza. Allí nació la posibilidad de rescate de la España grande. Allí se formó el ideal que hoy nos redime. Sin África, yo apenas puedo explicarme a mí mismo, ni me explico cumplidamente a mis compañeros de armas (Preston, 1994: 35).

El ascenso a general y su posterior nombramiento (1927) como director de la nueva Academia General Militar de Zaragoza marcaron un cambio notable en la trayectoria vital de Franco. A partir de entonces, el arriesgado y valiente oficial de Marruecos se iría convirtiendo en un jefe militar cada vez más cauto, prudente y calculador, muy consciente de su propia proyección pública y muy celoso de sus intereses profesionales y del avance de su carrera. Sin duda alguna, su matrimonio en octubre de 1923 con Carmen Polo y Martínez Valdés (1902-1987), una piadosa y altiva joven de la oligarquía urbana ovetense, reforzó y acentuó esa conversión y sus previas inclinaciones conservadoras y religiosas. El mismo efecto parece haber tenido el nacimiento en septiembre de 1926 de su única y adorada hija *Nenuca* (Carmen Franco Polo). En cualquier caso, en esta época de su vida, Franco permaneció al margen de la política activa y cotidiana desarrollada en el seno del sistema parlamentario liberal de la restauración borbónica (1874-1923), auténtico envoltorio formal y pseudodemocrático del binomio de "oligarquía y caciquismo como forma de gobierno" denunciado airadamente por Joaquín Costa y los escritores regeneracionistas españoles finiseculares. Un sistema sometido desde la crisis colonial del 98 a crecientes tensiones internas que cuarteaban sus fundamentos sociales y evidenciaban su anacronismo político a medida que el lento crecimiento económico diferencial daba origen a una España tradicional estancada en la pobreza junto con una España dinámica en curso de desarrollo.

Durante el primer tercio del siglo XX, el país había experimentado un intenso proceso de desarrollo económico, crecimiento urbano, diversificación socio-profesional y alfabetización. En 1930 España había alcanzado los 23,5 millones de habitantes y, por vez primera, su población activa agraria (45,5%) era inferior a la suma de la población empleada en la industria (26,5%) y los servicios (28%) (documentos 1 y 2). Ese mismo año los españoles residentes en ciudades y municipios urbanos casi rivalizaban con los residentes en municipios rurales (42,5% frente a 57,5%), en tanto que la tasa de alfabetización se acercaba al 70% de la población total (documentos 3 y 11). El tradicional régimen monárquico, instrumento de dominación de una oligarquía formada por grandes propietarios agrarios y la gran burguesía industrial y financiera, se había mostrado incapaz de integrar en el sistema político oficial a las nuevas burguesías y clases medias y obreras generadas en ese rápido proceso de modernización. Además, había renunciado a remover los obstáculos estructurales que entorpecían el desarrollo general socioeconómico, esencialmente el arcaísmo del sistema de propiedad agraria en el sur de España, donde una exigua minoría de grandes terratenientes poseía el 54,4% de la superficie agrícola y mal empleaba a una masa de campesinos míseros, sin tierra y proletarizados: los jornaleros de los latifundios (Juliá, 1991: 17, 21; Shubert, 1991: 41, 70, 122-125).

Como resultado de las tensiones sociales y políticas acentuadas por el desarrollo económico, el régimen de la restauración entró en una grave crisis institucional a partir del verano de 1917, incapaz de hacer frente a los conflictos laborales obreros, la presión del creciente nacionalismo catalán y vasco, las demandas democratizadoras de las pequeñas y medias burguesías, y la resistencia popular a la cruenta guerra marroquí. En esas condiciones de parálisis y agotamiento del parlamentarismo oligárquico liberal, en septiembre de 1923 el rey Alfonso XIII decidió transitar una nueva vía de solución a la prolongada crisis mediante la implantación de una dictadura militar encabezada por el general Miguel Primo de Rivera y sostenida con práctica unanimidad por todo el Ejército. Sin embargo, a pesar de que la dictadura logró un precario grado de estabilidad (gracias al nuevo ciclo económico internacional expansivo y a la terminación de la guerra marroquí), no consiguió articular una solución definitiva para la integración política de las nuevas clases generadas por el desarrollo económico. A finales de la década, a medida que empezaba a notarse en España el impacto de la gran depresión internacional de 1929, el Ejército se mostró incapaz de contener el crecimiento de la oposición antimonárquica y experimentó graves rupturas internas que fueron agotando su capacidad de gestión gubernativa y su unidad de propósitos políticos. En paralelo, el partido socialista (PSOE) y su central sindical (UGT) habían fraguado con el movimiento republicano de extracción pequeño-burguesa una coalición para actuar conjuntamente en favor de la democratización del país al amparo de un régimen republicano.

Enfrentado a una dura presión popular, en 1930 el rey cesó a Primo de Rivera en un intento de propiciar el retorno gradual al previo sistema parlamentario mediante la convocatoria de elecciones municipales antes de las generales. Sin embargo, la consulta municipal de abril de 1931 se transformó en un plebiscito popular sobre la monarquía y demostró súbita e inesperadamente los fuertes apoyos obtenidos por la conjunción republicano-socialista en la nueva España desarrollada y urbanizada. Los candidatos opositores lograron una victoria abrumadora en 41 de las 50 capitales de provincia y en la mayor parte de los municipios urbanos, siendo superados por los candidatos monárquicos sólo en los distritos rurales: "la «masa» (las grandes circunscripciones) y la «inteligencia» (los votantes urbanos «ilustrados»): habían rechazado a un rey todavía aceptable para la opinión rural" (Carr, 1982: 575). Ante ese imprevisto resultado, falto de suficientes apoyos sociales y sin el respaldo unánime del Ejército, Alfonso XIII optó por abandonar el país y ceder el poder a un Gobierno provisional republicano-socialista que proclamó pacíficamente la Segunda República.

Franco, al igual que casi todos los jefes y oficiales del Ejército, se había mostrado muy bien dispuesto hacia la dictadura militar implantada por Primo de Rivera y fue gratificado por ella con el prestigioso cargo de director de la Academia de Zaragoza. Durante ese período siguió contando además con el favor público del rey, que le honró con su nombramiento como gentilhombre de cámara y actuó como padrino de su boda. Fue por aquellos años cuando comenzó a recibir y devorar la literatura anticomunista y autoritaria enviada por la *Entente Internationale contre la Troisième Internationale,* un organismo formado por anti-bolcheviques rusos y ultraderechistas suizos con sede en Ginebra y dedicado a alertar a personajes influyentes sobre el peligro de la conspiración roja universal. Esa literatura maniquea sería clave en la formación y evolución de las fantásticas y obsesivas ideas de Franco sobre el poder oculto y disgregador de la masonería y la existencia de una conspiración universal masónico-bolchevique contra España y la fe católica (Preston, 1994: 84-85; Fusi, 1985: 108-109; Ferrer Benimeli, 1986). Dados esos antecedentes, Franco recibió con preocupación la caída de la monarquía y la instauración de la república. No en vano, ambos procesos iban a suponer un bache notable en la hasta entonces fulgurante carrera del general favorito de Alfonso XIII.

Entre 1931 y 1933, al tiempo que la depresión internacional acentuaba su impacto sobre la frágil economía española, la coalición republicano-socialista, con Manuel Azaña como jefe de Gobierno y ministro de Guerra, puso en marcha un ambicioso programa de reformas sociales e institucionales: elaboró una constitución democrática, separó la Iglesia del Estado, concedió un estatuto de autonomía a Cataluña, promulgó una legislación civil y laboral progresista, y comenzó la inaplazable reforma agraria en el sur del país. La alternativa reformista tuvo que hacer frente al proyecto hostil de la reacción conservadora, en su vertiente de resistencia conspirativa de los partidos monárquicos (divididos entre alfonsinos y carlistas) y bajo la forma de la eficaz oposición parlamentaria de un nuevo gran partido católico de inclinaciones autoritarias: la Confederación Española de Derechas Autónomas (CEDA). El reformismo gubernamental tuvo también en su contra al proyecto revolucionario de matriz obrerista y jornalera, organizado en la anarcosindicalista Confederación Nacional del Trabajo (CNT), que mantuvo durante todo el bienio una línea insurreccional. La simultánea oposición revolucionaria al Gobierno del Partido Comunista de España (PCE) apenas tuvo importancia dada su debilidad organizativa y falta de apoyos de masas (Gil Pecharromán, 1995; Payne, 1995; Preston, 1978).

Durante el período de Gobierno de Azaña, la cautela y *retranca* gallega del general Franco logró evitar todo conflicto abierto con las nuevas autoridades sin dejar de marcar sus distancias y alejamiento del régimen instaurado: "Yo jamás di un viva a la República", recordaría orgulloso en 1964 (Franco

Salgado-Araujo, 1976: 425). El cierre de la Academia de Zaragoza, la revisión de sus ascensos durante la dictadura, la campaña por las responsabilidades políticas en esa etapa, la reforma de la plantilla militar, y la inclinación progresista y anticlerical del gobierno azañista, reforzaron necesariamente ese alejamiento de Franco. Sin embargo, no por ello se volcó a conspirar temerariamente contra el mismo, al modo como lo haría su superior, el general José Sanjurjo, cabeza del frustrado golpe militar antirrepublicano del 10 de agosto de 1932. Esa prudencia y fría cautela que ya empezaba a ser proverbial motivó el cáustico comentario de Sanjurjo sobre su antiguo subordinado: "Franquito es un cuquito que va a lo suyito". Lo que no impedía que lo considerase el mejor jefe militar español del momento: "no es que sea Napoleón, pero dado lo que hay...". Quizá por eso el propio Azaña estimase que "Franco es el más temible" de los potenciales golpistas militares (Preston, 1994: 119; Azaña, 1978: 47, 100).

Desde principios de 1933, el notorio agravamiento de la crisis económica (el número de obreros parados alcanzó los 619.000, de los cuales el 60% eran míseros jornaleros del sur) y la consecuente pérdida de apoyo social e iniciativa política agotaron la capacidad del Gobierno de Azaña para proseguir su ambicioso programa reformista. Como resultado, en las elecciones generales celebradas en noviembre, el Partido Republicano Radical, de tendencia conservadora, y la CEDA triunfaron ampliamente gracias al abstencionismo anarquista y a que los republicanos de izquierda y el PSOE acudieron separados a las urnas. El nuevo Gobierno radical, presidido por Alejandro Lerroux y apoyado en las Cortes por la CEDA, anuló o paralizó las reformas progresistas en medio de un creciente paro obrero, especialmente agrario, que generaba los mayores conflictos sociales. En octubre de 1934 los socialistas convocaron una huelga general contra la entrada de ministros de la CEDA en el Gabinete, temiendo la imposición legal de un régimen autoritario como había sucedido el pasado mes de marzo en Austria. El movimiento, secundado por las autoridades autónomas catalanas y con caracteres revolucionarios en Asturias, fue aplastado por la enérgica actuación del ejército. A la derrota de la izquierda obrera y catalanista le siguió una intensificación de la política de contrarreformas del Gobierno radical-cedista, en el que José María Gil Robles, líder de la CEDA, habría de ocupar la cartera de Guerra.

Franco había votado por la CEDA en las elecciones de 1933 al sentirse identificado con su ideario católico y conservador y con su pragmática estrategia política posibilista de reforma legal de la república para hacerla compatible con sus principios. Por eso mismo contempló con agrado y alivio el cambio político acaecido, que habría de modificar sus expectativas profesionales y de reducir su repugnancia hacia el régimen republicano. De hecho, bajo los Gobiernos radicales y radical-cedistas de 1934 y 1935, Franco se convirtió en el general preferido de las autoridades y en el oficial más distinguido del Ejército español. Por esa razón, en octubre de 1934, Lerroux y su ministro de Guerra encomendaron directamente a Franco la tarea de aplastar la revolución asturiana con todas las fuerzas militares a sus órdenes, incluyendo el traslado y despliegue de su amada Legión en las operaciones. Esa coyuntura crítica proporcionó a un Franco ya claramente ambicioso su primer y grato contacto con el poder estatal cuasi-omnímodo. No en vano, en virtud de la declaración de estado de guerra y de la delegación de funciones por parte del ministro, el general fue durante poco más de quince días un auténtico dictador temporal de emergencia, controlando todas las fuerzas militares y policiales en lo que percibía como una lucha contra la revolución planificada por Moscú y ejecutada por sus agentes infiltrados y españoles traidores. La aplastante victoria que logró en Asturias no sólo le convirtió en el héroe de la opinión pública conservadora sino que reforzó su liderazgo moral sobre el cuerpo de oficiales. Su nombramiento en mayo de 1935 por Gil Robles como jefe del Estado Mayor central cimentó ese liderazgo de un modo casi incontestable.

Sin embargo, la derrota obrera y catalanista no desactivó la crisis política porque la persistencia de apoyo popular al reformismo republicano-socialista fijaba límites infranqueables para el triunfo pleno de la alternativa reaccionaria y autoritaria auspiciada por la CEDA. De hecho, a lo largo de 1935, el conflicto larvado entre republicanos conservadores y clericales cedistas sobre el alcance político de la contrarreforma y la propia continuidad de la república democrática fue erosionando la precaria coalición gubernamental. Al mismo tiempo, los republicanos de izquierda promovieron la reconstrucción de la alianza electoral con los socialistas para retornar al poder. Dentro del PSOE y la UGT, el fracaso de la huelga general había acentuado la división entre un sector moderado encabezado por Indalecio Prieto (favorable a colaborar con Azaña para proseguir el programa reformista) y la corriente radical liderada por el sindicalista Francisco Largo Caballero (desencantado por la experiencia gubernamental y cuya retórica revolucionaria ocultaba su falta de alternativa política a la colaboración). Por imposición de la izquierda caballerista, el renacido pacto electoral republicano-socialista fue ampliado para incluir al pequeño PCE y obtuvo tácitamente el voto anarquista con la promesa de una amnistía para los presos políticos. De este modo, cuando la prolongada crisis gubernamental obligó a convocar elecciones generales para febrero de 1936, la izquierda se presentó agrupada en el llamado Frente Popular, compitiendo con candidaturas también unitarias de la CEDA, alfonsinos, carlistas y republicanos conservadores. En medio de un contexto de depresión económica, bipolarización política y antagonismo social, las elecciones dieron la victoria al Frente Popular por ligera mayoría y llevaron al poder a un Gobierno de republicanos de izquierda presidido por Azaña y apoyado en las Cortes por los partidos frentepopulistas.

La apretada victoria del Frente Popular en febrero de 1936 motivó la primera tentación golpista seria por parte de Franco, que buscó la autorización del Gobierno y del presidente de la república para declarar el estado de guerra. La tentativa se frustró por la resistencia de las autoridades, la falta de medios y la decisión del cauteloso jefe del Estado Mayor de no actuar hasta tener casi completa seguridad de éxito: "El Ejército no tiene aún la unidad moral necesaria para acometer esa empresa" (Arrarás, 1939: 226). En consecuencia, Franco tuvo que resignarse a contemplar el retorno al poder del reformismo azañista, que como medida preventiva ordenó su traslado lejos de Madrid, a la importante pero distante comandancia militar de las islas Canarias.

El Gabinete frentepopulista reanudó con decisión el programa de reformas estructurales en un contexto de creciente crisis económica y fuerte tensión social, agravadas ambas por el sabotaje patronal contra sus medidas y por una potente movilización sindical reivindicativa en las ciudades y en el campo latifundista. En tan grave coyuntura, el movimiento socialista quedó paralizado por la división entre prietistas y caballeristas sobre la conveniencia de entrar en el Gobierno para reforzar su gestión o de presionar desde fuera sobre el mismo para acelerar las reformas. La consecuente debilidad del socialismo restó a las autoridades republicanas un crucial apoyo social y político cada vez más urgente, habida cuenta del retorno anarquista a su línea revolucionaria insurreccional y de la falta de implantación de masas de un PCE identificado con las tesis reformistas de Prieto.

En contraste con la fragmentación orgánica y política de las izquierdas españolas durante la primavera y el verano de 1936, todos los partidos derechistas (desde la CEDA hasta la Falange, el nuevo y minúsculo partido fascista fundado por el hijo del exdictador, José Antonio Primo de Rivera) fueron cifrando unánimemente sus últimas esperanzas de frenar la reforma social aplicada por el Gobierno en un golpe militar. No en vano, el fracaso electoral cosechado por la coalición derechista acabó confiriendo al Ejército, en su calidad de corporación del Estado con el monopolio de las armas, tanto el protagonismo como la dirección política de la reacción conservadora contra la república democrática. Ese crucial proceso de supeditación programática y satelización operativa de las derechas respecto a la alternativa militar golpista hizo crecer correlativamente la importancia política de los jefes y generales inclinados hacia esa vía. En efecto, reactivando la veterana tradición del militarismo pretoriano, desde marzo de 1936 fue extendiéndose entre amplios sectores del generalato y la oficialidad una amplia conspiración reaccionaria cuyo principal objetivo era detener la gestión reformista y atajar igualmente el espectro de la revolución social que percibían tras la movilización obrera y campesina en curso.

En virtud de su jerarquía e influencia, Franco estuvo en contacto desde el primer momento y con su habitual prudencia con la amplia conjura que se estaba fraguando en el seno del Ejército bajo la dirección técnica del general Emilio Mola desde Pamplona, cuyo plan consistía en orquestar una sublevación simultánea de todas las guarniciones militares para tomar el poder en pocos días y previo aplastamiento enérgico de las posibles resistencias. Síntoma elocuente del prestigio asociado entonces al nombre de Franco y de los temores sobre su sincera lealtad republicana son las palabras que le dedicó Indalecio Prieto (1975: 257) en un resonante y profético discurso en Cuenca el 1 de mayo de 1936:

> No he de decir ni media palabra en menoscabo de la figura del ilustre militar. Le he conocido de cerca, cuando era comandante. Le he visto pelear en África; y para mí, el general Franco (...) llega a la fórmula suprema del valor, es hombre sereno en la lucha. Tengo que rendir este homenaje a la verdad. Ahora bien, no podemos negar (...) que entre los elementos militares, en proporción y vastedad considerables, existen fermentos de subversión, deseos de alzarse contra el régimen republicano, no tanto seguramente por lo que el Frente Popular supone en su presente realidad, sino por lo que, predominando en la política de la nación, representa como esperanza para un futuro próximo. El general Franco, por su juventud, por sus dotes, por la red de sus amistades en el ejército, es hombre que, en momento dado, puede acaudillar con el máximo de probabilidades —todas las que se derivan de su prestigio personal— un movimiento de este género.

Las vacilaciones de Franco para comprometerse definitivamente en la conjura procedían tanto de su temor a las consecuencias de un fracaso ("no contamos con todo el Ejército") como de su tenue esperanza de que el deterioro de la situación pudiera ser atajado legalmente y con menos riesgos. En cualquier caso, logró de sus compañeros de armas que el hipotético levantamiento no tuviera perfil político definido (ni monárquico ni de otro tipo) y fuera "únicamente por Dios y por España" (Preston, 1994: 168; Arrarás, 1963, IV: 304; Suárez, 1984: II: 24-25). Sin embargo, ya fuertemente impresionado por el movimiento huelguístico de mayo y junio de 1936, las dudas de Franco que tanto enervaban al resto de conspiradores fueron barridas tras el asesinato del dirigente monárquico José Calvo Sotelo el 13 de julio. Asumiendo que ese magnicidio demostraba que el Gobierno republicano carecía de autoridad real y que el poder estatal estaba abandonado en la calle, Franco se preparó para cumplir su función dentro del plan golpista: dominar las islas Canarias y pasar después a Marruecos para ponerse al frente de las mejores y más aguerridas tropas del Ejército español.

2

La configuración inicial del régimen durante la guerra civil (1936-1939)

2.1. La evolución política: de la junta militar colegiada a la dictadura personal caudillista y fascistizada

El levantamiento militar contra el Gobierno de la república comenzó el 17 de julio de 1936 en el Protectorado de Marruecos y se propagó de inmediato por casi todas las guarniciones peninsulares e insulares de España. Cuatro días después, los militares sublevados habían logrado implantar su dominio sobre todas las colonias, una amplia zona del oeste y centro peninsular (Navarra, Álava, León, Castilla la Vieja, Galicia, la mitad de Aragón y Cáceres), un reducido núcleo andaluz (Sevilla, Cádiz, Córdoba y Granada) y en las islas Canarias y Baleares (salvo Menorca). Sin embargo, la rebelión había sido aplastada por un pequeño sector del Ejército fiel al Gobierno, con ayuda de milicias obreras armadas urgentemente, en dos grandes zonas separadas entre sí: la zona centro-sur (incluyendo Madrid, Barcelona y la región catalana, Badajoz, la Mancha y la costa mediterránea hasta Málaga) y una aislada franja norteña (desde el País Vasco hasta Asturias) (Tuñón de Lara y otros, 1985; Thomas, 1976, I; Salas Larrazábal, 1980; Bernecker, 1996; Preston, 1986).

El territorio decantado hacia el Gobierno republicano era el más poblado y urbanizado (englobando a unos 14 millones de habitantes y a las principales ciudades), el más industrializado (con la siderometalurgia y minería vasca y asturiana y la textil y química catalana) y el de menores posibilidades agrarias (exceptuando la rica huerta levantina). Por el contrario, el área en manos de los insurgentes tenía menos población y más poblamiento rural (unos 10 millones), débil infraestructura industrial (incluyendo las minas de piritas de Huelva y las de hierro marroquíes) e importantes recursos agrarios y ganaderos (más de dos tercios de la producción triguera). En el orden financiero, la república tenía ventaja porque controlaba las reservas de oro del Banco de España, cuya movilización serviría como medio de pago de los suministros importados del extranjero, en tanto que sus enemigos carecían de recursos análogos y sólo disponían de sus posibilidades exportadoras para obtener divisas aplicables a ineludibles compras exteriores. En términos militares, los sublevados contaban con las bien preparadas fuerzas de Marruecos (especialmente la Legión y los regulares indígenas) y la amplia mayoría de las fuerzas armadas en la península, con una estructura y cadena de mando intacta y operativa. El Gobierno sufrió la defección de más de la mitad del generalato y cuatro quintas partes de la oficialidad, quedando su defensa en manos de milicias sindicales y populares improvisadas y a duras penas controladas por los escasos mandos militares leales. No obstante, la república retuvo dos tercios de la pequeña fuerza aérea y algo más de la flota de guerra, cuya marinería se había amotinado contra los oficiales rebeldes y había implantado un bloqueo del estrecho de Gibraltar para evitar el traslado de las tropas marroquíes. En definitiva, aunque los sublevados habían triunfado en la España rural y agraria, el fracaso en la España más modernizada, incluyendo la propia capital, los obligaba a emprender su conquista mediante verdaderas operaciones bélicas. El golpe militar devenía así en una cruenta guerra civil. Y como ningún bando disponía del equipo militar necesario para sostener un esfuerzo bélico de envergadura, ambos pidieron de inmediato ayuda a las potencias europeas más afines, abriendo así la vía al crucial proceso de internacionalización de la contienda.

En la España que se mantuvo fiel al Gobierno republicano, la defección de sus fuerzas coactivas, unida a la movilización popular que hizo frente a la insurrección, asestaron un golpe mortal a las estructuras del Estado, debilitaron las fuerzas burguesas soportes del programa reformista y desencadenaron un proceso revolucionario de amplitud variable. Las manifestaciones de ese proceso fueron diversas: la aparición de las milicias obreras como principal fuerza de combate, el surgimiento de comités y juntas cuyo poder rivalizaba con las autoridades legítimas, una oleada de incautaciones y colectivizaciones de propiedades y, finalmente, la represión contra el enemigo de clase (cuyo saldo llegaría a totalizar entre 55.000 y 60.000 víctimas mortales), auténtico parámetro de la incapacidad gubernamental para imponerse a los acontecimientos en los primeros meses (Villarroya, 1999: 32).

La dinámica política en la república estuvo determinada por la posición de cada partido y sindicato ante esos cambios revolucionarios. Las diferencias sobre la relación entre la guerra en el frente y la revolución en retaguardia fueron la raíz de la falta de unidad de acción que lastró su defensa. El anarcosindicalismo, el comunismo heterodoxo y el caballerismo ugetista percibían la revolución como garantía del apoyo obrero y jornalero y de la victoria, negándose a disolver las milicias en un nuevo Ejército regular y a otras medidas de recomposición del Estado. Sin embargo, la gran debilidad de la revolución, aparte del contexto internacional hostil, estribaba en que destruía la expectativa de una alianza eficaz entre la clase obrera y la fracción reformista de la pequeña burguesía enfrentada a la reacción militar de los grupos dominantes tradicionales. Por eso fue fraguándose un pacto entre el republicanismo burgués, el socialismo prietista y el comunismo ortodoxo, para reconstruir el Estado y deshacer la revolución. El adverso curso militar de la contienda propiciaría el cambio de actitud de las fuerzas revolucionarias, que desde el otoño de 1936 cooperarían con las reformistas en un Gobierno presidido por Largo Caballero que contaba con el apoyo militar de la Unión Soviética. Desde mayo de 1937 esa coalición sería presidida por el doctor Juan Negrín (socialista moderado) y hegemonizada por el PCE. A partir de entonces, la república se batiría por una alternativa política democrática y socialmente progresista que fuera capaz de concitar la adhesión unánime de su población y de atraer el apoyo de las potencias democráticas occidentales. Sin embargo, el aislamiento internacional, la sucesión de derrotas militares y el agotamiento causado por las privaciones materiales socavaron esa estrategia y causaron la amarga división y desplome interno del bando republicano en marzo de 1939.

En las zonas de España donde la sublevación militar logró sus objetivos, el poder quedó en manos de la cadena de mando del Ejército alzado, con arreglo a la preceptiva declaración del estado de guerra y previa depuración de elementos hostiles o indecisos en sus filas. La implacable militarización se tradujo en la destitución, encarcelamiento y frecuente fusilamiento de las autoridades civiles nombradas por el Gobierno republicano, así como en la detención, prisión o simple eliminación física de los dirigentes sindicales y partidistas afines al republicanismo reformista y a la izquierda obrera y jornalera. Implicó también la prohibición de todo tipo de huelgas, reuniones políticas y sindicales, resistencia armada y sabotaje bajo pena de muerte inmediata para los acusados, al igual que el establecimiento del toque de queda y el control de todo movimiento de civiles dentro del territorio dominado (documento 4). No cabe duda de que si el fenómeno hubiera sido general en todo el país, se habría asistido a una repetición, *mutatis mutandis* y más o menos cruenta, del pronunciamiento encabezado por Primo de Rivera en 1923. Sin embargo, esta vez la operación no fue la tarea unánime de la corporación militar en su conjunto y tenía enfrente la oposición decidida (y armada) de un movimiento obrero bien organizado y concienciado.

Como resultado de los éxitos del golpe, surgieron tres núcleos geográficos aislados que estaban bajo el control respectivo de un destacado jefe militar: el general Mola, en Pamplona, era la autoridad máxima en la zona centro-occidental; el general Gonzalo Queipo de Llano, en Sevilla, estaba al frente del reducto andaluz; y el general Franco, en Tetuán, se había puesto al mando de las tropas de Marruecos. Los generales Fanjul y Goded habían fracaso en su tentativa de controlar Madrid y Barcelona y serían pronto fusilados por traición. Por su parte, el general Sanjurjo, que debía ponerse al frente de la sublevación regresando de su exilio portugués, perdería la vida en accidente aéreo el día 20. Esta muerte inesperada dejó sin cabeza reconocida la rebelión, acentuando los problemas derivados de su indefinición política.

Efectivamente, los generales sublevados carecían de alternativa política explícita y unánime, existiendo entre ellos una mayoría monárquica alfonsina (Alfredo Kindelán, jefe de la fuerza aérea, Luis Orgaz, al mando de Canarias, y Andrés Saliquet, al frente de Valladolid), pero registrándose también carlistas (José Enrique Varela, en Cádiz), republicanos conservadores (Queipo de Llano y Miguel Cabanellas, en Zaragoza) y aun falangistas (el coronel Juan Yagüe) o meros accidentalistas (Mola, Antonio Aranda, en Oviedo, y, en gran medida, el propio Franco). Esa diversidad había sido la razón del previo acuerdo entre los conjurados sobre el carácter neutral del pronunciamiento y de la necesidad de establecer una dictadura militar más o menos transitoria, cuyo objetivo esencial era frenar las reformas gubernamentales y conjurar al mismo tiempo la amenaza de una revolución proletaria. Se trataba, en definitiva, de una contrarrevolución preventiva cuyo fracaso parcial habría de dar origen al temido proceso revolucionario en las zonas escapadas a su control. En función de esa laxitud política, su universo ideológico inicial se circunscribía a dos ideas sumarias y comunes a todas las derechas: el nacionalismo español historicista y unitarista ferozmente opuesto a la descentralización autonomista o secesionista; y un anticomunismo genérico que repudiaba tanto el comunismo *stricto sensu* como el liberalismo democrático, el socialismo y el anarquismo. Con su habitual simplicidad, Mola había sintetizado ese credo con una declaración lacónica: "Somos nacionalistas; nacionalista es lo contrario de marxista" (Cabanellas, 1977: 240). Lo mismo había hecho Franco el 18 de julio al proclamar "una guerra sin cuartel a los explotadores de la política, a los engañadores del obrero honrado, a los extranjeros y a los extranjerizantes que directa o solapadamente intentan destruir a España" (García-Nieto y Donézar, 1974: 234).

Para cubrir el vacío creado por la muerte de Sanjurjo y la dispersión de autoridad, Mola constituyó en Burgos el 24 de julio de 1936 la *Junta de Defensa Nacional*, "que asume todos los Poderes del Estado y representa legítimamente al País ante las Potencias extranjeras" (según rezaba en el decreto del *Boletín Oficial del Estado* del día 25). Integrada por la plana mayor del generalato sublevado, la junta estaba presidida por Cabanellas en su condición de jefe más antiguo en el escalafón, y compuesta por otros cuatro generales (Mola, Saliquet, Miguel Ponte y Fidel Dávila) y dos coroneles como secretarios (Montaner y Moreno). Franco, Queipo, Orgaz, el general Gil Yuste y el almirante Moreno se incorporarían poco después a este organismo colegiado cuyo cometido fue ser "una especie de instrumento de la intendencia y la administración básicas" (Tusell, 1986, VI: 64). Su evidente carácter interino sólo pretendía asegurar las mínimas funciones administrativas hasta que la esperada ocupación de Madrid permitiera hacerse con los órganos centrales estatales residentes en la capital.

Si bien la Junta se convirtió en el instrumento de representación colegiada del poder militar imperante en la zona sublevada, como tal organismo no tuvo dirección estratégica en las operaciones bélicas, que siguió en manos de Mola (al norte), Queipo (al sur) y Franco (al frente del ejército de África trasladado a la península y en marcha victoriosa sobre Madrid). La militarización efectiva fue legitimada formalmente por un bando de la Junta del 28 de julio que extendía el estado de guerra a todo el territorio español. Significativamente, dicho bando permaneció en vigor hasta abril de 1948 (Ballbé, 1983: 402-408). Por otra parte, la voluntad autoritaria de ruptura con el liberalismo democrático, patente en las proclamas iniciales, se confirmó el 13 de septiembre con la ilegalización de todos los partidos y sindicatos de izquierda, la incautación de sus bienes y propiedades, y la depuración de la administración pública de sus afiliados y militantes por "sus actuaciones antipatrióticas o contrarias al Movimiento Nacional" (BOE del 16 de septiembre). La exclusividad del dominio militar fue ratificada por otro decreto del 25 de septiembre prohibiendo "todas las actuaciones políticas y las sindicales obreras y patronales de carácter político". La transcendental medida iba destinada a los grupos derechistas que apoyaban la insurrección y se justificaba por reveladoras necesidades bélicas y supremo interés nacional:

> El carácter netamente nacional del movimiento salvador iniciado por el Ejército y secundado entusiásticamente por el pueblo, exige un apartamiento absoluto de todo partidismo político, pues todos los españoles de buena voluntad, cualesquiera que sean sus peculiares ideologías, están fervorosamente unidos al Ejército, símbolo efectivo de la unidad nacional. (...) Día llegará en que el Gobierno que rija los destinos de España sabrá desarrollar la única política y la única sindicación posible en toda Nación bien organizada: la política y la sindicación que rijan y controlen los directores de la cosa pública, como depositarios de la confianza del pueblo (BOE, 28 de septiembre).

Ese dominio absoluto de los mandos militares no encontró resistencia por parte de las fuerzas derechistas que habían prestado su concurso a la insurrección. El decreto simplemente confirmaba la previa satelización de esos grupos por el Ejército y su propia incapacidad política y programática. A la par que la CEDA se hundía para siempre como partido, sus bases católicas y sus dirigentes, incluyendo a Gil Robles (exiliado en Portugal), colaboraron en la instauración del nuevo orden político dictatorial. Idéntica colaboración prestó el monarquismo alfonsino, descabezado por la muerte de Calvo Sotelo, que a pesar de no encuadrar masas de seguidores tenía asegurada una influencia política en virtud de su prestigio social, la alta cualificación profesional de sus afiliados, sus apoyos en medios económicos, y sus fecundas conexiones diplomáticas internacionales.

Mayores reservas abrigaron el carlismo y el falangismo, cuyo crecimiento masivo desde los primeros días de la guerra les permitió constituir sus propias milicias de voluntarios para combatir, siempre sometidas a la jerarquía militar y encuadradas en la disciplina del Ejército: en octubre de 1936 había casi 37.000 milicianos falangistas frente a 22.000 carlistas del Requeté (Casas de la Vega, 1974: 84). Ese hecho, junto a las divisiones internas en ambos partidos (entre colaboracionistas e intransigentes) y a la ausencia del líder de Falange (José Antonio estaba preso en zona republicana y sería fusilado en noviembre), impidieron todo desafío al papel político rector de los generales. En esencia, los partidos derechistas asumían que la emergencia bélica y la necesidad de vencer exigían la subordinación a la autoridad y decisiones de los mandos del ejército combatiente.

La Junta militar pudo contar desde muy pronto con una asistencia crucial y decisiva por sus implicaciones internas y externas: la de la jerarquía episcopal española y de las masas de fieles católicos. En consonancia con su previa hostilidad al programa modernista y secularizador de la república, y aterrada por la furia anticlerical desatada en la zona gubernamental (con una cosecha de 6.832 víctimas), la Iglesia española se alineó resueltamente con los militares sublevados (Montero Moreno, 1961: 762; Raguer, 1977). El catolicismo pasó a convertirse en uno de los principales valedores nacionales e internacionales del esfuerzo bélico insurgente, encumbrado a la categoría de Cruzada por la fe de Cristo y la salvación de España frente al ateísmo comunista y la anti-España. La percepción de la guerra civil como cruzada se aprecia bien en el informe confidencial para la Santa Sede remitido por Isidro Gomá, arzobispo de Toledo y cardenal primado de la Iglesia española, el 13 de agosto de 1936:

> En conjunto puede decirse que el movimiento es una fuerte protesta de la conciencia nacional y del sentimiento patrio contra la legis-

lación y procedimientos del Gobierno de este último quinquenio, que paso a paso llevaron a España al borde del abismo marxista y comunista. (...) Puede afirmarse que en la actualidad luchan España y la anti-España, la religión y el ateísmo, la civilización cristiana y la barbarie (Rodríguez Aisa, 1981: 19, 23).

El decidido apoyo católico convirtió a la Iglesia en la fuerza social e institucional de mayor influencia, tras el Ejército, en la conformación de las estructuras políticas que germinaban en la España insurgente. La compensación por parte de los generales a ese apoyo vital no pudo ser más entusiasta y generosa. Una catarata de medidas legislativas fueron anulando las reformas secularizadoras republicanas (ley de Divorcio, cementerios civiles, coeducación escolar de niños y niñas, educación laica, supresión de financiación estatal, etc.) y entregando de nuevo al clero el control de las costumbres civiles y de la vida intelectual y cultural del país (Raguer, 1977; Ruiz Rico, 1977: 72-73; Tello, 1984; Cuenca Toribio, 1989: cap. 3). En enero de 1937, la primera carta pastoral de Gomá "sobre el sentido cristiano-español de la guerra" reflejaría con crudeza el apoyo eclesiástico a un régimen autoritario que restauraba la posición hegemónica de la Iglesia y hacía posible la recatolización forzada del país:

> España católica, de hecho, hasta su entraña viva: en la conciencia, en las instituciones y leyes, en la familia y en la escuela, en la ciencia y el trabajo, con la imagen de nuestro buen Dios, Jesucristo, en el hogar y en la tumba. (...) Corrosivos de la autoridad son la indisciplina y el sovietismo. La primera podrá curarse con la selección de jerarquías y las debidas sanciones. Para el segundo no puede haber en España sino guerra hasta el exterminio de ideas y de procedimientos. (Rodríguez Aisa, 1981: 133, 143).

A finales de septiembre de 1936, los triunfos militares cosechados y la expectativa de un próximo asalto final sobre Madrid plantearon a los generales la necesidad de concentrar la dirección estratégica y política en un mando único para aumentar la eficacia del esfuerzo de guerra. Una mera situación de fuerza como la representada por la Junta de generales no podía prolongarse sin riesgos internos y diplomáticos. En dos reuniones sucesivas en Salamanca, el 21 y 28 de septiembre, la Junta decidió elegir a Franco, con la única reserva de Cabanellas, como "Generalísimo de las fuerzas nacionales de tierra, mar y aire" y "Jefe del Gobierno del Estado Español", confiriéndole expresamente "todos los poderes del Nuevo Estado" (BOE del día 30). El 1 de octubre, en su primera decisión política firmada como "Jefe del

Estado", Franco creaba una *Junta Técnica del Estado* encargada de asegurar las funciones administrativas hasta ver "dominado todo el territorio nacional", sometida en sus dictámenes "a la aprobación del Jefe del Estado" y vertebrada en siete "comisiones" prefiguradoras de los futuros Ministerios (Hacienda, Justicia, Industria, Agricultura, Trabajo, Cultura y Enseñanza, Obras Públicas y Comunicaciones) (BOE del día 2). Poco después se ponía en marcha una campaña de propaganda con las primeras referencias públicas al jefe del Estado como "Caudillo de España" y las consignas análogas de obligada inclusión en la prensa: "Una Patria, un Estado, un Caudillo"; "Los Césares eran generales invictos".

El encumbramiento político del general Franco significaba la conversión de la Junta militar colegiada en una dictadura militar de carácter personal, con un titular individual investido por sus compañeros de armas como supremo líder y representante del único poder imperante en la España insurgente. Franco exclamó tras su elección: "éste es el momento más importante de mi vida" (Preston, 1994: 234). No cabía duda de que sus títulos para el cargo eran superiores a los de sus potenciales rivales. Por esa asombrosa suerte que Franco tomaba como muestra de favor de la Divina Providencia, habían desaparecido los políticos (Calvo Sotelo y José Antonio) y generales (Sanjurjo y Goded) que hubieran podido disputarle la preeminencia pública. A los restantes los superaba por antigüedad y jerarquía (Mola), por triunfos militares (Queipo) y por conexiones políticas internacionales (no en vano, había conseguido la vital ayuda militar y diplomática italiana y alemana y el reconocimiento como jefe insurgente de Hitler y Mussolini). Además, en función de su reputado posibilismo y neutralidad política, gozaba del apoyo tácito y preferencial de todos los grupos derechistas. Por si ello fuera poco, habida cuenta de su condición de católico ferviente, gozaba también de la simpatía de la jerarquía episcopal, que no tardó en bendecirlo como *homo missu a Deo* y encargado providencial del triunfo de la cruzada: "Caudillo de España por la Gracia de Dios". Según informó Gomá al Vaticano tras su primera entrevista con Franco, "se trata de un excelente hombre de Gobierno" y a él ya "no podía pedir más" porque había garantizado que "no sólo respetará esta libertad de la Iglesia en el ejercicio de sus funciones propias, sino que le prestará su leal concurso" (Rodríguez Aisa, 1981: 95, 97, 148).

El inesperado fracaso del asalto frontal a Madrid en el invierno de 1936-1937 y la conversión de la guerra en un conflicto de larga duración impulsaron a Franco a dar un crucial paso en la institucionalización de su régimen de dictadura personal. El 19 de abril de 1937, sin previa consulta con los interesados, el caudillo decretaba la unificación forzosa de todos los partidos derechistas, "bajo Mi Jefatura, en una sola entidad política de carácter nacional, que de momento se denominará *Falange Española Tradicionalista y de las JONS*" (FET y de las JONS). El propósito de este "Gran Partido del Estado", era, "como en otros países de régimen totalitario", el de servir de enlace "entre la Sociedad y el Estado" y de divulgar en aquélla "las virtudes político-morales de servicio, jerarquía y hermandad" (BOE del día 20; Saz, 1996: 95). La medida fue aceptada disciplinadamente por monárquicos, católicos y carlistas y sólo fue objeto de reservas por un reducido sector falangista fulminantemente aplastado con la destitución y encarcelamiento de Hedilla, el hasta entonces discutido jefe provisional.

Tras la unificación y al compás de los triunfos militares en la campaña del norte (que terminaría con la conquista de Asturias en octubre de 1937), Franco procedió a consolidar su poder personal mediante una labor de institucionalización política muy influenciada ya por el modelo fascista italiano. De hecho, el nuevo partido unificado, férreamente controlado por el Cuartel General, se convertiría en el tercer pilar institucional (con el Ejército y la Iglesia) de un régimen propiamente calificable ya como "franquista". El jurista Ramón Serrano Suñer, exdiputado de la CEDA, cuñado de Franco y su más íntimo asesor político por entonces, fue el arquitecto de esa transformación de "un Estado todavía campamental" y militarizado en un "régimen de mando único y de partido único que asumía algunas de las características externas universales de otros regímenes modernos" (Serrano Suñer, 1973: 59, 117). Por su inspiración y como expresión de la fascistización política iniciada, la FET tuvo mucho más de la antigua Falange que del viejo carlismo, la CEDA o el monarquismo: "en la elección de símbolos, terminología y cuerpo de doctrina, se dio preferencia al sector falangista" (Serrano Suñer, 1973: 57). Por eso se hizo oficial el saludo con el brazo en alto y la mano extendida, el emblema del "Yugo y las Flechas", el canto del "Cara al Sol", el uniforme de camisa azul (con la boina roja carlista), y los "26 puntos programáticos de Falange" (excluyendo, claro está, el 27: "Nos afanaremos por triunfar en la lucha con sólo las fuerzas sujetas a nuestra disciplina. Pactaremos poco. Sólo en el empuje final por la conquista del Estado gestionará el mando las colaboraciones necesarias, siempre que esté asegurado nuestro predominio") (Chueca, 1983: 149; documento 5). También en la elección de los nuevos dirigentes predominó esa orientación: Franco nombró a 6 falangistas y 4 carlistas para la primera Junta Política de FET y "sólo en 9 provincias le correspondió la jefatura del partido a un antiguo carlista, frente a las 22 donde lo ocupó un falangista" (Tusell, 1992: 139; Ellwood, 1984: 103).

El progresivo abandono de los presupuestos políticos del conservadurismo tradicional en beneficio del ideario fascista se apreció pronto en las declaraciones y actos del caudillo. En julio de 1937, Franco había reconocido a la United Press que la España nacionalista "seguirá la estructura de los regímenes totalitarios, como Italia y Alemania" (Franco, 1939: 148). Un mes más tarde, los nuevos estatutos de la Falange demostraban de nuevo la creciente hegemonía fascista sobre otros integrantes de la coalición antirrepublicana: definición del partido como "Movimiento Militante inspirador y base del Estado Español"; referencias a la "misión católica e imperial"; proclamación de la doctrina del caudillaje ("el Jefe asume en su entera plenitud la más absoluta autoridad. El Jefe responde ante Dios y ante la Historia"); asunción de la tarea de "encuadrar el Trabajo y la producción" mediante "Organizaciones Sindicales" de "graduación vertical y jerárquica a la manera de un Ejército creador, justo y ordenado"; identificación entre Partido y Estado mediante la conversión en militantes de "los Generales, Jefes, Oficiales y clases de los Ejércitos Nacionales"; etc. En octubre de 1937, la constitución del *Consejo Nacional de Falange* (remedo del Gran Consejo Fascista de Italia), cuyos 50 miembros fueron nombrados libremente por el generalísimo, revalidó el maridaje entre Franco y el fascismo español. El caudillo se apoyaba en el partido para reforzar con una tercera fuente de legitimidad la base de su poder omnímodo, para disponer de un modelo político integrador y controlador de la sociedad civil, y para canalizar y encuadrar la movilización de masas exigida por la guerra y por los nuevos tiempos. El falangismo de camisa vieja (anterior a la unificación), privado de líder carismático y fracturado por rivalidades cantonales, asumía el liderazgo de un general victorioso a cambio de grandes parcelas de poder en el régimen y la expectativa de ampliarlas aún más en el futuro (García-Nieto y Donézar, 1974: 304-315, 331-333).

Sin embargo, el proceso de fascistización en marcha en ningún momento puso en duda que el Ejército "era la base del poder ya creado" ni que el *"Movimiento Nacional"* era una coalición derechista unida por el "dogma negativamente común" del repudio de la república (Serrano Suñer, 1973: 49, 54). A finales de enero de 1938, poco antes de la gran ofensiva militar que habría de dividir en dos al territorio republicano, Franco ratificó esos rasgos y su condición de árbitro supremo inapelable mediante la formación de su primer Gobierno regular. Se trataba de un ejecutivo de once miembros, de composición equilibrada y con representantes de todas las "familias" políticas anteriores a la unificación. Cuatro ministros eran militares, reservándose las carteras de Defensa, Orden Público, Industria y Exteriores (que llevaba anexa la vicepresidencia y estaba en manos del general Gómez-Jordana). La Falange tomaba a su cargo las carteras "sociales" de Agricultura (Raimundo Fernández Cuesta) y Organización y Acción Sindical (González Bueno) y la de Interior en la persona de Serrano Suñer, hombre fuerte del Gobierno por su condición de "cuñadísimo". El conde de Rodezno en Justicia era el exponente carlista, en tanto que Pedro Sainz Rodríguez representaba el monarquismo alfonsino en Educación, junto con Andrés Amado en Hacienda. El titular de Obras Públicas,

Peña Boeuf, era un ingeniero derechista nombrado por su competencia técnica (Tusell, 1992: 228-233; Equipo Mundo, 1970: 19-67).

Paralelamente a la formación del Gobierno, Franco aprobó *la ley de Administración Central del Estado,* vinculando la presidencia del Gobierno con la Jefatura del Estado y ratificando su condición de dictador con plenos poderes ejecutivos y legislativos y sólo responsable "ante Dios y la Historia". No en vano, según el artículo 17 de dicha ley: "Al Jefe del Estado, que asumió todos los Poderes en virtud del decreto de la Junta de Defensa Nacional de 29 de septiembre de 1936, corresponde la suprema potestad de dictar normas jurídicas de carácter general" (BOE, 31 de enero de 1938). Tres meses después, en plena ofensiva de Levante, el Gobierno franquista anulaba el Estatuto de Cataluña ("en mala hora concebido por la república") por suponer una "negación de los valores que se intentaban restaurar" y "de acuerdo con el principio de unidad de la Patria" (el estatuto vasco ni siquiera había sido anulado por haberse aprobado después del 18 de julio de 1936) (BOE, 8 de abril). La Administración nacionalista completaba así su previo proceso de centralización uniformizadora (con la excepción de Alava y Navarra, por su apoyo a la sublevación) y jerarquización piramidal (el ministro de Gobernación nombraba a los gobernadores civiles provinciales y a los alcaldes de grandes capitales, en tanto que los gobernadores nombraban a los alcaldes de las ciudades menores y villas). Para entonces, ya era evidente que el caudillo no concebía su dictadura como interina sino como vitalicia y que no tenía intención de proceder de inmediato a la restauración monárquica. En julio de 1937 había dado la primera indicación pública en ese sentido en una entrevista al *ABC* de Sevilla: "Si el momento llegara de la Restauración, la nueva Monarquía tendría que ser, desde luego, muy distinta de la que cayó el 14 de abril de 1931" (Franco, 1939: 168). Comenzaba así el largo trayecto hacia la "instauración" de una monarquía franquista como alternativa a la "restauración" de la previa monarquía liberal-oligárquica.

Ese propósito manifiesto de permanencia en el poder estaba en la base precisamente del apoyo de Franco al proceso de fascistización, que dio dos nuevos pasos decisivos durante el año 1938. El 6 de marzo aprobó el *Fuero del Trabajo,* primera ley fundamental del régimen franquista y auténtico exponente de la influencia italiana (la "Carta del Lavoro" de 1927). El texto, además de considerar la huelga y toda perturbación de "la normalidad de la producción" como "delitos de lesa patria", incluía una declaración de principios resueltamente fascista:

> Renovando la Tradición Católica, de justicia social y alto sentido humano que informó nuestra legislación del Imperio, el Estado, Nacional en cuanto es instrumento totalitario al servicio de la integridad patria,

y Sindicalista en cuanto representa una acción contra el capitalismo liberal y el materialismo marxista, emprende la tarea de canalizar –con aire militar, constructivo y gravemente religioso– la Revolución que España tiene pendiente y que ha de devolver a los españoles, de una vez y para siempre, la Patria, el Pan y la Justicia (documento 6).

El 22 de abril fue aprobada otra disposición en igual sentido político totalitario. La *ley de Prensa* de 1938 (en vigor hasta 1966) imponía un férreo control gubernativo sobre las publicaciones periódicas mediante la institución de la censura previa, el derecho de veto sobre los directores de los medios, la reglamentación de la profesión de periodista y la obligación de atender "normas dictadas por los servicios competentes" (eufemismo para las consignas) (BOE del día 24). La creación de la Radio Nacional en enero de 1937 había prefigurado ese control estatal de la información (todas las emisoras locales estaban obligadas a conectar con ella para transmitir el "parte" con las noticias de guerra). Tras la ley de Prensa, la formación de la agencia de noticias EFE (enero de 1939) y la progresiva constitución de una amplia red de prensa y radio del Movimiento, completarían el dirigismo informativo imperante en la España franquista (Barrera, 1995: 37-39, 41-52; Terrón Montero, 1981).

La orientación política fascistizante impresa por Franco no fue del agrado de todos los grupos integrantes de la coalición nacionalista por obvios motivos de rivalidad con la Falange. Los militares temían su decreciente influencia sobre el caudillo y los carlistas se resentían de su pérdida de poder relativo, en tanto que los monárquicos veían con prevención el declarado antimonarquismo falangista y los católicos recelaban de lo que círculos vaticanos denominaban el peligro del "panestatismo". Sin embargo, todos asumían la necesidad de mantener "prietas las filas" en el tramo final de su asalto militar contra una república aislada, debilitada y acosada. Y, en efecto, el 1 de abril de 1939 Franco consiguió poner punto final a la guerra civil con una victoria rotunda, absoluta e incondicional. Desde entonces, la legitimidad de la victoria se convertiría en la fuente última y suprema de su autoridad indiscutida y de su derecho a ejercer el poder de modo vitalicio. La guerra civil concluida triunfalmente habría de ser la columna vertebral sobre la que se erigió su larga dictadura.

2.2. La sociedad en la España insurgente: vida y muerte en la retaguardia de la ciudad de Dios

A finales de septiembre de 1936, el obispo de Salamanca, Enrique Plá y Deniel, que sucedería a Gomá como primado de España en 1940, publicó una influyente carta pastoral sobre la guerra titulada *Las dos ciudades*. En ella afirmaba que "sobre el suelo de España luchan hoy cruentamente dos concepciones de la vida, dos sentimientos, dos fuerzas que están aprestadas para una lucha universal en todos los pueblos de la tierra": eran las "dos ciudades" descritas ya por san Agustín. Según Plá y Deniel, el bando republicano representaba la "ciudad terrestre", caracterizada por "su consumación en el odio a Dios" y donde "comunistas y anarquistas son los hijos de Caín". La zona insurgente, en cambio, era "la ciudad celestial" donde florecía "el heroísmo y el martirio (...) en amor exaltado a España y a Dios" (Rodríguez Aisa, 1981: 116-117).

En efecto, si bien la ciudad de Dios retratada por el obispo carecía de una definición política formal y explícita, no cabía duda de su significación en cuanto movimiento social. Como el mismo Plá y Deniel afirmaba en su pastoral, "es una *Cruzada*. (...) pero no para perturbar, sino *para restablecer el orden*" (Rodríguez Aisa, 1981: 120). La sublevación militar abrigaba un propósito declarado de reacción contra las reformas democráticas republicanas y de restauración autoritaria del sistema de dominación social oligárquico vigente hasta 1931. De hecho, su política social se manifestó en tres aspectos inequívocamente antirreformistas y por derivación contrarrevolucionarios: el reaccionarismo conservador y arcaizante impuesto en la vida social y económica; la recatolización forzada de la cultura, las costumbres y la educación; y la represión intensa y brutal sobre elementos y grupos hostiles, disidentes o poco afectos.

El sentido reaccionario y restaurador del movimiento militar se apreció inmediatamente en sus primeras disposiciones sociales. La declaración de estado de guerra, que ya había significado la proscripción de todo tipo de huelgas y actividades opositoras bajo pena de muerte, prosiguió con la ilegalización de los partidos y sindicatos de izquierda y con la prohibición de toda actividad partidaria y sindical. Esas medidas significaron, en esencia, la desarticulación de las organizaciones de resistencia y reivindicación de la clase obrera industrial y del campesinado jornalero, grupos sociales que desde entonces quedaron indefensos ante la catarata de decretos y leyes encaminada a la revisión de sus condiciones de trabajo y de existencia.

El propósito de restablecer el orden anterior a la proclamación de la república se apreció sobremanera en la política agraria, volcada a la parálisis y liquidación de la reforma republicana y al aplastamiento de la resistencia jornalera al pleno dominio de la oligarquía latifundista. Los primeros decretos iniciales de 28 de agosto dictados por la Junta militar fueron completados por otros de 24 y 25 de septiembre de 1936 disponiendo que "las fincas rústicas, invadidas por campesinos o jornaleros, (...) y cuyos propietarios deseen recuperarlas para su explotación, se reintegran a la plena disposición de sus dueños"

(BOE del 28). El proceso de contrarreforma agraria "fue una auténtica "contrarrevolución", con la ocupación de las tierras por sus antiguos propietarios sin apenas control por parte del Estado", y todo ello al compás de un expolio de los colonos y de una represión durísima de los jornaleros significados por su apoyo a las izquierdas (Barciela, 1996: 351-359). La devolución de tierras y el férreo control de la mano de obra y de sus salarios fueron acompañados posteriormente por las primeras medidas claramente autárquicas de intervención estatal en la producción agrícola. Por ejemplo, en agosto de 1937 se creaba el Servicio Nacional del Trigo, encargado de fijar las superficies de cultivo de ese cereal básico, de adquirir todas las existencias, de venderlas a industriales harineros o panaderos y de fijar sus precios tanto de compra como de venta (García-Nieto y Donézar, 1974: 318-323). La nueva ordenación agraria permitió el restablecimiento del poder social de los grandes propietarios latifundistas y del conjunto de los propietarios agrícolas, así como la creación de un marco económico favorable a la continuidad de sus arcaicas explotaciones gracias a la fuerte rebaja de sus costes laborales y a la garantía de reserva del mercado nacional para su producción.

La legislación relativa a las relaciones laborales en la industria y los servicios mostró iguales signos de reaccionarismo social. El sometimiento de la clase obrera a las directrices patronales mediante la anulación de sus sindicatos y de su capacidad reivindicativa fue seguida por una política de intervencionismo estatal sumamente dirigista y militarizada (Aparicio, 1980; Molinero e Ysàs, 1998: 1-12; Benito del Pozo, 1993: 132-138). El Nuevo Estado pretendía conseguir unos "productores disciplinados" que (en palabras del Fuero del Trabajo) asumieran su deber de "fidelidad y subordinación" al "jefe de empresa", comprendieran que "la producción nacional constituye una unidad económica al servicio de la Patria", y renegaran de "actos individuales o colectivos que de algún modo turben la normalidad de la producción o atenten contra ella", puesto que los mismos "serán considerados como delitos de lesa patria" y "objetos de sanción adecuada".

La consecuente disciplina semimilitar permitió a los patronos la imposición de niveles salariales mínimos y unas condiciones laborales draconianas. No en vano, las autoridades militares (luego franquistas) anularon la contratación colectiva, reforzaron las competencias de la patronal en relación con sus obreros, y dictaron medidas legales tendentes a rebajar los salarios e incrementar la jornada laboral (por ejemplo, el 20 de diciembre de 1936 se aumentó a ocho horas la jornada en el interior de las minas, fijada en siete desde 1919). Esa situación, junto con la orientación autárquica de la política económica general, propició a su vez una elevada tasa de explotación de la fuerza de trabajo y una correlativa recuperación y expansión de las ganancias y dividendos empresariales.

La segunda faceta restauradora de la sublevación militar y del franquismo se manifestó en el plano ideológico-cultural mediante un profundo proceso de recatolización forzada de las masas y de la vida pública y social. Su contenido se tradujo en un restablecimiento del poder institucional eclesiástico que la república había menoscabado y en una derogación radical de todas las innovaciones reformadoras en el terreno legal, familiar, intelectual y educativo. De hecho, la Iglesia española consiguió durante la guerra y tras la victoria "todo lo que cualquiera otra institución hubiera podido desear: poder social efectivo, aceptable bienestar económico, riguroso control de sus posibles enemigos, inusitadas facilidades para la práctica religiosa y el adoctrinamiento clerical" (García de Cortázar, 1996: 386). La única salvedad en esa restauración fue la necesidad de compartir ciertas funciones de legitimación e integración social con los organismos especializados de la Falange, que acabaría obteniendo en dura pugna el monopolio del encuadramiento sindical y una porción significativa (pero no absoluta) de los medios de comunicación de masas.

La Junta de Burgos había comenzado el proceso de devolución a la Iglesia de su protagonismo socio-cultural mediante la orden del 4 de septiembre de 1936 que ordenaba la "destrucción de cuantas obras de matiz socialista o comunista se hallen en bibliotecas ambulantes y escuelas", dejando en ellas "únicamente" las "obras cuyo contenido responda a los santos principios de la Religión y la Moral cristiana" (BOE, 8 de septiembre). En aquella misma fecha, las autoridades militares dictaban otra orden "suprimiendo, desde luego, la práctica de la coeducación", medida republicana que había sido considerada por los católicos como "un crimen ministerial contra las mujeres decentes" y "un delito contra la salud del pueblo" (Gallego Méndez, 1983: 154). El entusiástico apoyo de la jerarquía episcopal a la cruzada aceleró ese proceso de "contralegislación" ya bajo el amparo de Franco: anulación de los matrimonios civiles (marzo de 1938); permiso de regreso a los jesuitas expulsados (mayo de 1938); derogación de la ley de Divorcio (agosto de 1938); autorización a órdenes religiosas para la práctica de la enseñanza privada (febrero de 1939); etc. Al mismo tiempo, la Iglesia lograba quedar exenta de contribución fiscal y conseguía un notable apoyo estatal a su labor pastoral: las fiestas católicas se convirtieron en oficiales, la censura eclesiástica controlaba la vida intelectual, y las ceremonias religiosas (misas dominicales y de campaña, peregrinaciones, consagraciones públicas, ofrendas y desagravios) devinieron en actos masivos de tintes barroquizantes (Alted Vigil, 1984: 158; Lannon, 1990: 254, 258-259). El propio Franco se sumó a esa devoción católica tridentina al hacerse con la reliquia del brazo incorrupto de santa Teresa (la "santa de la Raza"), que mantuvo consigo durante toda la guerra y de la cual no se desprendería hasta su muerte (Febo, 1988: 63-71; Preston, 1994: 276).

Donde mayores éxitos cosechó la Iglesia fue en el ámbito educativo (documento 7). No sólo consiguió permiso para restablecer sus propios centros de enseñanza privada, sino que políticos procedentes de la *Asociación Católica Nacional de Propagandistas* (ACNP: selecta organización de seglares influyentes formada por los jesuitas en 1908 y que al final de la guerra contaba con unos 580 miembros) se hicieron cargo de la gestión educativa del Nuevo Estado desde el principio. Con la llegada de Sainz Rodríguez al frente del Ministerio de Educación en 1938 esa tarea de control católico llegó a su plenitud y cristalizó en el nacional-catolicismo como simbiosis de ortodoxia católica y nacionalismo español intransigente: "El fundamento de la educación debe estar basado en una formación religiosa, patriótica y clásica, porque son los tres pilares del futuro imperial de España". José Pemartín, jefe nacional de Enseñanza Media y Superior, reafirmó por entonces "la orientación radical que hay que imprimir a la Enseñanza española en el sentido de la Ortodoxia Católica; tanto por la Enseñanza de la Religión en todos los grados, como por la prohibición absoluta y total de la difusión proselitista de las Doctrinas anti-católicas" (Alted Vigil, 1984: 154, 160). Ese catolicismo militante y fanático implicó una depuración radical y sistemática del personal educativo desafecto: a finales de noviembre de 1938 habían sido sometidos a expediente depurativo (y en su caso apartados del cargo o sancionados) "prácticamente todos los maestros" (casi 52.000), además de 1.339 profesores de instituto (enseñanza secundaria) y 1.101 profesores de universidad (Alted Vigil, 1984: 171; Cámara Villar, 1984; Navarro García, 1993).

La profunda depuración desplegada entre el personal docente fue sólo una de las facetas de la tercera y más atroz de las dimensiones reaccionarias del movimiento insurgente. En efecto, desde el principio, la sublevación tuvo como uno de sus objetivos una represión violenta y sistemática de toda resistencia u oposición activa o potencial. En la primera de sus "instrucciones reservadas" con vistas a la sublevación, fechada el 25 de mayo de 1936, el general Mola había previsto el uso de la fuerza represiva durante el alzamiento con el máximo rigor:

> Se tendrá en cuenta que la acción ha de ser en extremo violenta para reducir lo antes posible al enemigo, que es fuerte y bien organizado. Desde luego serán encarcelados todos los directivos de los partidos políticos, sociedades o sindicatos no afectos al Movimiento, aplicándoles castigos ejemplares a dichos individuos para estrangular los movimientos de rebeldía o huelgas (La Cierva, 1969: 771).

La instrucción resultó profética y tras el inicio de la sublevación se desató una represión inmediata y fulminante contra el enemigo *interno,* fehaciente o potencial. El sentido y finalidad de esa "política de exterminio" fue definida en plena guerra por un amargado presidente Azaña: "se propone acabar con el adversario, para suprimir quebraderos de cabeza a los que pretenden gobernar". En efecto, la violencia represiva tenía como propósito y función política la de eliminar físicamente a los enemigos declarados y, al mismo tiempo, crear una sensación de miedo y terror que atajara o paralizara cualquier reacción hostil de los restantes adversarios reales o potenciales. Una orden firmada por Queipo de Llano en Sevilla el 23 de julio así lo revelaba sin ambages:

> Primero: En todo gremio en que se produzca una huelga o un abandono de servicio que por su importancia pueda estimarse como tal, serán pasadas por las armas inmediatamente todas las personas que compongan la Directiva del gremio y además un número igual de individuos de éste discrecionalmente escogidos.
>
> Segundo: Que en vista del poco acatamiento que se ha prestado a mis mandatos advierto y resuelvo que toda persona que resista las órdenes de la autoridad o desobedezca las prescripciones de los bandos publicados o que en lo sucesivo se publiquen, será también fusilada sin formación de causa (Tuñón de Lara y García-Nieto, 1981: 255).

La conversión del golpe militar en guerra civil hizo que la violenta represión inicial se transformara en una persistente política de depuración y "limpieza" de la retaguardia. De este modo, los "paseos" y asesinatos irregulares de los primeros meses (como los que se cobraron la vida del poeta Federico García Lorca en Granada a mediados de agosto de 1936) fueron reemplazados por juicios sumarísimos en severos consejos de guerra militares. El volumen e intensidad de la represión efectuada cumplía una deliberada finalidad política y social "redentora" y no era el resultado de un mero estallido espontáneo de violencia irracional y pasional como consecuencia de las hostilidades. En febrero de 1937 el propio Franco explicó a sus valedores italianos los motivos de ese programa con palabras expresivas: "En una guerra civil, es preferible una ocupación sistemática de territorio, acompañada por una limpieza necesaria, a una rápida derrota de los ejércitos enemigos que deje el país infestado de adversarios" (Preston, 1994: 278). Ante la evidente incomodidad italiana por ese baño de sangre que podría hacer imposible la reintegración de los vencidos en el proyecto nacional totalitario, un mes más tarde Franco reiteraría impertérrito sus razones:

> Debemos realizar la tarea, necesariamente lenta, de redención y pacificación, sin la cual la ocupación militar sería totalmente inútil.

La redención moral de las zonas ocupadas será larga y difícil, porque en España las raíces del anarquismo son antiguas y profundas. (...) Ocuparé España ciudad a ciudad, pueblo a pueblo, ferrocarril a ferrocarril... nada me hará abandonar este programa gradual. Me dará menos gloria, pero mayor paz en el territorio. (...) Querido embajador, puedo asegurarle que no tengo interés en el territorio, sino en los habitantes. La reconquista del territorio es el medio, la redención de los habitantes, el fin (Preston, 1994: 304).

Esa política represiva consciente y meditada fue responsable de un elevadísimo número de muertes durante la guerra civil y en la inmediata posguerra cuyo cómputo exacto ha sido objeto de aguda controversia historiográfica. Al margen de las simpatías o antipatías políticas abrigadas por cada autor, parte de la razón de esa divergencia radica en las dificultades de acceso a fuentes de información fidedignas, solventes y no manipuladas. Quizá las estimaciones aportadas por Gabriel Jackson en 1965 y Ramón Salas Larrazábal en 1977 puedan considerarse representativas de las dos alternativas existentes sobre el particular. El historiador norteamericano, desde una perspectiva liberal progresista, estimó en 20.000 los asesinatos y ejecuciones políticas registradas en la zona republicana durante toda la guerra, y en un mínimo de 125.000 y un máximo de 200.000 los asesinados y ejecutados en zona nacionalista durante el conflicto y el período de postguerra (hasta 1944) (Jackson, 1976: 14). Por su parte, el general Salas Larrazábal (1974: 428-429), excombatiente en las filas franquistas, calculaba que el número de «ejecuciones y homicidios» cometidos en la república habían sumado 72.500, mientras que los registrados en la España de Franco apenas superaba los 58.500 (35.500 durante la guerra y 23.000 en la postguerra).

Ambos cómputos generales han sido considerablemente revisados y enmendados por las más recientes investigaciones historiográficas sobre el tema, que han optado por concentrar sus esfuerzos en estudios monográficos de ámbito local y regional para fundamentarse en una amplia variedad de fuentes informativas mutuamente enriquecedoras. Por ejemplo, un detallado estudio sobre la represión republicana en Cataluña arroja una cifra cercana a los 9.000 muertos para dicha región que invalida por defecto el total de víctimas apuntado por Jackson para el conjunto de la república (Solé i Sabaté y Villarroya, 1990). De igual modo, ese mismo estudio reduce sustancialmente el exagerado número de víctimas catalanas de la represión republicana ofrecido por Salas Larrazábal en su trabajo (14.486). El caso de Madrid confirma nuevamente esa tendencia revisionista. Según los estudios recientes, fueron víctimas de la represión republicana en la ciudad durante la guerra un total de 8.815 personas (Juliá y otros, 1999: 135, 412): cifra que hace inaceptable nuevamente tanto el cómputo de Jackson por defecto como el cómputo de Salas por exceso (que estimaba en 16.449 las víctimas en la capital). A la vista de esos resultados y otros similares, la más reciente ponderación estima que la cifra general de víctimas de la represión republicana "está más cerca de las 55.000 personas que de las 60.000, en todo caso inferiores a las de Salas en un 20%" (Villarroya, 1999: 32).

Por lo que respecta a la represión franquista durante la guerra civil, parece claro que las 35.500 víctimas propuestas por Salas son un mínimo inaceptable. Y eso dejando aparte la dificultad de separar esa represión de guerra de la efectuada durante la posguerra, cuando la victoria franquista permitió ocupar las últimas zonas republicanas y extender la sistemática política represiva a la totalidad del territorio español. Buena prueba de esa infravaloración de Salas la ofrecen los estudios sobre la represión en aquellas áreas que desde el primer momento estuvieron en poder de los sublevados y donde no hubo que esperar a la posguerra para efectuar la "limpieza necesaria". Por ejemplo, la provincia de Cáceres, que estuvo en manos de los insurgentes desde el triunfo de la sublevación el 19 de julio de 1936. Según Salas, Cáceres registró 818 víctimas republicanas de "ejecuciones y homicidios" durante la guerra y la posguerra. Sin embargo, el más reciente y solvente estudio eleva esa cifra a 1.680 personas (¡el doble!), de las cuales 1.170 fueron víctimas de "paseos" en los primeros meses y otras 510 fallecieron fusiladas por ejecución de sentencia firme en consejo de guerra entre 1936 y 1943 (390 durante la guerra y 120 en la posguerra) (Chaves, 1995: 228, 318-321). A tenor de esta revisión y otras similares, las 35.500 víctimas de la represión franquista durante la guerra apuntadas por Salas deben duplicarse o incluso elevarse hasta una cifra cercana a las 90.000 personas (Moreno Gómez, 1998: 24).

En cualquier caso, al margen de su precisa entidad numérica, no cabe duda de que ese inmenso "pacto de sangre" sellado por la represión en retaguardia tuvo el efecto político de garantizar para siempre la lealtad ciega de los vencedores hacia Franco por temor al regreso vengativo de los vencidos. Esa misma sangría también representó una utilísima "inversión" política respecto a los derrotados: los que no habían muerto quedaron mudos de terror y paralizados por el miedo durante mucho tiempo.

2.3. La política exterior de la España franquista durante la guerra civil

El fracaso parcial del levantamiento militar en julio de 1936 había hecho inevitable dirimir el empate mediante una verdadera guerra civil. Sin embargo, ambos bandos se enfrentaban a un grave problema porque carecían de las armas y equipo militar necesarios para sostener un esfuerzo bélico de envergadura. Por ese motivo, el mismo día 19 de julio de 1936, tanto el Gobierno republicano desde Madrid como el general Franco desde Marruecos se dirigieron en demanda de ayuda a las potencias europeas más afines a sus postulados políticos y de las que cabía esperar algún auxilio.

Las autoridades de la república solicitaron asistencia para sofocar la sublevación en Francia, donde un Gobierno análogo de Frente Popular presidido por el socialista Léon Blum había accedido al poder apenas un mes antes. El general Franco envió sus emisarios confidenciales a Roma y Berlín, solicitando armas y aviones para transportar sus experimentadas tropas africanas hasta Sevilla y así iniciar la marcha sobre Madrid (cuya conquista era requisito para lograr el reconocimiento internacional). Esta simultánea petición de ayuda al exterior suponía un reconocimiento de las dimensiones europeas implícitas en la crisis española y un intento de sumergirla en las profundas tensiones que fracturaban el continente. De hecho, ambas peticiones iban a abrir la vía a un rápido y decisivo proceso de internacionalización de la guerra civil, que tendría resultados bien distintos para la república y para los militares sublevados (Alpert, 1998; Avilés, 1998).

Efectivamente, las peticiones de ayuda de Franco recibidas en Alemania y en Italia fueron respondidas de modo afirmativo por Hitler y Mussolini el 25 y el 28 de julio de 1936, respectivamente. En consecuencia, Franco empezó a recibir desde finales de mes los aviones y suministros bélicos necesarios para trasladar sus tropas a la península y comenzar su meteórica marcha sobre Madrid. Esa ayuda vital y decisiva permitió a los sublevados superar un momento bélico crítico y tomar la iniciativa estratégica. En adelante, el apoyo militar, diplomático y financiero italiano y alemán sería el pilar fundamental e insustituible del esfuerzo bélico insurgente (con el apoyo logístico del Portugal de Salazar inmediatamente detrás). En conjunto, durante toda la guerra, casi 80.000 soldados italianos (integrantes del *Corpo di Truppe Volontarie*) y unos 19.000 soldados alemanes (agrupados en la llamada *Legión Cóndor*) tomarían parte en casi todos los combates librados en España al lado de las fuerzas del general Franco (Coverdale, 1979; Saz Campos, 1986; Saz Campos y Tusell, 1981; Viñas, 1977; Whealey, 1989; Proctor, 1983).

La decisión de intervenir de ambos dictadores se tomó sin consulta mutua pero basándose en un cálculo político-estratégico muy similar. A juicio de Hitler y de Mussolini, la victoria de los militares insurgentes con su ayuda limitada y (en principio) encubierta ofrecía la posibilidad de modificar a su favor el equilibrio de fuerzas en Europa occidental, debilitando la posición estratégica franco-británica con unos riesgos y costes aceptables y favoreciendo así sus respectivos planes expansionistas en Europa central y en el Mediterráneo. Además, existía un factor de oportunidad inestimable: podría tranquilizarse al Gobierno conservador británico y a las derechas francesas con el pretexto de estar ayudando desinteresadamente a un movimiento español anticomunista pero no necesariamente fascista o filonazi. De hecho, el heterogéneo amago de revolución social en la república daba credibilidad a ese pretexto y provocaba las simpatías de los círculos conservadores europeos por Franco y su aversión apenas disimulada hacia la causa republicana. Con el transcurso del tiempo esas primeras motivaciones para intervenir se verían reforzadas por nuevas razones derivadas: la pretensión alemana de asegurarse los suministros españoles de piritas y mineral de hierro esenciales para su programa de rearme; la voluntad italo-germana de experimentar nuevas tácticas y armas en la arena de combate española; y el propósito nazi de cimentar la alianza con Italia evitando su retorno a la órbita de las democracias occidentales.

A diferencia del éxito alcanzado por Franco en sus gestiones internacionales, la república sólo cosechó fracasos en ese plano crucial. En un principio, el Gabinete francés se mostró dispuesto a acceder a la demanda de ayuda militar de un modo confidencial. Sin embargo, esa decisión suscitó el firme rechazo de la derecha política francesa, de la opinión pública católica y de influyentes sectores burocráticos y militares del país. Estos medios percibían en el bando republicano los síntomas abominables de una revolución y temían que dicha ayuda propiciase la conversión de un conflicto local en una guerra general europea. Para agravar las cosas, esas mismas preocupaciones eran compartidas por las autoridades conservadoras del Reino Unido, el vital e inexcusable aliado de Francia, que había adoptado desde el primer momento una actitud de estricta neutralidad en la contienda y estaba firmemente decidido a que ningún problema español dificultara su política de apaciguamiento de Roma y Berlín. En efecto, los gobernantes británicos no abrigaban graves temores respecto a una victoria insurgente. Por el contrario, en su opinión, dicha victoria permitiría poner orden en España, garantizar la seguridad de Gibraltar y salvaguardar las cuantiosas inversiones británicas en el país. Además, consideraban que siempre tendrían a su disposición dos resortes para lograr la benevolencia de Franco en el futuro: el poder de atracción de la libra esterlina (clave para la reconstrucción económica postbélica española) y el poder de disuasión de la *Royal Navy* (clave para la protección o bloqueo de las costas españolas).

Esa doble oposición interna (en Francia) y exterior (en Gran Bretaña) inclinaron la voluntad del Gobierno francés. El 25 de julio de 1936 Blum anunció su negativa a entregar armas a la república y poco después invitó a todos los Gobiernos europeos a suscribir un *Acuerdo de No Intervención en España*. Con el apoyo entusiasta británico, los 27 Estados europeos (incluyendo Italia, Alemania, Portugal y a la Unión Soviética) convinieron a finales de agosto de 1936 en la implantación de un embargo colectivo de armas y municiones con destino a ambos bandos españoles. Para los franceses, esa política multilateral, como mal menor, permitiría confinar la guerra en España, evitar la ayuda exterior a los sublevados y paralizar los combates por falta de suministros bélicos. Para los británicos, constituía un mecanismo idóneo para lograr dicho confinamiento y garantizar tres objetivos diplomáticos supremos: refrenar la intervención del aliado francés en apoyo de la república, evitar el alineamiento con la Unión Soviética en España, y eludir el enfrentamiento con Italia y Alemania por su eventual ayuda a Franco (Avilés, 1994; Moradiellos, 1996).

Sin embargo, la voluntad francobritánica de confinar el conflicto mediante el Acuerdo de No Intervención resultó frustrada por la actitud de Italia y de Alemania, que no interrumpieron en ningún momento su ayuda a Franco a pesar de firmar el pacto de embargo colectivo. La vacilante retracción de las democracias occidentales ante la acometida del incipiente eje italo-germano (oficializado en octubre de 1936 con la visita de Mussolini a Berlín) se percibió con suma claridad en las labores dilatorias del Comité de No Intervención, instituido en Londres a principios de septiembre para vigilar la aplicación del Acuerdo correspondiente. Su patente incapacidad para detener eficazmente la ayuda prestada a Franco por el eje dio origen a una estructura asimétrica de apoyos e inhibiciones que fue muy favorable para los insurgentes y muy perjudicial para la república. Sólo México acudió abiertamente en auxilio de ésta, pero en una medida incapaz de contrarrestar los efectos combinados de la intervención italiana, alemana y portuguesa, y de la inhibición de las democracias europeas y de Estados Unidos. Para empeorar la situación, desde mediados de septiembre de 1936, a la vista de la brutal persecución sufrida en la retaguardia republicana por el clero católico, el Vaticano comenzó a secundar públicamente la beligerante actitud adoptada desde el primer momento por la jerarquía episcopal española. De este modo, el catolicismo mundial pasó a convertirse en uno de los principales valedores internacionales del esfuerzo bélico franquista.

En esa coyuntura, cuando parecía que el colapso militar republicano era inminente, tuvo lugar un giro radical en la posición de la Unión Soviética. En un principio, Stalin había mantenido una actitud de reserva para no dificultar su política de acercamiento a Francia y Gran Bretaña, que pretendía frenar la potencial tenaza hostil alemana y japonesa sobre la URSS con el apoyo de las potencias democráticas. Por eso había suscrito el Acuerdo de No Intervención. Sin embargo, ante el fracaso de esa política de embargo colectivo, Moscú decidió auxiliar a la república para poner a prueba su proyecto de alianza con las democracias frente al expansionismo nazi y en defensa de la seguridad colectiva. A partir de entonces, mediante su apoyo a las Brigadas Internacionales y mediante el envío directo de armas y municiones, la Unión Soviética se convirtió en el puntal básico de la resistencia militar republicana que hizo posible el fracaso del asalto franquista sobre Madrid en noviembre de 1936. En conjunto, la cifra de voluntarios internacionales en filas republicanas, procedentes de más de 50 países, llegaría hasta un mínimo de 36.000 efectivos (y un máximo de 60.000) durante toda la guerra, en tanto que el número de militares soviéticos que operaron en España no superaría los 2.000.

Al igual que la ayuda italogermana había permitido superar a los insurgentes un momento crítico en julio de 1936, la ayuda soviética hizo posible la resistencia republicana a finales de 1936 y continuó sosteniéndola hasta el final. Sin embargo, en su origen e intención, la asistencia prestada por la Unión Soviética era un expediente provisional que pretendía evitar la inminente derrota republicana y cubrir el vacío hasta que se iniciara finalmente el envío de ayuda militar por parte de las democracias. Y esta expectativa fue la que falló estrepitosamente en todos los cálculos, tanto soviéticos como republicanos. A pesar de las ocasionales facilidades francesas para el contrabando de armas prorrepublicano en su frontera pirenaica (lo que Blum llamaba "la no-intervención relajada"), las democracias occidentales no acudieron nunca a su cita y condenaron al fracaso las múltiples gestiones emprendidas por los Gobiernos republicanos del doctor Negrín para lograrlo. Como confesaría privadamente y con amargura el jefe del Gobierno republicano a finales de 1937:

> Alemania, Italia y Portugal seguirán ayudando descaradamente a Franco y la república durará lo que quieran los rusos que duremos, ya que del armamento que ellos nos mandan depende nuestra defensa. Únicamente si el encuentro inevitable de Alemania con Rusia y las potencias occidentales se produjese ahora, tendríamos posibilidades de vencer. Si esto no ocurre, sólo nos queda luchar para poder conseguir una paz honrosa (Moradiellos, 1996: 208).

Efectivamente, a partir de la primavera de 1937, el precario equilibrio de fuerzas militares logrado por el arribo de la ayuda soviética fue desmoronándose poco a poco y sin remisión en favor del general Franco. Debido a una serie de obstáculos irresolubles (la gran distancia geográfica, la menor capacidad de la industria militar soviética, el férreo bloqueo naval franquista e italiano, y el estado imprevisible de la frontera francesa), los intermitentes suministros militares procedentes de la URSS fueron incapaces de contrarrestar en cantidad o calidad los suministros enviados regularmente por las potencias del eje a Franco. Así fueron sucediéndose las victorias militares franquistas y las derrotas republicanas durante los fatídicos meses de 1937 y 1938. En realidad, desde el comienzo de la campaña nacionalista contra el núcleo norteño republicano (abril de 1937) y hasta el inicio de la triunfal ofensiva sobre Cataluña (diciembre de 1938), la república fue siendo derrotada por las fuerzas superiores de Franco de un modo lento pero gradual y constante. Los ocasionales momentos de esperanza política y militar suscitados por incidentes internacionales en abril de 1937 (revulsión de la opinión pública democrática por el bombardeo alemán de Guernica el día 26), septiembre de 1937 (reacción franco-británica ante la indiscriminada campaña naval italiana contra el tráfico mercante en el Mediterráneo) o marzo de 1938 (breve apertura francesa de la frontera pirenaica como réplica ante la anexión nazi de Austria), sólo fueron respiros temporales que no invirtieron la tendencia bélica general adversa.

La persistente negativa de las democracias a acudir en auxilio de la república pesó como una losa en la política militar y en la vida política interna republicana. No en vano, las graves dificultades experimentadas en los suministros bélicos y alimenticios cobraron un alto precio moral y material tanto en el frente de combate como en la retaguardia civil, haciendo más penosa la ardua tarea de reconstruir el Estado y de establecer unos fines de guerra compartidos por toda la población y fuerzas políticas republicanas. Por el contrario, seguro de sus apoyos internacionales, el bando franquista pudo acometer ambas empresas en condiciones mucho más ventajosas y sin que los reveses militares ni el espectro del hambre y la miseria socavaran la eficacia de su esfuerzo bélico o la unidad política e ideológica de su retaguardia interior. La importancia esencial para la estrategia franquista de la preservación del cuadro de ayudas e inhibiciones existente sería reconocido en un informe reservado de un alto funcionario diplomático franquista con posterioridad:

> Así como el trabajo de los Gobiernos europeos ha consistido en procurar que el llamado "problema español" no llegase en sus repercusiones internacionales a provocar una guerra europea, nuestra labor principal, y casi única, había de consistir también en localizar la guerra en territorio español, evitando a todo trance que sus derivaciones externas condujesen a una guerra internacional en la que poco podíamos ganar y mucho perder; y esta localización había que obtenerla, sin embargo, asegurando la ayuda franca de los países amigos en la medida de nuestra conveniencia, sin perjuicio de tender a toda costa a evitar la ayuda extranjera al enemigo o al menos reducirla al mínimo posible (Moradiellos, 1996: 88).

El momento culminante de ese lento desahucio internacional de la república quedó sellado en septiembre de 1938, durante la grave crisis originada por la presión de Hitler sobre Checoslovaquia para que cediera bajo amenaza de guerra el territorio de los Sudetes (habitado por mayoría de población alemana). Durante aquel mes crucial, el riesgo de guerra entre Alemania y las democracias occidentales (Francia era garante de la integridad checa, al igual que la URSS) pareció tan evidente que el propio Franco se vio obligado a adoptar una medida extrema con indisimulado pesar: el 27 de septiembre, después de informar a Roma y Berlín, comunicó oficialmente a los Gobiernos británico y francés su decisión de permanecer neutral en caso de conflicto por la cuestión checa. Según el pragmático análisis de las autoridades franquistas, compartido con mayor o menor disgusto por sus valedores internacionales, no cabía otra solución que tratar de aislar la guerra española de la crisis general europea para evitar la contingencia de una derrota total:

> Basta abrir un atlas para convencerse de ello. En una guerra contra el grupo franco-inglés puede decirse, sin exageración alguna, que estaríamos totalmente cercados de enemigos. Desde el primer momento los encontraríamos en todo el perímetro de nuestro territorio, en todas las costas y en todas las fronteras. Podríamos contenerlos en la de los Pirineos; pero me parece poco menos que imposible evitar a la vez la invasión por la frontera portuguesa. (...) Alemania e Italia sólo podrían prestarnos auxilios insuficientes para la defensa de una España débil, y nada de lo que nos ofrecieran podría compensar el riesgo de luchar a su lado. (...) Habría que hacerles ver que su ayuda no podría librarnos de las acometidas de Inglaterra y Francia en una guerra en la que nuestro territorio comenzaría por ser el principal teatro, para terminar, muy probablemente, en base de ataque a nuestros aliados (Moradiellos, 1996: 305-306).

A la postre, la firma del Acuerdo de Múnich el día 29 de septiembre por parte de Francia, Gran Bretaña, Italia y Alemania demostró claramente que no se iba a producir una guerra por causa de Checoslovaquia y, aún menos, por causa de España. Desde entonces, la desintegración política interna de la república fue paralela al avance de las tropas franquistas y culminó con el colapso total de la resistencia republicana en marzo de 1939. Sólo cinco meses más tarde estallaría la guerra europea que tan laboriosamente había evitado o aplazado la política de no intervención colectiva.

En definitiva, no cabe duda alguna de que el desenlace final de la guerra, al igual que su curso efectivo, fue determinado en gran medida por el contexto internacional. Sin la ayuda de Hitler y de Mussolini, es harto difícil creer que Franco hubiera podido obtener su victoria absoluta e incondicional. De igual modo, sin el asfixiante embargo impuesto por la no intervención y la consecuente inhibición de las democracias occidentales, es muy poco probable que la república hubiera sufrido un desplome interno y una derrota militar tan total y sin paliativos. Al respecto, es bien revelador el juicio contenido en un informe confidencial elaborado por el agregado militar británico en España. Según este analista militar, las razones básicas de la victoria del general Franco y de la derrota de la república eran las siguientes:

> En primer lugar, la persistente superioridad material durante toda la guerra de las fuerzas nacionalistas en tierra y en el aire, y, en segundo lugar, la superior calidad de todos sus cuadros hasta hace nueve meses o posiblemente un año. (...) Esta inferioridad material (de las tropas republicanas) no sólo es cuantitativa sino también cualitativa, como resultado de la multiplicidad de tipos (de armas).
>
> Fuera cual fuera el propósito imparcial y benévolo del Acuerdo de No Intervención, sus repercusiones en el problema de abastecimiento de armas de las fuerzas republicanas han sido, para decir lo mínimo, funestas y sin duda muy distintas de lo que se pretendía. La ayuda material de Rusia, México o Checoslovaquia (a la república) nunca se ha equiparado en cantidad o calidad con la de Italia y Alemania (al general Franco). Otros países, con independencia de sus simpatías, se vieron refrenados por la actitud de Gran Bretaña (Moradiellos, 1996: 334-335).

Si es verdad que este contexto internacional había sido crucial para el desenlace de la guerra civil, también es cierto que la influencia de la propia guerra civil en la crisis europea de la segunda mitad de los años treinta fue limitada y aminorada por la política de no intervención colectiva. El conflicto español no sería el catalizador de una nueva guerra en Europa que acabaría por estallar posteriormente y por otros motivos. Sin embargo, a pesar de que la No Intervención cauterizó los efectos disolventes de la contienda española sobre el escenario europeo, es indiscutible que no pudo impedir que se ahondasen las diferencias políticas e ideológicas entre los dos bandos que finalmente se enfrentarían en septiembre de 1939. En este sentido, la guerra de España fue el prólogo de la Segunda Guerra Mundial y no solamente en el sentido estrictamente temporal. Además de ser ante todo y sobre todo una contienda civil española, fue también una guerra civil europea en miniatura y a pequeña escala.

3

El período de hegemonía del nacional-sindicalismo (1939-1945)

3.1. La España franquista y la Segunda Guerra Mundial: de la tentación del eje a la neutralidad forzada

Como consecuencia de la vital ayuda nazi-fascista y del propio proceso de fascistización experimentado durante la guerra civil, los vínculos de la dictadura franquista con las potencias del eje eran firmes y constituían el marco referencial de su política exterior. La España de Franco había suscrito tratados secretos de amistad y colaboración con Italia (28 de noviembre de 1936) y Alemania (31 de marzo de 1939) y nada más alcanzada la victoria también anunció públicamente su adhesión al *Pacto Anti-Comintern* italo-germano-nipón (7 de abril de 1939) y su abandono de la denostada Sociedad de Naciones (8 de mayo de 1939). Así pues, en la tensa atmósfera europea previa al inicio de la Segunda Guerra Mundial, la dictadura franquista se había alineado diplomáticamente con el eje y sus pretensiones revisionistas en oposición a Francia y Gran Bretaña, las potencias democráticas que velaban el *statu quo* territorial. Reforzando ese alineamiento, el repudio del liberalismo democrático se combinaba en el nuevo régimen español con unas aspiraciones irredentistas, una "voluntad de imperio", que necesariamente adoptaba caracteres anti-británicos (a causa de la colonia de Gibraltar) y antifranceses (por su dominio de la mayor parte de Marruecos y su hegemonía en la ciudad internacional de Tánger).

Sin embargo, Franco se vio obligado a permanecer al margen de la contienda europea iniciada el 1 de septiembre de 1939 con la invasión alemana de Polonia. El agotamiento de la población y las destrucciones materiales provocadas por la guerra civil, junto con el estado de postración económica y hambruna creciente, dejaban el régimen español a merced de una alianza anglofrancesa que dominaba con su flota los accesos marítimos españoles y controlaba los suministros alimenticios y petrolíferos vitales para la recuperación postbélica. Por tanto, el 4 de septiembre el caudillo decretó "la más estricta neutralidad" de España en el conflicto. Al fin y al cabo, el propio Mussolini había optado por la "no beligerancia", limitándose a prestar un apoyo soterrado a Alemania mientras proseguía la preparación de Italia para entrar en la contienda en el momento oportuno (Tusell, 1995; Espadas Burgos, 1988; Suárez Fernández, 1997; Portero y Pardo, 1996: 195-209).

Como la neutralidad española era pura necesidad y no libre opción, fue acompañada de una pública identificación oficial con la causa de Alemania y de un limitado apoyo encubierto a su esfuerzo bélico (en forma de facilidades logísticas para la flota alemana en puertos españoles, colaboración con los servicios de espionaje nazis, transmisión de información diplomática reservada, etc.). Asumiendo esa situación como mal menor, Francia y Gran Bretaña aceptaron financiar el programa de reconstrucción postbélica y abastecer el país con el trigo, los productos industriales y los carburantes que urgentemente necesitaba. Únicamente utilizaron su abrumador poderío naval para vigilar las costas españolas y dosificar sus envíos a fin de evitar la re-exportación de esos bienes y mercancías hacia Alemania vía Italia.

Las súbitas victorias alemanas sobre los Países Bajos y Francia en junio de 1940, junto con la entrada de Italia en la guerra (el día 10), cambiaron por completo el panorama estratégico en Europa y la posición española ante el conflicto. Con Gran Bretaña aislada y esperando la inminente invasión nazi, Franco estuvo seriamente tentado de entrar en la guerra al lado del eje a fin de realizar los sueños imperiales de su régimen: la recuperación de Gibraltar y la creación a expensas de Francia de un gran imperio norteafricano (incluyendo todo Marruecos, Tánger y el Orán argelino). El problema seguía siendo el de siempre: España no podría realizar un esfuerzo bélico prolongado, dada su debilidad económica y militar y el control naval británico de sus suministros petrolíferos y alimenticios. Como había recordado un informe del general Kindelán al Consejo Superior del Ejército en marzo de 1940:

> Nos es doloroso afirmar que no estamos en modo alguno preparados para tal contingencia (entrar en la guerra mundial): la aviación y la flota naval han perdido eficiencia en el año transcurrido desde la victoria (en la guerra civil) y en tierra sólo está iniciada la reorganización y siguen indefensas nuestras fronteras y sin resolver los problemas primordiales de combustibles y explosivos (Tusell y García Queipo de Llano, 1985: 97).

Por esas razones, el cauteloso caudillo intentó hacer compatibles sus objetivos expansionistas con la grave situación mediante una intervención militar en el último momento, a la hora de la victoria italogermana, para poder participar como beligerante en el reparto del botín imperial subsecuente. En palabras posteriores de Serrano Suñer, artífice con Franco de esa estrategia diplomática, la "intención era entrar en la guerra en el momento de la victoria alemana, a la hora de los últimos tiros" y "siempre partiendo de la convicción de que la entrada de España en la guerra corta, casi terminada, sería más formal que real y no nos causaría verdaderos sacrificios" (Pike, 1985: 54; Saña, 1982: 193). En consecuencia, el 13 de junio de 1940 España abandonó la "estricta neutralidad" y se declaró "no beligerante" en imitación del precedente italiano. Al día siguiente, al tiempo que las tropas alemanas ocupaban París, fuerzas militares españolas ocuparon Tánger bajo el pretexto de preservar el orden y la neutralidad en la misma. Finalmente, el 16 de junio de 1940, un emisario del caudillo, el general Juan Vigón, jefe del Alto Estado Mayor, ofreció a Hitler la entrada española en la guerra a cambio de ciertas condiciones: el compromiso de cesión, tras la victoria, de Gibraltar, el Marruecos francés y el Oranesado, y el envío previo de suministros alemanes de alimentos, petróleo y armas para paliar la crítica situación económica y militar.

Por fortuna para Franco, Hitler despreció como innecesaria su costosa y dudosa oferta de beligerancia en un momento de capitulación de Francia y cuando parecía inminente la derrota británica y el final de la guerra. Tampoco Mussolini realizó ningún esfuerzo para satisfacer lo que percibía como desmesuradas peticiones de un nuevo competidor para Italia en el Mediterráneo y el norte de África. El almirante Wilhelm Canaris, jefe del servicio secreto militar alemán, resumió certeramente en agosto para el alto mando germano la naturaleza y peligros de la oferta franquista:

> La política de Franco ha sido desde el principio no entrar en la guerra hasta que Gran Bretaña haya sido derrotada, porque teme su poderío (puertos, situación alimenticia, etc.). (...) España tiene una situación interna muy mala. Sufren escasez de alimentos y carecen de carbón. (...) Las consecuencias de tener a esta nación impredecible como aliado son imposibles de calcular. Tendríamos un aliado que nos costaría muy caro (Moradiellos, 1995: 7-8).

Pocas semanas después, en vista de la unidad del Gobierno de coalición de Winston Churchill y de la tenaz resistencia aérea británica en la batalla de Inglaterra, las bases para el acuerdo hispano-alemán se redujeron todavía más porque el final de la guerra en Europa no estaba tan cercano como se había anticipado. En la segunda mitad de septiembre de 1940, Serrano Suñer (que muy poco después sería nombrado ministro de Asuntos Exteriores) visitó Alemania para negociar con Hitler y Ribbentrop las condiciones de la beligerancia española. Pero aunque los alemanes estaban dispuestos a asumir las demandas territoriales, pedían a cambio una isla canaria, bases navales en Agadir y Mogador, la entrega de Guinea Ecuatorial y notables concesiones económicas en Marruecos y la propia España. Además, reducían la cuantía de su ayuda militar y alimenticia puesto que concebían el previsto ataque a Gibraltar como una operación localizada y no como una defensa integral del vulnerable territorio peninsular, insular y colonial de España.

Para tratar de resolver los desacuerdos se concertó la crucial entrevista entre Franco y Hitler en Hendaya (frontera hispano-francesa) el 23 de octubre de 1940. Según la propaganda franquista, en la reunión el caudillo habría resistido con astucia y firmeza las presiones amenazadoras de Hitler para que España entrara en la guerra al lado de Alemania: "La habilidad de un hombre contuvo al que no consiguieron contener todos los Ejércitos de Europa, incluido el francés" (Sánchez Silva y Sáenz de Heredia, 1975: 139). En realidad, a tenor de la documentación alemana e italiana capturada por los aliados al final del conflicto, Franco meramente se negó a entrar en la guerra si antes Hitler no aceptaba sus demandas de previa ayuda militar y alimenticia y de futura entrega y cesión a España de una parte del imperio francés en África. Sin embargo, el *Führer* ni quiso ni pudo aceptarlas. Había concluido que era prioritario mantener a su lado la Francia colaboracionista del mariscal Pétain, que garantizaba la neutralidad benévola del imperio colonial francés en la lucha contra Gran Bretaña e incluso su potencial apoyo beligerante (no en vano, pocas semanas antes de la entrevista el ejército de Pétain había rechazado en Dakar una invasión de fuerzas del general De Gaulle con apoyo británico). Por eso Hitler se negó a prometer una desmembración de ese imperio que habría empujado a sus autoridades coloniales en los brazos enemigos de De Gaulle y de Churchill. No podía arriesgar las ventajas que estaba reportando *de facto* la colaboración francesa en aras de la costosa y dudosa beligerancia de una España de Franco hambrienta, desarmada y semidestruida. También las autoridades italianas consideraban que la beligerancia española "cuesta demasiado para lo que pueda producir". El único resultado de Hendaya fue la firma por Franco de un protocolo secreto en el que se comprometía a entrar en la guerra en fecha de su propia elección y en el que Hitler garantizaba que España recibiría "territorios en África en la misma medida en que pueda indemnizarse a Francia" (Moradiellos, 1993: 14).

En lo sucesivo, el régimen franquista mantuvo su firme alineamiento con las potencias del eje sin traspasar, por mera incapacidad material, el umbral de la no-beligerancia oficial. No en vano, los informes recibidos por Franco de la Dirección General de Seguridad en el invierno de 1940-1941 presentaban un "ambiente general francamente desfavorable y pesimista" en el que predominaba "el derrotismo y la murmuración" debido a "la falta de alimentos" y "el abandono en que se deja a la clase media y trabajadora". Ese panorama desolador tenía sus efectos dentro del propio Ejército. En esas mismas fechas, el Estado Mayor informaba reservadamente al caudillo: "se acentúan las dificultades y los síntomas de descontento en el medio militar" especialmente a propósito del "abastecimiento para la comida de la tropa" y de "la inflación de precios". De hecho, ya habían aparecido en varios cuarteles "letreros subversivos" inquietantes para la moral y la disciplina: "Menos instrucción y más comida", "Tenemos hambre, más comida y menos fascio" (*Documentos Inéditos para la Historia del Generalísimo Franco*, 1992, II, 2: 124, 135).

A pesar de que esa creciente penuria material vetaba todo propósito beligerante, el comienzo de la ofensiva nazi contra la Unión Soviética (22 de junio de 1941) permitiría mostrar de modo práctico la identificación del régimen franquista con la causa italogermana. Asumiendo una posición de "beligerancia moral", por iniciativa del propio caudillo y de Serrano Suñer, un contingente de voluntarios y oficiales de la *División Azul* (por el color del uniforme falangista) partiría para combatir con la *Wehrmacht* alemana en el frente ruso hasta 1944 (en total, unos 47.000 hombres). Se trataba de la contribución de sangre española al esfuerzo bélico del eje que habría de avalar las reclamaciones territoriales en el futuro. Ante las recelosas autoridades británicas, Franco defendería el envío de la División Azul con una singular teoría de las dos guerras: España era beligerante en la lucha contra el comunismo en el frente oriental, pero seguía siendo no-beligerante en la lucha entre el eje y Gran Bretaña en el frente occidental.

Sin embargo, a partir de la entrada de Estados Unidos en la guerra mundial (tras el ataque japonés en Pearl Harbour en diciembre de 1941) y a la vista de las dificultades alemanas en Rusia e italianas en Libia, la política exterior de Franco fue recuperando gradualmente sus dosis de cautela pragmática y sentido del oportunismo al compás del cambio progresivo de la suerte de las armas en favor de los aliados. Como primera medida, para asegurarse contra posibles actos hostiles aliados, en febrero de 1942 selló con el régimen de Salazar el llamado Bloque Ibérico, con el objetivo de "salvaguardar la paz e inviolabilidad del territorio peninsular". Desde noviembre de 1942, tras el triunfal desembarco aliado en el norte de África que destrozó sus sueños imperiales, Franco aceleró el repliegue hacia una neutralidad cada vez más aceptable para las potencias democráticas occidentales. El previo cese de Serrano Suñer y su reemplazo por el general Gómez-Jordana dio credibilidad a un giro neutralista que desestimaba la previa identificación con el eje en favor de la denuncia genérica anticomunista y la vinculación de la España católica con el Vaticano. En abril de 1943, poco antes de que la invasión aliada de Sicilia provocara la caída de Mussolini, el caudillo reiteró al embajador italiano la causa de su inactividad:

> Mi corazón está con ustedes y deseo la victoria del eje. Es algo que va en interés mío y en el de mi país, pero ustedes no pueden olvidar las dificultades con que he de enfrentarme tanto en la esfera internacional como en la política interna (Tusell y García Queipo de Llano, 1985: 193).

A tono con la situación, el 1 de octubre de 1943 Franco decretó nuevamente la "estricta neutralidad" de España en la guerra. Siete días más tarde, tuvo de aceptar sin protesta la decisión portuguesa de autorizar a los aliados el uso de bases militares en las islas Azores. Pese a ello, entre enero y mayo de 1944 hubo de enfrentar un breve y lacerante embargo de petróleo y carburante impuesto por Estados Unidos. Reconociendo que "España no estaba en condiciones de ser intransigente", Franco cedió en toda regla a las demandas aliadas para adoptar una política más neutralista y eliminar su restante ayuda subrepticia a los alemanes: exportaciones de wolframio (mineral básico para la producción bélica), facilidades logísticas para el espionaje nazi, continuidad de la División Azul en los frentes orientales, etc. De hecho, los analistas diplomáticos occidentales ya habían captado por entonces su voluntad de supervivencia política a todo trance y bajo cualquier precio. Como apuntó en privado un alto funcionario del *Foreign Office* británico en marzo de 1944:

> Bajo el astuto control gallego de Franco, no tengo ninguna duda de que el Gobierno español no será demasiado ciego ni demasiado orgulloso a la hora de alcanzar un arreglo. Franco pertenece a la clase de españoles del tipo Sancho Panza, más que a la clase del tipo Don Quijote (Moradiellos, 1995: 8).

En definitiva, en las postrimerías de la guerra mundial, Franco se plegaba a todas las exigencias anglo-americanas decidido a sobrevivir al hundimiento del eje y del fascismo en Europa. Y para ello apelaba insistentemente al anticomunismo y al catolicismo de su régimen e iniciaba la operación propagandística destinada a mostrarlo como un neutralista honesto e imparcial que había librado a España de los horrores de la guerra mundial. Correlativamente, se iniciaba la conveniente satanización de Serrano Suñer, achacándole la exclusiva responsabilidad de la identificación de España con el eje durante su etapa ministerial. De la mano de José Félix de Lequerica, titular de Asuntos Exteriores tras la muerte de Gómez-Jordana en agosto de 1944, la diplomacia franquista concentró sus esfuerzos en alertar sobre el peligro soviético para Europa y congraciarse con el coloso norteamericano (previo cese del antiamericanismo de la política de hispanidad en América Latina). El 7 de noviembre, en unas declaraciones a la United Press, Franco definía su régimen por vez primera como una "democracia orgánica" y católica, añadiendo que "la política internacional de los Estados Unidos en absoluto se contradecía con la ideología de España" (Franco, 1964: 415-416; Preston, 1994, 646-647; Tusell, 1995: 554-555). Sin embargo, a pesar de todas las operaciones de cosmética neutralista más o menos precipitadas, la derrota final de Alemania en mayo de 1945 significó el inicio de un largo purgatorio para el régimen franquista en el plano internacional.

3.2. La frustrada construcción de un Estado totalitario y el fracaso del proyecto falangista

La victoria incondicional lograda en abril de 1939 permitió a Franco proseguir la institucionalización de su régimen por la senda de la fascistización progresiva emprendida con anterioridad. Instalado en el palacio de El Pardo (a las afueras de Madrid) con toda la pompa y ceremonial dignos de la realeza (incluyendo a la exótica Guardia Mora), el 8 de agosto la *ley de Reorganización de la Administración Central del Estado* reafirmaba la extrema concentración de poderes legislativos y ejecutivos en manos del caudillo "invicto y providencial": "Correspondiendo al jefe del Estado la suprema potestad de dictar normas jurídicas de carácter general (...) y radicando en él de modo permanente las funciones de Gobierno". Al día siguiente, Franco formaba su segundo equipo de Gobierno con la participación de personalidades de todas las "familias" políticas e institucionales de la coalición derechista vencedora: cinco militares (con el general Varela como ministro del Ejército, el general Yagüe en Aire, el almirante Moreno en Marina, el artillero Alarcón de Lastra en Industria y Comercio, y el coronel Juan Beigbeder en Exteriores), dos falangistas (Serrano Suñer en Gobernación y Pedro Gamero del Castillo como ministro sin cartera), dos católicos (José Ibáñez Martín en Educación y José Larraz en Hacienda), un carlista (Esteban Bilbao en Justicia), un monárquico (Joaquín Benjumea en Agricultura) y un técnico conservador (Peña Boeuf en Obras Públicas). Sin embargo, a pesar del predominio militar y del equilibrio de carteras entre fuerzas políticas, la influencia determinante en el Gabinete y en su acción gubernativa correspondería al sector falangista, en función del firme apoyo prestado por Franco a su cuñado y entonces íntimo asesor político.

En efecto, bajo la inspiración de Serrano Suñer, el programa de conversión totalitaria del régimen franquista iba a experimentar decididos avances al compás de los éxitos militares de las potencias del eje durante los tres primeros años de la guerra mundial. Así se percibió en la dureza e intensidad de la política de férrea represión y depuración de elementos hostiles o desafectos: la previa *ley de Responsabilidades Políticas* (9 de febrero de 1939) fue completada por la *ley de Represión de la Masonería y el Comunismo* (1 de marzo de 1940) y la *ley de Seguridad del Estado* (29 de marzo de 1941). El artículo segundo de esta última prescribía las siguientes sanciones para "delitos contra la seguridad exterior e interior del Estado y contra el Gobierno de la Nación":

> El que ejecutare actos directamente encaminados a sustituir por otro el Gobierno de la Nación, a cambiar ilegalmente la organización del Estado o a despojar en todo o en parte al jefe del Estado de sus prerrogativas y facultades, será castigado con la pena de quince a treinta años de reclusión, si fuere promovedor o tuviere algún mando aunque fuere subalterno o estuviere constituido en autoridad, y con la de ocho años de prisión en los demás casos. Cuando para la consecución de estos fines se empleare la lucha armada, la pena será de muerte para los promotores y jefes, así como para quienes cometieren actos de gran violencia, y la de reclusión de doce años y un día a treinta años para los meros participantes (García-Nieto y Donézar, 1975: 135-136).

Pero, sobre todo, donde se manifestó más claramente la deriva fascistizante del franquismo fue en la patente ampliación del campo de influencia falangista hacia esferas de actividad hasta entonces en manos de otras fuerzas políticas o sociales. Serrano Suñer (nombrado por Franco presidente de la Junta Política de FET) procuró sistemáticamente que las labores de adoctrinamiento, propaganda estatal y encuadramiento y movilización social fueran competencia casi exclusiva del partido unificado en detrimento de las organizaciones católicas tradicionales. Imbuido por las doctrinas fascistas imperantes, Franco sostuvo esa línea política sin reservas en los primeros años de la posguerra. En febrero de 1942 dejaría claro en un discurso en Zaragoza su concepción de la vida social y del reparto de tareas en el Nuevo Estado:

> Sabed que la vida es batallar y que lo accidental es la paz y la tranquilidad, aunque a muchos elementos liberales y pacifistas les puede sonar esto a herejía. Las naciones tienen puntos culminantes en la

lucha, pero durante la paz se preparan y luchan para la guerra. (...)
He dicho que la vida militar discurre y se apoya en el Ejército y la vida
civil discurre sobre los cuadros de la Falange. Esto no cabe ignorarlo.
Todo lo demás es ir contra la Patria, que si necesita detrás un Ejército,
éste requiere un pueblo, sin el cual las Instituciones se derrumbarían
(*Extremadura. Diario católico*, 2 de febrero de 1942).

De este modo, aprovechando los resortes dirigistas de la *ley de Prensa* de
1938, el Ministerio de la Gobernación (con Dionisio Ridruejo en la Dirección
General de Propaganda) intervino decisivamente en la gestión de los medios
de comunicación propiedad de la Iglesia y fomentó la constitución (en julio de
1940) de una extensa cadena de prensa y radio estatal y falangista. Si bien al
principio esa cadena sólo contaba con 35 diarios y 45 emisoras de radio (con
Arriba como portavoz oficial falangista y Radio Nacional de España como
buque insignia), buena prueba del éxito de esa política es el siguiente dato:
"el 75% de los diarios fundados en España entre 1936 y 1964 (esto es, 36
de 48) pertenecían a la Prensa del Movimiento" (Barrera, 1995: 61).
    También fue patente esa orientación expansionista en la política de ocu-
pación de puestos estatales y de penetración social de masas. Según cálculos
fidedignos, la FET tenía en 1939 en torno a 650.000 militantes masculinos
activos y llegaría a la cota máxima de 932.000 afiliados en el año clave de
1942 (Payne, 1987: 252). Hasta 1945, dentro del partido unificado, los falangistas de preguerra dominarían casi totalmente los 256 altos cargos centrales (los carlistas ostentaron el 5,1% y los monárquicos el 6,6%) y llegarían a
copar el 88,8% de los puestos en el Consejo Nacional (Viver Pi-Sunyer, 1978:
163-164). De igual modo, en torno al 30,3% de todos los altos cargos administrativos serían falangistas (sólo los militares, con el 37,9% superaban ese
porcentaje) y su presencia iba a ser igualmente crucial en la Administración
intermedia, provincial (gobernadores civiles) y local (alcaldes y concejales)
(Jerez Mir, 1982: 121; Sánchez Recio, 1996; Cenarro, 1997b). Esa presencia falangista en la burocracia civil quedó aún más apuntalada con la ley de
25 de agosto de 1939 que reservó para excombatientes y excautivos casi todas
las plazas de las oposiciones a la administración pública (sólo el 20% eran de
libre acceso) (Beltrán Villalba, 1996, 573). El mismo fin tuvo la progresiva
unificación desde 1938 en una misma persona de los cargos de gobernador
civil y de jefe provincial de la FET, destinada a evitar las frecuentes fricciones entre ambas autoridades por competencias políticas dentro de la provincia (Cenarro, 1997a: 106-117; Nicolás Marín, 1993).
    Al margen de ese desembarco en la Administración, claro exponente de
la voluntad falangista de penetración en las masas fue la conversión de tres
de sus organizaciones sectoriales específicas en instituciones estatales mono-

polísticas: el Frente de Juventudes, el Sindicato Español Universitario (SEU) y la Sección Femenina.

El *Frente de Juventudes*, "verdadera obra predilecta del régimen" (en palabras de Franco), se constituyó por ley de 6 de diciembre de 1940 como sección de FET encargada de la "formación y encuadramiento de las fuerzas juveniles de España" (Sáez Marín, 1988: 153). Emulando sus modelos totalitarios, el Frente pretendía adoctrinar, movilizar e integrar a las juventudes españolas por tramos de edad y género distintos: Pelayos (7 a 10 años), Flechas (10 a 14) y Cadetes (14 a 18), para los hombres; y Margaritas (7 a 10), Flechas (10 a 14) y Flechas Azules (14 a 18), para las mujeres (éstas a cargo de la Sección Femenina). En 1941 había conseguido encuadrar con fines de "educación política y premilitar" a 564.999 muchachos y a 278.952 muchachas: el 12,9% y el 7,6% del total de jóvenes españoles de ambos géneros, respectivamente, en esa época. Con posterioridad llegaría a superar el millón y medio de movilizados y se iría concentrando en la organización de actividades deportivas y excursionistas y de campamentos veraniegos para la juventud. Así lo había previsto el general Agustín Muñoz Grandes, nombrado por Franco en agosto de 1939 secretario general de FET por su lealtad personal e inclinación política falangista: "Menos «jugar a soldados» y más deporte, juegos infantiles y educación cívica" (Chueca, 1983: 231, 311; Sáez Marín, 1988: 438-442).

Por su parte, a raíz del decreto de 23 de septiembre de 1939, el SEU se convirtió en el único sindicato de estudiantes universitarios tras la absorción de la asociación universitaria tradicionalista y de la Confederación de Estudiantes Católicos de España, constituyendo el instrumento fundamental de vigilancia y control gubernativo entre los alumnos de educación superior. Habiendo alcanzado la cota máxima de afiliación voluntaria en 1941, con 52.886 universitarios, la *ley de Ordenación Universitaria* de julio de 1943 supuso el triunfo definitivo del SEU mediante la sindicación obligatoria en sus filas de todos los estudiantes de las universidades españolas (Ruiz Carnicer, 1996: 109, 160-165). Sin embargo, el triunfo falangista no era ni mucho menos absoluto porque la propia ley subrayaba la función religiosa inherente a la institución universitaria: "ejército teológico que se apresta a la batalla contra la herejía para defender la unidad religiosa de Europa y falange misionera que ha de afirmar la unidad católica del orbe" (García-Nieto y Donézar, 1975: 180).

La *Sección Femenina* de FET contaba al terminar la guerra con casi 600.000 afiliadas y estaba dirigida por Pilar Primo de Rivera, hermana del fallecido José Antonio y virtual sacerdotisa de su culto oficial. Por decreto de 28 de diciembre de 1939, Franco le encomendó las funciones de "movilización, encuadramiento y formación de las afiliadas" y "la formación política y educación profesional de las mujeres encuadradas". Su finalidad última era "formar a la mujer con sentido cristiano y nacionalsindicalista" y para ello recibió cuantioso apoyo estatal. En mayo de 1940 se instituyó para toda mujer de entre 17 y 35 años la obligación de prestar un Servicio Social de un mínimo de seis meses de duración (tres de formación teórica y tres de prestación obligatoria de trabajo). En 1941, bajo la supervisión de la Sección Femenina, 282.224 mujeres cumplieron dicho servicio en Auxilio Social y otras labores de beneficencia (hospitales, escuelas, orfanatos, comedores, bibliotecas, etc.). Con posterioridad llegarían a cumplir el mismo hasta el 90% de las españolas concernidas. No en vano, el certificado de haber cumplido el Servicio Social se hizo obligatorio para concursar a plazas de la Administración, obtener títulos académicos, carné de conducir o pasaporte, ejercer una profesión, recibir haberes pasivos... La Sección Femenina también asumió desde 1940 la tarea de recopilación de canciones y bailes folclóricos españoles (los "coros y danzas") y, por orden de 16 de octubre de 1944, la formación de las profesoras de "enseñanzas del Hogar" en la escuela primaria e institutos de secundaria (Gallego Méndez, 1983). El perfil ideológico de la socialización política de las mujeres llevado a cabo por la Sección Femenina quedó de manifiesto en el discurso de Pilar Primo de Rivera ante Franco en la concentración de más de 11.000 mujeres efectuada en Medina del Campo el 30 de mayo de 1939:

> Están aquí reunidas sólo para festejar vuestra victoria y honrar a vuestros soldados. Porque la única misión que tienen asignada las mujeres en la tarea de la Patria es el Hogar. Por eso ahora, con la paz, ampliaremos la labor iniciada en nuestras Escuelas de Formación, para hacerles a los hombres tan agradable la vida de familia, que dentro de la casa encuentren todo aquello que antes les faltaba, y así no tendrán que ir a buscar en la taberna o en el casino ratos de expansión (Gallego Méndez, 1983: 89).

Pero donde mayores éxitos logró el programa de fascistización del régimen fue en el campo sindical y de las relaciones laborales. Siguiendo las directrices del Fuero del Trabajo, a lo largo de 1940, la *ley de Unidad Sindical* (26 de enero) y la *ley de Bases de la Organización Sindical* (6 de diciembre) fueron configurando un vasto entramado sindical (llamado la *Organización Sindical Española*: OSE) totalmente dominado por la burocracia falangista y destinado a "establecer la disciplina social de los productores sobre los principios de unidad y cooperación" (Aparicio, 1980; Ludevid, 1976). Convertida desde 1942 en obligatoria la afiliación a la OSE de todos los "productores" (empresarios, técnicos y trabajadores), y habida cuenta de la libertad de organización concedida a los empresarios (cuyas Cámaras de Comercio e Industria y de la Propiedad Urbana se mantuvieron autónomas), el sindicalismo vertical y jerárquico falangista devino en un crucial "instrumento de encuadramiento y de control de los trabajadores, de disuasión ante posibles actitudes de protesta y de reivindicación, y de represión si la función disuasoria fracasaba" (Molinero e Ysàs, 1998: 10). Pronto se crearon 28 Sindicatos Nacionales de rama productiva (Textil, Combustible, Construcción, Metal...) en cuyo interior existían órganos específicos empresariales (sección económica) y obreros (sección social) en una estructura dual sometida a la "línea de mando" encarnada obligatoriamente por funcionarios falangistas (10.520 personas en 1948) y presidida por un delegado nacional de Sindicatos nombrado por la Secretaría General de FET (Chueca: 1983, 382; Sánchez López y Nicolás Marín, 1993). Fermín Sanz Orrio, segundo delegado nacional de Sindicatos tras la destitución del radicalizado Salvador Merino en julio de 1941, reflejaría claramente la función integradora de la OSE en la estructura del Nuevo Estado: "Los sindicatos verticales no son instrumentos de lucha clasista. Ellos, por el contrario, sitúan como la primera de sus aspiraciones, no la supresión de las clases, que siempre han de existir, pero sí su armonización y la cooperación bajo el signo del interés general de la Patria" (Aparicio, 1986: 98).

La expansión de la influencia falangista dentro del Estado provocó serios temores en la jerarquía episcopal. El cardenal Gomá ya había visto con prevención el férreo control gubernativo de la prensa ("porque todos los periódicos del Estado son católicos, nos hemos quedado sin prensa propia") (Tusell, 1984: 24). La integración de los sindicatos católicos obreros y agrarios en la OSE y la absorción de las organizaciones católicas universitarias por el SEU acentuaron esa prevención, que fue todavía más agudizada entre 1939 y 1940 por la censura gubernativa de varias pastorales y mensajes pontificios abogando por la necesaria reconciliación entre españoles. El riesgo patente de perder ámbitos de poder ante el avance falangista motivó frecuentes llamadas de atención episcopales. En febrero de 1939, en su pastoral *Catolicismo y Patria*, Gomá señalaba: "Os hemos de prevenir contra un peligro que ha surgido en nuestros tiempos, por reacción natural contra la revolución llamada liberal y democrática. (...) Nos referimos a la tendencia de algunos Estados de absorber toda actividad social" (Suárez Fernández, 1986, IV: 8). Apenas un año más tarde (15 de abril de 1940), el boletín de la Asociación Católica Nacional de Propagandistas insistía:

> Si bien en principio (los Estados totalitarios) están perfectamente de acuerdo con la doctrina de la Iglesia, en cuanto robustecen la autoridad y producen una integración de fuerzas, pueden ofrecer peli-

gros si se desvían de la doctrina católica. (...) Una cosa es que se gobierne totalitariamente, esto es, que se encauce la vida desde el Gobierno, y otra cosa que se administren directamente todas las actividades del país privándolas de su propia autonomía en vez de orientarlas dentro de sus propias actividades al bien común (Montero, 1986: 113).

Para atajar ese peligro real, la estrategia católica y eclesiástica consistió en competir con la Falange, sobre la base del nacionalcatolicismo, en las tareas de legitimación ideológica del régimen y de movilización de un apoyo popular de masas. Gomá había felicitado a Franco por la victoria ("Dios que ha hallado en Vuecencia digno instrumento de sus planes providenciales sobre la Patria querida, nos ha concedido ver esta hora de triunfo") y esa sanción religiosa de la guerra como cruzada fue ratificada por el telegrama del papa Pío XII al caudillo el 4 de abril de 1939:

> Levantando nuestro corazón al Señor agradecemos sinceramente con Vuestra Excelencia deseada victoria católica España, hacemos votos por que este queridísimo país, alcanzada la paz, emprenda con nuevo vigor sus antiguas cristianas tradiciones que tan grande lo hicieron. Con estos sentimientos efusivamente enviamos a V. E. y a todo el pueblo español nuestra apostólica bendición (Tello, 1984: 104).

La defensa episcopal de su influencia política y social cosechó triunfos indudables y dificultó el proceso de conversión totalitaria del franquismo. Una serie de leyes y decretos consolidaron el *status* de la Iglesia en el Estado y la sociedad: ley de restablecimiento del presupuesto de culto y clero (9 de noviembre de 1939), ley de restablecimiento del cuerpo de capellanes militares (12 de julio de 1940), decreto de exención de previa autorización gubernativa para la constitución de "asociaciones católicas que se propongan un fin exclusivamente religioso" (25 de enero de 1941), decreto de reconstrucción de iglesias parroquiales a cargo del Estado (10 de marzo de 1941), ley de restablecimiento del cuerpo de capellanes de prisiones (17 de diciembre de 1943), orden de creación de la asesoría eclesiástica de la OSE (11 de octubre de 1940), integración del cardenal primado en el Consejo de Estado según ley orgánica de constitución del mismo (25 de noviembre de 1944), etcétera (Ruiz Rico, 1977: 134-135). El 7 de junio de 1941 incluso se llegaría a un crucial acuerdo sobre el, hasta entonces, debatido privilegio de presentación. A tenor del mismo, Franco obtenía el derecho a participar en la elección de obispos (entre una terna de candidatos ofrecida por el papa) y, a cambio, en tanto no se negociara un nuevo concordato, se comprometía a "no legislar sobre materias mixtas o sobre aquellas que puedan interesar de algún modo a la Iglesia, sin previo acuerdo con la Santa Sede" (García-Nieto y Donézar, 1975: 153-154).

Pero, sin duda, donde mayor éxito alcanzó la Iglesia fue en el ámbito docente y educativo. Fruto del control del Ministerio de Educación por hombres de la ACNP, la legislación escolar (*ley de Bachillerato* de 20 de septiembre de 1938; *ley de Ordenación Universitaria* de 29 de julio de 1943) aseguró un papel primordial a la cultura católica en la enseñanza oficial y garantizó el libre funcionamiento de la enseñanza privada. Como resultado, la religión católica informó todas las actividades educativas y culturales de la España franquista y se convirtió en materia de estudio principal en todos los niveles educativos (incluyendo el superior). Al mismo fin contribuyó la creación (el 24 de noviembre de 1939) del *Consejo Superior de Investigaciones Científicas* (CSIC), encargado de garantizar que "la ciencia nacional sea así rotundamente católica" (Ibáñez Martín) y que desde el primer momento estuvo en manos del Opus Dei (Carr y Fusi, 1979: 140; BOE, 28 de noviembre). Fundado en 1928 por el sacerdote José María Escrivá de Balaguer, el *Opus Dei* era un instituto secular que combinaba un rígido integrismo religioso con la moderna pretensión de santificar el trabajo cotidiano mediante el esfuerzo y la superación individual. Prueba inequívoca de esa victoria educativa de la Iglesia son las cifras de alumnos matriculados en la enseñanza estatal y en la privada a finales de la década de los cuarenta: si bien los escolares de primaria estudiaban básicamente en escuelas estatales (el 73,3% frente a un 14% en escuelas religiosas y un 12,6% en escuelas privadas seglares), el predominio de centros privados religiosos sobre estatales era abrumador en la enseñanza media: el 60% de los bachilleres estudiaban en colegios de la Iglesia frente a un 11% que lo hacían en institutos estatales y un 29% en otros colegios privados (Cámara Villar, 1984; Tello, 1984: 217).

Otro pilar institucional que mostró reservas crecientes a la hegemonía falangista auspiciada por Serrano Suñer fue el Ejército, con sus generales al frente, que todavía consideraban a Franco un *primus inter pares* elegido por ellos y responsable ante la institución. En particular, los jefes militares resistieron tenazmente la pretensión falangista de dominar la burocracia estatal y de poner bajo su custodia dos áreas que el alto mando consideraba propias y reservadas: la gobernación interior (incluyendo el orden público y la política económica) y la definición de la política exterior. El consecuente "antiserranismo" militar, sumado al eclesiástico, fue entrelazándose además con un nuevo foco de tensión política en el interior de la coalición franquista: la posibilidad de proceder (o no proceder), con mayor o menor celeridad, a la restauración monárquica en la persona de don Juan de Borbón, tercer hijo y heredero legítimo del rey Alfonso XIII, fallecido en Roma el 28 de febrero de 1941. En general, el alto mando militar, al igual que la jerarquía eclesiástica y la aristocracia, favorecían la opción de una monarquía católica y conservadora como forma definitiva de Estado y auspiciaban una política exterior más neutralista y menos próxima al eje para evitar los peligros de sumarse a la guerra mundial. Por el contrario, el sector falangista era contrario a una restauración que hipotecara las posibilidades de la "revolución nacionalsindicalista" y en su fervor hacia el eje estaba dispuesto a arriesgarse a un enfrentamiento con las potencias aliadas.

La creciente tensión entre ambos grupos en temas de política interior y exterior, siempre bajo la mirada vigilante y arbitral de Franco, fue agudizándose a lo largo de 1940 y 1941, al compás de la extensión de la guerra europea hacia el Mediterráneo y a la par que se deterioraba la situación económica y administrativa en el país como consecuencia del contexto bélico y por efecto de la desastrosa política "autárquica" seguida para la reconstrucción. La primera gran crisis política que Franco hubo de afrontar se produjo en mayo de 1941, como resultado del enfrentamiento de los ministros militares dirigidos por Varela con Serrano Suñer (que seguía dirigiendo el Ministerio de Gobernación desde su nueva cartera de Asuntos Exteriores). Apoyándose en su condición de moderador inapelable, el caudillo superó el desafío con un reajuste ministerial que revelaba el poder del Ejército y los límites de la influencia falangista. El general Galarza, monárquico, fue nombrado ministro de Gobernación (donde cesó a los cargos falangistas nombrados por Serrano). El capitán de fragata Luis Carrero Blanco fue designado subsecretario de la Presidencia del Gobierno (cuyo titular oficial era Franco) y desde su nuevo cargo, como representante virtual de los intereses militares, acabaría desplazando a Serrano Suñer en sus funciones y convirtiéndose en el más influyente y leal consejero del caudillo (Tusell, 1993: 45-49). Para compensar el golpe, Franco nombró tres nuevos ministros de la Falange opuestos a Serrano y plenamente dóciles a su jefatura: Miguel Primo de Rivera (Agricultura), José Antonio Girón de Velasco (Trabajo) y José Luis de Arrese (ministro secretario general de FET).

Si la crisis de mayo de 1941 había supuesto un serio golpe para las pretensiones falangistas y una primera divergencia política seria entre Franco y su cuñado, todavía la tensión política interior habría de llegar a extremos críticos el 16 de agosto de 1942. Aquel día, un pequeño grupo de falangistas radicales lanzaron dos granadas contra la multitud que salía de una misa presidida por Varela en la basílica de la Virgen de Begoña (Bilbao) en honor a los combatientes carlistas caídos durante la guerra civil. La enérgica reacción de Varela, secundado por Galarza y los mandos militares, presentó el acto como un "ataque al Ejército" y consiguió que tras un consejo de guerra inmediato fuera ejecutado uno de los falangistas responsables (Juan Domínguez

Muñoz, inspector nacional del SEU) y otros seis fueran condenados a prisión. El grave deterioro de la situación forzó una decisiva intervención arbitral de Franco. Asesorado por Carrero, en una operación de equilibrio calculado, el 3 de septiembre Franco dio satisfacción a las exigencias militares cesando a Serrano Suñer y nombrando otra vez al veterano general Gómez-Jordana como ministro de Asuntos Exteriores. Pero también destituyó a Galarza (reemplazado por el fiel auditor militar Blas Pérez González) y nombró a un nuevo ministro del Ejército, el leal general Carlos Asensio Cabanillas, en sustitución de Varela, muy significado por su apoyo a una restauración monárquica inmediata. Franco empezaba así a poner en marcha su peculiar juego político para permanecer indefinidamente en la Jefatura del Estado: apoyarse en los sectores más dóciles y antimonárquicos de Falange como contrapeso a las demandas militares en favor del traspaso de poderes al pretendiente, don Juan de Borbón (Ellwood, 1984: 145-152; Payne, 1987: 313-321; Preston, 1997: cap. 5; Tusell, 1993: 76-78; López Rodó, 1977: 28-29 y anexo 4).

No cabe duda de que si la "domesticación" de la Falange por parte de Franco (con el concurso de Arrese) se inició con el cese de Serrano Suñer, el proceso se intensificó tras el desembarco aliado en el norte de África en noviembre de 1942 y el consecuente cambio definitivo de la suerte de las armas en perjuicio del eje. Desde entonces, frustrado el proyecto totalitario, la mera supervivencia de la Falange y de sus posiciones de poder en el Estado iban a quedar ligadas inexorablemente al futuro del caudillo militar y de su régimen de poder personal vitalicio. Esa ligazón recíproca se hizo más evidente a medida que Franco tenía que hacer frente a un peligro interno cuya amenazante virtualidad crecía con el nuevo contexto bélico internacional: la restauración monárquica por iniciativa del alto mando militar. Dicha opción siempre había estado latente en el seno del régimen y, en particular, había sido promovida tenazmente por los generales Kindelán y Aranda, que por eso mismo habían sido destinados a funciones sin mando directo en tropa (Fernández, 1985).

A la vista de la evolución de la guerra mundial y por consejo de sus asesores (Sainz Rodríguez, Gil Robles), don Juan escribió una carta a Franco en marzo de 1943 para subrayar los "riesgos gravísimos a que expone a España el actual régimen provisional y aleatorio" y para instarle a preparar "el tránsito rápido a la Restauración" antes de la victoria aliada (Sainz Rodríguez, 1981: 354-355; Toquero, 1989). La negativa de Franco a contemplar un traspaso de poderes similar se había evidenciado en toda su gestión política previa y en el programa de institucionalización desarrollado. La última prueba había sido la ley de 17 de julio de 1942 creando las *Cortes Españolas* como "órgano superior de participación del pueblo español en las tareas del Estado"

y ámbito para "el contraste de pareceres, dentro de la unidad del régimen".
Como foro consultivo "orgánico" y sin capacidad legislativa, las nuevas Cortes
eran una institución poco más representativa que el Consejo Nacional de
FET y formada inicialmente por un total de 402 "procuradores" diferentes
(natos, en función de su cargo estatal: ministros, consejeros nacionales, rec-
tores...; designados por el jefe del Estado: obispos, militares, prohombres...;
y electivos por sufragio indirecto de los municipios, sindicatos y colegios profesionales) (Díaz Nosty, 1972; Miguel y Linz, 1975).

A los pocas semanas de que Franco hubiera contestado por carta a don
Juan desmintiendo que su régimen fuera "provisional y aleatorio" (27 de
mayo de 1943), la caída de Mussolini y la capitulación de Italia dieron nuevos bríos a los militares y políticos monárquicos que urgían un tránsito pacífico hacia la restauración monárquica como régimen de futuro más aceptable para los victoriosos aliados. El punto culminante de esa campaña se produjo
el 8 de septiembre de 1943, cuando Franco recibió una carta particular firmada por ocho de los doce tenientes generales en la que le instaban, como
"compañeros de armas", "con lealtad, respeto y afecto" y "dentro de la mayor
disciplina", a considerar "llegado el momento de dotar a España de un régimen estatal, que él como nosotros añora..., (bajo) la forma monárquica"
(Payne, 1987: 339-340; Sainz Rodríguez, 1977: 356; Fernández, 1985:
91-99; López Rodó, 1977: 43-44). Sin embargo, Franco resistió esas presiones y otras posteriores con una mezcla de concesiones formales, llamadas a
la unidad disciplinada, recordatorios de los riesgos de un Gobierno débil, y
cambios en el alto mando que reemplazaban a los monárquicos decididos
por leales franquistas normalmente más jóvenes. Buena prueba de esa decisión de resistir toda presión mediante cambios cosméticos para depurar su
régimen de reminiscencias totalitarias italo-germanas es la consigna dictada
en noviembre de 1943 por la Dirección General de Prensa a los directores
de periódicos españoles:

> Como norma general deberá tenerse en cuenta la siguiente: en
> ningún caso, y bajo ningún pretexto, serán utilizados, tanto en artí-
> culos de colaboración, como en editoriales y comentarios de ese
> periódico, textos, ideario o ejemplos extranjeros al referirse a las
> características y fundamentos políticos de nuestro Movimiento. El
> Estado español se asienta exclusivamente sobre principios, normas
> políticas y bases filosóficas estrictamente nacionales. No se tolerará
> en ningún caso la comparación de nuestro Estado con otros que
> pudieran parecer similares, ni menos aún extraer consecuencias de
> pretendidas adaptaciones ideológicas extranjeras a nuestra Patria
> (Miguel, 1975: 273).

Sintiéndose seguro en su posición, el 6 de enero de 1944 Franco respondió a una nueva petición de don Juan en favor de la "urgente transición del régimen falangista a la restauración monárquica". Su dura carta de respuesta afirmaba que "ni el régimen derrocó a la monarquía ni estaba obligado a su restablecimiento" y que la legitimidad de sus poderes excepcionales procedía de "haber alcanzado, con el favor divino repetidamente prodigado, la victoria y (haber) salvado a la sociedad del caos". Por último, advertía a don Juan del peligro para la causa monárquica si se oponía a su régimen abiertamente: "Nosotros caminamos hacia la monarquía, vosotros podéis impedir que lleguemos a ella. (...) Yo os encarezco no os divorciéis de España, ni os desliguéis de nuestra Cruzada" (Sainz Rodríguez, 1977: 359-361).

Con su resistencia a dejar el poder pacíficamente, Franco enfrentó a los generales monárquicos y a sus selectos apoyos civiles ante un dilema mortal y paralizante: tratar de echarle por la fuerza, arriesgándose a un enfrentamiento interno de consecuencias inciertas, o bien aceptar su permanencia por tiempo indefinido y su promesa de restauración-instauración futura. El siempre vacilante frente monárquico-militar fue desactivándose gradualmente ante ese dilema por su propia conducta dubitativa, su temor a adoptar medidas de fuerza y, sobre todo, su pavor ante el hipotético regreso vengativo de los republicanos derrotados. En vísperas de la terminación de la Segunda Guerra Mundial, Franco había sorteado con gran habilidad el desafío monárquico y, con el concurso de Carrero Blanco, se afianzaba en el poder batiendo de nuevo el tambor católico del anticomunismo y de la "auténtica disyuntiva": "Franco o el caos" (Tusell, 1993: 132). A principios de julio de 1945, una minuta reservada de un analista diplomático británico reflejaba la clara conciencia de esa fortaleza de Franco y la gran desconfianza abrigada sobre las posibilidades futuras del pretendiente:

> Los elementos moderados, en particular los monárquicos, se han hecho más activos pero siguen siendo tan ineficaces como siempre. Y está claro que los únicos elementos en España capaces de expulsar a Franco del poder son los generales del ejército. Es cierto que muchos efectivamente han mostrado signos de impaciencia y han hablado de la necesidad de un cambio de Gobierno. Pero a pesar de todas sus palabras no están haciendo nada para ello y el general Franco parece capaz de dominarlos por su mayor fortaleza de carácter. Además, con suma cautela ha colocado a sus fieles en las posiciones militares clave. No hay que excluir totalmente la posibilidad de una acción de los generales, pero todos los informes llegados de Madrid dan la impresión de que Franco está más firmemente asentado en el poder que nunca (Moradiellos, 1998: 9).

3.3. La sociedad española de la posguerra: tiempo de silencio, hambre y miseria

Los efectos de la contienda civil dejaron una huella material de miseria y destrucción en la sociedad española de los años cuarenta que fueron acentuados por el régimen franquista en virtud de su doble política de férrea represión social y voluntaria autarquía económica. En la memoria popular, así como en la más ponderada y reciente visión historiográfica, no cabe duda de que aquéllos fueron años de verdadera hambre y miseria para la gran mayoría de españoles y tiempo de silencio para las numerosas familias de los vencidos.

En 1940 España tenía una población total de 25,87 millones que estaba físicamente diezmada y exhausta tras una guerra devastadora y que, al menos en su mitad, podía clasificarse como potencialmente hostil al régimen de los vencedores. El conflicto había provocado una sangría demográfica de un mínimo de 300.000 muertos, otros 300.000 exiliados permanentes y 270.000 prisioneros políticos en 1940. Como resultado, el crecimiento vegetativo de la población española registró en el quinquenio 1936-1940 la tasa más baja de todo el siglo (3,7 frente a 10,7 en el quinquenio anterior y 7,3 en el de 1941-1945). Las destrucciones bélicas habían dañado seriamente la infraestructura productiva del país y provocaban graves carencias alimentarias, de servicios y de bienes industriales. No en vano, se había destruido gran parte de la red ferroviaria y de su parque móvil (el 30% de las locomotoras y el 40% de los vagones de mercancías), un amplio sector de las carreteras terrestres y puertos marítimos, una proporción considerable de viviendas (250.000 totalmente y 250.000 parcialmente), una cuarta parte de la flota mercante y un alto porcentaje de la riqueza ganadera. Al mismo tiempo, la producción agraria e industrial había descendido el 22% y el 14% sobre los niveles respectivos de 1935, último año de paz (Catalán, 1995: 40-59; Carreras, 1989; Nicolau, 1989: 64; *Anuario Estadístico de España. 1944-1945,* 1946: 1093; Fraga y otros, 1972: 69).

La situación financiera (agotadas las reservas de oro durante la contienda) era también desesperada e insuficiente para promover de modo autónomo (o con apoyo italo-germano) la urgente reconstrucción económica postbélica. Por ello resultaba obligatorio el recurso al bien surtido mercado de capitales anglo-francés (y norteamericano) en solicitud de préstamos y créditos para efectuar las imprescindibles importaciones de grano, equipo industrial y carburantes. Sin embargo, en virtud de su ideología, su alineamiento diplomático y su imitación de los modelos económicos totalitarios, el nuevo régimen franquista ni quiso ni pudo optar por esa vía. Muy al contrario, decidió emprender una política económica de fuerte intervención estatal y

búsqueda de la *autarquía* (entendida como autosuficiencia y autofinancia-
ción) que extremó las previas tendencias proteccionistas del capitalismo español y se caracterizó por un altísimo grado de rigidez ordenancista y herme-
tismo exterior (Clavera y otros, 1978; García Delgado, 1986; González, 1979;
Tortella, 1994: 267-280).

La consecuencia de esta opción autárquica al servicio de "un Estado
imperial militar", que concebía la producción y el abastecimiento en términos de mera intendencia ("autarquía cuartelera") y con desprecio a los
mecanismos de regulación del mercado, fue una profunda depresión económica que duró más de una década. El patente fracaso de esa opción eco-
nómico-ideológica, que "fue más obstáculo que propulsor del crecimiento"
(Tortella, 1994: 385), se aprecia en varios indicadores incontestables. La
renta per cápita en España, cifrada en 1930 en 789 dólares (de 1970), descendió a 746 en 1940 y a 694 en 1950 (mientras que Italia, también salida
de una guerra devastadora y tras liquidar la autarquía fascista, pasó de 925
dólares en 1940 a 982 en 1950 (García Delgado y Jiménez, 1996: 450;
Carreras, 1989b: 562). La vital producción agraria, como resultado de la
reducción de superficie cultivada y descenso de la productividad, también
se desplomó dramáticamente y dio origen a las hambrunas de los años cuarenta: la producción triguera pasó de un índice 100 en el quinquenio 1931-
1935 (4.360.000 t) a un índice 73 en 1940-1945 y el mismo índice en 1945-
1950 (3.200.000 y 3.170.000 t); la producción de patata cayó de un índice
100 en el quinquenio republicano (5.010.000 t) a un índice 67 y un índice 54 en los dos quinquenios posteriores (3.350.000 y 2.710.000 t) (Barciela,
1987: 259). El colapso simultáneo de la producción industrial queda bien
reflejado en la caída de sus índices: de 97,9 en 1935 bajó a 83,9 en 1940,
86,9 en 1945 y 97,7 en 1949 (Carreras, 1989b: 192-193). El contrapunto
de esa honda y duradera depresión económica causada por la política de
autarquía y dirigismo estatal fue la implantación de la cartilla de racionamiento de alimentos, tabaco y gasolina (vigente desde mayo de 1939 hasta
1952-1953) y la consecuente aparición de un floreciente y paralelo mercado negro de precios inflados (el "estraperlo"), cuyo volumen "superó –caso
del trigo– o estuvo muy cercano –caso del aceite– al propio mercado oficial" (Barciela, 1986: 193; Barciela, 1989).

La depresión económica de los años cuarenta tuvo su fiel reflejo en todos
los órdenes de la vida social española. En primer lugar, produjo un notable
freno y retroceso parcial en el curso de la modernización económica y socio-
profesional iniciada a principios de siglo. Así lo prueba un indicador tan sen-
cillo como fiable: la distribución sectorial de la población activa (documento 2). De hecho, la población activa agraria, cifrada en 1930 en el 46% de
la población activa total (entonces 8,57 millones de personas), se elevó has-

ta constituir el 52% en el año 1940, y todavía en 1950, con un 49%, seguiría por encima del porcentaje de los años de preguerra. Paralelamente, la población activa empleada en el sector industrial y en el de servicios, que ocupaba en 1930 al 30,5% y al 21%, respectivamente, se redujo en 1940 a un mero 24% y 24%, subiendo lentamente hasta el 25% y 24,5% en 1950 (Foessa, 1970: 169; Tortella, 1994: 226-227; Sánchez-Reyes, 1978: 19).

Esa agrarización de la población activa durante los años cuarenta, elocuente prueba de la depresión económica (puesto que con más mano de obra agrícola hubo menos producción agraria), fue acompañada, sin embargo, de un continuo proceso de urbanización y éxodo rural hacia las ciudades iniciado ya en el siglo XIX y no interrumpido por la guerra y la autarquía. Así lo demuestran los datos sobre población residente en municipios de más de 20.000 habitantes (límite estadístico para la diferenciación entre poblamiento rural y urbano). En 1930, el 31% de la población española vivía en municipios urbanos (más de 20.000 habitantes) y, de esa cifra, un 14,9% vivía en grandes ciudades (más de 100.000 habitantes). Diez años más tarde, tras la victoria franquista, el porcentaje de población urbana era del 36% (del 19,1% en las grandes ciudades). Un decenio posterior, en 1950, la población urbana había subido al 40% (al 23,9% en las grandes ciudades) (Foessa, 1970: 1189, 1272; Tortella, 1994: 222).

La aparente paradoja de un incremento de la población agraria paralelo a un continuo éxodo rural se explica por la continua migración de campesinos y jornaleros empobrecidos que abandonaban el campo en busca de una posibilidad de mejora de su situación social en las ciudades. Se calcula que durante los años cuarenta emigraron a las ciudades más de 800.000 campesinos, en su gran mayoría jornaleros, a pesar de las trabas puestas por las autoridades a ese flujo mediante un sistema de pases y salvoconductos para circular entre provincias (Sevilla Guzmán, 1976: 188; Bielza de Ory, 1989: 47). El final de las expectativas de reforma agraria, junto con los salarios de miseria, la pobreza material y la imposibilidad de actuar colectivamente, contribuyeron sin duda a ese fenómeno migratorio que en décadas posteriores adquiriría proporciones realmente masivas. No en vano, la política agraria franquista, pese a su retórica sobre las virtudes campesinas y sus proyectos paternalistas de colonización interior y concentración parcelaria, dejó intacta la estructura de la propiedad de la tierra, sancionó el poder indiscutido de los propietarios y latifundistas, y garantizó la continuidad de sus explotaciones en condiciones muy ventajosas y favorables (Sevilla Guzmán y González de Molina, 1989; Barciela, 1996). Así lo dejaría muy claro, en 1948, Fermín Sanz Orrio en su discurso ante la Junta Nacional de *Hermandades de Labradores y Ganaderos* (el sindicato oficial agrario, integrante de la OSE):

Hay que decir a los poseedores de tierras que dediquen mucho esfuerzo y generosidad a las tareas dirigentes, que produzcan más y mejor y distribuyan la alegría y el bienestar en su alrededor, que procuren ganar el afecto de cuantos les obedecen. (...) A los braceros, a esos humildes que sólo poseen el esfuerzo de sus músculos, [hay que decir] que con la esperanza de una redención eficaz han de incrementar su trabajo y rendimiento; que deben ser enteramente fieles a quienes los dirigen y abandonar resabios de odios clasistas y anhelos de absurdas revanchas, que han de mirar al jefe de la explotación como un padre o un hermano mayor. (...) Sólo cuando imperen en el agro usos y normas de perfecta convivencia cristiana es cuando podremos pretender una seria y digna y completa Reforma Agraria (Foessa, 1970, 192).

La subordinación jornalera a las directrices de los grandes propietarios agrarios era sólo la faceta rural de una férrea disciplina laboral también presente en el ámbito industrial y de servicios urbanos. No en vano, la persistente represión política multiforme (ejecuciones, encarcelamientos, depuraciones, ceses, sanciones, destierros...) había conseguido desarticular toda oposición sindical o partidista de la clase obrera. El propio Franco, en un discurso en Asturias en septiembre de 1939, había dejado claro la finalidad de esa violencia represiva que probablemente llegó a suponer la ejecución de 40.000 republicanos en la posguerra (Moreno Gómez, 1999: 24): "¡Ay de aquel que se tuerza, porque sobre los escombros de Simancas [cuartel militar gijonés destruido durante la guerra] juro yo, con los españoles, apartar y hundir al que se oponga" (Ruiz, 1978: 25). Un año más tarde, también en Gijón, su ministro de Trabajo, el falangista Girón de Velasco, reiteraba la amenaza sin ambages:

Y ahora, camaradas, quiero deciros que nos alegra hablar en Asturias, en la rebelde Asturias, porque el espíritu dolorido y el hosco silencio de tantos vencidos es para nosotros no sabemos si una preocupación o una esperanza. No se trata de halagar a nadie. Es precisamente la conciencia de nuestra fuerza, la seguridad de que la más pequeña rebeldía encontraría nuestros golpes tan certeros y tan impacientes como ayer, la que nos permite, la que nos obliga a hablar así (Ruiz y otros, 1981: 141).

La labor de control, vigilancia y encuadramiento de esa clase obrera diezmada y amedrentada corrió a cargo de la OSE, cuyas funciones institucionales no dejaron de crecer en los años de posguerra, a la par que se dictaban mínimas medidas de previsión social: subsidio familiar (ya en julio de 1938), seguro de vejez e invalidez (septiembre de 1939), seguro obligatorio de enfermedad (diciembre de 1942), etc. José María de Areilza, entonces ideólogo falangista y primer alcalde franquista de Bilbao, definió con propiedad en 1940 el papel de la sindicación obligatoria en el régimen:

> Se necesita una disciplinada ordenación de los productores mismos; una vertebración fuerte, ágil y elástica de las empresas industriales y agrícolas; una estructura, en fin, hecha con arreglo a normas y criterios, arbitrarios como toda clasificación humana, pero lo menos perturbadores que sea posible para que nunca estorben a la inercia y a la continuidad económica del país (Miguel, 1975: 48).

Tres años más tarde, el propio Fermín Sanz Orrio reconocía aún con mayor franqueza el papel fundamental del sindicalismo franquista y su contribución al dominio patronal sobre sus empleados:

> Se dice también que unir a los obreros y a los patronos en un sindicato total inmediato equivale a terminar con la autoridad del empresario. En realidad es todo lo contrario, puesto que el empresario, en el régimen nacionalsindicalista, es... pivote fundamental de todo el sistema, de tal modo que a sus facultades de mero gestor del negocio... asocia las de representante sindical de un grupo de productores, depositario de la autoridad del Estado y del Movimiento en aquel sector..., que ejerce sobre sus subordinados una autoridad directamente protegida por la fuerza del Estado y del Movimiento (Payne, 1987, 407).

La tutela sindical falangista sobre la clase obrera fue completada por una decidida estatalización de las relaciones laborales, plenamente acorde con la política de autarquía económica vigente. En virtud de la *ley de Reglamentaciones de Trabajo* aprobada el 16 de octubre de 1942, correspondía exclusivamente al Ministerio de Trabajo la fijación de las condiciones laborales en todas las ramas de la producción nacional (incluyendo la determinación de los salarios, duración de la jornada de trabajo, régimen de horas extraordinarias, descansos, permisos, vacaciones, sanciones, etc.). La única vía de potencial reclamación obrera consistía en el recurso a las magistraturas de trabajo, creadas en 1938 con jurisdicción exclusiva en casos de demandas siempre individuales sobre condiciones laborales. Esa anulación de toda posibilidad de negociación o actuación colectiva obrera fue ratificada por la *ley de Contratos de Trabajo* de 26 de enero de 1944, que refrendaba el principio de obediencia del trabajador respecto del patrono: "es deber del trabajador cumplir los reglamentos de trabajo así como las órdenes e instrucciones del jefe de empresa, de los encargados o representantes de ésta y de los elementos del personal de la misma que le asistan" (Molinero e Ysàs, 1998: 14). La consecuente subordinación de los trabajadores ante sus patronos y el Estado quedaba garantizada por la paralela ilegalización de la huelga o cualquier otra acción colectiva de presión obrera y el riguroso régimen de sanciones vigentes. No en vano, si ya el Fuero del Trabajo consideraba esos actos como "delitos de lesa patria" (convertidos en "delitos de sedición" según el artículo 222 del Código Penal de 1944), la ley de 2 de marzo de 1943 asumía como reos del "delito de rebelión militar" a los autores de los siguientes actos:

> Quienes realicen acto con propósito de interrumpir o perturbar los servicios de carácter público o las vías y medios de comunicación o transporte. Asimismo, podrán tener ese carácter los plantes, huelgas y sabotajes, así como las reuniones de productores y demás actos análogos, cuando persigan un fin político y causen graves transtornos al orden público (Ballbé, 1983: 413).

El resultado de ese férreo control de la clase obrera fue la implantación de unas condiciones de trabajo extremas y cuasi militares, en absoluto compensadas por la garantía de estabilidad en el empleo o la concesión de dos pagas extraordinarias (del 18 de julio y de Navidad). Buen ejemplo de dichas condiciones podría ser el régimen laboral decretado para las explotaciones mineras carboníferas de Asturias en la posguerra. Entre 1938 y 1945, la jornada laboral en el interior de las minas (donde se realizaban las tareas más duras y peligrosas) osciló entre las siete y las nueve horas a contar desde la entrada en el pozo. El tiempo de descanso para comer variaba entre quince minutos y media hora, "a juicio de la Dirección". Desde junio de 1940 y hasta enero de 1946 se autorizó el trabajo dominical del minero, compensándose en metálico su único descanso semanal. El sistema de retribuciones salariales primaba el trabajo a destajo sobre el salario fijo, favoreciendo así la prolongación de la jornada mediante horas extraordinarias. Las vacaciones anuales retribuidas se ceñían a siete días laborales (diez desde 1946), que podían ser compensadas en metálico y, por tanto, anuladas de hecho si "los altos intereses de la Economía Nacional así lo aconsejasen". La determinación de las faltas (leves, graves y muy graves) era potestad exclusiva de la empresa y podían acarrear sanciones de empleo y sueldo, traslado, pérdida total o parcial de vacaciones y, en su caso más grave, despido. La disciplina laboral era en consecuencia estricta y fuertemente jerarquizada, como correspondía a la militarización del trabajo minero decretada en 1937 y nunca formalmente derogada (Benito del Pozo, 1993: 188-201; García Piñeiro, 1990). Habida cuenta de ese contexto, la "única vía de manifestación del descontento obrero respecto a las condiciones de trabajo" quedó limitada a la presentación de quejas y reclamaciones estrictamente individuales ante las magistraturas de trabajo, que por eso pueden considerarse un "trasunto del conflicto colectivo" prohibido. De hecho, entre 1940 y 1944, en el período de mayor represión política y laboral, se presentaron en Asturias 777 demandas de obreros particulares contra sus patronos (por reclamación de prestaciones económicas impagadas, por sanciones salariales, por despido, etc.). De ellas, nada menos que el 63,9% procedía de la minería de la hulla (Benito del Pozo, 1993: 353-354, 407).

Esas condiciones laborales permitieron tasas de explotación de los trabajadores draconianas que, sumadas a la política autárquica, generaron amplios beneficios para las empresas en la época de postguerra. A título de ejemplo, los cinco grandes bancos españoles (Central, Banesto, Hispano-Americano, Bilbao y Vizcaya) "crecieron a lo que probablemente era un ritmo sin precedentes, aumentando sus beneficios anuales aproximadamente en un 700%" (Payne, 1987: 403). Según un informe reservado presentado por el economista falangista Higinio París Eguilaz al propio Franco en septiembre de 1940, la subida de "los precios al por menor en relación con la fecha anterior al Movimiento sería de un 90%", en tanto que "los salarios, salvo casos excepcionales, no han aumentado más de un 35 a 40% y en ocasiones el aumento ha sido menor". Como resultado, se había producido un descenso notable del nivel de vida en el "grupo de empleados y asalariados de toda clase, que representa en unión de sus familiares el 80% de la población". Por el contrario, "el otro 20%" de la población, "formado por propietarios agrícolas, industriales y financieros y negociantes", "no ha sido afectado por la disminución del nivel de vida" por varias razones:

> De este grupo, unos han compensado la elevación del coste de la vida por la elevación del precio de venta de sus productos, en otros este aumento de los precios de venta se ha hecho en mayor proporción que la correspondiente a los índices generales y por tanto han obtenido beneficios y por último el grupo de negociantes y financieros han conseguido enormes ganancias (*Documentos Inéditos para la Historia del Generalísimo Franco*, 1992-1994, II-1: 342, 344-345).

Efectivamente, los niveles de retribución salarial (fijados por el Ministerio de Trabajo) sufrieron un descenso brutal en la posguerra y quedaron muy por debajo de las subidas de precios (tanto los tasados oficialmente como los superiores del mercado negro). En 1942, a tenor de un informe del Consejo

Superior de Cámaras Oficiales del Comercio y de la Industria, ese descenso era mucho mayor que el reconocido por París Eguilaz: "sigue sin haber una adecuada relación entre los salarios y el coste de la vida. Aquéllos, en el mejor de los casos, han experimentado un aumento entre un 40 o un 60%, en cambio, el coste de la vida, aun tomando como base los precios de tasa, se ha elevado en un 300%" (Molinero e Ysàs, 1998: 23-24). No en vano, los salarios reales durante la década de los cuarenta se mantuvieron con frecuencia por debajo del 50% de su valor en los años de preguerra y no volverían a superar aquellos niveles hasta la mitad de los años cincuenta (Carballo, 1981: 236-238).

El empeoramiento generalizado de los niveles de vida obreros y populares tuvo manifestaciones inmediatas en todos los ámbitos de la vida social y dieron el consabido tono dramático a los años cuarenta: situaciones de hambre y desnutrición crónica (cuyo máximo símbolo era el racionado pan negro y duro, cuyo cupo oficial estuvo fijado hasta 1945 en 150 gramos diarios, "uno de los más bajos de la Europa post-bélica"); aumento de las enfermedades y epidemias mortales (tuberculosis, tifus, difteria, paludismo, pelagra...); aguda escasez de viviendas urbanas e incremento del chabolismo (particularmente en el suroeste de Madrid y norte de Barcelona); graves privaciones materiales en vestimenta, transporte, alumbrado eléctrico, servicios sanitarios y educativos, etc. La extrema penuria y sufrimiento popular de esos años de posguerra quedan bien reflejadas en el devenir de varios indicadores demográficos respecto a su situación en años de preguerra. Así, por ejemplo, el crecimiento vegetativo de la población española (diferencia entre las tasas de natalidad y de mortalidad generales), que había sido de 11,4‰ en 1930, quedó reducido a un mínimo de 0,9‰ en 1941 y sólo superaría sus niveles prebélicos a partir de 1948 (12,1‰). Por su parte, la tasa bruta de mortalidad, cifrada en 16,9‰ en 1930, se elevaría a un máximo de 18,7‰ en 1941 para emprender un lento pero sostenido descenso en años posteriores. La igualmente reveladora tasa de mortalidad infantil, fijada en 117‰ en 1930, experimentaría un súbito incremento hasta 143‰ en 1941 para descender rápidamente en lo sucesivo (Foessa, 1970: 143; Rodríguez Osuna, 1978: 24-38; Heine, 1990: 316).

Las autoridades franquistas eran bien conscientes de las condiciones de vida y trabajo míseras bajo las cuales vivía la amplia mayoría de los españoles. A mediados de 1941, Carrero Blanco informó con suma preocupación a Franco que en el país había amplias "zonas de hambre", particularmente en Andalucía, Extremadura, Castilla-la Nueva y el litoral mediterráneo. Y añadía sin asomo de exageración: "Hoy el alimento de la gran masa obrera tiene que limitarse a una taza de malta sin azúcar como desayuno, un plato de habas cocidas al mediodía y una cosa parecida por la noche" (Tusell, 1993: 54). Exactamente seis meses antes, en enero de 1941, la Dirección General de Seguridad también había elevado al caudillo un denso informe, sumamente crudo y realista, sobre el "ambiente general" en el país:

> Francamente desfavorable y pesimista, debido a la creciente falta de trabajo agudizada por la carestía de los alimentos más indispensables para el productor, si se tiene en cuenta su limitadísima capacidad adquisitiva relacionada con los actuales salarios.
>
> La disposición relativa a la redistribución del pan había sido acogida con alegría por la masa trabajadora, pero ahora se está dando cuenta de que no pasará de una disposición más que sólo cumplirán los de buena fe.
>
> El derrotismo y la murmuración están a la orden del día y siempre tienen por base la falta de alimentos y el abandono en que se deja a la clase media y trabajadora.
>
> Por parte de los patronos de potencial mediano y pequeño existe descontento por no poder atender normalmente la marcha de sus industrias, debido a la falta de materias primas en algunos casos y por las enormes cortapisas que algunos Gobernadores ponen al desarrollo de ciertas actividades interprovinciales.
>
> Las grandes industrias y comerciantes no se quejan. Se limitan a comprar y vender como pueden, procurando ganar el máximo sin tener consideración para las posiblidades del consumidor final.
>
> El paro obrero crece constantemente y la mendicidad aumenta de manera alarmante (*Documentos Inéditos para la Historia del Generalísimo Franco,* 1992-1994, II-2: 19).

Esa era la triste y patética realidad imperante en la España de la posguerra y de la autarquía, donde la mera tarea de sobrevivir día a día exigía todos los esfuerzos de las clases populares y de gran parte de las clases medias, tanto en el campo como en las ciudades. Sobre ese transfondo miserable, y en agudo contraste, se desplegaba la política social de movilización de masas encuadradas en los distintos servicios de la Falange y en las ceremonias públicas orquestadas por el nacionalcatolicismo. No en vano, los años del hambre y la miseria fueron también los años de la más intensa propaganda "social" falangista ("Ni un hogar sin lumbre, ni un español sin pan"; "Patria, Justicia y Pan") y de las campañas públicas de recatolización forzosa mediante "misiones populares", peregrinaciones, consagraciones, ejercicios espirituales, cursillos de cristiandad y misas en honor "a los caídos por Dios y por España" (Ruiz Rico, 1977: 75-77; García de Cortázar, 1996: 393-398).

3.4. La oposición al régimen en la posguerra: entre la impotencia y la esperanza

En los años de la inmediata posguerra, la mera combinación de miseria material y represión oficial fue suficiente para cercenar toda oposición activa y de masas, de raíz obrera o popular, ante el nuevo régimen franquista. Si el baño de sangre represivo en curso no hubiera sido ya un factor suficientemente disuasorio, la forzada búsqueda de la supervivencia en un contexto de privaciones concentró y agotó todas las energías restantes de la sufrida población. En esas circunstancias, la manifestación pública de una oposición política o social fue prácticamente imposible y lo único que pudo mostrarse fue un rechazo pasivo, tácito y resignado. Así lo reconocía certeramente un informe de la Jefatura Superior de Policía sobre Asturias elevado a Franco en abril de 1942:

> El aspecto social que ofrece esta provincia es en términos generales satisfactorio, ya que todas las actividades sindicales se encuentran encuadradas en los Sindicatos Nacionales, sin que se tenga conocimiento de que entre los grupos obreros numerosos, ya de tipo industrial o minero, predominantes en esta provincia, se traten de organizar células sindicales o políticas contrarias al Nuevo Estado.
>
> No obstante, esta aparente normalidad no refleja el sentir de la clase trabajadora, que con salarios bajos considerando la carestía de la vida, y con las grandes dificultades que encuentra para abastecerse de los artículos de primera necesidad, estraperlados entre gente de posición, ven en el Nuevo Régimen, la continuación del sistema político imperante en España, antes del Glorioso Movimiento, en que se hacía labor de partido y no nacional, condenando una clase social al sacrificio, en beneficio de otra que disfrutaba de su privilegio. (...)
>
> Esta concepción es la generalizada entre la clase trabajadora, contribuyendo a afirmarla en su generalidad, las antiguas y arraigadas tendencias marxistas o de tipo sindical que luchaban por el imperio de la clase obrera, que aceptó en principio la pérdida de la guerra, resignadamente (...). Pero, a medida que las dificultades se interponen en la marcha normal de su solución definitiva, surgen también progresivamente los descontentos enemigos que integran la masa trabajadora especialmente, que deseosos de justificar su fracaso con el del Régimen Nacional, viendo errores en las dificultades que se le presentan y mala voluntad en los hechos para superarlas, han llegado actualmente a formar una masa, lo suficientemente preparada y abonada, para que sirva de medio al desarrollo de doctrinas disolventes y

anti-españolas, que no encuentran otro obstáculo a su afianzamiento que el temor a la represión.

Las causas principales de este temor y que sostienen en la provincia la normalidad que aparentemente se manifiesta, pueden reducirse a dos grupos:

1.º. Los que nacen de la labor constante y efectiva que por el personal del Cuerpo General de Policía y demás Cuerpos de Orden Público se realiza, sosteniendo en continua intranquilidad y sobresalto a los enemigos del Movimiento que pudieran organizar sus actividades en contra del mismo (...).

2.º. Ha influido de modo definitivo en este sentido, el gran lujo de fuerzas de que se hizo gala constantemente en esta provincia, demostrando de modo palpable lo insensato que sería esbozar una organización contra un poder fuerte y decidido (*Documentos Inéditos para la Historia del Generalísimo Franco*, 1992-1994, III: 417-418).

La apatía popular inducida por la represión y la miseria hizo extraordinariamente difícil la labor de reconstrucción interior de la oposición política y sindical, a la par que reducía a la nada los esfuerzos de la oposición exiliada fuera de España. De hecho, a lo largo del período 1939-1945, considerando su derrota como provisional y asumiendo que la "guerra continúa", tanto la clandestina oposición interna como la del exilio oscilarían entre el desánimo de la impotencia (por su falta de fuerza propia para derribar el régimen) y la ilusión de la esperanza (en una victoria aliada sobre el eje que arrastrara consigo al franquismo) (Heine, 1983; Fernández Vargas, 1981; Preston, 1978; Malerbe, 1977; Vilar, 1984).

Las diferencias entre la oposición interior clandestina y la oposición del exilio fueron creciendo en importancia con el paso del tiempo (y, a la larga, habrían de resultar en un divorcio mortal para muchas fuerzas políticas). En ambos casos, el final de la guerra con la derrota sólo acentuó las previas divisiones que habían lastrado el esfuerzo bélico republicano. De hecho, la persistencia de fracturas insalvables entre los distintos partidos y sindicatos que habían luchado por la república constituiría un factor crucial en el devenir de la fragmentada oposición anti-franquista y en su limitada eficacia política y diplomática.

La principal división que hizo imposible la constitución de un frente unitario opositor enfrentaba a los seguidores y detractores del doctor Negrín, último jefe del Gobierno republicano refrendado por las Cortes durante la guerra civil. Negrín, exiliado en París (hasta 1940) y luego en Londres (hasta 1945), trató de mantener la ficción de su mandato constitucional con la esperanza de ofrecer a los aliados, en el momento de su victoria, una alternativa

legítima republicana para reemplazar a Franco en el poder. Al igual que durante la guerra civil, el negrinismo contaba con apoyos dispersos en las fuerzas
republicanas burguesas, en su propio partido socialista y en el PCE (si bien
los comunistas dejaron de apoyarle durante el bienio 1939-1941, mientras
estuvo en vigor el pacto germano-soviético, y matizaron su apoyo entre 1943
y 1945). Por el contrario, la hostilidad hacia Negrín, considerado un caballo
de Troya comunista y responsable del fracaso militar en la guerra civil, era
muy amplia entre los partidos republicanos burgueses, la mayoritaria tendencia socialista liderada por Prieto y en el seno del anarcosindicalismo. La
corriente antinegrinista contaba con el apoyo de la Diputación Permanente
de las Cortes, presidida por el republicano Diego Martínez Barrio (presidente interino de la república tras la dimisión de Azaña en febrero de 1939), que
se erigió en alternativa legitimista al discutido jefe de Gobierno. La discordia
entre ambos grupos impidió la necesaria colaboración entre ambas instituciones, frustró el potencial reconocimiento exterior de su compartida legitimidad constitucional y dio origen a una dura y suicida lucha política para
lograr el apoyo entre los exiliados desperdigados por Europa (especialmente
en Francia) y América Latina (básicamente en México) (Borrás, 1976; Giral,
977; Heine, 1983: 28-33; Mancebo, 1993; Valle, 1976).

Mientras los grupos del exilio malgastaban sus fuerzas en esas disputas,
la oposición en el interior, recluida en la clandestinidad más rigurosa, sufría
descalabros recurrentes a manos de las fuerzas de seguridad franquistas. Por
ejemplo, nada menos que seis comités nacionales de la CNT fueron descu-
biertos y desmantelados entre 1939 y 1943. Y otros siete comités ejecutivos
de la UGT en el interior fueron desarticulados entre 1939 y 1945 (Malerbe,
1977: 21; Tusell, 1988: 227; Vilar, 1984: 70-77). Los mismos obstáculos
experimentaron los esfuerzos para reconstruir en el interior las organizaciones del PCE y del PSOE (apenas hubo intentos de reconstrucción de los partidos republicanos burgueses). Esa implacable represión policial explica en
gran medida el recurso de los perseguidos militantes de las tres grandes fuerzas obreras a la actividad guerrillera: "sabotajes, atentados contra militares y
políticos de diversa importancia, golpes económicos y propaganda escrita, o
mítines relámpago" (Fernández Vargas, 1981: 100).

La guerrilla anarquista fue principalmente urbana y se concentró en
Cataluña y en la ciudad de Barcelona, focos tradicionales de hegemonía
libertaria. Por igual motivo, la actividad guerrillera socialista se extendió
sobre todo por zonas rurales de Asturias y áreas limítrofes de León y Galicia.
Por su parte, la comunista tuvo mayor amplitud geográfica y fue particularmente activa en el campo de Levante y Aragón y en la cordillera cantá-
brica. En conjunto, las guerrillas antifranquistas tendrían su máximo flo-
recimiento entre 1943 y 1948, cuando mayor fue la esperanza de derribar

al franquismo al socaire de la victoria aliada. El hito divisorio de ese proceso de lucha armada irregular fue el fracaso cosechado en el valle de Arán (Lérida) en octubre de 1944: un contingente de unos 6.000 guerrilleros comunistas que habían combatido con el maquis en Francia atravesaron la frontera con el propósito de extender su lucha a España y fueron derrotados por la amplia contraofensiva desplegada por el ejército franquista. Desde entonces, a pesar de todas las apariencias de triunfos esporádicos, la guerrilla libró un lucha puramente defensiva cuyo primer objetivo era la mera supervivencia de los involucrados y sin ningún otro horizonte político relevante (Aguado Sánchez, 1975; Fernández Vargas, 1981: 55-59, 96; Káiser, 1976; Vilar, 1984: 130-160).

La cercanía de la victoria aliada, junto con las necesidades operativas impuestas por la represión, acabaron forzando una mínima dinámica unitaria en el seno de la oposición. En el interior de España, republicanos, socialistas y anarquistas (excluyendo al PCE) crearon en octubre de 1944 la Alianza Nacional de Fuerzas Democráticas (ANFD), comprometida con la legalidad republicana pero abierta a la colaboración con los grupos monárquicos opuestos a Franco que habían ido constituyéndose en torno a don Juan de Borbón (Heine, 1983: cap. 8; Fernández Vargas, 1981: 139-140). En el exilio, casi al término de la guerra mundial, negrinistas y antinegrinistas acordaron finalmente la reunión en México, en agosto de 1945, de una sesión especial de las Cortes que restableciera la legalidad unitaria de las instituciones republicanas. En esa sesión, Martínez Barrio fue elegido finalmente presidente de la república, Negrín le presentó su dimisión formal y fue elegido un nuevo Gobierno de coalición republicana (sin comunistas ni socialistas negrinistas) presidido por José Giral. Pero esa fachada unitariamente legitimista del exilio republicano era ya muy tardía y pronto tropezaría con las nuevas realidades geopolíticas de la posguerra mundial (dominadas por la sombra creciente de la guerra fría). En adelante, además de la incipiente división sobre el principio de restauración legitimista o la colaboración con los monárquicos (y aceptación de un plebiscito sobre la forma de Estado), los grupos republicanos se dividirían en torno a la estrategia de su oposición al franquismo: lucha guerrillera como fase previa a la insurrección popular o lucha diplomática para forzar una acción internacional de las grandes potencias y la ONU.

4

La etapa del predominio del nacional-catolicismo (1945-1959)

4.1. Aislamiento y guerra fría: del ostracismo internacional a la reintegración en el bloque occidental

En mayo de 1945, el triunfo incondicional en Europa de la gran alianza contra el eje dio comienzo al esperado purgatorio del régimen franquista en el plano internacional, a pesar de todas las operaciones de cosmética neutralista desplegadas por el caudillo. Los síntomas de ese proceso habían sido claros desde principios de año y no dejarían de multiplicarse en los meses posteriores.

El 10 de marzo de 1945, el presidente Roosevelt había informado reservadamente a su nuevo embajador en Madrid que "no hay lugar en las Naciones Unidas para un gobierno fundado en los principios fascistas". También le comunicó que, si bien no tenía intención de intervenir en asuntos internos españoles, sería imposible la concesión de ayuda política y económica norteamericana para la reconstrucción mientras se mantuviera en vigor la dictadura de Franco. Pocas semanas después, se inauguró en San Francisco la conferencia fundacional de la Organización de Naciones Unidas, a la que el Gobierno español no fue invitado pero a la que asistían como observadores varios líderes republicanos en el exilio. El 19 de junio, la conferencia aprobó sin oposición una propuesta mexicana que vetaba expresamente el ingreso de la España franquista en la ONU. Todavía faltaba por llegar lo peor. A fines de julio, la abrumadora victoria laborista en las elecciones generales británicas hizo crecer la expectativa de sanciones económicas y diplomáticas aliadas para forzar la caída del régimen español. Para entonces, la prensa y la opinión pública democrática en todo el mundo occidental, especialmente en

Francia y Gran Bretaña, comenzaban a expresar con dureza su repudio del franquismo y su deseo de acabar con él con medidas efectivas (Portero, 1989). Finalmente, al término de la crucial Conferencia de Potsdam, el 2 de agosto de 1945, el líder soviético, Stalin, el nuevo presidente norteamericano, Truman, y el primer ministro británico, Attlee, emitieron una declaración conjunta sobre la "cuestión española". En la misma, se ratificaba la condena al ostracismo internacional de la España franquista con palabras severas:

> Los tres Gobiernos, sin embargo, se sienten obligados a declarar que, por su parte, no apoyarán ninguna solicitud de ingreso (en la ONU) del presente Gobierno español, el cual, habiendo sido establecido con el apoyo de las potencias del eje, no posee, en razón de sus orígenes, su naturaleza, su historial y su asociación estrecha con los países agresores, las cualidades necesarias para justificar ese ingreso (Moradiellos, 1998: 5).

Franco se aprestó a enfrentarse a la campaña internacional (completada en el interior por la presión monárquica en favor de don Juan) con una "política de espera" y resistencia numantina enmascarada tras una operación de constitucionalismo cosmético (nuevo Gobierno de julio de 1945, postergación de símbolos falangistas, aprobación del Fuero de los Españoles, etc.). Tenía la convicción (ratificada por Carrero Blanco) de que pronto habría de desencadenarse en Europa el antagonismo y conflicto entre la Unión Soviética y Estados Unidos, y que éstos habrían de recurrir a los servicios de España por su inapreciable valor geoestratégico y su firmeza anticomunista. Mientras esa situación llegaba, estaba convencido de que las grandes potencias occidentales, a pesar de todas sus condenas formales, no tomarían contra su régimen ninguna medida seria, fuera militar o económica, ante el temor de que pudiera facilitar mínimamente la expansión del comunismo o la reanudación de la guerra civil. Por tanto, la política de espera exigía de momento cerrar filas de grado o por fuerza en torno al régimen y recordar obsesivamente el peligro comunista y la guerra civil (lo que fue propiciado por la renovada actividad guerrillera y la "invasión" del valle de Arán). A finales de agosto de 1945, un crucial informe de Carrero Blanco para Franco desestimaba la importancia de la condena de Potsdam como una mera declaración retórica de "insigne impertinencia" y desvelaba los certeros fundamentos de esa política de resistencia a ultranza en espera de tiempos mejores:

> Al dispararse el último tiro en el Pacífico [Japón había capitulado el 10 de agosto], ha comenzado la guerra diplomática entre los anglosajones y Rusia. (...) Por esta fundamental causa de *frío interés*,

los anglosajones no solamente no apoyarán, sino que se opondrán a todo lo que pudiera determinar una situación de hegemonía soviética en la Península Ibérica. Les interesa en ésta orden y anticomunismo, pero preferirían lograr esto con un régimen distinto del actual. (...) Las presiones de los anglosajones por un cambio en la política española que rompa el normal desarrollo del régimen actual, serán tanto menores cuanto más palpable sea nuestro orden, nuestra unidad y nuestra impasibilidad ante indicaciones, amenazas e impertinencias. La única fórmula para nosotros no puede ser otra que: orden, unidad y aguantar (Portero, 1989: 105-106; Tusell, 1993: 128-130).

Para superar el inevitable período de "ostracismo desdentado", aparte de la cosmética pseudodemocrática, la diplomacia franquista trató de recabar y obtener el apoyo de los círculos católicos y anticomunistas en todo el mundo, a fin de relajar en lo posible el aislamiento internacional. Esas "políticas de sustitución" se dirigieron especialmente hacia los países latinoamericanos (olvidada ya la política de hispanidad beligerante precedente) y tuvieron su mayor éxito en el caso de la Argentina del general Perón. También se manifestó en la oportuna política de aproximación a los países árabes, cuyo eje principal fue la negativa a reconocer el nuevo Estado de Israel y la venta de armas a sus contrincantes en Oriente Medio. De hecho, el rey Abdulah de Jordania se entrevistaría con Franco en septiembre de 1949, siendo el primer jefe de Estado que visitaba España desde 1936.

Pero las numerosas gestiones diplomáticas fueron insuficientes para detener la cascada de condenas internacionales por su "pecado original" (la ayuda italo-germana en la guerra civil), su naturaleza dictatorial y su poco neutralista conducta durante el conflicto mundial. El ostracismo propiamente dicho se inició el 28 de febrero de 1946, cuando el Gobierno francés cerró su frontera con España como protesta por las ejecuciones de varios guerrilleros que habían combatido por la liberación de Francia. El 4 de marzo, una declaración conjunta anglofrancoamericana (ya sin la URSS) expresaba su repudio del franquismo, su voluntad de no intervenir en los asuntos internos de España y su confianza en que "españoles patriotas y de espíritu liberal encontrarán pronto los medios para conseguir una pacífica retirada de Franco" y el retorno a la democracia. A mediados de abril, por iniciativa del representante polaco, el Consejo de Seguridad de la ONU comenzó a estudiar la "cuestión española". Tras largas deliberaciones (en las cuales las potencias occidentales se opusieron a toda sanción militar o económica), el Consejo terminó recomendando la adopción de medidas diplomáticas para forzar la caída del régimen franquista. Como resultado, en su sesión del 12 de diciembre de 1946, la Asamblea General decidió por mayoría absoluta: 1.º excluir

a España de todos los organismos técnicos establecidos por la ONU; 2.º. en-
comendar al Consejo de Seguridad que examinase, "dentro de un tiempo
razonable", las medidas necesarias para implantar en España "un Gobierno
cuya autoridad emane del consentimiento de los gobernados"; y 3.º. reco-
mendar la inmediata retirada de los embajadores acreditados en Madrid
(Portero, 1989: 153-154, 214).

Esa última medida fue aplicada por la gran mayoría de países acreditados en España, con la excepción notoria del Vaticano, Portugal, Irlanda, Suiza
y la Argentina peronista. El apoyo diplomático y alimenticio argentino en
aquella crítica coyuntura (formalizado en el protocolo de 30 de octubre de
1946) fue "un auténtico balón de oxígeno" para Franco, que no escatimó
honores y elogios a Eva Duarte de Perón durante su triunfal visita a España
en junio de 1947 (Espadas Burgos, 1987: 172-177; Preston, 1994, 710-711).
De todos modos, la retirada de embajadores fue la sanción más extrema a la
que estaban dispuestos los Gobiernos norteamericano, británico e incluso
francés. La imperturbable resistencia franquista a esa fórmula máxima de presión significó la quiebra de toda la política occidental para expulsarle por
medios pacíficos y sin arriesgarse a una nueva guerra civil o a la hipotética
expansión del comunismo en la península ibérica. No en vano, las potencias
democráticas, ante la alternativa de soportar a un Franco inofensivo o provocar en España una desestabilización política de incierto desenlace, resol-
vieron aguantar su presencia como mal menor e inevitable. En junio de 1946,
un alto funcionario diplomático británico consignaría privadamente los límites de esa presión aliada y sus poderosas razones:

> Odioso como es su régimen, el hecho sigue siendo que Franco no
> representa una amenaza para nadie fuera de España. Sin embargo,
> una guerra civil en España generaría problemas en todas las demo-
> cracias occidentales, que es lo que desean el Gobierno soviético y sus
> satélites (Moradiellos, 1995: 9).

Superada la prueba de diciembre de 1946, Franco esperó pacientemen-
te que la intensificación del conflicto latente entre la Unión Soviética y sus
antiguos aliados occidentales le ofreciese una oportunidad para salir del incó-
modo, pero no mortal, ostracismo (que jamás fue bloqueo en sentido estricto). Tras las tensiones habidas entre la URSS y Estados Unidos durante 1946
por la espinosa cuestión alemana y polaca (fijación de las nuevas fronteras y
determinación del tipo de régimen político de ambos países liberados), el
horizonte comenzó a abrirse para el franquismo a lo largo de 1947. El día
12 de marzo de ese año, el presidente Truman anunció públicamente ante
el Congreso de EE. UU. el propósito norteamericano de ayudar a Grecia y

Turquía en su lucha contra la guerrilla comunista y la presión soviética, formulando la llamada "doctrina Truman" de contención de la expansión del comunismo en todo el mundo.

La precipitada evolución de lo que ya se llamaba guerra fría relajó correlativamente el cerco diplomático sobre la España franquista. En mayo de 1947, los estrategas militares norteamericanos comenzaron a presionar a su Gobierno para que normalizase las relaciones con España, a fin de poder integrar la península ibérica en los planes de defensa de Europa occidental ante un hipotético ataque soviético desde Alemania. En octubre del mismo año, el Departamento de Estado también asumió la necesidad de modificar su política de aislamiento de España en función de esa necesidad estratégica y del fracaso de las presiones para derribar pacíficamente a Franco. En consecuencia, en la sesión de la Asamblea General de la ONU del 17 de noviembre de 1947, el representante estadounidense se opuso con éxito a la reafirmación de la condena al régimen español del año anterior y a la imposición de nuevas sanciones (Marquina Barrio, 1987: 136-144; Portero, 1989: 263-278). Por su parte, en unas declaraciones a la prensa en julio de 1947, Franco había intentado acelerar el giro norteamericano mediante el ofrecimiento de facilidades logísticas y bases militares en el territorio español.

Así pues, en el contexto favorable originado por la guerra fría, había comenzado la progresiva rehabilitación occidental de la dictadura de Franco. Síntoma evidente fue el hecho de que el Gabinete francés dispusiera la reapertura de su frontera con España el 10 de febrero de 1948. Tres meses más tarde, ese mismo Gobierno, hasta hacía poco el más declaradamente antifranquista, firmaba un acuerdo comercial y financiero hispanofrancés. En junio del mismo año, Gran Bretaña concertaba con España un acuerdo comercial similar, que sería completado en diciembre con un convenio de pagos bilaterales. También Estados Unidos secundó esa política de establecimiento de relaciones estrechas con Franco. En septiembre de 1948, el senador Gurney, presidente de la comisión senatorial de fuerzas armadas, visitó Madrid y debatió con Franco la situación europea y las necesidades militares españolas. A principios de 1949, el régimen franquista recibía del *Chase National Bank* el primer crédito (25 millones de dólares) concedido por una entidad norteamericana con la aprobación del Departamento de Estado. En septiembre de ese mismo año, Franco se entrevistaba con el almirante Conolly, comandante en jefe de la flota del Atlántico oriental y el Mediterráneo, cuyos buques atracaron durante una semana en el puerto de El Ferrol. Significativamente, un mes más tarde (octubre de 1949), Franco se atrevía a hacer el último de sus escasos viajes al extranjero y visitaba a Salazar en Lisboa.

El proceso de rehabilitación sólo se completaría formalmente durante 1950, después de que en junio de dicho año la tensión sovieticonorteameri-

cana hubiera desencadenado una verdadera guerra "caliente" en la península de Corea, contigua a la recién constituida República Popular China de
Mao Tse Tung. Bajo el impacto de la guerra de Corea y del temor a la expansión comunista en Asia, el 4 de noviembre de 1950 la Asamblea General de
la ONU decidió revocar por amplia mayoría (con el decidido apoyo norteamericano y la abstención francesa y británica) la resolución condenatoria
hacia España de 1946. Así quedó abierta la vía para que en los meses sucesivos regresaran a Madrid los embajadores occidentales y se aprobara la entrada de España en los organismos internacionales especializados (FAO, Unesco,
OMS, OIT, etc.). El ingreso definitivo de España en la ONU tendría que
esperar hasta la Asamblea General de diciembre de 1955.

Sin embargo, la rehabilitación del régimen franquista en el ámbito occidental sería parcial, limitada y conllevaría un tremendo coste económico y
político para la propia España. No en vano, la supervivencia del franquismo
como régimen dictatorial y asociado al eje vetó la participación española en
el crucial programa de ayuda económica norteamericana para la reconstrucción europea (el llamado "Plan Marshall" puesto en marcha en junio de
1947). También implicó la exclusión de España de las conversaciones sobre
la defensa conjunta occidental iniciadas en marzo de 1948 y que darían origen al Tratado del Atlántico Norte y a la creación de la OTAN en abril de
1949. Como reconocía internamente un memorándum del Departamento
de Estado norteamericano en abril de 1950:

> Los Estados Unidos y la mayor parte de estos Gobiernos (euro-
> peos) están a favor de la integración de España en el dispositivo estra-
> tégico de Europa occidental lo más pronto posible, pero ellos todavía
> consideran, como nosotros, que la aceptación pública de España en
> estos programas es políticamente inaceptable en estos momentos.
> Mientras nuestra política se base en el concepto positivo de fortaleci-
> miento y salvaguardia de la democracia occidental, y no meramente
> en una reacción negativa al comunismo, es difícil imaginarse a España
> como un socio a menos que haya alguna señal de evolución hacia un
> Gobierno democrático (Portero, 1989: 376).

En esas condiciones, el régimen franquista sólo pudo aspirar a una relación bilateral (económica y militar) subordinada y dependiente con Estados
Unidos. Las conversaciones secretas comenzaron en julio de 1951, con la
visita del almirante Sherman (jefe de operaciones navales del Pentágono)
a Madrid, y concluyeron con la firma, el 26 de septiembre de 1953, de tres
acuerdos hispanonorteamericanos de diez años de duración inicial: el convenio defensivo, el convenio de ayuda para la mutua defensa y el convenio

sobre ayuda económica. En esencia, a cambio de una limitada ayuda económica (cifrada en un total de 465 millones de dólares entre 1953 y 1957) y material bélico para modernizar su ejército, España concedía a Estados Unidos el derecho a establecer y utilizar instalaciones y facilidades militares en su territorio: las bases aéreas de Torrejón (Madrid), El Copero y Morón de la Frontera (Sevilla), Sanjurjo (Zaragoza) y Reus (Tarragona), y la base aeronaval de Rota (Cádiz) (Viñas, 1981b; Marquina Barrio, 1986: 375-571).

En términos políticos y diplomáticos, los acuerdos con Estados Unidos representaron un enorme triunfo público y oficial del Gobierno franquista. El propio Carrero Blanco consideraba los acuerdos con EE. UU. "el principal y casi único (asunto) de nuestra política exterior", en el cual "nos van muchas cosas a quienes tomamos en serio el régimen" (Tusell, 1993, 211). En un plano más realista, los acuerdos corroboraban la situación de mera dependencia española respecto a su valedor interesado. La ayuda económica prestada (calculada en 1.523 millones de dólares durante toda la vigencia del acuerdo, 1953-1963), aunque esencial para que el régimen superara su grave crisis financiera, fue bastante menor que la que recibieron paralelamente Turquía, Grecia, Brasil o la propia Yugoslavia de Tito. El material bélico entregado fue calificado por Carrero como "material de desguace". Y aunque nominalmente el uso de las bases sería determinado "de mutuo acuerdo", una cláusula secreta autorizaba al Gobierno norteamericano a disponer de ellas "en caso de evidente agresión comunista que amenace la seguridad de Occidente" sin necesidad de consulta previa con las autoridades españolas, a quienes sólo informarían de sus propósitos "con la máxima urgencia" (Viñas, 1981b: 198, 200, 313; Marquina Barrio, 1986: 671-684; Tusell, 1993: 302).

En cualquier caso, y pese a esas servidumbres sustanciales (imposibles de reconocer en público por parte de un régimen declaradamente nacionalista), los Acuerdos con EE. UU. (que no tuvieron rango de tratado para obviar la dificultad de ser aprobados por el Senado) ratificaban la aceptación de la España franquista en el ámbito occidental, si bien con un estatuto especial de socio menor y despreciado por su estructura política y pasado reciente. El triunfo político que implicaban reforzaba el éxito previo que había supuesto la firma del concordato con el Vaticano el 27 de agosto de 1953, que contenía el reconocimiento más pleno posible del régimen por parte de la Iglesia a cambio del restablecimiento completo de la confesionalidad católica del Estado y de los privilegios legales e institucionales del culto y clero (Cuenca Toribio, 1989: 138-142; documento 8). Poco después, el 20 de diciembre de 1953, Franco recibía como prueba de agradecimiento del papa la Orden Suprema de Cristo, máximo galardón vaticano. Unos meses más tarde, ya en 1954, era investido como doctor "honoris causa" en Teología por la Universidad Pontificia de Salamanca.

Por esas vías paralelas, el régimen rompió definitivamente su aislamiento y pudo sobrevivir a su "pecado original", aunque fuera a costa de pagar el alto precio político y económico que implicaba la exclusión española del Plan Marshall, el Consejo de Europa, la OTAN o la incipiente Comunidad Económica Europea (fundada por el Tratado de Roma de 1957). Con razón Franco pudo exclamar triunfante en octubre de 1953: "Esta es la hora de plenitud para nuestra política exterior" (Fusi, 1985: 102). Esa misma satisfacción experimentó en diciembre de 1959, con ocasión de una breve visita a España del presidente norteamericano, Eisenhower, excomandante en jefe de las tropas aliadas durante la guerra mundial. La visita, convertida por el régimen en una demostración de apoyo popular a ambos dirigentes, significó un nuevo espaldarazo diplomático y probablemente constituyó la apoteosis internacional de la dictadura de Franco.

La única sombra desplegada sobre esos triunfos diplomáticos en la década de los cincuenta provino de una zona tan querida y sensible para Franco y el Ejército español como Marruecos. Por distintos motivos de rivalidad, la colaboración hispanofrancesa en el Protectorado nunca había sido muy estrecha, a pesar de que Madrid tenía la convicción de que "los europeos somos en Marruecos pasajeros de un mismo barco y un naufragio nos alcanza a todos" (informe de 1942 incluido en *Documentos Inéditos para la historia del Generalísimo Franco,* 1992-1994, III: 41). Por eso mismo, la inesperada decisión francesa de ceder ante el fuerte movimiento nacionalista marroquí y conceder la independencia en marzo de 1956 no dejó alternativa alguna a Franco, particularmente en vista de su política de "amistad árabe" y de búsqueda de garantías sobre Ceuta y Melilla. El 7 de abril de 1956 España reconocía como rey a Mohammed V y cedía al mismo su zona norte de Marruecos sin condiciones.

Pero el ansiado "acuerdo pacífico" para resolver el trauma marroquí no pudo extenderse al enclave colonial al sur de Marruecos (Ifni), casi limítrofe con la colonia de Río de Oro (Sáhara español). Desde finales de noviembre de 1957 tropas irregulares marroquíes atacaron Ifni con el propósito de anexionarlo al nuevo reino. Con ayuda francesa (pero sin la norteamericana, pese a los acuerdos defensivos), el ejército español consiguió frenar la ofensiva en una guerra silenciada por la prensa que se prolongó hasta enero de 1958 y se saldó con 198 soldados muertos, 84 desaparecidos y unos 500 heridos (Casas de la Vega, 1991; Pozo Manzano, 1990). Pero la victoria fue pírrica y provisional. Franco era consciente de que España no estaba en condiciones de involucrarse en una guerra colonial duradera y asumió la necesidad de pactar una retirada escalonada: en abril de 1958 cedía a Marruecos la zona de Tarfaya al sur de Ifni y al norte de Río de Oro. La plena cesión de Ifni se retrasaría diez años, hasta enero de 1969 (tres meses después de la independencia de Guinea). Desde entonces el único objetivo colonial franquista en África fue preservar el Sáhara de las ambiciones marroquíes cuanto fuera posible y sin riesgo de guerra.

4.2. La evolución institucional: un caudillo de magistratura vitalicia para una monarquía católica y autoritaria

El término de la guerra mundial y el comienzo del ostracismo internacional también fueron aprovechados por Franco para consolidar hábilmente su situación interna en España y para desactivar las amenazas de la oposición monárquica y republicana a la continuidad de su dictadura personal. Frente a las actividades de la segunda, tanto en el exilio como en la propia España, el caudillo aplicó las consabidas medidas de represión inmisericorde y reavivó entre sus partidarios la memoria y los odios de la guerra civil, con especial mención del espectro de la conjura masónica y bolchevique (ya no era posible ni oportuno añadir la coletilla de "judaica") contra la católica España. Precisamente por aquellas fechas, Franco empezó a publicar en el diario falangista *Arriba* (desde 1946 hasta 1951) una serie de artículos firmados bajo el seudónimo de Jakim Boor que se editarían como libro en 1952 con el título *Masonería*. En ellos apelaba profusamente a su más arraigada obsesión maniquea para explicar tanto el presente rechazo internacional de su régimen como la prolongada decadencia española desde su pasado esplendor imperial: "Todo el secreto de las campañas desencadenadas contra España descansa en estas dos palabras: masonería y comunismo" (Fusi, 1985, 109; Ferrer Benimeli, 1986: 247-248). Ese fue también el hilo argumental de la magna manifestación de "indignación nacional" celebrada en la plaza de Oriente de Madrid en diciembre de 1946, coincidiendo con la decisión de la ONU de retirar a los embajadores acreditados en España. Bajo el lema "¡Franco sí, comunismo no!", el caudillo se dirigió por primera vez a la multitud desde el balcón principal del Palacio Real y declaró:

> Cuando una ola de terror comunista asola a Europa y las violaciones, los crímenes y las persecuciones del mismo orden de muchas de las que vosotros presenciasteis o sufristeis presiden la vida de las naciones ayer independientes, en la mayor de las impunidades, no debe extrañarnos que los hijos de Giral y de la Pasionaria encuentren tolerancias en el ambiente y apoyo en los representantes oficiales de aquellos desgraciados pueblos (Preston, 1994: 697).

Frente a la oposición monárquica, la respuesta de Franco tuvo que ser necesariamente más refinada y prudente, habida cuenta de su implantación entre el generalato, la aristocracia y altos sectores de la elite política, económica, social y cultural del país y del propio régimen. En vísperas del final de la guerra mundial, confiando en el apoyo de las potencias occidentales a sus pretensiones, don Juan de Borbón había optado por romper formalmente con el franquismo mediante la publicación del *Manifiesto de Lausana* el 19 de marzo de 1945. En el mismo, el pretendiente declaraba que "el régimen implantado por el general Franco, inspirado desde el principio en los sistemas totalitarios de las Potencias del eje", era incompatible con la victoria aliada y "compromete también el porvenir de la Nación". Por eso mismo, sin levantar "bandera de rebeldía", solicitaba a Franco su retirada voluntaria en beneficio de una "Monarquía tradicional" cuyas "tareas primordiales" habrían de ser:

> aprobación inmediata, por votación popular, de una Constitución política, reconocimiento de todos los derechos inherentes a la persona humana y garantía de las libertades políticas correspondientes; establecimiento de una Asamblea Legislativa elegida por la Nación; reconocimiento de la diversidad regional; amplia amnistía política; una más justa distribución de la riqueza y la supresión de injustos contrastes sociales contra los cuales no sólo claman los preceptos del cristianismo, sino que están en flagrante contradicción con los signos político-económicos de nuestro tiempo (Sainz Rodríguez, 1981: 324-325).

Acosado tanto por la condena internacional como por la presión interna monárquica, Franco acentuó el previo programa de desfascistización de su régimen, ahora definido oficialmente como *una democracia orgánica* (entrevista a United Press en octubre de 1944) y muy pronto como una *democracia orgánica y católica* (discurso ante las Cortes el 14 de mayo de 1946) (Franco, 1964: 248; Preston, 1984: 646). La finalidad declarada de esa campaña retórica de "cosmética constitucional", de "cambio aparente de fachada", era mejorar la imagen del régimen y satisfacer así mínimamente la sensibilidad democrática de los aliados victoriosos, pero sin reducir un ápice su poder omnímodo y vitalicio. Se trataba, según el propio testimonio privado de Franco, de una "política de depuración del mimetismo" respecto del eje sin llegar a "uncirnos en el carro democrático". Y todo ello sin cambios sustanciales: "No conviene ceder para que no se tome por debilidad" (Tusell, 1984: 55, 101).

En consonancia con ese programa evolutivo, el 13 de julio de 1945 Franco promulgaba el *Fuero de los Españoles* (documento 9), sucedáneo de una verdadera carta de derechos civiles y libertades democráticas individuales que aparentemente reconocía el derecho a la participación política, a la libertad de expresión, al secreto de la correspondencia, a la libertad de movimientos, a la inviolabilidad del domicilio, a la libre reunión y asociación, etc. (BOE, 18 de julio). El texto conformaba la tercera de las leyes Fundamentales del régimen (tras el Fuero del Trabajo y la ley de Cortes) y satisfacía las expectativas de la jerarquía episcopal por cuanto asumía la doctrina pontificia sobre "la dignidad, la integridad y la libertad de la persona humana" y ratificaba la confesionalidad católica del Estado de manera explícita. A la par, esa mera declaración de principios no significaba ningún riesgo real para la seguridad del régimen puesto que su propio articulado condicionaba el "ejercicio de los derechos" a la protección de los "principios fundamentales del Estado" (art. 12) y de la "unidad espiritual, nacional y social de España" (art. 33). Además, según el artículo 35, el Gobierno se reservaba el derecho a suspender "total o parcialmente" la vigencia de esos derechos "temporalmente" y con "el alcance y duración" que estimara conveniente.

Pocos días después de asegurarse el apoyo eclesiástico con la promulgación del Fuero de los Españoles (el 28 de agosto, una pastoral del cardenal Pla y Deniel lo interpretaría como prueba de "una orientación de cristiana libertad, opuesta a un totalitarismo estatista"), Franco se propuso amortiguar el desafío lanzado por don Juan (cuyo efecto inmediato había sido la dimisión de sus cargos de algunos monárquicos destacados, entre ellos el duque de Alba, embajador en Londres). En una clara invitación a la lealtad de los monárquicos colaboracionistas, el 17 de julio de 1945 Franco anunció en un transcendental discurso ante el Consejo Nacional que España se constituiría en reino tras un período de adaptación y sin renuncia al legado de la victoria en la guerra civil. Para satisfacción y alivio de la mayoría falangista que conformaba el órgano de representación del "Movimiento Nacional" (denominación preferida ya a la de FET), el anuncio no dejó lugar a dudas sobre su decisión de continuar en la Jefatura del Estado por tiempo indefinido:

> No desconozco la inquietud que esta medida, tan necesaria, puede causar en algunos sectores por temor de que pudiéramos poner en régimen de interinidad nuestros poderes, o por el desconocimiento de lo que verdaderamente encierra la institución tradicional de la Monarquía española; ni por la definición del régimen se ha de poner en entredicho nuestro poder ni la Monarquía podrá ser otra que la que encarnaron nuestros grandes monarcas en los mejores tiempos. No se trata de cambiar el mando de la batalla o de sustituciones que el interés de la Patria no aconseje, sino de definir el régimen y asegurar la sucesión ante los azares de una vida perecedera (Franco, 1964: 395).

El siguiente paso en ese programa político se efectuó el 18 de julio de 1945, con la formación de un nuevo Gobierno (el cuarto) por parte de Franco. En el mismo, aparte de continuar presentes seis militares en carteras claves (las propias y Gobernación, Obras Públicas e Industria y Comercio), los rasgos más sobresalientes eran la relativa postergación falangista (tres ministros, Girón, Fernández-Cuesta y Rein, pero desaparecía la cartera de ministro-secretario general de FET) y la espectacular promoción de un notable político católico: Alberto Martín Artajo. No en vano, el nuevo titular del Ministerio de Asuntos Exteriores había sido, desde 1940 y hasta su nombramiento, el presidente de *Acción Católica* (por tanto, "cabeza visible del apostolado seglar español") y había aceptado el cargo por consejo del propio cardenal primado, Pla y Deniel, con el propósito de colaborar en "una evolución del régimen hacia fórmulas católicas y monárquicas" (Tusell, 1984: 38, 50). De hecho, por consejo de Carrero Blanco, Franco nombró a Martín Artajo con el propósito explícito de movilizar al Vaticano y la opinión católica internacional en defensa del régimen: "Se te recibirá bien en Roma y eso importa mucho ahora. Se quiere contar con lo que representas" (Tusell, 1984: 61).

El prolongado tránsito de la hegemonía nacional-sindicalista al predominio nacional-católico fue completándose con un rosario de medidas posteriores. El 11 de septiembre de 1945 una disposición gubernativa derogó la oficialidad del saludo fascista con el brazo en alto. Siete días más tarde se retiraron las tropas españolas de Tánger, devolviendo al consejo de control internacional la única ganancia territorial lograda durante la guerra mundial. Finalmente, el 22 de octubre Franco aprobó una *ley de Referéndum* (cuarta de las leyes fundamentales) para abrir un mecanismo de consulta política a los españoles (hombres y mujeres mayores de 21 años) sobre aquellos proyectos de ley que el jefe del Estado estimase oportuno y conveniente plebiscitar (BOE, 24 de octubre). La nueva retórica de legitimación nacional-católica cobraría su máxima expresión con la decisión de las Cortes, el 12 de diciembre de 1946, de acuñar las nuevas monedas con la efigie de Franco seguida de la leyenda: "caudillo de España por la Gracia de Dios".

El conjunto de medidas tomadas por Franco a lo largo de 1945 y con posterioridad fue desactivando gradualmente la presión monárquica y militar en favor de don Juan. Como habían sospechado las potencias democráticas, la alternativa monárquica estaba paralizada por su propia desunión entre juanistas intransigentes y colaboracionistas, división muy hábilmente explotada por Franco con reiteradas advertencias sobre el peligro del regreso vengativo de los republicanos y mediante la política de concesiones aparentes. De hecho, ante los generales y políticos monárquicos, Franco dejó clara su voluntad de permanecer en el poder a toda costa con afirmaciones claras y rotundas: "Mientras yo viva, nunca seré una reina madre" (Preston, 1994: 656); "Yo no haré la tontería que hizo Primo de Rivera. Yo no dimito; de aquí al cementerio" (Kindelán, 1981: 287). Al más significado y prestigioso de los militares monárquicos, el general Varela, entonces alto comisario en Marruecos, le advirtió en diciembre de 1945 que, en la cuestión monárquica, actuaría "con mucho tacto, pero sin prisas". También le previno fríamente sobre los riesgos de romper la unidad de los vencedores en la guerra civil: "Si lograran derribar al portero, iríamos cayendo todos uno a uno; si nos encuentran unidos no llevarán los ataques al último extremo" (Tusell y García Queipo de Llano, 1985: 290).

El duque de Alba dejó constancia de la amarga decepción de quienes habían confiado en las convicciones monárquicas de Franco para proceder rápidamente a la restauración: "No quiere sino sostenerse a perpetuidad; es infatuado y soberbio. Todo se lo sabe y confía en el juego internacional temerariamente" (Tusell, 1984: 60). Todavía mayor amargura iba a producir la última medida tomada por Franco para superar definitivamente el desafío monárquico legitimista a su permanencia en el poder *sine die*. En febrero de 1946, don Juan había trasladado su residencia oficial de Suiza a Estoril (Portugal), con el fin de estar más cerca de España y favorecer así la causa monárquica. La renovada actividad del monarquismo (no menos de 458 miembros de la elite española, incluyendo dos exministros, firmaron una carta de bienvenida al pretendiente) causó honda preocupación en Franco y motivó diversas medidas de sanción: "es una declaración de guerra (...). El régimen tiene que defenderse y clavar los dientes hasta el alma" (Tusell, 1984: 150-151; Heine, 1983: 352-353). Sin embargo, por consejo de Carrero Blanco, la respuesta principal de Franco consistió en promover la institucionalización de su régimen como una monarquía sin rey pero con regente vitalicio, arrebatando así la iniciativa a don Juan y dividiendo profundamente a sus partidarios.

La redacción de la crucial *ley de Sucesión a la Jefatura del Estado* (quinta ley fundamental del régimen franquista) fue completada por Carrero Blanco en marzo de 1947 (Tusell, 1993: 161-165). En su primer artículo, la ley definía la forma del régimen político español como "un Estado católico, social y representativo, que, de acuerdo con su tradición, se declara constituido en Reino". El segundo artículo otorgaba de modo vitalicio la "Jefatura del Estado" al "caudillo de España y de la Cruzada", convirtiendo así a Franco en regente *de facto* y de por vida. El artículo sexto, además, confería a Franco el derecho a designar sucesor "a título de Rey o de Regente", "en cualquier momento" y con plena capacidad de revocación de su decisión. Finalmente, la ley creaba dos nuevos órganos del Estado: el Consejo de Regencia y el Consejo del Reino. El primero estaba compuesto por tres miembros (presidente de las Cortes, prelado de mayor jerarquía y general más antiguo de las fuerzas armadas) y debía actuar como regente en caso de fallecimiento del jefe del Estado sin sucesor designado. El segundo estaba formado por 14 miembros (los del Consejo de Regencia, varios representantes de las Cortes, del Tribunal Supremo, etc., y tres nominados por Franco) y constituía una especie de "suplente especial del ejecutivo" para asesorar al jefe del Estado en cuestiones fundamentales (BOE, 27 de julio de 1947).

Franco sometió a referéndum la ley de Sucesión el 6 de julio de 1947, justo cuando el horizonte internacional se despejaba claramente a su favor y mayor eco podía tener el "constitucionalismo cosmético" en curso. Como resultado de la propaganda oficial y de otras medidas de presión (por ejemplo, la presentación y sellado de la cartilla de racionamiento como forma de identificación electoral), la ley fue aprobada por una mayoría tan aplastante (93% de los votantes, el 82% del censo electoral) como dudosa: de los 17.178.812 adultos con derecho a voto, acudieron a las urnas 15.219.565, de los cuales 14.145.163 votaron a favor, 722.656 votaron en contra y 336.592 fueron nulos o inválidos (Payne, 1987: 385-386). La propia Falange de Barcelona no se engañaba por esa altísima participación: "¿Sinceridad de los votantes? No; temor a las posibles represalias" (Molinero e Ysàs, 1998: 28). don Juan respondió a la medida con una nueva declaración (el *Manifiesto de Estoril* del 7 de abril) repudiando la instauración de una monarquía electiva y defendiendo con firmeza sus derechos dinásticos y el principio de la sucesión hereditaria (Sainz Rodríguez, 1981: 325; Tusell, 1993: 169). En cualquier caso, la aprobación de la ley de Sucesión redujo sustancialmente el margen de maniobra monárquico y acentuó la división entre una mayoría colaboracionista (cuyo portavoz habría de ser el conde de Ruiseñada) y la minoría juanista (representada por Gil Robles y Sainz Rodríguez). La intensidad del golpe recibido por la causa monárquica fue muy bien apreciada por un desencantado general Kindelán en carta a don Juan:

> Franco se encuentra estos días, según me dicen, en plena euforia. Es hombre que tiene la envidiable condición de dar crédito a cuanto le agrada y olvidar o negar lo desagradable. Está, además, ensoberbecido e intoxicado por la adulación y emborrachado por los aplausos. Está atacado por el mal de altura; es un enfermo de poder, decidido a conservar éste mientras pueda, sacrificando cuanto sea posible y defendiéndolo con garras y pico. Muchos le tienen por hombre perverso y malvado; no lo creo yo así. Es taimado y cuco, pero yo creo que obra convencido de que su destino y el de España son consustanciales y de que Dios le ha colocado en el puesto que ocupa, para grandes designios. Mareado por la elevación excesiva y desarmado por

insuficiente formación cultural, no sabe apreciar los riesgos de una prolongación excesiva de su dictadura y la cada día mayor dificultad de ponerla término. (...) En resumen: No creo que Franco, en su actual estado ególatra, piense en dar paso a la Monarquía, cuando acaba de ver a sus pies rendidos a doce millones de esclavos sumisos (Kindelán, 1981: 344).

A partir del referéndum de julio de 1947, don Juan fue convenciéndose del fracaso de su política de presión sobre Franco para forzar la restauración. El clima internacional de la guerra fría, junto con la parálisis de octubre de 1947 en las negociaciones entre socialistas (Prieto) y monárquicos (Gil Robles) para formar un frente unido opositor, decidieron al pretendiente a cambiar de estrategia. Apreciando la debilidad de su posición, don Juan accedió a la petición de Franco para entrevistarse el 25 de agosto de 1948 en su yate *Azor,* anclado en la bahía de Vizcaya (López Rodó, 1977: 106-110). El único resultado concreto de la entrevista fue la aceptación por don Juan de la demanda de Franco para que su hijo y heredero dinástico, el príncipe Juan Carlos de Borbón y Borbón, fuera educado en España bajo su tutela y supervisión directa. No en vano, desde el Manifiesto de Lausana, Franco abrigaba serias dudas sobre las cualidades de don Juan para sucederle y había comenzado a perfilar la idea de cultivar como potencial y afortunadamente lejano sucesor al príncipe (un niño de 10 años), en el cual podrían conciliarse además la doctrina de la instauración monárquica y el principio de la restauración dinástica. Carrero Blanco se había convertido desde el primer momento en el adalid de esta opción sucesoria dentro de una "Monarquía tradicional-no liberal":

> don Juan desiste, por lo visto, de reinar en una Monarquía instaurada por Franco. (...) Hay que poner a don Juan en el camino de que cambie radicalmente y pasados los años pueda reinar, o que se resigne a que sea su hijo el que reine. Además, es preciso pensar ya en la preparación para ser Rey del Príncipe niño (López Rodó, 1977: 54-55, 79).

Desde finales de 1948, con el príncipe Juan Carlos en España y con el apogeo de la guerra fría en el exterior, Franco supo que ya ningún peligro esencial pondría en cuestión su "mando" ni su reconocimiento diplomático en el ámbito occidental. Parece que por aquellas fechas, uno de sus ministros más apreciados y duraderos, el vehemente falangista Girón de Velasco (titular de la cartera de Trabajo desde 1941 a 1957) definió con bastante precisión los principales rasgos de su carácter con metáforas zoológicas: "Paso de buey, vista de halcón, diente de lobo y hacerse el bobo" (Tusell, 1992: 388). El príncipe Juan Carlos recordaría posteriormente (siendo ya rey) a su predecesor en la Jefatura del Estado como un "hombre frío y misterioso" que "no hablaba mucho y detestaba dar explicaciones", cuyas principales lecciones políticas consistieron en enseñarle "a mirar, a escuchar y a callar" (Vilallonga, 1995: 47-48, 82). Efectivamente, por entonces el caudillo había acentuado su carácter frío, imperturbable, calculador y reservado hasta extremos sorprendentes para sus propios íntimos y vivía en gran medida recluido en el Palacio de El Pardo, su residencia oficial desde 1939 en las afueras de Madrid. También había profundizado su convencimiento mesiánico de ser un hombre providencial para España, como anotaría en 1955 José María Pemán, exponente del monarquismo juanista más colaboracionista con el régimen: "No es burla; es convicción sincera, creada por cien limitaciones de formación militar y doscientas de espejismo adulatorio" (Tusell, 1984: 442).

Como resultado de los cambios institucionales internos y de la rehabilitación internacional, al doblar la década de los cincuenta el régimen franquista estaba plenamente consolidado y "había alcanzado la madurez" (Payne, 1996: 64). Fruto de la conciencia del final del aislamiento y de la paralela necesidad de variar el rumbo de la política socioeconómica autárquica (como demostraba la renovada conflictividad laboral), Franco procedió a un nuevo cambio de Gobierno en julio de 1951. La remodelación ministerial fue muy amplia (sólo continuaron cuatro ministros: Blas Pérez, González Gallarza, Girón y Martín Artajo), aunque se mantuvo su carácter de "equipo de coalición", la preponderancia militar y el perfil católico-integrista. Entre los seis ministros militares (Muñoz Grandes, Moreno y González Gallarza en las carteras de sus respectivas armas, Planell en Industria, Pérez en Gobernación, Carrero Blanco como ministro-subsecretario de Presidencia), el rasgo más notable fue la promoción de quien ya era "la eminencia gris del régimen", elevado por Franco a rango ministerial para "evitar tener que repetirle el desarrollo del Consejo (de Ministros) con posterioridad a su celebración" (Tusell, 1993: 204). La continuidad de Martín Artajo en Exteriores refrendaba el compromiso católico del régimen, muy reforzado por la incorporación de Joaquín Ruiz-Giménez, notorio miembro de la ACNP y exembajador en Roma, como ministro de Educación. En la misma línea católico-integrista abundaban los ministros de Justicia, el carlista Iturmendi, e Información y Turismo, Gabriel Arias Salgado. La representación monárquica la ostentaba el conde de Vallellano, ministro de Obras Públicas. El titular de Comercio, Arburúa, y el de Hacienda, Gómez del Llano, eran la cuota de ministros técnicos ya habitual. Falange incrementaba su fuerza con el restablecimiento del cargo de ministro-secretario general del Movimiento (Fernández-Cuesta) y con la presencia de Girón (Trabajo) y Rafael Cavestany (Agricultura).

La patente preponderancia del nacional-catolicismo en el seno del régimen desde 1945, junto con la reciente institucionalización monárquica *sui generis*, aumentaron notablemente la frustración de la postergada "familia" falangista. El progresivo abandono de la política económica autárquica por parte del Gobierno desde 1951, en combinación con la firma del concordato con el Vaticano en 1953, acentuaron esa sensación de fracaso en la Falange y motivaron sus crecientes fricciones con las restantes fuerzas políticas franquistas. Particularmente, el falangismo fue muy crítico con la política de controlada "liberalización" cultural y universitaria emprendida por Ruiz-Giménez desde el Ministerio de Educación, que contaba con el apoyo de falangistas proclives al liberalismo como Antonio Tovar (nombrado rector de la Universidad de Salamanca) y Pedro Laín Entralgo (designado rector de la Universidad de Madrid). La Falange también se opuso duramente a las actividades del destacado miembro del Opus Dei y del CSIC, el filósofo y ensayista Rafael Calvo Serer, animador de una efímera "tercera fuerza" que trataba de aunar el monarquismo autoritario, la fidelidad a don Juan y el renovado catolicismo integrista (Tusell, 1984: 308-332).

En ese contexto de fricciones internas, Franco se negó siempre a relegar totalmente a la Falange (aún menos a disolverla), como deseaban las otras fuerzas políticas y el propio Ejército y la jerarquía episcopal. Por el contrario, la mantuvo vigente y activa porque servía de contrapeso a las demandas monárquicas y católicas, proporcionaba cuadros y "clases de servicio" para la Administración pública y la burocracia sindical, y constituía la más leal de las fuerzas disponibles puesto que no tenía otra base de existencia que su lealtad al caudillo. Como ya había respondido a Martín Artajo en 1945 cuando éste le pidió el "desplazamiento de la Falange", se trataba de "un instrumento eficaz", "un baluarte contra la subversión" ("me avisan peligros"), "educa la opinión y organiza fuerzas" ("yo lo veo en mis viajes"), "estaba abierta a todos", y servía como escudo a las críticas ("se les inculpa por errores del Gobierno") (Tusell, 1984: 55, 57-58). Por eso mismo, en octubre de 1953 Franco permitió la celebración en Madrid del Primer (y único) Congreso Nacional de FET y de las JONS, pese a las críticas de algunos ministros que lo consideraban "un disparate" y una "nueva sensación de potencialización falangista" (Ellwood, 1984: 165). Franco asistió a la concentración falangista de clausura del Congreso (a la que acudieron según las fuentes oficiales 250.000 afiliados) con su uniforme de jefe nacional y pronunció un discurso resonante:

> Por eso es por lo que la Falange está por encima de las contingencias; porque se constituye a sí misma en ciudadela y guarda fidelísima de los intereses de la Patria, dentro de la vida civil, flanqueando y res-

paldando la fuerza constituyente de nuestro Ejército, garantía de nuestra gloriosa tradición nacional y de todos los demás elementos de continuidad y de estabilidad histórica de España (*Extremadura. Diario católico*, 29 de octubre de 1953).

Las igualmente resonantes resoluciones del congreso sirvieron también para renovar el pacto tácito de ayuda mutua entre el partido y el caudillo y dar un aviso cautelar a terceros (franquistas u opositores):

La Falange actuará severamente contra las desviaciones liberalizantes o particularistas que puedan producirse dentro o fuera de sus filas, reduciendo al silencio toda voz discordante que pretenda atentar contra la Unidad de la Victoria.

La Falange se mantiene en alerta y decidida vigilancia ante los intentos de organizar solapados partidos políticos y unas tendencias que, tanto si fueren de la derecha como de la izquierda, por fragmentar España en parcialidades, significarían una oposición a la unidad del Movimiento, una traición a la gloriosa unanimidad de sacrificio en la Cruzada y un retorno a las discordias intestinas que causaron la decadencia patria en tiempos pasados. Bajo ningún pretexto consentiría la Falange la ilegítima actuación de camarillas que pretendan mermarle su condición de única inspiradora política del Estado y, consiguientemente, la autoridad de su Jefe y caudillo (Ellwood, 1983: 166).

La tensión acumulada entre el falangismo y la tendencia "liberalizante" promovida desde el Ministerio de Educación por Ruiz-Giménez culminó en febrero de 1956 con los graves disturbios universitarios ocurridos en Madrid. El origen de los mismos estaba en la creciente disconformidad de las nuevas generaciones de estudiantes universitarios con el rígido encuadramiento oficial en el SEU y la agobiante falta de libertad de crítica intelectual en la enseñanza superior. La disidencia con los valores culturales del régimen se había apreciado a finales de 1955 en el funeral del filósofo José Ortega y Gasset (elevado por la oposición a símbolo liberal frente al integrismo de Menéndez Pelayo) y en la tentativa, auspiciada por Dionisio Ridruejo, de convocar un Congreso de Escritores Jóvenes (prohibido por el ministro de Gobernación frente al parecer de Ruiz-Giménez). Finalmente, el 9 de febrero, como respuesta al previo asalto violento a la Facultad de Derecho por parte de un grupo falangista, se formó una nutrida manifestación estudiantil que discurrió por el centro de Madrid. Los estudiantes se encontraron con otra manifestación falangista y en la refriega consecuente resultó gravemente herido de un tiro en la cabeza el joven Miguel Álvarez, miembro del Frente de Juventudes

(Jáuregui y Vega, 1983: 191-195; Mesa Garrido, 1982; Payne, 1987: 453-458; Tusell, 1984: 381-384; Ruiz Carnicer, 1996: 302-304).

Los disturbios universitarios del 9 de febrero de 1956 precipitaron una crisis política y ministerial de gran alcance simbólico. Al día siguiente, por vez primera, Franco decretó la suspensión por tres meses en todo el territorio nacional de varios artículos del Fuero de los Españoles, además de clausurar la Universidad de Madrid y ordenar la detención de varios estudiantes e intelectuales (entre ellos Ridruejo). El vivo temor a que la Falange aprovechara la ocasión para llevar a cabo una "noche de los cuchillos largos" fue atajada en seco por El Pardo y las autoridades militares (Salgado Araujo, 1976: 163-164). Pero la patente quiebra del orden público produjo el cese fulminante y simultáneo de Ruiz-Giménez, considerado "culpable" de los disturbios, y de Fernández-Cuesta, acusado de incapacidad para controlar a sus afiliados. Para sustituirlos, Franco recurrió a dos falangistas fieles: Arrese fue nombrado ministro-secretario general y Jesús Rubio titular de Educación. El caudillo ponía punto final así a la experiencia "liberalizadora" auspiciada por el catolicismo político con mayor o menor afán desde 1945. Pero no podría zanjar las tensiones internas en su régimen como resultado de los subyacentes cambios sociales, económicos y culturales experimentados por el país y que la crisis de febrero de 1956 había sacado a la luz súbitamente.

4.3. La sociedad española en la plenitud del franquismo y el lento retorno de la conflictividad

Los años de la posguerra mundial y del aislamiento y posterior rehabilitación fueron tiempos duros para el conjunto de la población española y, particularmente, para sus sectores populares, tanto urbanos como campesinos. Los primeros cinco años, entre 1945 y 1950, fueron básicamente una continuación de la etapa precedente de depresión y estancamiento económico reflejado en la persistencia de las hambrunas y la miseria y privaciones materiales. Sin embargo, a partir de 1951 y hasta 1957, tras la introducción de las primeras rectificaciones en la fracasada política autárquica y el arribo de la ayuda financiera norteamericana, se asistió a una lenta y gradual recuperación económica que mejoró mínimamente las condiciones de vida y trabajo de la población.

El fracaso de la autarquía para promover la reconstrucción económica española era un hecho fehaciente e incontestable al cabo de diez años desde la victoria militar franquista. En 1950 todos los índices e indicadores económicos seguían estando por debajo de los niveles de preguerra o a su misma altura. En ese año, la renta per cápita en España (694 dólares de 1970) era incluso inferior a la de 1940 (746) y aún no superaba la de 1930 (798) (García Delgado y Jiménez, 1996: 450). El índice de producción industrial (1929 base 100) se había recuperado de sus mínimos de 1941 (78,5) y había remontado dificultosamente hasta 106,8 en 1950 (Carreras, 1989b: 193). Por su parte, la producción triguera y patatera, en comparación con sus niveles de 1931-1935 (índice 100), seguían desplomadas durante el quinquenio 1945-1949 en un índice 73 (trigo) y 54 (patata) (Barciela, 1987: 259).

Por aquellas fechas, España era uno de los países más pobres y subdesarrollados de Europa (junto con Portugal y Grecia) y sus niveles de bienestar social y consumo público eran incluso inferiores a algunos países latinoamericanos. Por ejemplo, en 1950, en el conjunto de las viviendas españolas, sólo un 51,8% contaba con retrete propio y únicamente el 33,7% tenía agua corriente, mientras que el 20,5 carecía de electricidad y el 97,4 no disponía de calefacción. El automóvil seguía siendo un auténtico lujo en España y su presencia era muy reducida: sólo tres vehículos por cada 1.000 habitantes (tasa inferior a la de Francia, Italia, Portugal, Uruguay, Chile, Venezuela, México o Brasil). El consumo de carne en el país en 1953 era el más bajo de Europa e incluso inferior a varios países latinoamericanos: 39 gramos de carne por habitante y día (frente a 46 de Portugal, 48 de Grecia, 55 de Yugoslavia, 51 de Venezuela y 78 de Brasil). Finalmente, en 1950, la tasa de escolarización en la enseñanza primaria sólo cubría al 47,7% de los niños de 2 a 13 años, en tanto que la tasa de escolarización secundaria sólo abarcaba al 18,6% de los jóvenes de 14 a 17 años. Paralelamente, la tasa de estudiantes en niveles superiores y universitarios se reducía a un escasísimo 1,4% de la juventud de 18 a 25 años (Fernández Vargas, 1981: 210-211; Foessa, 1970: 292, 335, 351).

El calamitoso panorama económico-social de España en 1950 demostraba el fracaso de la política autárquica más allá de toda duda y generaba una situación grave debido a la persistencia de la atonía inversora y productiva, el incremento incontrolado de la inflación y el creciente déficit del presupuesto estatal y de la balanza de pagos. La actividad económica estaba al borde del estrangulamiento y el generalizado malestar social soterrado por causa de las penurias materiales, y la mínima remuneración salarial comenzaba a generar una incipiente conflictividad laboral irrefrenable a largo plazo. En definitiva, la opción autárquica había revelado tan claramente sus limitaciones que Franco, con el reajuste ministerial de 1951, aceptó la necesidad de un cambio de rumbo gradual en favor de la progresiva liberalización económica, el relajamiento de los controles intervencionistas, la ortodoxia financiera y presupuestaria, la apertura hacia los mercados internacionales y el fomento de un crecimiento rápido apoyado en el sector industrial.

Como resultado de ese lento giro estratégico de la política gubernamental y de la llegada de la ayuda financiera norteamericana, el período 1951-

1957 se convirtió en "la primera etapa de la posguerra española en la que tiene lugar un crecimiento importante" de la actividad económica, acompañado de "un rápido avance del sector industrial frente al agrario" (Clavera y otros, 1978: 219). La renta per cápita creció considerablemente de los 694 dólares de 1950 a los 1.042 de 1960 (García Delgado y Jiménez, 1996: 450). El índice de producción industrial (1929 base 100) saltó desde el 106,8 de 1950 hasta el 203,6 de 1960 (Carreras, 1989b: 193). Los índices de la producción agraria experimentaron un crecimiento menor pero notable: el triguero ascendió del índice 100 del quinquenio 1945-1950 al índice 140 de 1955-1959, en tanto que el patatero subía hasta el índice 156 en el mismo período (Barciela, 1987: 266). Esa renovada actividad económica, con su mayor rendimiento productivo y liberalización comercial, permitiría incluso que a partir del 1 de enero de 1953 desapareciera la cartilla de racionamiento, disminuyera el "estraperlo" y se normalizara el mercado de productos básicos y de primera necesidad. El reverso inquietante de ese proceso de crecimiento, que nunca pudo paliar la ayuda norteamericana, fue la presencia de una tendencia inflacionista creciente agravada por desequilibrios en la balanza comercial y una carencia de divisas y medios de pagos internacionales que habría de llegar a extremos angustiosos en 1957. Para entonces, la expectativa de la bancarrota financiera haría imprescindible acometer hondas transformaciones económicas que pondrían fin definitivo a los vestigios autárquicos y abrirían totalmente la economía española al exterior.

Los efectos sociales del cambio de rumbo económico aplicado durante el "decenio bisagra" de 1950-1960 fueron evidentes en casi todos los órdenes. Entre 1950 y 1960, la población española creció de 27,97 millones de habitantes hasta 30,43 millones, con unas tasas de crecimiento vegetativo significativamente superiores a las de la década de 1940: del 12,3 en el quinquenio 1956-1960 frente al 7,3 del quinquenio 1941-1945 (Nicolau, 1989: 68; Rodríguez Osuna, 1978: 25; Fraga y otros, 1972: 69; documento 1). En esos mismos años, la población activa agraria descendió desde el 50 al 39,8% de la población activa total, en tanto que la población activa industrial subió del 25 al 28,6% y la de servicios del 24,5 al 27% (Foessa, 1970, 169; Sánchez-Reyes, 1978: 19; documento 2). Durante ese mismo decenio, el éxodo rural del campo a las ciudades se intensificó notablemente y la población urbana residente en municipios de más de 20.000 habitantes creció del 40 al 46% de la población total. El crecimiento fue muy notable en las grandes ciudades de más de 100.000 habitantes, que pasaron del 23,9 al 27,7% (documento 3). En conjunto, durante el decenio, la media anual de emigrantes en el interior del país se situó en 229.000 personas (frente a 105.000 en el decenio anterior) (Rodríguez Osuna, 1978: 77; Foessa, 1970: 1189, 1272). Los protagonistas fueron básicamente jornaleros agrarios y pequeños campesinos que seguían huyendo de la pobreza rural y buscaban trabajo en las ciudades y regiones de industrialización antigua o más reciente. En general, continuando una tendencia ya secular, esa masiva migración interior abandonaba el interior meseteño y las zonas agrarias (particularmente Castilla-la Nueva, Castilla la Vieja, Extremadura y Galicia) y se dirigía hacia los cuatro núcleos formados por Madrid, el País Vasco, Cataluña y Valencia:

> El proceso de concentración de la población, en pocas provincias, parece seguir una ley de polarización y posterior difusión. El polo de Vizcaya-Guipúzcoa, que viene registrando saldos migratorios positivos desde 1900, se amplía a Alava en 1950 y a Navarra y Zaragoza, en 1960. El polo de Barcelona, con saldos positivos desde 1900, se extiende a Tarragona y Gerona en 1960. El polo de Valencia-Alicante, que tímidamente se consolida a partir de 1950, se extiende a Castellón en 1960. Madrid, que viene creciendo desde 1900, se extiende, por el contrario, solamente a su área metropolitana y desertiza todas las provincias limítrofes. Finalmente Valladolid, en medio de una zona "desértica" empieza a crecer a partir de 1960 sin que se extienda, por el momento, hacia las provincias limítrofes (Rodríguez Osuna, 1978: 110).

El incipiente desarrollo económico de los años cincuenta permitió que la estructura social española comenzara a experimentar una ligera transformación en su composición interna de clases (entendidas genéricamente como grupos sociales diferenciados por niveles de ingresos, ocupación, formación o influencia socio-política). De hecho, todo parece indicar que fue durante ese decenio bisagra cuando la tradicional estructura bipolar acentuada característica de España hasta entonces empezó a transformarse en una estructura trinitaria más equilibrada y más similar a la presente en el resto de Europa occidental. Al menos así lo parecen demostrar dos estimaciones de la pirámide de estratificación en tres grupos sociales genéricos ofrecidas por dos sociólogos españoles para principios y finales de la década. Según la comparación de ambas estimaciones (c. 4.1), entre 1950 y 1957 tuvo lugar un significativo incremento de las clases medias en el conjunto nacional.

El crecimiento económico del "decenio bisagra" también dejó su huella en términos de aumento del bienestar material y los niveles de consumo de la población española, con todas sus imperfecciones, desajustes sociales y contrastes territoriales. Así, por ejemplo, entre 1950 y 1960, el equipamiento de las viviendas españolas mejoró levemente: las que contaban con retrete propio pasaron del 51,8 al 60,6%, las que disfrutaban de agua corriente pasaron del 33,7 al 45%, las que carecían de electricidad se

CUADRO 4.1. Estimaciones sobre la estructura de clases en España, 1950 y 1957

Unidad básica de análisis	Población Activa	Población Activa
Indicador principal	Ocupación	Ocupación
Autor	F. Murillo Ferrol	J. Cazorla Pérez
Año	1950	1957
Clase alta	0,1	1,0
Clase media	27,0	38,8
Clase baja	72,9	60,2
Tipo de método	Análisis secundario	Análisis secundario
Fuentes principales	Censo de población, estimaciones previas de Ros Jimeno, estadísticas de contribución y nobiliarias	Anuarios estadísticos, estudios del Banco de Bilbao sobre la renta nacional

FUENTES: Murillo Ferrol, 1959; Cazorla, 1973; Fundación Foessa, 1970: 565.

redujeron del 20,5 al 10,7%, y las que no disponían de calefacción descendieron del 97,4 al 92,5%. De igual modo, la tasa de automóviles se duplicó entre 1948 y 1958, pasando de tres a seis vehículos por cada 1.000 habitantes (todavía muy por debajo de Francia, Italia, Portugal, Venezuela o México). En 1955 se llegó al primer millón de teléfonos disponibles en el país (cifra que se duplicaría en 1962) y desde 1956 funcionaba Televisión Española (aunque su audiencia inicial era mínima: en 1960 sólo el 1% de los hogares españoles contaba con televisor). También el consumo de carne aumentó de 39 a 42 gramos por habitante y día, si bien siguió siendo el menor de Europa e inferior a varios países latinoamericanos (49 en Portugal, 60 en Grecia, 67 en Yugoslavia, 62 en Venezuela y 78 en Brasil). Finalmente, entre 1950 y 1960, la tasa de escolarización en la enseñanza primaria ascendió del 47,7 al 51,1% de los niños de 2 a 13 años, la de escolarización secundaria del 18,6 al 35,6% de los jóvenes de 14 a 17 años, y la de estudiantes en niveles superiores y universitarios pasó de 1,4 al 2,5% de la juventud de 18 a 25 años (Fernández Vargas, 1981: 210-211; Foessa, 1970: 292, 335, 351; Barrera, 1995: 84-86).

Aquella sociedad española que salía penosamente de la miseria y las privaciones y experimentaba su primera recuperación económica y gradual diversificación interna seguía estando férreamente controlada por el régimen franquista a través de sus variados organismos de encuadramiento popular (el Frente de Juventudes, la Sección Femenina, el Sindicato Español Universitario, etcétera) y de un sistema represivo militarizado sumamente eficaz. No en vano, ante el rebrote de actividad guerrillera en la posguerra mundial, Carrero Blanco había recomendado a Franco en octubre de 1946 el empleo de "todos los resortes que el Gobierno y el Movimiento tienen en su mano sobre la base de que es moral y lícito imponerse por el terror cuando éste se fundamenta en la justicia y corta un mal mayor". Por eso mismo, el expeditivo uso de la justicia militar para acabar con los guerrilleros fue paralelo a una represión policial del resto de la oposición que no escatimaba medio alguno: "La acción directa de palizas y escarmientos, sin llegar a graves efusiones de sangre, es recomendable contra los agitadores ingenuos que sin ser agentes del comunismo hagan el juego de éste" (Tusell, 1993: 158). Sin embargo, el decenio de los años cincuenta sobresale ante todo en la historia del franquismo por ser el momento de máximo esplendor del nacional-catolicismo, por un lado, y de la Organización Sindical, por otro.

El concordato con el Vaticano de agosto de 1953 representó el ápice del proceso de identificación pública de la Iglesia católica con el régimen franquista (documento 6). A partir de entonces, el triunfo del nacional-catolicismo fue definitivo e incontestable, convirtiéndose en la ideología oficial del Estado y el patrón normativo de la conducta moral, pública y privada, del conjunto de la sociedad española. Esta función doctrinal tanto servía para legitimar el franquismo ("España y su Gobierno católico son una realidad. ¡Alabada sea España !", declaró monseñor Tedeschini en 1949) como para imponer un código de costumbres sociales que, aparte de exigir la práctica religiosa por ley, abominaba especialmente de "las ropas de deporte exageradamente breves, los baños y las actividades deportivos mixtos, las citas a solas y los bailes modernos provocativos" (Gómez Pérez, 1986: 56; Lannon, 1990: 70). El nacional-catolicismo concordatario también ratificó la participación directa de la Iglesia en la gestión del Estado como tal institución. Las Cortes contaban con cinco arzobispos y dos obispos en su primera legislatura de 1942-1946 por designación expresa del caudillo y todavía habría tres obispos en la última legislatura iniciada en 1971. En total, una quincena de prelados se sentaron en las Cortes entre 1942 y 1975 por voluntad de Franco. Igualmente, el Consejo del Reino y el de Regencia siempre tuvieron un arzobispo en su seno desde su constitución en 1947 (como también el Consejo de Estado): primero monseñor Eijo y Garay (arzobispo de Madrid) y luego monseñores Olaechea (Valencia), Morcillo (Madrid) y Cantero Cuadrado (Zaragoza). Incluso el Consejo Nacional del Movimiento contó con destacados representantes de la jerarquía y el clero católico: monseñor Eijo y Garay (llamado por ello "el obispo azul"), el sacerdote Fermín Yzurdiaga y el fraile Justo Pérez de Urbel. No es sorprendente, por tanto, que un estudio del alto personal político del franquismo en 1952-1953 revelara que el clero católico ocupaba entonces catorce cargos de órganos superiores del régimen (Hermet, 1985: 402-403; Gómez Pérez, 1986: 53). La contrapartida recibida por ese apoyo eclesiástico fue abiertamente recordada por Franco en octubre de 1961, con motivo de la inauguración del seminario diocesano de Burgos:

> En la administración de la Victoria por nuestro Régimen, no ha quedado la Iglesia desamparada. Yo puedo citaros unas cifras elocuentes, que dicen más de lo que yo pudiera expresar... Con la ayuda del Estado han sido construidos de nueva planta, reconstruidos o notablemente ampliados hasta 66 seminarios. Las diócesis son 64. Las cantidades invertidas por el Estado en edificios eclesiásticos desde primeros de abril de 1939 a igual fecha de 1959 superan la cifra de 3.106.718.251 pesetas. Este es el granito de arena de nuestro Régimen a la causa de Dios (Gómez Pérez, 1986: 53-54).

El triunfo social del nacional-catolicismo se apreció en el volumen de vocaciones, la entidad numérica del clero ordenado y el amplio abanico de medios de comunicación y organismos proselitistas sostenidos por la Iglesia. Desde 1951 y hasta 1965, el número de seminaristas permaneció alrededor de los 8.000, mientras que entre 1954 y 1955 se ordenó a un número de sacerdotes mayor que en cualquier otro momento de la historia contemporánea: más de un millar al año. En 1963 se alcanzaría la cifra máxima de sacerdotes en España con 34.374. Dos años antes había alcanzado también su cota máxima el clero regular masculino (unos 28.000) y femenino (poco más de 109.000). En esta misma época de apogeo concordatario, aparte del control educativo a través de su amplia red de colegios privados y de la obligatoriedad de la enseñanza católica en las instituciones educativas estatales, la influencia eclesiástica se extendía por medio de una amplia red de prensa y radio: 34 de los 109 diarios publicados en el país en 1956, en torno a 800 publicaciones periódicas y una cadena de cerca de 200 emisoras locales (bautizada en 1959 como COPE: Cadena de Ondas Populares Españolas). Las publicaciones eclesiásticas gozaban, además, de exención de la censura oficial y, sin embargo, controlaban el aparato censor con el apoyo del integrista ministro Arias Salgado: "Gracias a la censura previa se salvan ahora más almas en España" (Payne, 1987: 237-238; García de Cortázar, 1996: 401; Barrera, 1995: 59, 84).

Testimonio del éxito nacional-católico también eran las organizaciones de laicos y seglares patrocinadas por la Iglesia, las únicas permitidas al margen de las falangistas. La Acción Católica, por ejemplo, había llegado a contar con 532.000 miembros en 1956, cifra probablemente similar a la de FET (que declaraba oficialmente tener entonces 900.000 afiliados) (Payne, 1987: 445; 1984: 238). Además, desde 1946 Acción Católica había creado varias asociaciones especiales de apostolado obrero y juvenil que rivalizaban con el sindicalismo falangista y estaban llamadas a tener una importante función como embrionario foco de oposición política y laboral: la Hermandad Obrera de Acción Católica (HOAC) y la Juventud Obrera Católica (JOC), que a principios de la década de los sesenta contarían con unos 32.000 y 70.000 miembros, respectivamente (Lannon, 1987: 274-275). Sin embargo, la implantación social del nacional-catolicismo tenía mucho de superficial y aun de engañoso. No en vano, si bien antes de 1960 el 99,3% de los españoles se confesaba católicos (y sólo 30.000 se declaraban protestantes), el grado de práctica religiosa (medida por la asistencia a misa dominical y obligación de comulgar al menos una vez al año) mostraba amplios contrastes geográficos y agudas diferencias sociales. Así, por ejemplo, el cumplimiento de los preceptos religiosos era mucho mayor en el norte que en el sur (superior al 90% en Navarra, Galicia y Castilla la Vieja, e inferior al 70% en Barcelona, Madrid, Valencia, Andalucía y Extremadura), claramente más acentuado entre las clases altas que entre las bajas (un 74% entre las primeras frente a un 52% de las segundas) y más patente entre las mujeres que entre los hombres y entre la población de mayor edad frente a los más jóvenes (Foessa, 1970: 442, 448, 451-452).

También para la Organización Sindical los años cincuenta iban a ser una época de estabilidad y máximo esplendor. Como parte de los intentos de renovación pseudodemocrática del sindicalismo vertical, en octubre de 1944 habían tenido lugar las primeras elecciones para la provisión de cargos de *enlace sindical* en las empresas y centros de trabajo: unos 210.000 enlaces con mínimos poderes efectivos fueron elegidos por los propios trabajadores mediante un sistema representativo muy restrictivo y controlado por la burocracia falangista. En agosto de 1947 se anunció además la creación en las empresas de más de 50 "productores" de los *Jurados de Empresa* como "instrumento idóneo de colaboración constructiva (...) constituido por representantes de los diversos sectores o actividades que intervienen en la creación de riqueza". Sin embargo, esta reactualización de los jurados mixtos obrero-patronales de la época republicana no empezó a entrar en vigor hasta 1953, cuando se publicó el reglamento para elegir a los "vocales jurados de empresa" entre los obreros y empleados de cada centro de trabajo (García-Nieto y Donézar, 1975: 185-188, 241-245; Sánchez López y Nicolás Marín, 1993: 34-35; Benito del Pozo, 1993: 149-154).

En cualquier caso, a pesar del apoyo estatal y de la afiliación sindical obligatoria, parece evidente que la OSE nunca llegó a organizar a más de la mitad de la población laboral en España: en julio de 1949, sobre un censo laboral de 10.453.043 trabajadores, sólo el 48,41% (5.060.757) estaba encuadrado en sus filas. Un año antes, el exgobernador civil de Barcelona reconocía: "Que las masas obreras no siempre se encuentran representadas en sus sindicatos es cosa evidente" (Chueca, 1983: 102, 385-386). Pero cabría recordar que no era ésa la función esencial del sindicalismo vertical, como ya había subrayado el propio diario falangista *Arriba* el primero de enero de 1942:

> Si examinamos la obra que hasta hoy han realizado los Sindicatos podemos estar francamente satisfechos. No se ha logrado transformar la economía española, no se ha podido mejorar la vida de los trabajadores; aún ni los mismos organismos sindicales han adquirido la capacidad de acción suficiente para el cumplimiento de su misión... Pero, a pesar de todo, los Sindicatos han cumplido y cumplen en estos momentos su deber y realizan una tarea fundamental. Las masas son encuadradas y sometidas a una disciplina, la economía anárquica es ordenada, el abuso es frenado. Las clases humildes han recibido beneficios, que si apenas se notan es por culpa de la situación en que vive el mundo y nuestro país (Chueca, 1983: 102-103).

A pesar del control sindical y de la activa represión policial, las ínfimas condiciones laborales y salariales imperantes acabaron por provocar un repunte de la conflictividad obrera en la España de la posguerra mundial. Una de las vías clave de ese renacimiento de la protesta obrera fue la reclamación individual ante las magistraturas de trabajo, el único medio legal y sin riesgo. Así, por ejemplo, en Madrid las 1.279 demandas obreras presentadas en los tribunales en 1942 se elevaron a 7.348 en 1949 y continuaron en niveles similares en la década siguiente. En Asturias, de igual modo, las 777 demandas presentadas por trabajadores entre 1940 y 1944 se multiplicaron hasta 9.463 entre 1955 y 1958, en su abrumadora mayoría por parte de mineros de la hulla (el 81,9%) y por causa de reclamaciones salariales (frente a la preponderancia de las demandas por despido en la década anterior) (Molinero e Ysàs, 1996: 32; Benito del Pozo, 1993: 353-354).

Paralela a ese resurgimiento de la demanda individual, creció también la protesta colectiva de la clase obrera ante la penuria salarial mediante la fórmula de presión más tradicional y efectiva: la huelga sectorial, local o comarcal. Parece que la primera huelga importante bajo el franquismo se produjo en las fábricas textiles de Manresa en enero de 1946 y por causas estrictamente salariales. Al año siguiente, con motivo del 1 de mayo de 1947, la gran industria vizcaína fue paralizada por una huelga convocada por el Gobierno vasco en el exilio y secundada por unos 20.000 trabajadores. La fortísima represión efectuada sobre esta acción claramente política (despido inmediato de los huelguistas, pérdida de los derechos de antigüedad a los readmitidos, detenciones masivas de casi 6.000 participantes, etc.) sirvió para extinguir la conflictividad abierta aunque no logró eliminar el malestar y rechazo pasivo de los obreros. Hasta 1951 no volvería a expresarse de forma contundente la protesta obrera por las penosas condiciones laborales y la insoportable carestía de la vida. El 1 de marzo de dicho año, una notable subida de las tarifas de los tranvías en la ciudad de Barcelona desencadenó una reacción casi espontánea de boicot masivo a los mismos que se prolongó varios días y acabaría logrando la anulación de la medida. El éxito del boicot (forma segura de protesta que no implicaba riesgo personal) fue seguido de una huelga general contra el alza del coste de la vida entre el 12 y el 14 de marzo que paralizó virtualmente Barcelona y fue secundada por un conjunto de entre 250.000 y 500.000 huelguistas (Molinero e Ysàs, 1998: 33-38; Malerbe, 1977: 47, 70-74; Lorenzo, 1988; Fanés, 1977; Ferri y otros, 1978: 94-130; Vilar, 1984: 161-166, 238-242). A pesar de la dura represión desencadenada (si bien el capitán general, el monárquico Juan Bautista Sánchez, se negó a utilizar las tropas contra los huelguistas), los sucesos de Barcelona tuvieron un eco notable en toda España, como reconocía un informe reservado del sindicato vertical en Asturias al mes siguiente:

> Partiendo del "chispazo" de Barcelona se está creando un clima de solidaridad con aquel movimiento en cuanto se refiere a protesta por la carestía de artículos de primera necesidad. Este clima constituye una especie de psicosis de huelga y explotado con habilidad por elementos subversivos y secundado por muchos con estúpida inconsciencia, siembra intranquilidad en unos sectores y ocasiona satisfacción en otros. (...) Existe sí, una permanente protesta más o menos silenciada contra la carestía de la vida y un malestar evidente de los trabajadores por el extraordinario desnivel entre precios y salarios (Molinero e Ysàs, 1998: 39).

La combinación de eficaz represión y cambio de rumbo económico a partir de julio de 1951 permitió al régimen atajar a tiempo nuevas oleadas de explosión de la cólera obrera y popular como la de marzo en Barcelona. Además, el ministro falangista de Trabajo, Girón de Velasco, decretó una serie de aumentos salariales en 1952 y 1956 que evitaron un mayor agravamiento de las ya insoportables condiciones laborales. No obstante, esas subidas fueron incapaces de compensar la carestía de la vida y aumentaron las tensiones inflacionistas que habrían de llevar al borde del abismo financiero en 1957: "mientras el salario medio ha subido sólo el 450% (y el agrícola sólo el 300%), el coste de la vida alcanza más del 550% (en el año 1954)"

(Clavera y otros, 1978: 304-305; Carballo, 1981: 237-238). Por eso mismo, en las primaveras de 1956 y 1958 volvieron a reproducirse conflictos laborales centrados en reclamaciones salariales. En particular, la minería de la hulla asturiana fue escenario en esas dos coyunturas de recurrentes huelgas locales y sectoriales seguidas masivamente y que aportaron un nuevo mecanismo de representación obrera que iba a tener singular éxito en el futuro: la comisión de obreros elegida entre los huelguistas, al margen del sindicato oficial, para plantear sus reclamaciones directamente a la dirección de su empresa o a los patronos (una medida que parece haber sido utilizada en Vizcaya en 1953). La intensidad del movimiento huelguístico asturiano de 1958 fue tal que llevó a Franco a decretar el 14 de marzo la segunda suspensión del Fuero de los Españoles y el estado de excepción en la región por cuatro meses (Ruiz, 1993: 61, 142-143; Ballbé, 1983: 415; Franco Salgado-Araujo, 1976: 228).

En cualquier caso, el rebrote de la conflictividad laboral a lo largo de los años cincuenta, junto con los incidentes universitarios de febrero de 1956, demostraban un cambio notable en la hasta entonces desesperanzada, pasiva y sumisa sociedad española. Todo parece indicar que estaba surgiendo un nuevo movimiento obrero y estudiantil, basado en las generaciones nacidas durante la guerra civil o con posterioridad, que era vitalmente ajeno a las antiguas tradiciones sindicales y partidistas de sus mayores, carecía del profundo terror paralizante derivado de la derrota militar y estaba mucho más dispuesto a romper el silencio y la pasividad desde entonces imperantes. Las consecuencias de estos incipientes cambios generacionales habrían de notarse sobradamente en la década posterior. Pero su aparición pública confirió a 1956 un alto simbolismo como año de bautismo de una nueva oposición pluriforme surgida en la propia España, desconectada orgánica y biográficamente de la pretérita derrota republicana y aún más alejada del monarquismo juanista de Estoril (Molinero e Ysàs, 1998: 40-41; Balfour, 1990).

4.4. La oposición al régimen entre 1945 y 1960: la amarga travesía por el desierto

Las vivas esperanzas suscitadas en el exilio republicano y en la oposición interior al franquismo por la victoria del bloque democrático-soviético sobre Alemania a principios de 1945 no se vieron compensadas en modo alguno por los acontecimientos posteriores. Por el contrario, desde muy pronto percibieron la firme resistencia de los aliados occidentales para proseguir el combate contra el régimen franquista e ir más allá de las meras condenas formales sobre su carácter antidemocrático y su conducta hostil durante la guerra.

El temor a desencadenar una nueva guerra civil o a favorecer la expansión comunista en la península ibérica contrapesaba sobradamente la repugnancia abrigada en Washington y Londres contra el caudillo español. En esas condiciones, los exiliados y los opositores del interior se vieron obligados a encarar el inicio de su segunda posguerra con una honda y amarga frustración. La victoria aliada en la guerra mundial, a la que algunos tanto habían contribuido y por la que tanto habían soñado, iba a detenerse en las fronteras de los Pirineos y a respetar el veredicto adverso de la guerra civil.

La constitución del Gobierno republicano de Giral en agosto de 1945 había tratado de ofrecer a las grandes potencias una alternativa unitaria y legitimista para sustituir a Franco con su ayuda y mediante presiones internacionales. Pero esa unidad aparente de la oposición en el exilio estaba quebrada por múltiples líneas de fractura que reducían su operatividad y menguaban su credibilidad. No solamente había quedado al margen del Gobierno la facción socialista de Negrín (cuya reputación internacional era muy grande), sino que carecía del apoyo del PCE (sin cuya presencia no cabía esperar el auxilio de la URSS), tenía muchas dificultades para incorporar a todos los nacionalistas vascos y catalanes (fluctuantes entre el independentismo y el autonomismo) y gozaba de una participación condicionada de la CNT (en cuyo seno crecía la tendencia anarquista más apoliticista en detrimento de la colaboracionista) (Giral, 1977: 113-133; Heine, 1983: cap. 6; Borrás, 1976). En esas condiciones, no resulta sorprendente el sistemático fracaso de las gestiones de Giral para lograr el reconocimiento de su Gobierno por parte de Gran Bretaña, Estados Unidos y Francia (únicamente fue reconocido por México y algunos países latinoamericanos, además de Gobiernos de Europa oriental, pero no por el de la URSS). La indiferencia oficial de las grandes democracias occidentales hacia el Gabinete republicano apenas ocultaba una hostilidad más profunda, como revela esta anotación de un alto cargo del *Foreign Office* británico a principios de 1945:

> En conjunto, creo que podemos dejar que estos exiliados españoles se peleen entre ellos. La principal fortaleza de Franco reside en las irresolubles luchas existentes en el seno de su oposición. Aunque uno abomine de Franco sinceramente, no puede sino despreciar a estos carreristas exiliados que no saben unirse ni siquiera en la oposición (Moradiellos, 1998: 9).

Agravando esos reveses diplomáticos graves, la frágil unidad alcanzada en torno a Giral (el PCE se sumó a su Gobierno en marzo de 1946) no pudo eliminar las agudas diferencias entre las fuerzas políticas sobre la estrategia más adecuada para derribar al franquismo: la actividad guerrillera como ariete precursor de una insurrección popular de masas (como estaban practicando el PCE, PSOE y CNT) o la vía pacífica a través de la acción de las grandes potencias y de la ONU (como defendían los republicanos, los catalanistas y el PNV). A esta divergencia vino a sumarse otra que fracturaría aún más el panorama de la oposición anti-franquista: la defensa a ultranza de la legitimidad republicana y del restablecimiento íntegro de todas sus instituciones, o la aceptación de un plebiscito sobre la forma de Estado para favorecer un acuerdo con la incipiente oposición monárquica representada por don Juan.

La divergencia sobre la estrategia bélica o pacífica para derribar al régimen fue resuelta en la práctica por la victoria militar franquista sobre las diversas partidas guerrilleras. En total, el legado de la guerrilla hasta 1949 fue de 8.289 "hechos delictivos" con un saldo de 2.173 guerrilleros muertos, 3.387 capturados y 19.444 "enlaces detenidos". Las pérdidas en el otro bando también fueron cuantiosas: como mínimo, 257 guardias civiles muertos y 368 heridos, 27 militares muertos y 39 heridos, 12 policías muertos y 21 heridos, y 11 policías armados muertos y 18 heridos (Aguado Sánchez, 1975; Fernández Vargas, 1981: 55-59, 96; Káiser, 1976; Heine, 1983: cap. 11). A la altura de 1948 resultaba evidente el fracaso político de la guerrilla para provocar una insurrección popular y se imponía un abandono de la lucha armada en favor de la actividad política y sindical clandestina. En consecuencia, en el otoño de aquel año, el PSOE comenzó a evacuar a sus últimos guerrilleros de Asturias, en tanto que el PCE, tras una reunión de su dirección con Stalin en Moscú, optó por sustituir esa vía progresivamente por el "entrismo" en "las organizaciones de masa del régimen, sobre todo en el sindicato vertical" (Heine, 1983: 466). Sólo la guerrilla anarquista, básicamente urbana y catalana, perviviría de modo espasmódico y crecientemente marginal hasta la caída de su último guerrillero en 1963.

Las diferencias políticas sobre el valor del legitimismo republicano cobraron mayor auge una vez comprobado el fracaso del Gobierno Giral para promover una acción internacional de las grandes potencias contra Franco. Desde finales de 1945, Prieto promovió en el PSOE la estrategia de búsqueda de un acuerdo con los monárquicos de don Juan, que implicaba el abandono de la exigencia de restablecimiento de la república y la aceptación de un plebiscito sobre la forma de Estado o, incluso, de una restauración directa de la monarquía. Era básicamente la misma estrategia que la ANFD había emprendido en el interior de España desde años atrás en sus negociaciones con los monárquicos juanistas y el general Aranda. Y se asemejaba mucho a las ocasionales llamadas infructuosas del PCE a una "Unión Nacional" contra Franco de todas las fuerzas democráticas (desde los monárquicos hasta los anarquistas).

El giro socialista hacia la colaboración con los monárquicos, secundado por un cambio similar en la CNT colaboracionista, se acentuó a lo largo de 1946 ante los sucesivos reveses del Gobierno Giral para lograr un mínimo apoyo de las grandes potencias o de la ONU. Como resultado, en febrero de 1947 Giral presentó su dimisión y fue sustituido por un Gobierno de coalición presidido por el socialista Rodolfo Llopis (secretario general del PSOE desde 1944). Se trataba de un paréntesis frágil y forzado ya que en julio de 1947 el PSOE se retiró definitivamente del Gobierno en el exilio, seguido de la CNT y luego del PCE. Fue un golpe mortal que convirtió los posteriores Gobiernos republicanos en un fantasma muy celoso de su legalidad histórica pero desprovisto de apoyos en el interior de España y de escaso arraigo en el propio exilio. Prieto emprendió entonces negociaciones directas con Gil Robles para la búsqueda de una alternativa conjunta monárquico-socialista que reemplazara a Franco pacíficamente, con el aval de las democracias occidentales y previa superación del cisma de la guerra civil mediante una "amplia amnistía de delitos políticos". El resultante Pacto de San Juan de Luz alcanzado en agosto de 1948 resultó muy tardío y ya no pudo contrarrestar el clima de guerra fría favorable a Franco ni el cambio de estrategia de don Juan (demostrado por la entrevista de agosto en el yate *Azor* y el envío de su hijo a estudiar en España) (Heine, 1983: cap. 10). En realidad, hacía tiempo que había pasado la oportunidad de derrocar al franquismo por la acción diplomática, al igual que había fracasado la tentativa de derribarlo por la acción guerrillera o una hipotética insurrección popular.

Desde 1949 y hasta la década de los sesenta, la oposición antifranquista interna y del exilio vivió una auténtica y dolorosa travesía por el desierto. En el caso del monarquismo democrático, su pérdida de influencia e iniciativa quedaron manifiestos en diciembre de 1954, cuando surgió una discrepancia entre don Juan y Franco sobre la continuidad de los estudios del príncipe Juan Carlos una vez cumplidos sus 16 años. En su primera reunión en territorio español, en una finca privada cacereña del conde de Ruiseñada, don Juan hubo de ceder en su pretensión de enviar al príncipe a Bélgica para cursar estudios en la Universidad Católica de Lovaina. Franco consiguió así que el príncipe continuara en España bajo su supervisión y completara "su formación de soldado en un Establecimiento militar entre un núcleo de cadetes de su generación". El final definitivo de las esperanzas monárquicas para forzar la restauración inmediata por presión militar llegaría en enero de 1957, con la súbita muerte del general Juan Bautista Sánchez, capitán general de Cataluña, tras una tensa discusión del interesado con Muñoz Grandes por sus contactos con la oposición juanista (Sainz Rodríguez, 1981: 41-42; López Rodó, 1977: 115-119; Preston, 1994: 825-826).

Por su parte, en el caso de la oposición republicana y de izquierda, sus tentativas de reorganización tropezaban con la firme y eficaz represión policial del régimen, en tanto que sus acciones clandestinas apenas lograban hacer mella en una población cada vez más distante y desconectada de las tradiciones políticas y sindicales anteriores a 1939. Según una estimación fidedigna, entre 1946 y 1949, la población reclusa por motivos políticos se distribuía del siguiente modo: 40% comunistas, 35% libertarios, 15% socialistas y el resto de agrupaciones republicanas, catalanistas o del PNV. Una década más tarde, fuentes oficiales franquistas reconocían la existencia de 6.349 presos políticos en España (Mateos, 1997a: 57, 183). De hecho, a la altura de 1959, la CNT, tras sufrir muy serias divisiones internas y constantes redadas policiales, había dejado de existir en la práctica como entidad organizada y operativa. El PSOE y la UGT, restaurada su unidad orgánica desde 1948, a pesar de sus fieles núcleos tradicionales en Asturias y Vizcaya, también habían interrumpido sus actividades como tales organizaciones y sobrevivían básicamente en el numeroso exilio francés y latinoamericano. El PCE contaba entonces con un máximo de 2.000 militantes en toda España, recogía el testigo de Prieto mediante su nueva política de reconciliación nacional (aprobada en 1956) y su única vía de supervivencia se cifraba en la actividad "entrista" en los sindicatos verticales (opción rechazada tajantemente por socialistas y anarquistas de modo casi suicida) (Heine, 1983: 473; Fernández Vargas, 1981: cap. 5). El mismo letargo operativo sufrió el PNV y el Gobierno vasco en el exilio presidido por José Antonio Aguirre (sustituido tras su muerte en 1960 por Leizaola) después de su último esfuerzo movilizador durante la huelga general de mayo de 1947. Y aún mayor parálisis experimentaron las fuerzas catalanistas agrupadas en el exilio en torno a los sucesivos presidentes de la Generalitat (Josep Irla, hasta 1954, y Josep Tarradellas desde entonces), si bien en el interior el catalanismo popular demostró su vigor ya en abril de 1947 con motivo de la coronación de la Virgen de Montserrat. Y volvería a demostrarlo en 1959 con el masivo boicot al diario *La Vanguardia* hasta conseguir el cese de su director desde 1939, Luis de Galinsoga, que había interrumpido una homilía en una iglesia barcelonesa para reprender al sacerdote por estar hablando en catalán (Balcells y Solé i Sabaté, 1990; Garde Etayo, 1990).

En ese contexto de fragmentación e impotencia de la oposición antifranquista tuvo lugar la lenta aparición de un nuevo movimiento de protesta frente al régimen surgido en el propio interior de España, vertebrado sobre las nuevas generaciones obreras y estudiantiles y desvinculado básicamente de las organizaciones políticas y sindicales tradicionales. Aprovechando en gran medida el marco legal ofrecido por las organizaciones católicas de apostolado obrero (sobre todo la HOAC y las JOC) y la estructura sindical de enlaces y vocales jurados, su primera gran acción de masas fue el boicot de tranvías en Barcelona de marzo de 1951. La represión posterior contra la oposición clandestina fue tan eficaz que habría de pasar mucho tiempo antes de que volviera a surgir un movimiento de protesta popular análogo. No en vano, ante la crisis barcelonesa, Carrero Blanco había reaccionado con una intensificación radical de las medidas represivas:

> Ni la policía gubernativa supo prevenir, ni la policía armada reprimió a tiempo y con la debida energía. (...) Si en España se sienta como precedente que todo el que sale a la calle a alborotar va a ser recibido a tiros por la fuerza pública, se acabarán los alborotos (Tusell, 1993: 201).

Sin embargo, a pesar de esas medidas (los tribunales militares condenaron por subversión a 1.266 civiles en 1954, 902 en 1955 y otros tantos en 1956, 723 en 1957, 717 en 1958 y 529 en 1959), los incidentes universitarios de febrero de 1956, al igual que las huelgas de los años 1956 y 1958, demostraban la existencia de una creciente conflictividad social y laboral irrefrenable y enraizada en las propias transformaciones estructurales que estaba experimentando el país (Ballbé, 1983: 417). Pero era una conflictividad cuyo contenido reivindicativo pragmático (ya fuera de reclamación salarial o de libertad cultural) no iba acompañado en un principio de un definido perfil político, como habría de descubrir muy a su pesar el PCE. Por eso mismo, los intentos comunistas de aprovechar esas movilizaciones para impulsar paralelamente acciones políticas antifranquistas cosecharon dos fracasos: la Jornada de Reconciliación Nacional del 5 de mayo de 1958 (que debería haber consistido en huelgas locales y boicot a los transportes) apenas tuvo eco popular, en tanto que la Huelga General Pacífica convocada para el 18 de junio de 1959 tuvo poco impacto al margen de los grupos obreros influidos por el PCE (Tuñón de Lara y Biescas, 1980: 320-326). Todavía no había llegado la hora de la masiva politización antifranquista de los protagonistas del nuevo movimiento obrero y estudiantil. Pero no tardaría mucho en llegar.

4.5. La crisis política del año 1957 y el fracaso final del falangismo y la autarquía

El rápido reajuste ministerial aprobado por Franco en febrero de 1956 había sido una mera solución de urgencia ante una crisis de gran calado, tanto por sus derivaciones de orden público como por sus implicaciones institucionales. El principal efecto inicial de aquella solución había sido la postergación del catolicismo político predominante desde 1945 y una revitalización de la Falange con la vuelta del leal José Luis de Arrese a la cartera de ministro-secretario general del Movimiento. De hecho, Arrese sería responsable de la última gran tentativa falangista para clarificar el perfil institucional del régimen franquista y para definir con precisión el papel e importancia de FET en su seno. El fracaso completo de esta tentativa "constituyente" de carácter falangista crearía, a su vez, las condiciones para poner en marcha otra alternativa contraria de muy distinto signo institucional y político-económico.

Nada más tomar posesión de su cargo, Arrese solicitó y obtuvo la aprobación de Franco para formar una comisión que elaborara una serie de proyectos legislativos que prosiguieran la labor de institucionalización del régimen detenida desde la aprobación de la ley de Sucesión en 1947. En particular, los nuevos líderes falangistas trataban de perfilar tres leyes consideradas necesarias para culminar la "etapa constituyente" abierta el 18 de julio de 1936: una *ley de Principios del Movimiento Nacional,* una *ley orgánica del Movimiento Nacional* y, por último, una *ley de Ordenación del Gobierno.* Todos esos proyectos deberían clarificar sobre todo el papel y función del Partido en el conjunto de las instituciones, delimitando su importancia futura una vez desaparecido el caudillo y sus poderes excepcionales, adaptándolo así a la prevista sucesión monárquica final (Arrese, 1982). El visto bueno de Franco a la tentativa probablemente consistió en una aprobación genérica y reversible, habida cuenta de su sorprendente afirmación ante su perplejo ministro: "Arrese, no se apure, porque a mí no me preocuparía gobernar con la Constitución de 1876". No en vano, desde el principio, Franco había abrigado una visión instrumental de su propio partido oficial que podía llegar a fórmulas de cinismo como la que transmitió por aquellas fechas a quien habría de ser su eficaz embajador en Washington, Antonio Garrigues Díaz-Cañabate:

> Pues verá usted. Para mí el Movimiento es como la claque. ¿Usted no ha observado que cuando hay un grupo grande de gente hace falta que unos pocos rompan a aplaudir para que los demás se unan a ellos y los sigan? Pues más o menos es así como yo entiendo la finalidad del Movimiento (Garrigues, 1978, 58-59).

La comisión legislativa formada por Arrese contaba con una mayoría falangista sólo compensada por la presencia de Carrero Blanco y del ministro de Justicia, el carlista Iturmendi. En consecuencia, los tres anteproyectos de nuevas "leyes fundamentales" que elaboró la comisión tenían un inequívoco talante falangista y totalitario que iban a ocasionar un debate político profundo y sumamente enconado en el seno del régimen. El proyecto de principios "que informan el Movimiento Nacional" era el menos polémico porque simplemente revisaba los 26 puntos programáticos y eliminaba vestigios ya anacrónicos como las referencias al Imperio y a otros objetivos radicales. Sin embargo, los otros dos proyectos, que se referían al reparto de poderes efectivo en el seno del régimen, ocasionaron la mayor oposición por implicar un aumento sustancial de la influencia falangista sobre otras "familias" merced a las crecidas competencias del secretario general y del Consejo Nacional. No en vano, la ley orgánica del Movimiento restaba al sucesor de Franco notables funciones ejecutivas sobre el mismo, configurando un Consejo Nacional y un secretario general casi autónomos de la Jefatura del Estado: éste ya no elegiría libremente al secretario, función que pasaba al propio Consejo, convertido en una especie de Tribunal de Garantías Constitucionales. Esta magnificación del Movimiento estaba igualmente ratificada en el tercer proyecto, de ordenación del Gobierno, que estipulaba la capacidad del Consejo Nacional para exigir responsabilidades al propio ejecutivo y pedir su cese en caso de reiterada censura, a la par que convertía al secretario general en virtual vicepresidente del Gobierno, con derecho a opinar ante el jefe del Estado en el nombramiento del presidente. Finalmente, ninguno de los textos hacía alusión alguna a la monarquía y al futuro rey, revelando así la hostilidad latente falangista hacia ambas instituciones y su preferencia por una solución "regencialista" para el futuro.

En el otoño de 1956, la difusión de los anteproyectos de leyes fundamentales elaborados levantó contra Arrese una formidable oposición encabezada por Carrero Blanco en nombre de los propios militares y secundada por carlistas (Iturmendi y Esteban Bilbao, presidente de las Cortes), monárquicos (con Vallellano como portavoz) y católicos (a través de Martín Artajo). En esencia y formalmente, el debate entre falangistas y las demás "familias" franquistas trataba de determinar qué era en realidad el Movimiento Nacional en el próximo futuro y tras la inevitable desaparición de Franco: ¿una mera *Comunión* (de todas las "familias" en pie de igualdad) o una neta *Organización* (hegemonizada desde el principio por FET)? Sin duda, las propuestas de Arrese se inclinaban hacia la segunda opción y su aprobación hubiera significado una alteración sustancial en favor de Falange del equilibrio de fuerzas que componía la coalición franquista, retratada entonces por un ayudante de Martín Artajo con las siguientes palabras:

El Movimiento Nacional, por tanto, es la resultante legal del conjunto de fuerzas políticas representadas en el Gobierno del país a partir de 1939. Empleando terminología muy gráfica: "Tómese 12 años de Artajo: 10, de Ibáñez Martín; 15, de Girón; 16, de D. Blas; 17, de nueve o diez generales cualesquiera. Bátase el conjunto y, antes de servirlo, échense cucharadas de Arrese y de Fernández Cuesta para dar al batido la tonalidad azul deseada (Tusell, 1984: 400).

En particular, Carrero Blanco se opuso frontalmente a esos proyectos en defensa de una alternativa institucional monárquica, católica, tradicional y liberalizante en el plano económico, apoyado e inspirado en su nuevo asesor jurídico y político, el joven catedrático de Derecho Administrativo y miembro del Opus Dei, Laureano López Rodó (nombrado en diciembre de 1956 secretario general técnico de la Presidencia) (Tusell, 1993: 217-229; López Rodó, 1977: 124-135). El golpe mortal definitivo a los proyectos constitucionales de Arrese lo dio la jerarquía episcopal española con el visto bueno del propio Vaticano y de un modo sumamente reservado pero enormemente eficaz. En su primera intervención colectiva desde el final de la guerra civil, a mediados de diciembre de 1956 los tres cardenales españoles (el arzobispo de Toledo, Pla y Deniel, el de Tarragona, Arriba y Castro, y el de Santiago, Quiroga y Palacios) visitaron a Franco en El Pardo para entregarle un documento donde afirmaban que los anteproyectos "están en desacuerdo con las doctrinas pontificias" y sintetizaban las críticas de todas las "familias" franquistas:

> Se pone como poder supremo del Estado un partido único, aun cuando sea con el nombre de Movimiento, [por encima] del Gobierno y de las Cortes, cuyas actividades juzga y limita, quedando aun muy mermada la autoridad del jefe del Estado. No es misión nuestra entrar en detalles del articulado de los proyectos de estas leyes; pero según ellas, la forma de Gobierno en España no es ni monárquica, ni republicana, ni de democracia orgánica o inorgánica, sino verdadera dictadura de partido único, como fue el fascismo en Italia, el nacional-socialismo en Alemania o el peronismo en la República Argentina (...).
> Para asegurar la continuación del espíritu del Movimiento Nacional es necesario ni recaer en el liberalismo de una democracia inorgánica, ni pretender una dictadura de partido único, sino promover una actuación y verdadera representación orgánica (Tusell, 1984: 421-422).

El naufragio del programa político de Arrese coincidió además con un serio agravamiento de la situación económica que vino a poner en cuestión la política de precario equilibrio entre autarquía y liberalización iniciada en 1951 y que penosamente había logrado recuperar y aun superar los niveles macroeconómicos de preguerra. No en vano, ese modelo de crecimiento había descansado sobre una financiación inflacionaria, un crónico déficit presupuestario y comercial, y un creciente estrangulamiento de los medios de pago exteriores, puesto que, si bien la ayuda financiera norteamericana se había dedicado a promover la industrialización, su contrapartida fue el aumento del consumo interior y la disminución paralela de la capacidad exportadora del país por reducción de la actividad agrícola. En consecuencia, por esas razones estructurales y por los bruscos aumentos salariales decretados por Girón, a la altura de 1957 la economía española se encontraba en "un callejón sin salida". Por una parte, la inflación había subido un 11% en aquel año, subiría otro 11% al siguiente y otro 5,5% en junio de 1959. A la par, el estrangulamiento financiero llevó a una reducción acelerada de divisas de modo que a finales de 1957 "casi no existían ya reservas internacionales movilizables". En consecuencia, el espectro de la suspensión de pagos exteriores era bien patente y el riesgo de bancarrota financiera una realidad más que tangible (Clavero y otros, 1978: 331 y 345; Esteban, 1976: 173-175; Tortella, 1994: 273-280).

Enfrentado a la doble crisis de parálisis política y quiebra económica, Franco se vio obligado a abordar el profundo cambio ministerial aplazado desde el forzado reajuste realizado un año antes. A finales de febrero de 1957 nombró un nuevo Gobierno que significaba la postergación definitiva de la Falange y una apuesta clara por el programa alternativo político-económico auspiciado por Carrero Blanco. Como parte de una renovación profunda del Gabinete abandonaron sus longevas carteras Girón, Martín Artajo y Blas Pérez (aunque siguieron Iturmendi y Arias Salgado). La representación falangista quedó reducida a Rubio (Educación), un acomodaticio Sanz Orrio (Trabajo), el afable y dócil José Solís Ruiz (secretario general del Movimiento) y un derrotado Arrese (titular de la nueva cartera de Vivienda). La cuota militar estaba formada por Carrero Blanco (todavía ministro-subsecretario de Presidencia pero ya reconocido como primer ministro *de facto*), Camilo Alonso Vega (Gobernación), Planell (Industria), Vigón (Obras Públicas) y los ministros de las tres armas (Barroso, Abárzuza y Rodríguez Díaz de Lecea). El catolicismo político seguía en Exteriores con Fernando María Castiella, prohombre de la ACNP, exembajador ante el Vaticano y hábil negociador del concordato. Sin embargo, las nuevas estrellas del Gabinete eran sin duda los economistas Mariano Navarro Rubio (Hacienda) y Alberto Ullastres (Comercio), junto con el jurista Laureano López Rodó, todavía sin rango ministerial pero aupado por Carrero como secretario general técnico de la Presidencia, jefe de la secretaría del Gobierno y de la Oficina de Coordinación y Programación Económica. Los tres eran miembros relevantes del Opus Dei y formaban el llamado equipo de "tecnócratas" ("nombre que nos asignan a veces a quienes estamos preocupados con los problemas empíricos", según

Ullastres) (Miguel, 1975: 224; Equipo Mundo, 1970: 255-314). El espectacular ascenso de estos nuevos técnicos opusdeístas se debía al firme apoyo de Carrero Blanco, que compartía en gran medida su integrismo religioso y contaba con ellos para poner en práctica su programa de institucionalización definitiva y liberalización económica: "Mi fuerza política derivaba de mi relación con Carrero" (López Rodó, 1977, 199).

El nuevo Gobierno de febrero de 1957, bajo la dirección de Carrero y el estímulo de los tecnócratas, se embarcó en un triple esfuerzo dirigido a completar el perfil institucional del régimen bajo la fórmula monárquica tradicional (con sucesor *in pectore* incluido), fomentar la eficacia y coordinación administrativa del Estado y promover una reforma económica que pusiera fin a los vestigios autárquicos e intervencionistas y optara decididamente por el crecimiento basado en la apertura al exterior y la primacía de la iniciativa privada libre.

El primer fruto de ese triple programa fue la aprobación de la *ley de Régimen Jurídico de la Administración del Estado* en julio de 1957, seguida poco después de la *ley de Procedimiento Administrativo* (y sólo parcialmente completada con la *ley de Funcionarios del Estado* de 1964 y la *ley orgánica del Estado* de 1967). Este conjunto de medidas escalonadas trataban de superar la descoordinación, arbitrariedad y fragmentación características del aparato burocrático del Estado en España y suponían un serio esfuerzo de modernización y racionalización del mismo siguiendo los principios de "economía, celeridad y eficacia" (Beltrán Villalva, 1996: 601). Entre otros efectos, la reforma administrativa emprendida, con todos sus defectos, supuso la progresiva implantación del entramado estatal en toda la geografía española, una sustancial ampliación uniforme de sus funciones gerenciales y el surgimiento de una burocracia especializada y reclutada por principios meritocráticos y ya no exclusivamente políticos (cifrada nada menos que en 600.000 personas en la década de los sesenta) (Giner, 1978: 118). La importancia política de esta nueva burocracia cuya primordial razón de ser era la pervivencia y eficacia del propio Estado se apreció muy pronto en la creciente influencia política de sus altos estratos durante el franquismo y se apreciaría aún más en la transición pacífica hacia la democracia iniciada tras la muerte de Franco: en 1971 el 62% de los ministros, el 53% de los subsecretarios y el 24% de los gobernadores eran funcionarios de carrera. De igual modo, la presencia de funcionarios civiles de la Administración central en las Cortes crecería desde el 24 al 33% del total de procuradores entre 1960 y 1975 (Beltrán Villalba, 1996: 612, 614; Bañón Martínez, 1978).

En su vertiente estrictamente política, el programa de Carrero Blanco implicaba proseguir la obra de institucionalización del franquismo en un sentido monárquico, católico y tradicional, con el problema sucesorio resuelto en favor del príncipe Juan Carlos. El primer efecto de esa nueva orientación fue la promulgación por Franco (como "caudillo de España, consciente de mi responsabilidad ante Dios y ante la Historia") de la *ley Principios del Movimiento Nacional* el 17 de mayo de 1958 (documento 10). La nueva ley fundamental reiteraba la confesionalidad "Católica, Apostólica y Romana" del Estado español y su compromiso con "la participación del pueblo" en las tareas de gobierno a través de la "representación orgánica" de las "entidades naturales de la vida social, familia, municipio y sindicato". También abandonaba los vestigios de retórica falangista presentes en los 26 puntos programáticos, afirmaba explícitamente que el Movimiento Nacional era la "comunión" (no la "organización") "de los españoles en los ideales que dieron vida a la Cruzada" y definía la "forma política" del régimen como una "Monarquía tradicional, católica, social y representativa" (Franco, 1964: 195-198). Sin embargo, tras la promulgación de la ley, Franco paralizó la aprobación de las otras dos leyes preparadas por Carrero con el concurso de López Rodó: la ley orgánica del Estado y la ley orgánica del Movimiento, ambas ultimadas ya en el verano de 1958. El caudillo las "tuvo en hibernación durante ocho años" (hasta 1967 con la promulgación de la primera). Tampoco quiso dar pasos más precisos para asegurar la sucesión monárquica, si bien ya había descartado prácticamente a don Juan y tenía puestas sus miras en el joven príncipe (López Rodó, 1977: 159; Franco Salgado-Araujo, 1976: 240).

La tercera dimensión del programa político auspiciado por Carrero y perfilado por los ministros "tecnócratas" consistía en acometer una reforma económica que superara el patente agotamiento del modelo autárquico-intervencionista, evitara la inminente quiebra financiera y sentara las bases de un crecimiento productivo al menos similar al que estaba empezando a experimentar Europa occidental (patente desde marzo de 1957, tras la constitución de la Comunidad Económica Europea). El primer conjunto inicial de medidas tomadas entre 1957 y 1958 tuvieron un alcance parcial, todavía asistemático, y sólo pretendían atajar los síntomas más extremos de desequilibrio monetario, fiscal y comercial. Significativamente, una de estas medidas también trataba de liberalizar el mercado salarial y las relaciones laborales reduciendo la exclusiva potestad del Ministerio de Trabajo para fijar las condiciones de trabajo en todo el país. La *ley de Convenios Colectivos* de 24 de abril de 1958 restablecía la posibilidad de negociación directa entre los representantes de los trabajadores y de los empresarios, "en el seno de la Organización Sindical", para establecer contratos laborales colectivos en cada empresa en función de su propia situación financiera, rentabilidad y expectativas de productividad. Sin embargo, a la altura de 1959 el agravamiento de los problemas económicos forzó una intensificación y generalización de esas medidas con el propósito de "dar una nueva dirección a la política económica, a fin de alinear la economía española con los países del mundo occidental y liberarla de intervenciones heredadas del pasado que no corresponden a las necesidades de la situación actual" (García Delgado y Jiménez, 1996: 476).

La génesis del consecuente *Plan de Estabilización y Liberalización* aprobado el 21 de julio de 1959 fue, por tanto, azarosa y no exenta de complicaciones políticas. En particular, Franco se mostró muy reticente a reconocer el fracaso de las orientaciones autárquicas y abrigaba serias dudas sobre los potenciales efectos políticos de la apertura económica preconizada (razón por la cual se opuso a sucesivas devaluaciones monetarias y a cumplir las condiciones para la obtención de créditos del Fondo Monetario Internacional). Como explicó Carrero a López Rodó, el caudillo estaba "escamado" con el nuevo rumbo de la política económica, que probablemente no comprendía en toda su complejidad: "Yo me estoy volviendo comunista" (Tusell, 1993: 258; Fusi, 1985: 145). Pero finalmente aceptó su necesidad perentoria cuando Navarro Rubio, a quien apreciaba por su competencia técnica y su condición de excombatiente varias veces herido, le explicó, no las causas, sino las hipotéticas consecuencias de su obstinado recelo: "Mi general, ¿qué pasará si después de volver a establecer la cartilla de racionamiento se nos hiela la naranja?". Enfrentado a esa posibilidad aterradora e inadmisible, el caudillo cedió en toda regla y aprobó las medidas estabilizadoras y liberalizadoras demandas por sus ministros "tecnócratas" y por Carrero. No lo hizo de buen grado sino por forzado pragmatismo: "no está contento; tiene profundas sospechas", confesaría Carrero a López Rodó (Preston, 1994: 840).

En cualquier caso, la puesta en práctica del Plan de Estabilización de 1959 significó un profundo cambio de rumbo económico en el devenir del franquismo. No en vano, las consecuentes medidas tomadas (caracterizadas por la búsqueda del rigor presupuestario, la restricción crediticia, la devaluación de la peseta, el final de intervencionismos estatales obsoletos, la congelación salarial y la progresiva apertura de la economía española al exterior) sentaron las bases para un espectacular crecimiento económico a partir de 1960 que transformaría radicalmente la estructura social española. De este modo, paradójicamente, el régimen político que había interrumpido literalmente durante veinte años el proceso de modernización económica y social iniciado en España a finales del siglo XIX, se erigiría así en su nuevo promotor y patrocinador. En consecuencia, la nueva etapa de modernización productiva y diversificación socioprofesional iba a desarrollarse y a ser inicialmente rentabilizada bajo un régimen político anclado en el inmovilismo y ajeno a esa dinámica evolutiva acelerada. Muy pronto, esa misma disfunción creciente entre estructuras políticas estáticas y realidades socioeconómicas muy dinámicas habría de crear graves tensiones internas en el país. El crecimiento y el desarrollo económico no sólo daría nuevos bríos y legitimidad al régimen franquista en el corto plazo, sino que generaría a la larga condiciones sociales y culturales profundamente discordantes con un sistema político cada vez más anacrónico e inadaptado a su propia realidad socioeconómica. Basta señalar una prueba sintomática de ese creciente anacronismo: tres mes antes de aprobar el Plan de Estabilización, con motivo del aniversario de su victoria en la guerra civil, Franco inauguraba por fin su querida iglesia-panteón en el Valle de los Caídos (sierra de Guadarrama) con un discurso plenamente inmerso en la retórica bélica y providencialista de sus primeras épocas y recordatorio de la persistencia de vencedores y vencidos en la contienda:

> Nuestra guerra no fue evidentemente una contienda civil más, sino una verdadera Cruzada (...). En todo el desarrollo de nuestra Cruzada hay mucho de providencial y de milagro. ¿De qué otra forma podríamos calificar la ayuda decisiva que en tantas vicisitudes recibimos de la protección divina? (...) La anti-España fue vencida y derrotada, pero no está muerta. Periódicamente la vemos levantar cabeza en el extranjero y en su soberbia y ceguera pretende envenenar y avivar de nuevo la innata curiosidad y el afán de novedades de la juventud. (...) No sacrificaron nuestros muertos sus preciosas vidas para que nosotros podamos descansar. Nos exigen montar la guardia fiel de aquello por lo que murieron (*Extremadura. Diario católico,* 2 de abril de 1959).

5

La fase autoritaria
del desarrollismo tecnocrático (1959-1969)

5.1. Los efectos sociales del "milagro económico español"

La puesta en marcha del Plan de Estabilización consiguió rápidamente sus objetivos básicos tras una breve recesión económica inicial. En consecuencia, a finales de 1959 el peligro de bancarrota financiera se había evitado, las reservas de divisas se habían recuperado y el volumen de la inversión extranjera había crecido notablemente respecto a años previos. Desde entonces, la economía española entró en una fase de crecimiento, desarrollo y expansión realmente espectacular y sin precedentes: lo que ha venido a definirse como el "milagro económico español". Entre 1960 y 1970, la economía española creció a un ritmo anual ligeramente superior al 7% (tasa únicamente superada por Japón) y sólo experimentaría un declive apreciable desde 1974 (con el 5%) y un descenso ya patente en 1975 (con el 1,1%), como resultado del impacto de la crisis económica internacional iniciada en 1973. Paralelamente a esa expansión sostenida durante más de un decenio, la economía española sufrió un cambio estructural muy notorio: se redujo sensiblemente el peso del sector agrícola (cuya participación en el PIB bajó del 22,6 al 11,6% entre 1960 y 1973), aumentó la importancia del sector industrial (cuya participación ascendió desde el 36,6 al 38,9%) y se desarrolló considerablemente el sector servicios (que pasó del 40,8 al 49,5%). No en vano, durante el decenio 1960-1970, la industria española creció a un ritmo cercano al 10%, en tanto que los servicios lo hicieron a un ritmo del 6,8% y la agricultura a un modesto 2,7%. En definitiva, a lo largo de la década de los sesenta, España dejó de ser un país predominantemente agrario y se convirtió en un país plenamente industrializado y con un sector de servicios boyante y crecientemente diversificado (García Delgado y otros, 1982, 26-27; Ros Hombravella, 1979; Stillman, 1975: 51-54, 85-86; Fuentes Quintana, 1988).

Ese radical proceso de desarrollo y transformación estructural fue el resultado combinado de la nueva política económica (continuada con los llamados Planes de Desarrollo) y de tres factores exógenos que contribuyeron a sanear la balanza de pagos, sostuvieron la creciente demanda de importaciones y corrigieron el crónico déficit comercial: las inversiones extranjeras, los ingresos procedentes del turismo de masas y las remesas de los emigrantes.

Las medidas de apertura al exterior de la economía española permitieron que el volumen de la inversión extranjera se multiplicara por 15 entre 1960 y 1972, totalizando durante ese período cerca de 7.000 millones de dólares y procediendo básicamente de Estados Unidos (el 40%), Suiza (17%) y la República Federal de Alemania y Gran Bretaña (10% en ambos casos) (Stillman, 1975: 94; Payne, 1987: 490). Por su parte, entre 1960 y 1973 el número de turistas que entraron en España (en su mayoría desde Francia, Alemania y Gran Bretaña) casi se multiplicó por 6 (pasando de 6.000.000 a 34,5 millones de personas, cifra esta última que igualaba a la de habitantes en el país), mientras que los ingresos correspondientes se multiplicaron casi por 11 (pasando de 297 millones a 3.091 millones de dólares) (Stillman, 1975: 90, 189; Payne, 1987: 489). Por último, el final de las restricciones legales a la salida del país posibilitó un masiva corriente migratoria de trabajadores españoles que iban a buscar empleo en las economías expansivas de Europa (principalmente en Francia, Alemania y Suiza). Esa corriente superó el nivel anual de 100.000 emigrantes entre 1960 y 1972, representando en conjunto un 10% del total de la fuerza de trabajo del país (un mínimo de 842.928 emigrantes permanentes y un número similar de emigrantes semipermanentes o temporales durante ese período). Su salida al exterior alivió sustancialmente el paro interior (con una tasa siempre menor al 2% de la población activa durante el decenio), a la par que sus remesas en divisas alcanzaron una cifra próxima a 6.000 millones de dólares (aproximadamente el 12% del total de ingresos exteriores del país) (Rodríguez Osuna, 1978, 40-41, 44-45; Bielza de Ory, 1989, 43-44; Sánchez-Reyes, 1978: 20).

Los profundos efectos sociales originados por ese rápido crecimiento y cambio estructural de la economía española no tardaron en manifestarse con igual celeridad. En términos demográficos absolutos, la población española creció durante la década de los sesenta al ritmo más elevado de toda su historia, pasando de 30,43 millones de habitantes en 1960 hasta los 33,82 millones en 1970 y los 35,40 millones en 1975: un incremento neto de 5 millones en quince años (Nicolau, 1989: 68; Rodríguez Osuna, 1978: 25; *Anuario Estadístico de España,* 1981: 40; Fraga y otros, 1972: 68-69; documento 1).

Ese crecimiento espectacular, resultado de un *baby boom* (incremento sostenido de las tasas de natalidad) especialmente intenso entre 1960 y 1965, fue paralelo a un cambio igualmente radical en las principales ocupaciones productivas de la población activa (cifrada en 11,52 millones en 1960 y en 12,73 millones diez años después). No en vano, entre 1960 y 1970, el volumen de población empleada en actividades agrarias descendió desde el 39,8% de la fuerza de trabajo hasta el 24,9%. En el mismo tiempo, la población empleada en el sector industrial subió del 28,6% al 37,3%, mientras que la ocupación en el sector servicios ascendió desde el 27% al 36,5% (Foessa, 1970: 169; Tortella, 1994: 227; Tamames, 1986: 37; Sánchez-Reyes, 1978: 19; documento 2).

La rápida industrialización y paralela terciarización de la economía española durante los años sesenta fue el corolario de la pérdida de peso de la agricultura y produjo un cambio correlativo en el tipo de poblamiento predominante en el país: la España del desarrollo industrial fue también la España de la intensa urbanización mediante un masivo éxodo rural desde el campo hacia las ciudades. En ese decenio, el país dejó de tener una mayoría de población afincada en un hábitat rural y pasó a tener a más de la mitad de sus habitantes residiendo en municipios plenamente urbanos. De hecho, los núcleos urbanos (de más de 20.000 habitantes) pasaron de agrupar al 46% de la población total en 1960 a agrupar al 55,3% diez años más tarde. Entre esas mismas fechas, las grandes ciudades (de más de 100.000 habitantes) subieron de 26 a 38 núcleos urbanos, aumentaron su población en más de 4.000.000 de residentes y pasaron de agrupar el 27,7% de la población total en 1960 a agrupar al 36,7% en 1970. Para entonces había ya en el país cuatro megalópolis de más de medio millón de habitantes cada una y otras dos cercanas a esa cifra: Madrid (con 3,18 millones), Barcelona (con 1,74 millones), Valencia y Sevilla (con 600.000 cada una), y Zaragoza y Bilbao (con más de 400.000 cada una). Esa espectacular expansión de la trama urbana en tan corto tiempo dio origen a los característicos nuevos barrios de inmigración obrera en los arrabales del perímetro urbano y a las ciudades-dormitorio de la periferia suburbana: los llamados barrios de "chabolas" del sur y sureste de Madrid, los barrios de "coreas" del reborde montañoso del "pla de Barcelona", etc. (Fraga y otros, 1972: 25-29; Bielza de Ory, 1989: 142-145, 168). El propio Franco, durante su visita a Sevilla en mayo de 1961, quedaría impresionado por el coste social de ese crecimiento periurbano incontrolado:

> Observé en Sevilla, en los alrededores de la capital, muchas chabolas que me han producido una impresión muy penosa. Estaban pegadas a un cementerio y en ellas viven hacinadas numerosas familias; el

> piso, resbaladizo, húmedo y lleno de toda clase de inmundicias, despide un olor repugnante. Con las pisadas, las inmundicias se van enterrando, las moscas son infinitas y martirizan a los que tienen que vivir en medio de tanta podredumbre. En ningún lugar de Marruecos he visto espectáculo tan deprimente (Franco Salgado Araujo, 1976: 317).

El intenso proceso de urbanización fue el necesario contrapunto de la desagrarización de la población activa registrada durante el decenio desarrollista en España. Según los censos oficiales (que no computan a los niños menores de 10 años), entre 1960 y 1975 el número total de españoles que cambió de residencia dentro del país (por traslado de provincia) fue de 4,6 millones de personas. En gran medida, esa masiva corriente migratoria interior fue protagonizada por campesinos sin tierra, arrendatarios y pequeños propietarios agrarios que abandonaban sus míseras ocupaciones rurales y abarrotaban las ciudades en busca de empleo en la industria y los servicios (cuando no recurrían también en masa a la emigración al exterior, temporal o definitiva). En conjunto, a tenor de los censos sobre población activa agraria, entre 1961 y 1974, abandonaron el campo un total de 2.721.322 personas. El flujo geográfico de esas corrientes migratorias demuestra su condición de masivo éxodo rural hacia las ciudades y regiones industrializadas: Andalucía, Galicia, Extremadura, las dos Castillas y Murcia proporcionaron el grueso de los emigrantes, en tanto que las provincias de Barcelona, Madrid, Vizcaya y Valencia fueron las principales receptoras de ese traslado poblacional. De hecho, entre 1962 y 1975, esas cuatro provincias absorbieron al 53,7% de la emigración interior española. El resto se repartió entre las áreas tradicionales, como Asturias, y las zonas de nueva industrialización consolidadas durante el decenio: Zaragoza, Vitoria, Valladolid, Pamplona, Vigo, etc. De este modo, el desarrollo de los años sesenta mantuvo y profundizó los desequilibrios territoriales entre regiones y provincias ya existentes, con la única excepción de las Baleares y las Canarias, donde la industria turística invirtió su carácter de focos de emigración y las convirtió en polos de inmigración (Rodríguez Osuna, 1978: 62, 76; Juliá, 1993: 194-198; Bielza de Ory, 1989: 48-50).

Esa masiva transferencia de activos laborales hacia las ciudades significó el final de la llamada "agricultura tradicional" en España a través de dos procesos simultáneos: la eliminación de un gran número de pequeñas explotaciones agrarias poco productivas (sobre todo en el norte minifundista: entre 1965 y 1975 los pequeños agricultores bajaron del 23,3 al 13,8% de la población rural); y la extinción "natural" del espinoso problema de la superpoblación jornalera en el sur latifundista (entre 1960 y 1972 el número de asalariados agrícolas pasó de 1.945.100 a sólo 945.400). No en vano, la contracción de la población activa agraria fue acompañada de un notable incremento de la rentabilidad y productividad del conjunto de la agricultura española como resultado de la mayor capitalización (por ejemplo, el descenso de mano de obra de reserva implicó un aumento sostenido del salario de los jornaleros empleados en los latifundios), una mecanización correlativa (el número de tractores utilizados pasó de 56.845 en 1960 a 379.070 quince años después) y el aumento sostenido de la demanda de consumo de sus mercados interiores urbanizados. En cualquier caso, esa patente modernización agrícola no evitó la pérdida de importancia de la agricultura en el conjunto de la economía española y tuvo un efecto colateral sociopolítico de gran transcendencia histórica: la definitiva quiebra de la hegemonía de la oligarquía terrateniente en el seno de la elite dirigente y su reemplazo por las nuevas fuerzas rectoras formadas por el muy concentrado capital financiero y las grandes burguesías industriales y comerciales en proceso de expansión (Shubert, 1991, 324-336; Juliá, 1993: 192-196; Giner, 1978: 122-125; Moral Santín, 1981: 80-85; Moya, 1984).

El profundo cambio social registrado en el mundo agrícola y rural fue también evidente en el ámbito de las nuevas clases obreras concentradas en las ciudades y regiones industrializadas y terciarizadas. De hecho, a lo largo de la década de los sesenta y hasta el final del franquismo fue configurándose una nueva estructura de las clases obreras españolas muy diferente de la existente con anterioridad y virtualmente análoga a la registrada en el mundo occidental desarrollado. El notable crecimiento numérico de las clases obreras fue el primer aspecto destacable: el conjunto de trabajadores empleados en la industria y los servicios pasó de ser sólo 2,65 millones de personas en 1950 a 3,81 millones en 1964 y 4,18 millones en 1970. En otras palabras: de representar un mero 35,3% de la población activa total en la posguerra autárquica pasó a constituir el 50% en plena década del desarrollismo. Pero lo más significativo de este incremento numérico sustancial fue su paralela transformación interna: dicho crecimiento fue mucho mayor en las categorías de obreros cualificados y bastante menor en las de obreros no cualificados. De hecho, en 1970 la población obrera cualificada representaba el 74% del conjunto, en tanto que la carente de cualificación se reducía a un mero 26% del total (Juliá, 1993: 206).

Ese crecimiento numérico de las clases obreras españolas, unido a su mayor cualificación profesional significaba un cambio social profundo con respecto a análogos fenómenos históricos precedentes. Así, por ejemplo, durante el arranque del proceso de modernización en los primeros decenios del siglo XX, el crecimiento de las clases obreras urbanas se había debido a un éxodo rural de jornaleros del campo que engrosaban el proletariado no cualificado de las ciudades y, en particular, se convertían en jornaleros de la construcción o peonaje de la industria. Sin embargo, durante la década de los sesenta, los emigrantes rurales llegados a las ciudades pasaron a constituir ellos mismos (y todavía más sus hijos) un nuevo proletariado cada vez más cualificado genéricamente y más especializado profesionalmente. Como ha señalado un destacado historiador: "del surco y del tajo al taller y a la fábrica, podría definirse la experiencia vivida por la clase obrera desde los años treinta a los sesenta" (Juliá, 1990: 59). El rápido tránsito hacia una clase obrera predominantemente cualificada y especializada queda bien reflejado en el censo de 1973 sobre la clasificación por categorías de la población asalariada empleada en la industria (c.5.1).

CUADRO 5.1. Población asalariada en España, 1973

Cifras absolutas				
Técnicos	Administrativos	Especialistas	No cualificados	Total
622.526	829.019	3.186.149	3.285.468	7.923.162

Porcentajes				
7,86	10,46	40,21	41,47	100

FUENTE: Molinero e Ysàs, 1998.

Esa nueva clase obrera urbana, rejuvenecida biológicamente, de empleo fijo y cada vez más cualificada, fue la protagonista de la creciente conflictividad sociolaboral que acompañó inexorablemente al desarrollo industrial y económico de los últimos quince años del franquismo. En efecto, pese a que ello contradecía la retórica oficial sobre la "paz social" implantada por el régimen y su superación de la vieja "lucha de clases", el hecho comprobado es que la España del desarrollo fue también escenario de una persistente conflictividad laboral derivada de los profundos cambios sociales exigidos por el crecimiento económico. La posibilidad de negociación directa de las condiciones laborales creada por la nueva *ley de Convenios Colectivos* de 1958 operó al respecto como factor generador de una nueva cultura y práctica sindical entre la clase obrera española. De hecho, el nuevo marco legislativo, junto con las estructuras electivas del sindicalismo vertical (los enlaces y vocales-jurados obreros), constituyeron la vía de articulación de una movilización y reivindicación laboral de alto contenido pragmático, impregnada de respeto a las formas democráticas y muy lejana al antiguo sindicalismo revolucionario y maximalista. Ese protagonismo reivindicativo obrero, patente ya desde 1962, obligaría incluso al régimen a flexibilizar su negativa radical a tolerar la huelga o cualquier otro mecanismo de presión de los trabajadores: el decreto de 20 de septiembre de dicho año distinguía formalmente "entre el conflicto colectivo de naturaleza laboral o económica suscitado por cuestiones que afectan a la relación de trabajo, del conflicto que en su nacimiento o en su desarrollo es un conflicto político y de atentado al orden público o a las instituciones del Estado" (Molinero e Ysàs, 1998: 71).

Bajo el ambiguo eufemismo de "conflictos colectivos" (la "huelga" como tal no sería regulada hasta mayo de 1975, en plena crisis final del franquismo), la España del desarrollo contempló un volumen creciente de conflictividad laboral protagonizada por una nueva y rejuvenecida clase obrera que parecía tener hambre de salarios después de haber experimentado dos décadas de salarios de hambre (hasta 1976 la jornada laboral máxima fue de 48 horas, pero la prolongación de la jornada entre 1960 y 1975 fue un hecho a través del pluriempleo y las horas extraordinarias). El punto de arranque de ese persistente movimiento reivindicativo se situó en 1962 (con la resonante huelga minera asturiana de abril y mayo), una vez que el crecimiento económico se hizo patente y abrió la posibilidad de exigir revisiones al alza de los salarios en función del aumento de la rentabilidad y la productividad de las empresas. Desde entonces, según las estadísticas oficiales elaboradas por el Ministerio de Trabajo (c. 5.2), consideradas incompletas pero indicativas, el volumen de la conflictividad laboral siguió una tendencia creciente con oscilaciones regulares que tuvo sus mayores cotas en 1970 (con 1.595 conflictos, casi medio millón de obreros en huelga y más de 8.000.000 de horas perdidas) y en los dos últimos años de la vida de Franco (con 2.290 y 3.156 conflictos, más de 600.000 obreros en huelga y 14 millones de horas perdidas).

Desde el punto de vista geográfico, ese potente movimiento obrero reivindicativo se manifestó sobre todo en las cinco provincias más industrializadas y con mayor tradición sindical (Barcelona, Madrid, Vizcaya, Asturias y Guipúzcoa), que en conjunto totalizaron habitualmente más del 60% de la conflictividad. En 1973, por ejemplo, las cinco provincias citadas, que sumaban el 41,1% de la población activa asalariada en la industria, proporcionaron el 72,2% de los conflictos registrados, el 66,4% de los trabajadores en huelga y el 65,9% de las horas perdidas por conflictos. Atendiendo a su distribución por sectores productivos, la conflictividad fue esencialmente resultado de la acción de los obreros del metal, en primer lugar, segui-

CUADRO 5.2. Conflictos laborales en España, 1963-1975

Años	N.º de conflictos	N.º de trabajadores	Horas perdidas
1963	777	—	—
1964	484	—	—
1965	236	—	—
1966	179	36.977	1.478.080
1967	567	366.228	1.887.693
1968	351	130.742	1.925.278
1969	491	205.325	4.476.727
1970	1.595	460.902	8.738.916
1971	616	222.846	6.877.543
1972	853	277.806	4.692.925
1973	931	357.523	8.649.265
1974	2.290	685.170	13.989.557
1975	3.156	647.100	14.521.000

FUENTE: Informe sobre conflictos colectivos de trabajo elaborado por el Ministerio de Trabajo. Recogido en Molinero e Ysàs, 1998: 96.

dos de los trabajadores del sector del combustible (minería), textil, construcción e industrias químicas. En su conjunto, esos cinco sectores, donde además predominaban las grandes empresas de gran número de empleados, llegaron a proporcionar más del 80% de la conflictividad laboral en el país: en 1973, a pesar de recoger sólo al 44,4% de la población activa, su participación ascendió al 84% de conflictos, al 93,9% de trabajadores involucrados y al 93,8% de las horas no trabajadas por conflicto (Molinero e Ysàs, 1998: 100, 119).

Por lo que respecta a sus motivaciones básicas, la conflictividad fue originariamente un mecanismo de reivindicación salarial y laboral sin intención política definida: en 1962, por ejemplo, el 87% de los conflictos se debió a causas "económicas", un 2% a "condiciones de trabajo", un 1% a protestas contra "despidos" y sólo un 10% a "solidaridad". Sin embargo, la propia reacción represiva del régimen y su negativa a permitir la actuación autónoma de la clase obrera y sus representantes fueron politizando los conflictos y agudizando su contenido subyacente antifranquista: en 1967, en el sector metalúrgico, las huelgas por "solidaridad" representaron el 31% del total, las debidas a "mejoras salariales" supusieron el 13% y las derivadas de "problemas de la negociación colectiva" sumaron el 10% (Maravall, 1970: 100, 207). En efecto, según las estimaciones del Ministerio de Trabajo, los conflictos ocasionados por reivindicaciones salariales pasaron de constituir el 33,7% del total a un mero 7,4% entre 1966 y 1970; en ese mismo lapso temporal, los conflictos por causas "político-sociales" ascendieron del 5,5 al 41,8% del total. En cualquier caso, la "politización" de la conflictividad laboral era inevitable habida cuenta de la naturaleza y estructura del propio régimen político español. Como expresaba gráficamente un informe interno del Ministerio de Trabajo en 1971: "El conflicto laboral es siempre un problema político y de Orden Público, y, por tanto, la autoridad gubernativa debe (...) hacer cuanto esté en sus posibilidades para evitar que se produzca, limitar su extensión o procurar su reducción" (Molinero e Ysàs, 1998, XI: 137).

El destacado protagonismo de la nueva y reforzada clase obrera no fue el único cambio social notable acaecido durante la década del desarrollo económico en España. Junto al mismo, cabe destacar el notable crecimiento y consolidación de unas clases medias muy diversificadas internamente. En efecto, a lo largo de los años sesenta, la sociedad española experimentó unos niveles de movilidad social ascendente que se tradujeron en el sensible reforzamiento y expansión de los grupos intermedios de la pirámide social. Este incremento de las clases medias fue motivado sobre todo por la aparición de nuevos contingentes de grupos sociales (los "empleados de oficinas", cuadros medios y superiores de la Administración, la banca y la empresa, nuevos profesionales y técnicos exigidos por la dinámica económica expansiva del sector terciario, etc.), que vinieron a renovar y consolidar los grupos tradicionales de dicho estrato social (pequeños patronos industriales, empresarios y comerciantes familiares, profesionales liberales clásicos, etc.). La consecuente transformación de la estructura social de España puede apreciarse en el cuadro 5.3.

CUADRO 5.3. Pirámide ocupacional de la población activa por estratos en España, 1965 (porcentaje)

Clases	Ámbito rural	Ámbito urbano
Alta	1,4	1,1
Media alta	3,0	3,7
Media media	24,5	1,4
Media baja	45,5	66,0
Baja (clase obrera)	25,6	27,9

FUENTE: Foessa, 1970: 567.

Ese notable cambio estructural de la sociedad española durante la década fue posibilitado por la transformación educativa experimentada en paralelo y exigida por el propio desarrollo económico. Entre 1960 y 1970, la tasa general de alfabetización registró un avance sustancial (pasando del 86,3 al 91,2%) que significó la eliminación de una pesada lacra obstaculizadora de la modernización social y productiva del país. Por su parte, entre esas mismas fechas, la tasa de escolarización en la enseñanza primaria ascendió del 64 hasta el 90% del total de niños de 6 a 13 años (y sería prácticamente general en 1975). Aún mayor ascenso se produjo en la tasa de escolarización en la enseñanza media, que pasó del 35,6% de la población de 14 a 17 años hasta situarse en el 88,3% (y llegar al 90,5% en 1975). Finalmente, el porcentaje de la población de 18 a 25 años matriculada en la enseñanza superior se duplicó entre 1960 y 1970 (pasando del 2,5 al 5,5%) y seguiría aumentando espectacularmente hasta el final del franquismo (con el 8,9% en 1975) (Foessa, 1970: 956; Fernández Vargas, 1981: 211). De hecho, ese crecimiento exponencial de los estudiantes de bachillerato y de la universidad reflejaba perfectamente la fortaleza de las clases medias y sectores cualificados de la clase obrera y constituía su vía de formación, cualificación y reproducción social. No en vano, la elitista y clasista universidad española de 1950 (con 54.605 alumnos matriculados) y 1960 (con 61.359), se convertiría en muy pocos años en una universidad de masas (ya en 1967 con 152.957 alumnos) que llegaría a contar incluso en 1963 con un 6% de hijos de la clase obrera entre sus matriculados (Foessa, 1970: 963, 987; documento 11).

Un último aspecto de la notoria modernización de la estructura social española entre 1960 y 1970 vino dado por la incorporación de la mujer a las actividades productivas y educativas en expansión. En efecto, la participación de las mujeres en la población activa total no dejó de experimentar una subida considerable desde la posguerra y hasta el final del franquismo: el 16% en 1950, el 20% en 1960 y el 24% en 1970. El aumento fue mucho mayor durante el decenio desarrollista entre la población femenina de 20 a 24 años (mayormente soltera): del 21,3 al 57,4%. Esa incorporación masiva femenina al trabajo remunerado (a excepción del prohibido sector judicial, militar y de la marina mercante) supuso un cambio cualitativo de gran transcendencia porque repercutiría en el papel social de la mujer y en su mayor autonomía frente a la tutela ejercida por sus padres o maridos. En igual sentido operó la creciente educación media y superior recibida por las mujeres a lo largo de la década. Ya en el curso 1966-1967, el 40% de los alumnos de bachillerato estaba constituido por mujeres, en tanto que éstas representaban en ese momento el 30% de los alumnos de enseñanza superior (siendo las mujeres algo más del 51% de la población total española) (Molinero e Ysàs, 1998: 55; Durán, 1972: 34, 175, 178; Folguera, 1997).

En definitiva, durante los años sesenta fue conformándose una nueva sociedad española cada vez más próxima a sus homólogas de Europa occidental en su estructura, composición, características y grado de desarrollo y diversificación. Una sociedad progresivamente instalada en la cultura del consumo masivo y el disfrute del ocio, con una renta per cápita de 1.042 dólares en 1960 que se convirtió en 1.904 dólares al término de la década (Italia pasó entonces de 1.648 a 2.653 dólares), y con una esperanza media de vida que ascendió desde los 69,9 años en 1960 hasta los 73,3 quince años más tarde (García Delgado y Jiménez, 1996: 450; Nicolau, 1989: 57). Entre esas fechas, se completó la electrificación de la práctica totalidad de las viviendas españolas (el porcentaje pasó del 89,3 al 97%), creció notablemente la disponibilidad de agua corriente en las mismas (de un 45 a un 87%), y se extendió el uso del baño o ducha propio (del 24 al 57%) y de la calefacción (del 4,3 al 55%) (Fernández Vargas, 1981: 210).

Los nuevos niveles de bienestar alcanzados durante el decenio se aprecian fehacientemente en los siguientes datos: en 1960 sólo el 1% de los hogares españoles tenía televisión, sólo el 4% disponía de frigorífico, sólo el 12% disfrutaba de teléfono y sólo el 19% contaba con lavadora; mientras que en 1971 el 56% tenía televisor, el 66% disponía de frigorífico, el 39% disfrutaba de teléfono y el 52% contaba con lavadora. El crecimiento global había sido, pues, espectacular, si bien su distribución geográfica seguía pautas diferenciales previsibles: en 1970 el 69% de los hogares de Madrid tenía televisión, pero el porcentaje en Soria era sólo del 11%. En cualquier caso, sin duda, el símbolo máximo de esa creciente capacidad de consumo de masas fue el aumento del número de automóviles de uso particular: en 1960 sólo el 4% de los hogares españoles disponían de turismo propio, porcentaje que once años después se había multiplicado hasta el 35% (Foessa, 1970: 351; Miguel, 1969: 83; Cazorla, 1973: 136). De hecho, el ubicuo Seat 600 fue algo más que un utilitario puesto a la venta en 1957 por la fábrica de automóviles creada en Barcelona por el Instituto Nacional de Industria siete años antes: iba a convertirse en el exponente y emblema de la nueva sociedad española y de su incipiente capacidad de consumo masivo. Significativamente, su generalización por las carreteras españolas sería paralela a la expansión global de nuevas formas de sociabilidad y nuevos hábitos y costumbres difundidos por la televisión, los millones de turistas y los millares de emigrantes retornados: el uso del pantalón vaquero, la moda de la minifalda y el pelo largo masculino, la preferencia por la música pop y *rock and roll,* los guateques y otras formas de relación directa entre ambos géneros, la sustitución del casto bañador de una pieza por el sensual biquini, el descenso de la nupcialidad y la consecuente caída de las tasas de natalidad, etc. Baste recordar que, según datos médicos, la venta de anovulatorios o reguladores del ciclo menstrual (eufemismo para las píldoras anticonceptivas) ascendió en España desde 531.600 unidades en 1966 a 1.119.000 unidades en 1967 (Abella, 1996: 357-358). Se trataba de todo un conjunto de actitudes y conductas contrarias a la ideología oficial del nacional-catolicismo frente al que se estrellaban las condenas de las jerarquías del régimen, como la publicada por el encolerizado obispo de Ibiza:

> Esos indeseables con su indecoroso proceder en las playas, bares y vía pública y, más aún, con sus hábitos viciosos y escandalosos, van creando aquí un ambiente maléfico que nos asfixia y no puede menos que pervertir y corromper a nuestra inexperta juventud. Nadie se explica por qué se autoriza aquí la estancia de féminas extranjeras, corrompidas y corruptoras, que sin cartilla de reconocimiento médico, viene para ser lazo de perdición física y moral de nuestra juventud (Abella, 1996: 249).

5.2. Entre la apertura y el inmovilismo: el régimen franquista en la década del desarrollo

Tras dar el visto bueno a la puesta en marcha del Plan de Estabilización, un Franco cada vez más envejecido (cumplió los 70 años en diciembre de 1962) fue retirándose gradualmente de la política activa y cotidiana en favor del cultivo de sus aficiones lúdicas y recreativas. Las hondas transformaciones sociales y económicas acaecidas durante la década del desarrollismo tecnocrático acentuaron esa retirada porque, sencillamente, el caudillo no acertaba a comprender totalmente la complejidad de la nueva situación y sus demandas. Además, su *alter ego,* el almirante Carrero Blanco, continuó ocupándose de las labores efectivas de la presidencia del Gobierno de un modo tan gris y leal como eficaz y satisfactorio (Preston, 1994: 855). De hecho, la progresiva simbiosis operada entre Franco y Carrero Blanco fue casi perfecta y justifica sobradamente la consideración de este último como "la eminencia gris del régimen". El propio almirante, que contemplaba sinceramente al caudillo como un "designio de la Providencia" para la salvación de España, le escribiría en mayo de 1969 palabras de devoción personal cuasi-religiosa:

> Desde hace ya 28 años, en que Su Excelencia me honró con su confianza designándome para la Subsecretaría de Presidencia, le he servido con mayor o menor acierto pero con la más firme voluntad de serle útil y con la más absoluta fidelidad a su persona y a su obra, sin la más mínima apetencia de tipo personal y, bajo mi palabra de honor, aseguro a V. E. que así he de seguir mientras viva (Tusell, 1993: 345-346).

La indiscutida ascensión política de Carrero significó también el reforzamiento de la influencia de los tecnócratas ligados al Opus Dei en el seno del Gobierno y en la cúspide de la Administración pública (con López Rodó elevado a la Comisaría del Plan de Desarrollo con rango de subsecretario). Ese proceso recibió incluso su sanción oficial con los reajustes ministeriales de julio de 1962 y de junio de 1965. En el primero, Franco reemplazó a ocho ministros (incluyendo los tres titulares de carteras militares), aumentó la presencia tecnocrática con el nombramiento de Manuel Lora Tamayo (Educación) y Gregorio López Bravo (Industria), renovó las clásicas carteras falangistas (con Romeo Gorría en Trabajo y Martínez Sánchez-Arjona en Vivienda) y sustituyó al veterano Arias Salgado por el joven y dinámico falangista Manuel Fraga Iribarne en Información y Turismo. El reajuste ministerial de 1965 completó el proceso con el nombramiento de López Rodó como ministro-comisario del Plan de Desarrollo y con la incorporación de los también opusdeístas Juan José Espinosa y Faustino García-Moncó en Hacienda y en Comercio (reemplazando a Navarro Rubio, convertido en gobernador del Banco de España, y a Ullastres, enviado como embajador ante la Comunidad Económica Europea). Con ellos entraron en el Gabinete Federico Silva Muñoz (destacado miembro de la ACNP) como titular de Obras Públicas y el carlista Antonio María de Oriol y Urquijo como ministro de Justicia (Equipo Mundo, 1970: 315-402).

El triunfo político del equipo tecnocrático auspiciado por Carrero fue también el triunfo indiscutido de su proyecto para salvar el franquismo de la bancarrota mediante la promoción del desarrollo económico y la modernización productiva y administrativa del país. En esencia, su programa político se reducía a promover el crecimiento de la economía como vector generador de la prosperidad y el bienestar material de la población, con la esperanza de que dicha prosperidad y bienestar cimentaran la paz social, suplieran la falta de libre participación democrática y dieran "legitimidad de ejercicio" a un régimen autoritario pero también modernizador. Este cálculo político elemental (la prosperidad como sustituto de la participación) sería elevado en 1967 a la condición de filosofía del desarrollismo tecnocrático por Gonzalo Fernández de la Mora, postrero ministro de Franco, autor del lema "El Estado de Obras" y profeta del "crepúsculo de las ideologías":

> La España nacida del 18 de julio (de 1936) está hoy más cerca de los niveles medios de Europa occidental que en ningún otro momento de su historia contemporánea. Esto se registra en las magnitudes en que verdaderamente se mesura la eficacia de una gestión de gobierno, que son el orden, la justicia distributiva, el respeto a la dignidad personal y la renta material y cultural per cápita. Los regímenes no se miden por su coincidencia con los prejuicios ideológicos de cada uno, o por

la cantidad de poder subjetivo, mal, por desgracia, muy común. Se miden por su eficacia objetiva. (...) Los fines fundamentales de la comunidad política: el mantenimiento del orden, la elevación de la renta nacional y la justa distribución de los bienes (Miguel, 1975: 337-338).

La sostenida expansión económica posterior al Plan de Estabilización reforzó correlativamente la posición del equipo tecnocrático en el seno del franquismo y permitió por tanto que el discurso ideológico de la dictadura tendiera a sustituir la vieja "legitimidad de la victoria" del "origen" por la nueva "legitimidad de las realizaciones" del "ejercicio" (Fraga Iribarne, 1968: 2-25). De modo paralelo, la retórica grandilocuente y enfervorizada de los períodos falangista y nacional-católico fue sustituida por un discurso igualmente triunfalista pero basado en tecnicismos económicos y abundante en cifras estadísticas (Rebollo Torío, 1978). El propio caudillo se sumó a esa campaña de renovación ideológica atribuyéndose la paternidad del "milagro económico español" y sus benévolos efectos sobre la capacidad de consumo popular. Así, el 1 de abril de 1964, conmemorando los "veinticinco años de paz" inaugurados por su victoria militar (hábil operación propagandística diseñada por Fraga Iribarne desde el Ministerio de Información y Turismo), Franco declaró muy complacido a la prensa:

> El desarrollo económico, por necesitar de la paz, de la continuidad y del orden interno, es una consecuencia directa del desarrollo político. Sin nuestro Movimiento político no hubiera podido alcanzarse la base de la que hoy partimos; de medios superiores disponía la nación en las etapas anteriores y, sin embargo, no pudo acometerlo; pero a su vez el desarrollo económico valora, prestigia y afirma el movimiento político e impulsa su evolución y perfeccionamiento (Franco, 1964: 391).

Sin embargo, las simultáneas proclamas de Franco sobre el necesario "perfeccionamiento de nuestras instituciones" y la inevitable "evolución" del régimen político (Franco, 1964: 232) no apuntaban en absoluto hacia la apertura de un proceso de democratización más o menos gradual al compás del desarrollo económico, como creyeron de modo bastante ilusorio algunos analistas contemporáneos y llegaron a sugerir crípticamente incluso algunos ministros (Jorge Vigón en junio de 1962: "La libertad empieza a partir de los 800 dólares anuales de ingreso mínimo de cada ciudadano") (Miguel, 1975: 337). El caudillo siguió plenamente inmerso en el universo doctrinal legado por la guerra civil e inmune a las llamadas a la tolerancia y la apertura política que comenzaban a surgir dentro de la propia España y de sus mismas filas. Precisamente, el único límite que impuso a los experimentos pseudo aperturistas de sus Gobiernos tecnocráticos radicaba en el crucial plano político. Según confesó a su primo y ayudante en febrero de 1963, ningún cambio futuro habría de menguar su poder decisorio supremo bajo ninguna circunstancia o condición:

> Es inimaginable que los vencedores de una guerra cedan el poder a los vencidos, diciendo aquí no ha pasado nada y todo debe volver al punto de partida, o sea cuando se instauró la nefasta república. Esto sería un abuso y una traición a la Patria y a los muertos en la Cruzada para salvar a España (Franco Salgado Araujo, 1976: 369).

Aceptando explícitamente esa limitación política, el éxito económico del equipo ministerial tecnocrático contribuyó poderosamente a relanzar sus proyectos paralelos de racionalización administrativa y de institucionalización política. La primera de esas líneas de actuación se manifestó en la aprobación de la *ley de Bases de la Seguridad Social* en diciembre de 1963, que unificó los diversos sistemas de previsión y protección pública (seguro de enfermedad, vejez, viudedad, etc.) y amplió los mecanismos de cobertura social con cargo al Estado (sistema de pensiones, asistencia médica estatal...). Como consecuencia de esas medidas, en 1970 los gastos sociales suponían ya el 55% del gasto total de las Administraciones públicas y para entonces España contaba con una elevada tasa de médicos, 1,39 por cada 1.000 habitantes, muy cercana a la de los países más desarrollados (EE. UU.: 1,51; Alemania occidental: 1,71). De este modo, el régimen franquista empezaba a construir las bases de un Estado del bienestar bajo fórmulas autoritarias y con notable retraso respecto a los países vecinos de Europa occidental (Beltrán Villalva, 1996: 619; Stillman, 1975: 77). Como en otras facetas, los límites de esa racionalización administrativa se apreciaron en el fracaso de las tímidas tentativas tecnocráticas para reformar el anticuado sistema fiscal español, caracterizado por "el fraude generalizado" y la falta de equidad social en el reparto de cargas tributarias: puesto que "ganaron la guerra los de la coraza tributaria", en 1971, como en la segunda mitad del siglo XIX, los impuestos directos seguían constituyendo menos de una tercera parte de los ingresos del Estado, en tanto que los impuestos indirectos suponían más de la mitad de dichos ingresos (Tortella, 1994: 356-359; Bustelo, 1994: 294-298).

Ese proceso parcial de modernización de la Administración estatal como promotora del bienestar general tuvo su culminación en la promulgación de la *ley orgánica del Estado,* cuyo borrador ya había sido perfilado en 1958 pero a la que Franco, con su habitual parsimonia, no dio el visto bueno hasta 1966. La LOE constituía la última y más importante de las leyes fundamentales del Estado y suponía una notable sistematización racionalizadora del régimen político franquista. No en vano, refrendaba su condición de monarquía basada en los Principios del Movimiento Nacional, codificaba los amplios poderes del jefe del Estado y definía con claridad las competencias del Gobierno y de su presidente. En particular, la LOE reformulaba las funciones del Consejo Nacional como "representación colegiada del Movimiento", entendiendo éste como "comunión de los españoles" (no como organización: desaparecía cualquier referencia a FET), supeditado al jefe del Estado y al presidente del Gobierno (aquél nombraba a 40 y éste a 6 de sus 108 miembros) y con la misión de "estimular la participación auténtica y eficaz de las entidades naturales y de la opinión pública en las tareas políticas" y "encauzar, dentro de los Principios del Movimiento, el contraste de pareceres sobre la acción política". Además, la ley reformaba la estructura de las Cortes como "órgano superior de participación del pueblo español en las tareas del Estado" mediante una mínima ampliación de las competencias de control de los 564 "procuradores" sobre los actos del Gobierno y a través de un nuevo mecanismo de elección "democrático-orgánica" de los procuradores del "tercio familiar": "Dos representantes de la Familia por cada provincia, elegidos por quienes figuren en el censo electoral de cabezas de familia y por las mujeres casadas, en la forma que se establezca por ley" (BOE, 11 de enero de 1967; documento 12).

La LOE fue ocasión para un nuevo refrendo plebiscitario del régimen mediante la convocatoria de un referéndum para su aprobación por consulta popular. El 14 de diciembre de 1966, después de una intensa campaña oficial en favor del sí bajo el lema "Vota paz, vota progreso", el 88,8% del electorado (19,6 millones de españoles) acudió a las urnas y el 95,9% dio su voto afirmativo a la ley (sólo el 1,8% votó no). El propio Franco participó en la campaña final con una emotiva e inusualmente intimista alocución televisada dos días antes de la votación. En ella adoptó el entrañable papel de abuelo de la nación que pedía el apoyo popular para continuar sus denodados esfuerzos en favor del bien común y del progreso de la patria:

> Todos me conocéis: los más viejos, desde los tiempos de África, cuando luchábamos por la pacificación de Marruecos; los ya maduros, cuando, en medio de los desastres en la Segunda República, pusisteis en mi persona la esperanza de mi Capitanía para la defensa de la paz civil amenazada; los combatientes de la Cruzada porque no podrán olvidar las horas emocionadas de esfuerzos comunes para la victoria sobre el comunismo; los que sufrieron bajo el yugo de la dominación roja, porque siempre evocarán la alegría infinita de la liberación; los que desde entonces seguís leales a mi Capitanía, porque sois parte de aquella victoria sobre todas las conjuras y cercos que a España se tendieron; los que

habéis vivido la paz incomparable de estos veintisiete años, animando a nuestro pueblo con vuestros cantos de fe y de esperanza, porque todos sabéis de sobra cómo he venido cumpliendo siempre mi palabra. (...) Nunca estuve motivado por la ambición de poder. Desde muy joven, han puesto sobre mis hombros responsabilidades que eran más grandes que mi edad o mi rango. Me hubiera gustado disfrutar de la vida como el común de los españoles, pero el servicio de la Patria embargó mis horas y ocupó mi vida. Llevo treinta años gobernando la nave del Estado, librando a la Nación de los temporales del mundo actual; pero, pese a todo, aquí permanezco, al pie del cañón, con el mismo espíritu de servicio de mis años mozos, empleando todo lo que me quede de vida útil en vuestro servicio. ¿Es mucho exigir el que yo os pida, a mi vez, vuestro respaldo a las leyes que en vuestro exclusivo beneficio y en el de la Nación van a someterse a referéndum? (Preston, 1994: 904-905).

El triunfo propagandístico que supuso el referéndum de la LOE dio mayor ímpetu a los esfuerzos de Carrero y su equipo para proseguir el programa de institucionalización del régimen mediante la designación por Franco de un sucesor a título de rey. La urgencia de esta medida había sido subrayada por el grave accidente sufrido el 24 de diciembre de 1961 por el caudillo mientras cazaba, que pudo haberle costado la vida. No en vano, la explosión de un cartucho defectuoso en su escopeta le fracturó varios huesos de la mano izquierda y el dedo índice, obligándole a someterse a una dolorosa operación y a una larga terapia de rehabilitación posterior. Además, muy poco después del accidente y claramente desde 1964, Franco empezó a mostrar síntomas de la enfermedad de Párkinson, con su correlativo temblor de manos, progresiva rigidez facial y corporal y un paulatino debilitamiento de su ya débil tono de voz. La primera reacción de Franco ante esas patentes muestras de envejecimiento fue nombrar en julio de 1962 al leal y "azul" capitán general Muñoz Grandes como vicepresidente del Gobierno y virtual regente en caso de fallecimiento imprevisto. Pero la solución, muy bien vista por los sectores falangistas y regencialistas del régimen, no había sido acertada porque Muñoz Grandes era casi tan anciano como Franco (había nacido en 1896), estaba ya gravemente enfermo y, de hecho, tendría que cesar cinco años después (para morir en 1970).

El obligado cese de Muñoz Grandes significó la conversión de Carrero Blanco en vicepresidente del Gobierno en septiembre de 1967 y abrió la vía a la llamada "Operación Salmón" para lograr el nombramiento de don Juan Carlos como sucesor de Franco y completar así el "proceso institucional". Para entonces, Franco ya había descartado por completo la posibilidad de nombrar a don Juan como sucesor y multiplicaba los signos de su preferencia por su hijo, que en mayo de 1962 se había desposado con la princesa Sofía de Grecia e instalaría su residencia oficial en el Palacio de la Zarzuela (a las afueras de Madrid y a corta distancia de El Pardo). De hecho, en 1962 Franco había desestimado por completo la idea de nombrar sucesor a ningún miembro de la dinastía carlista (don Javier o su hijo Carlos-Hugo de Borbón-Parma) por considerarlos "príncipes extranjeros" y lo había anunciado a cuatro de sus ministros: "Todavía no puedo tomar las últimas decisiones, pero sí debo aclarar las que están concluidas. Este señor (Carlos-Hugo) no va a ninguna parte. Les ruego a ustedes que tomen nota" (Fraga, 1980, 124; López Rodó, 1977: 241). Aquel mismo año confesó a don Juan Carlos: "Tiene más posibilidades de ser rey Vuestra Alteza que vuestro padre". Dos años más tarde, por vez primera, el príncipe fue invitado a presidir junto a Franco el desfile de la Victoria en las calles de Madrid (López Rodó, 1977: 202, 221). Por su parte, don Juan Carlos, progresivamente alejado de la estrategia opositora de su padre y curtido en el arte del silencio, aceptaba las muestras de atención porque era consciente de que "la cuestión ya no era saber quién sería o quién no sería el rey: la única cosa importante era traer de nuevo la Monarquía a España". Además, abrigaba la íntima convicción de que una vez en el trono, gracias a los amplios poderes de la Jefatura del Estado, podría iniciar la transición hacia la democracia de manera legal y pacífica. No en vano, su tutor y consejero, el catedrático de Derecho Político y exponente del monarquismo falangista, Torcuato Fernández-Miranda, tranquilizaba sus temores al respecto con fundamentos jurídicos inapelables: "Vuestra Alteza no debe preocuparse. Jurad los principios del Movimiento, que más tarde los iremos cambiando legalmente uno tras otro. Hay que ir de la ley a la ley" (Vilallonga, 1995: 18, 85, 98; Sainz Rodríguez, 1981: 342-344; Fernández-Miranda, 1995: 52-55).

El persistente apoyo de Carrero a la sucesión monárquica en la persona de don Juan Carlos fue decisivo a la hora de forzar a Franco a tomar una decisión. Desde enero de 1968, una vez que el príncipe hubo cumplido los 30 años (edad establecida por la Ley de Sucesión para poder reinar) y tras haber nacido su primer hijo varón (Felipe de Borbón y Grecia), Franco recibió numerosas presiones de ámbitos muy diversos (políticos, eclesiásticos, diplomáticos...) para que asegurara la continuidad del régimen nombrando sucesor. En octubre de dicho año, Carrero le entregó un memorándum sobre el tema en el que reiteraba su opinión de que "si S. E. tiene hecha su elección, creo que retrasar la propuesta a las Cortes no puede proporcionar ya ningún beneficio". Franco respondió lacónicamente: "Conforme con todo" (López Rodó, 1977: 279). Tardaría aún varios meses en actuar en consecuencia. Finalmente, a principios de julio de 1969, con 77 años de edad, anunció a don Juan Carlos su decisión de nombrarle sucesor "a título de rey" y le pidió que aceptara o rechazara el ofrecimiento "allí, enseguida" y sin consultar a su padre (jefe de la casa de Borbón). El príncipe decidió anteponer la recuperación de la institución monárquica al principio de legitimidad dinástica y respondió: "De acuerdo, mi general, acepto" (Vilallonga, 1995: 80-81). En consecuencia, el 22 de julio de 1969 Franco propuso a las Cortes el nombramiento de don Juan Carlos, "príncipe de España", como "mi sucesor" al frente de una "Monarquía del Movimiento Nacional, continuadora perenne de sus principios e instituciones". La votación, nominal y pública por petición expresa del caudillo, arrojó 491 votos afirmativos, 19 negativos y 9 abstenciones (López Rodó, 1977: 371). Franco estaba convencido de que todo había quedado "atado y bien atado" (así lo declaró en su mensaje televisado de fin de año de 1969) y tenía plena confianza en que su régimen sobreviviría a su propia muerte, como le confesó a su primo y ayudante poco antes del nombramiento de sucesor:

> Tengo la seguridad de que los tres ejércitos defenderán siempre al régimen, que desde luego podrá evolucionar con arreglo a futuras situaciones políticas mundiales, pero que mantendrá inalterables sus postulados esenciales. Querer transformarlo en un sistema liberal sería dar entrada a una república, conservadora al principio, pero que daría paso al comunismo (Franco Salgado-Arujo, 1976: 549).

El nombramiento en 1969 de don Juan Carlos como sucesor "a título de rey" supuso la práctica culminación del programa de institucionalización política del franquismo auspiciado por Carrero y su equipo tecnocrático. Y significó también un agravamiento de las crecientes fracturas existentes en el seno del Gobierno respecto a la línea política a seguir para el futuro. No en vano, ante las nuevas condiciones sociales generadas por el espectacular crecimiento económico, las diversas "familias" franquistas habían tenido que definirse respecto al potencial efecto y reflejo de esas transformaciones en el plano estrictamente político. Las consecuentes líneas divisorias fueron creando dos amplios grupos definidos por su propósito de continuidad inalterada ("Después de Franco, las instituciones") o de evolución perfeccionadora ("El desarrollo político abierto"). En otras palabras, lo que en la época se calificó como partidarios del *Inmovilismo* y partidarios de la *Apertura* (García Escudero, 1976: cap. 71; Miguel, 1975: 352-354). Se trataba de una fractura interna que tanto enfrentaba a distintas "familias" entre sí como a los miembros más jóvenes contra los más veteranos en el seno de cada "familia" (es decir: los que habían vivido la guerra como adultos o maduros y los que eran muy jóvenes o niños durante la misma). En cualquier caso, el principal adalid del inmovilismo, después del propio Franco, era sin duda Carrero Blanco, que en abril de 1968 había afirmado explícitamente en un discurso ante el Estado Mayor:

Que nadie, ni desde fuera ni desde dentro, abrigue la más mínima esperanza de poder alterar en ningún aspecto el sistema institucional, porque aunque el pueblo español no lo toleraría nunca, quedan en último extremo las fuerzas armadas (Miguel, 1975: 161).

Los adversarios "aperturistas" de Carrero en el seno de los Gobiernos de la década de los sesenta fueron los representantes de aquellas "familias" postergadas en beneficio de los tecnócratas, cuyas esperanzas de recuperación estribaban en fomentar una tímida liberalización política que completara la correlativa liberalización económica. En particular, esa orientación asumieron los jóvenes ministros falangistas, Solís Ruiz y Fraga Iribarne (que contaron con el decisivo apoyo del ministro de Marina, Pedro Nieto Antúnez), y los ministros del catolicismo político, Castiella y Silva Muñoz. La opción aperturista de estos últimos derivaba necesariamente del nuevo rumbo democratizador impreso por el Concilio Vaticano II (1962-1965) y por el magisterio de los papas convocantes, Juan XXIII (1958-1963) y Pablo VI (1963-1978). Por su parte, la inclinación neofalangista hacia la apertura era sobre todo resultado de una renovación generacional en las filas de su dirección y de su plena conciencia del anacronismo de un partido filototalitario y monolíticamente cerrado sobre sí mismo en el contexto occidental coetáneo.

En el caso paradójico de la Falange, el mayor estímulo a favor de esa tentativa aperturista residía en las claras muestras de pérdida de prestigio e influencia que trajo consigo el crecimiento económico y la modernización social. No en vano, a lo largo de la década de los sesenta, a pesar de que la cifra oficial de afiliados al Movimiento seguía estando cercana al millón, sus organismos de acción socio-política sufrieron un sistemático desgaste que los llevó a la práctica desaparición o transformación cualitativa. Así, por ejemplo, el Frente de Juventudes, progresivamente debilitado en sus cifras de afiliación, se convirtió a partir de 1961 en la *Organización Juvenil Española* (OJE), más centrada en la mera provisión de actividades recreativas y "fuertemente despolitizada" (Sáez Marín, 1988: 465-466). De igual modo, el SEU, herido de muerte en 1956, recibió su golpe final con las amplias movilizaciones universitarias de 1965, que condujeron a su disolución y pretendida sustitución por las *Asociaciones Profesionales de Estudiantes* creadas mediante decreto de 5 de abril (Ruiz Carnicer, 1996: 381). Incluso la incombustible Sección Femenina experimentó una sensible pérdida de influencia y militancia, ya que en 1959 apenas sobrepasaba las 200.000 afiliadas y estaba empatada con los efectivos de mujeres afiliadas a la Acción Católica (Gallego Méndez, 1983, 105; Payne, 1987: 541-542).

Bajo el impulso del afable y locuaz Solís Ruiz ("la sonrisa del régimen") como ministro-secretario general y delegado nacional de Sindicatos, la dirección falangista trató desde 1957 de frenar su regresión atrincherándose en la Organización

Sindical y promoviendo una "apertura" de la misma hacia los trabajadores que la convirtiera en un grupo de presión efectivo en el seno del franquismo. Como resultado de esa política, la OSE experimentó cambios internos en su estructura desde 1961 (creación del Congreso Sindical; constitución separada de Uniones de Trabajadores y Técnicos y de Empresarios), que culminaron en las relativamente libres elecciones sindicales de enlaces y jurados de finales de 1966. Sin embargo, esa apertura que pretendía dotar al falangismo de una base de masas mediante la articulación de las demandas obreras en un contexto económico alcista, a la postre naufragó ante la expansión de un sindicalismo genuino vertebrado sobre las estructuras oficiales pero totalmente ajeno y hostil al régimen: las Comisiones Obreras consiguieron notables triunfos en las elecciones de 1966 y aprovecharon la coyuntura para constituirse en un movimiento nacional de carácter "socio-político, unitario, democrático e independiente" (Molinero e Ysàs, 1998: 154-164; Nicolás Marín y Sánchez López, 1993: 34-40; Soto Carmona, 1995).

El aperturismo sindical era una faceta más de lo que Solís Ruiz bautizó desde 1963 como el necesario "desarrollo político" del régimen hacia mayores cotas de "participación" popular. Su fruto más acabado habría de ser un vago proyecto elaborado a finales de 1964 para la creación de *Asociaciones* dentro del Movimiento Nacional que sirvieran de cauce de expresión al limitado pluralismo político del franquismo (puesto que dichas asociaciones habrían de ser reconocidas por el Consejo Nacional y respetar íntegramente los Principios del Movimiento Nacional). La discusión sobre el proyecto de Asociaciones ("políticas" o meramente "de opinión pública") se prolongaría de modo interminable hasta finales de 1974 (cuando las "políticas" fueron aprobadas por decreto-ley de 20 de diciembre; las de "opinión" lo habían sido en julio de 1969) y serviría para demostrar mejor que cualquier otro asunto la división entre inmovilistas y aperturistas y el triunfo efímero de aquéllos sobre éstos (Ferrando Badía, 1984: cap. 4). De hecho, bajo el eufemismo de "asociaciones" se estaba discutiendo la posibilidad de autorizar la constitución de partidos políticos y el propio Franco acabó cerrando tal posibilidad de manera tajante en un discurso en Sevilla en abril de 1967:

> Pero si a disculpa del contraste de pareceres lo que se busca son los partidos políticos, sepan en absoluto que eso jamás vendrá. Y no podrá venir porque significaría la destrucción y la desmembración de la patria; volver otra vez a la base de partida, perder todo lo conquistado. Implicaría la traición a nuestros muertos y a nuestros héroes. Por eso, la apertura al contraste de pareceres está perfectamente definida y clara, sin que haga falta ninguna clase de rectificaciones. Quiero decirlo de manera clara y concluyente para cortar esa campaña de grupos de presión que están siempre queriendo volver a las andadas (La Cierva, 1986: 457).

El único triunfo apreciable que lograron los aperturistas durante el decenio de los sesenta fue la aprobación de la *ley de Prensa e Imprenta* de marzo de 1966 y la *ley de Libertad Religiosa* de junio de 1967. Esta última fue propuesta ya en 1964 por Castiella, siguiendo las orientaciones del Concilio Vaticano II que consideraban la libertad religiosa un derecho "fundado en la dignidad misma de la persona humana". Sin embargo, la firme resistencia de Carrero Blanco ("toda práctica que no sea católica compromete la unidad espiritual de España") y demás ministros integristas, retrasó su aprobación definitiva hasta el 28 de junio de 1967, a pesar de que la ley no derogaba la confesionalidad católica del Estado sino que se limitaba a reglamentar el "derecho civil a la libertad religiosa" (BOE, 1 de julio; Tusell, 1993: 289-290; Cuenca Toribio, 1989: 145-146).

Por su parte, la ley de Prensa del 18 de marzo de 1966 fue obra personal de Fraga y constituyó el exponente máximo de la política de "apertura hacia el horizonte del futuro" auspiciada por el autor y tolerada con reticencia por el caudillo: "Yo no creo en esta libertad (de prensa), pero es un paso al que nos obligan muchas razones importantes" (Fraga, 1980: 145). Su punto de partida era la necesidad de acomodar la ley estatalizadora de 1938 a las circunstancias de una sociedad desarrollada y diversificada, con crecientes niveles de lectura (en 1966 el 51% de la población era lectora de periódicos), una amplia variedad de diarios (107, con una circulación media de 2.215.000 de ejemplares, frente al medio millón de 1945) y múltiples revistas (2.988, con un 20% de temática religiosa, un 15% pedagógicas, escolares y juveniles, y un 12% científicas, técnicas y profesionales) (Terrón Montero, 1981: 174-181, 188). La nueva ley reconocía el derecho a la libertad de expresión, suprimía la censura previa y autorizaba a las empresas para designar libremente al director de su publicación. Sin embargo, también reglamentaba la sanciones administrativas, civiles y penales (que podían llegar a la inhabilatación para el ejercicio de la profesión o la suspensión de la publicación) en las que incurrirían los periodistas, directores y empresas si vulneraban el artículo 2.º de dicha ley:

> La libertad de expresión y el derecho a la difusión de informaciones reconocidos en el artículo 1.º, no tendrán más limitaciones que las impuestas por las leyes. Son limitaciones:
>
> — El respeto a la verdad y a la moral.
> — El acatamiento a la Ley de Principios del Movimiento Nacional y demás Leyes Fundamentales.
> — Las exigencias de la defensa nacional, de la seguridad del Estado y del mantenimiento del orden público interior y la paz exterior.
> — El debido respeto a las instituciones y a las personas en la crítica de la acción política y administrativa.

— La independencia de los tribunales; y
— La salvaguardia de la intimidad y del honor personal y familiar

(Terrón Montero, 1981: 190; documento 13).

El triunfo incontestado de Carrero con el nombramiento de don Juan Carlos como sucesor en 1969 llevó hasta el punto de ruptura las diferencias internas en el Gabinete sobre los límites del aperturismo político. Al mismo fin contribuyó el inicio de la actividad terrorista por parte de la organización independentista vasca ETA en agosto de 1968, que propició un recrudecimiento de la represión y el retorno a los métodos y técnicas desechados a principios de la década tras las condenas exteriores por la campaña contra "el contubernio de Múnich" (1962) y la ejecución de Julián Grimau (1963). De hecho, la relativa flexibilización represiva que había supuesto la creación de los *Tribunales de Orden Público* (diciembre de 1963) como jurisdicción civil ordinaria para delitos políticos, fue parcialmente derogada con el decreto-ley sobre "delitos de bandidaje y terrorismo" de agosto de 1968, que devolvió a la justicia militar la competencia sobre todas las actividades subversivas contrarias a "la defensa de la unidad e integridad nacional y el mantenimiento del orden público y de la paz social" (Ballbé, 198: 424-428).

El episodio final de la sorda lucha entre aperturistas e inmovilistas en el seno del Gabinete y del régimen (más o menos solapada con la rivalidad entre tecnócratas y demás "familias") se produjo con el llamado "escándalo Matesa" en la segunda mitad de 1969. El acrónimo correspondía a la primera sociedad multinacional de la industria española, Maquinaria Textil, S. A., que fabricaba sus equipos en Pamplona y contaba con sucursales en América Latina. Dirigida por Juan Vilá Reyes y muy bien conectada con medios tecnocráticos y del Opus Dei, Matesa había logrado cuantiosos créditos oficiales de ayuda a la exportación (cerca de 11.000 millones de pesetas) que aparentemente fueron utilizados con fines distintos a los declarados. El notorio escándalo financiero (revelador de los llamados "circuitos privilegiados de financiación" operantes en el franquismo) se convirtió en una bomba política gracias a que la prensa del Movimiento, con el apoyo de Solís y Fraga, empezó a publicar en agosto de 1969 todo tipo de información al respecto y dio a conocer la vinculación de dos ministros del Opus Dei con el asunto (Espinosa San Martín y García Moncó). A la postre, el mayor escándalo político-financiero del franquismo se saldó con el encarcelamiento del director, la intervención estatal de la empresa y un proceso judicial que finalizó un año más tarde con sentencias contra Vilá Reyes, los dos ministros mencionados y Navarro Rubio. A instancias de Carrero, Franco decidió finalmente intervenir y el 1 de octubre de 1971, con ocasión del XXXV Día del Caudillo, concedió el perdón a los principales implicados bajo un indulto general a otros 3.000 presos por delitos políticos (La Cierva, 1986: 470-472; Payne, 1987: 565-570; García Delgado y Jiménez, 1996: 504-506).

Sin embargo, la importancia del escándalo Matesa residió sobre todo en sus efectos políticos de largo alcance. Carrero Blanco aprovechó la ocasión para demandar al Caudillo un reajuste total del Gabinete, acusando a Solís de promover un verdadero "asalto al poder" de los sindicatos, con el apoyo de Fraga (cuya ley de Prensa había abierto "una escalada contra el modo de ser y la moralidad pública") y de Castiella (cuya "obcecación" en el tema gibraltareño ponía en peligro el vital apoyo de Estados Unidos) (Tusell, 1993: 347, 355-357; López Rodó, 1977: 654-659). Debilitado por la medicación contra el párkinson y desmoralizado por la intensidad de la crisis, Franco se plegó a las demandas a favor de "un Gobierno unido y sin desgaste". Carrero fue autorizado a formar un ejecutivo "monocolor" en el cual seguía de vicepresidente formal pero con funciones de presidente real (el almirante recibiría en adelante a los ministros, despacharía semanalmente con ellos y coordinaría la acción gubernativa general).

En consecuencia, el nuevo Gobierno anunciado el 29 de octubre de 1969 quebraba la tradición de equilibrio entre "familias" franquistas y revelaba la hegemonía de Carrero y el equipo tecnocrático en el seno del régimen a pesar del escándalo Matesa. La presencia militar quedó reducida a los ministros de las tres armas y al de Gobernación (Tomás Garicano Goñi). Las tres carteras de los ministros aperturistas pasaron a manos de tecnócratas o leales al vicepresidente: López Bravo (Exteriores), Sánchez Bella (Información y Turismo), García-Ramal (en la nueva cartera de Organización Sindical) y el monárquico juancarlista Torcuato Fernández-Miranda (Secretaría General), que tomó posesión del cargo con camisa blanca para subrayar que el Movimiento era más que la Falange. Continuaron en el Gabinete López Rodó (Plan de Desarrollo), Silva Muñoz (Obras Públicas), Oriol y Urquijo (Justicia) y Villar Palasí (en Educación desde 1968 por cese de Lora Tamayo). Y se convirtieron en ministros varios técnicos ligados al Opus Dei o muy bien relacionados con el equipo Carrero-López Rodó: Monreal Luque (Hacienda), López de Letona (Industria), Mortes Alfonso (Vivienda), Allende García Baxter (Agricultura) y Fontana Codina (Comercio). El tercer falangista notorio, junto con Fernández-Miranda y García-Ramal, fue el pragmático Licinio de la Fuente, titular de Trabajo (Equipo Mundo, 1970: 419-500). El resultado de la crisis ministerial de octubre de 1969, por sus antecedentes tanto como por su tramitación, acentuó de manera definitiva la fractura general dentro de las "familias" del régimen y entre ellas mismas. A partir de entonces, el franquismo entraba en su última etapa de agonía y crisis terminal.

5.3. De la apatía a la movilización: el resurgir de la oposición antifranquista en el interior

El perceptible declive de las facultades físicas de Franco desde finales de los años sesenta fue convirtiendo al temible dictador de épocas previas en un anciano débil y tembloroso que oficiaba como simbólica y severa figura paterna de una España irreconocible para su generación y cada vez más compleja y conflictiva. No en vano, el alabado desarrollismo tecnocrático no consiguió plenamente su objetivo de preservar y aumentar el apoyo tácito popular al régimen mediante la sustitución de la previa apatía de la privación por la nueva apatía de la satisfacción. Por el contrario, el crecimiento económico y la consecuente diversificación social traerían implícitos otros fenómenos mucho menos apreciados y de vigor creciente con el paso de la década: el retorno de una conflictividad laboral obrera difícilmente controlable; la extensión de las disidencias ideológicas en la universidad y entre las nuevas clases medias; la irreversible fractura del hasta entonces unánime apoyo eclesiástico al régimen; el resurgimiento de las reivindicaciones culturales y políticas nacionalistas en Cataluña y en el País Vasco; y, por último, la reaparición de focos de resistencia política plenamente articulados, tanto en el ámbito partidista como en el sindical (Fusi, 1986).

La movilización reivindicativa de la clase obrera durante la década de los sesenta fue, sin duda, el mayor desafío y reto que hubo de afrontar el régimen de Franco. Vacilando entre la mera represión más o menos brutal, la satisfacción ocasional de sus demandas y las tentativas de integración mediante reformas de la OSE, las autoridades franquistas no pudieron sofocar la conflictividad laboral pero sí lograron, mal que bien, convivir con ella y limitar sus efectos políticos más temibles. De hecho, la huelga general obrera contra el régimen soñada por las fuerzas de oposición de izquierda nunca tuvo lugar. Por el contrario, el nuevo movimiento obrero habría de concentrarse en luchar por sus reivindicaciones salariales y laborales más inmediatas y concretas, aprovechando para ello las estructuras del sindicalismo oficial y volcando su presión durante las negociaciones anuales o bianuales de los convenios colectivos. Sus huelgas, por consiguiente, no fueron políticas en su origen sino "conflictos laborales colectivos" (como reconoció el decreto de 1962) cuya primera motivación era forzar mejoras salariales y aumentar la participación en los beneficios del auge económico. Quizá la mejor prueba del nuevo carácter del movimiento obrero y de la transformación operada en el país fuera la ausencia de las grandes huelgas campesinas y jornaleras características de los años treinta. La policía barcelonesa apreció certeramente en julio de 1963 que "el afán por un mejoramiento económico continúa siendo la inquietud más destacable en los medios laborales". Y seña-

laba al respecto: "la aparición de una manifiesta impaciencia en los productores en general por conseguir niveles de vida superiores, pero de forma rápida, como si los años de estabilización en los que la congelación salarial fue
característica general, les hubiera agotado su paciencia en la espera de mejoras paulatinas" (Molinero e Ysàs, 1998: 144; documento 14).

Sin embargo, ese renovado movimiento obrero pragmático, separado por
sectores productivos y áreas geográficas, y desligado de las antiguas tradiciones sindicales, experimentó un progresivo proceso de politización con el paso
de los años. La causa residió en la persistente represión oficial contra sus
actuaciones y en la total negativa de las autoridades franquistas a legalizar los
derechos de huelga, manifestación y libre asociación sindical. Esa politización creciente constituyó, a su vez, un caldo de cultivo muy fructífero para
la reorganización o cristalización de viejas o nuevas fuerzas opositoras al régimen, tanto partidistas como sindicales. Como recordaría un viejo militante
ugetista: "Ya no había aquellos temores (de la posguerra) y entre nuestros
miembros predominaban los jóvenes, que no tenían las inhibiciones que la
represión había causado" (Balfour, 1990; Carr y Fusi, 1979: 128).

La constitución de las *Comisiones Obreras* como movimiento de ámbito
nacional es indisociable de esa lenta transformación antifranquista del nuevo movimiento obrero español, gracias a la acción conjunta de militantes
comunistas y de católicos progresistas. Nacidas como organismos transito-
rios de representación de los trabajadores en su centro laboral o núcleo local,
las CC. OO. se extendieron y consolidaron al compás del ciclo reivindicativo abierto en 1962 y vertebrado por la negociación de los respectivos convenios colectivos (caso paradigmático: la Comisión Obrera del Metal de
Madrid en 1964, liderada por Marcelino Camacho). Tras su éxito en las elecciones a jurados y enlaces sindicales de 1966, el régimen respondió en marzo de 1967 con su ilegalización por considerarlas "una filial del Partido
Comunista de España". Sin embargo, para entonces las CC. OO. estaban ya
bien implantadas como organización nacional defensora de las libertades sindicales, si bien la persecución legal favorecería una creciente hegemonía del
PCE en sus estructuras. El protagonismo de CC. OO. (en gran medida favo-
recido por su "entrismo" en el sindicato vertical) no impidió la simultánea
reaparición de núcleos organizados de la UGT (especialmente en zonas como
Asturias y Vizcaya, de mayor tradición socialista), así como de la *Solidaridad
de Trabajadores Vascos* (STV), particularmente en Guipúzcoa. Del seno de la
HOAC y la JOC surgió en 1960 la *Unión Sindical Obrera* (USO), que cinco años más tarde se separó del movimiento de CC. OO. y ratificó su identificación con el humanismo cristiano y el socialismo democrático y autogestionario (Mateos, 1993; Molinero e Ysàs, 1998: 154-164; Martín Artiles,
1990; Mateos, 1997a: cap. 14).

La protesta de los estudiantes de la universidad fue un fenómeno recurrente durante los años sesenta, creó verdaderos problemas de orden público al régimen franquista y supuso una demostración de su bancarrota intelectual y fracaso cultural. La movilización universitaria fue en gran parte producto de la masificación de la institución y del acceso creciente de hijos de las clases medias a la educación superior: la tasa de estudiantes universitarios por cada 100.000 habitantes pasó de 207 en 1955 a 708 en 1971 (siendo entonces la media europea-occidental de 849); el número absoluto de estudiantes pasó entre esas fechas de 57.000 a 151.000 (Foessa, 1970: 963-964; Giner, 1978b, 325-326). Ese crecimiento espectacular originó una crisis de funcionamiento de la vieja estructura universitaria, acrecentada por la simultánea expansión de nuevas figuras del profesorado muy cercanas a la sensibilidad estudiantil por formación, edad y condición: en 1975 casi el 80% del profesorado estaba constituido por profesores no numerarios (PNN), sujetos a contrato laboral renovable, y sólo algo más del 20% lo constituían profesores funcionarios por oposición (jerarquizados en catedráticos, agregados y adjuntos).

En esencia, el movimiento universitario revelaba públicamente que el régimen era incapaz de mantener la lealtad de las futuras generaciones dirigentes, que no habían vivido la guerra civil y se sentían ajenas y hostiles a sus principios ideológicos y políticos. De hecho, según las encuestas realizadas en la Universidad de Madrid, a finales de los años sesenta parece evidente que los universitarios españoles eran mayoritariamente demócratas por convicción e incluso marxistas de intención: más del 70% se sentían influidos por autores como Herbert Marcuse o Jean Paul Sartre, algo más del 50% seguían a Bertrand Russell o Joaquín Ruiz-Giménez, en tanto que menos del 10% compartían la ideología de dos intelectuales del régimen (Fueyo Álvarez y Muñoz Alonso) (Foessa, 1970: 950). La respuesta del régimen a esa disidencia ideológica y cultural fue una represión creciente (sanciones, expulsiones, detenciones, torturas, cierres de facultades y universidades…) que alienó aún más a la población universitaria respecto del franquismo. Quizá un momento culminante de ese proceso fue la violenta represión policial de la movilización de febrero de 1965 en Madrid, que contó con la participación de cinco catedráticos comprometidos con la protesta y por ello expulsados (José Luis López-Aranguren, Enrique Tierno Galván y Agustín García Calvo) o suspendidos por dos años de sus cátedras (Aguilar Navarro y Montero Díaz). En cualquier caso, los sucesos de 1965 supusieron el entierro oficial del SEU y la expansión de nuevos grupos estudiantiles libres y declaradamente antifranquistas. Entre ellos, cabe destacar el Sindicato Democrático de Estudiantes Universitarios (SDEU), cuya implantación fue grande en Barcelona y Madrid. Todavía en febrero de 1969 se agravaría aún más la situación: con motivo de la destrucción de un busto de Franco en un asalto al rectorado barcelonés, y a causa de una huel-

164 La España de Franco (1939-1975)

ga en Madrid por la sospechosa muerte en la Dirección General de Seguridad de un estudiante detenido (Enrique Ruano), fue declarado el estado de excepción en toda España durante dos meses.

Sin duda, en el ámbito de la oposición, el fenómeno que mayor preocupación y desconcierto causó a Franco y a su régimen fue la progresiva defección del apoyo unánime católico que se produjo durante los años sesenta. La razón básica de ese proceso fue tanto el cambio generacional habido en el clero y los fieles españoles como el nuevo rumbo pastoral y democratizador impreso por el Papado y el Vaticano II. De hecho, bajo la dirección de los sucesivos nuncios Riberi y Dadaglio, la Iglesia española del nacional-catolicismo experimentó una azarosa y compleja conversión hacia el ecumenismo moderno a la par que se renovaba internamente y con dificultad: entre 1964 y 1974 fueron consagrados 53 nuevos obispos, rebajándose la edad media del episcopado de 65 a 57 años; en enero de 1969, tras la muerte de Plá y Deniel y contra las esperanzas de los arzobispos más profranquistas, Roma eligió a Vicente Enrique y Tarancón como nuevo primado y arzobispo de Toledo. Todo ello a la par que la Iglesia recibía el impacto de la secularización en curso de la sociedad española: los 8.201 seminaristas de 1963 se convertirían en 2.701 en 1972; las 6.800 ordenaciones sacerdotales de 1965 caerían a menos de 300 en 1972; los 167 sacerdotes que abandonaron su ministerio en 1963 fueron 3.700 en 1970 (Lannon, 1987: 114, 270, 278; García de Cortázar, 1996: 419-435; Gómez Pérez, 1986: 223-240; Ruiz Rico, 1977: cap. 4).

Los enfrentamientos más graves comenzaron en mayo de 1961, cuando 339 sacerdotes vascos censuraron a sus obispos por colaborar con un régimen que reprimía "las características étnicas, lingüísticas y sociales" del País Vasco. Tres años después, Aureli Escarré, abad del emblemático Monasterio de Montserrat, denunciaba la falta de libertades en España desde las páginas de *Le Monde* y se veía forzado a exiliarse del país. Aquel mismo año, Ruiz-Giménez iniciaba la publicación de los *Cuadernos para el Diálogo,* eje vertebrador de una potencial alternativa demócrata-cristiana con vistas al futuro. A la par, un creciente número de sacerdotes, religiosos y seglares apoyaba y participaba en las movilizaciones obreras (a través de la HOAC y de la JOC, prestando las iglesias como centros de reunión o con la nueva figura del "cura obrero") y hacía lo propio con la protesta estudiantil (en marzo de 1966 la policía ocupó el convento capuchino de Sarriá y detuvo a los universitarios del SDEU allí reunidos; dos meses después, 130 sacerdotes se manifestaron en silencio ante la Jefatura de Policía barcelonesa en protesta por las torturas a estudiantes detenidos). El disgusto y la ira del régimen hacia "el blindaje de las sotanas" usado por la oposición provocaría en agosto de 1968 una novedad "concordataria" especial: la creación de la cárcel para clérigos en Zamora, por la que pasarían hasta la muerte de Franco un centenar de sacerdotes y regulares. No era la única paradoja de un régimen católico confeso: en España había más clérigos presos que en todas las cárceles europeas, incluyendo las del este. Otra paradoja aún más cargada de peligros era el rechazo de Franco a la petición de Pablo VI, en abril de 1968, para que renunciara al privilegio de presentación de obispos y abriera la vía a la reforma del concordato. El franquismo iniciaba así su última fase sin el apoyo unánime de uno de sus pilares institucionales e ideológicos básicos y muy difícil de suplir o de disciplinar. No en vano, como declaró el caudillo en la intimidad, "la carne de cura es indigesta" (Lannon, 1987, 270, 278; García de Cortázar, 1996: 419-435; Cuenca Toribio, 1989: 146-147; Vilar, 1984: 332-340).

El cuarto frente opositor al franquismo revitalizado durante la década desarrollista fue el de los nacionalismos catalán y vasco. En el primer caso, la señal de partida todavía minoritaria de ese renacimiento podría fecharse en mayo de 1960, durante la sexta visita de Franco a Cataluña. Con ocasión de un concierto en el Palau de la Música al que asistían varios ministros, una gran parte del público presente entonó el canto prohibido de *La Senyera*. La policía arrestó a varios miembros del grupo demócrata-cristiano *Catòlics Catalans* y uno de sus líderes, el joven estudiante de Medicina Jordi Pujol, fue procesado como responsable, condenado a siete años de cárcel (de los que cumplió dos y medio) y convertido en héroe y mártir del nuevo catalanismo político. Apenas un año después fue fundada la organización *Omnium Cultural,* que llegaría a tener 8.000 socios en 1970 y cuya labor de promoción del uso del catalán se extendió por todos los campos: desde la financiación del *Institut d'Estudis Catalans,* al sostenimiento de clases populares de lengua catalana y al apoyo a los cantautores de la *nova cançó* (Raimon, Serrat, Pi de la Serra...). La fortaleza del catalanismo entre la población civil fue puesta de manifiesto en lo sucesivo por distintas vías: el creciente número de libros editados en catalán (de 12 en 1946 a más de 200 en 1962); el uso oficial del catalán por vez primera durante la celebración de los "Veinticinco años de paz"; la celebración ilegal en 1964 de la "diada nacional" el 11 de septiembre; la recuperación del uso del catalán como lengua de comunicación principal (un estudio de 1965 estimaba que el 62% de los barceloneses era catalano-parlante; otro de 1970 entre amas de casa reducía esa cifra al 54%, con un 23% bilingüe y otro 23% castellano-parlante); etc. (Balcells y Solé i Sabaté, 1990; Benet, 1978; Jones, 1978; Riquer y Culla, 1988).

En el caso del nacionalismo vasco, la revitalización no fue producto de la actividad del PNV y del Gobierno en el exilio, sino de las nuevas generaciones surgidas tras la guerra en el interior. En efecto, en abierto rechazo a lo que percibían como pasividad y conformismo de los viejos dirigentes tradicionales, durante los años cincuenta jóvenes universitarios católicos y nacionalistas procedentes de la Universidad de Deusto (jesuita) emprendieron su propia acción reivindicativa contra la represión cultural desplegada por el régimen franquista y a favor del debilitado sentimiento vasquista (en 1970 sólo 600.000 de los 2,3 millones de habitantes en las tres provincias hablaban euskera). Su primer grupo operativo, forjado en 1953 alrededor de la revista *Ekin* (Acción), se unió a sectores procedentes de la organización juvenil del PNV y en julio de 1959 constituyeron la organización ETA (*Euzkadi Ta Askatasuna*: Patria Vasca y Libertad). Tras definirse en 1962 como "movimiento revolucionario de liberación nacional", bajo el influjo de las guerrillas tercermundistas latinoamericanas y afroasiáticas, ETA optó por lanzarse a la lucha armada siguiendo la estrategia de la "acción y represión": la provocación al Estado mediante atentados a sus agentes para activar una reacción represiva brutal que generase una dinámica de apoyo popular a la vanguardia armada como paso previo a la rebelión de masas. En agosto de 1968, tras una fase previa de propaganda y sabotajes materiales, el pequeño grupo (nunca más de 500 militantes) dio el salto previsto con el asesinato en Irún de un comisario de policía acusado de torturador. Desde entonces, la actividad terrorista de ETA (otro muerto en 1868, uno en 1969, un secuestrado en 1970) se convertiría en el primer problema político y de orden público del franquismo, que respondería al desafío con una represión general e indiscriminada en el País Vasco de enorme dureza. De este modo, si bien ETA nunca lograría la transformación de la guerrilla en insurrección de masas, sí conseguiría revitalizar el nacionalismo vasco frente a unas fuerzas de orden público que, siguiendo las directrices del Gobierno, actuaron como si fueran un ejército de ocupación en territorio hostil. El proceso jurídico-militar de Burgos de 1970 contra 16 vascos detenidos por su vinculación a ETA (dos de ellos, sacerdotes) habría de ser el hito fundamental de esa conversión de un fenómeno terrorista minoritario en un problema político fundamental (Hollyman, 1978; Jaúregui, 1990; Waldmann, 1997: 103-122).

Las nuevas formas de conflictividad laboral, universitaria, eclesiástica y regional dieron nuevos bríos y crecientes ecos a la oposición política y sindical al franquismo y le permitieron poner fin a su larga travesía por el desierto. De hecho, nada más comenzar la década, el mero encuentro entre la oposición del interior y la del exilio provocó una airada respuesta del régimen que se saldó con un notable fracaso propagandístico y diplomático. A principios de junio de 1962, con motivo del *IV Congreso del Movimiento Europeo* en Múnich, 80 líderes políticos invitados de España (demócrata-cristianos como Gil Robles, socialdemócratas como Ridruejo, monárquicos como Joaquín Satrústegui) firmaron el documento final en favor de la democracia en el continente junto con 38 líderes españoles exiliados (encabezados por el alma del congreso, el liberal Salvador de

Madariaga, y por Rodolfo Llopis, secretario general del PSOE desde 1944). La histérica denuncia franquista del "contubernio de Múnich" significó el exilio o confinamiento temporal de varios de los participantes e hizo naufragar la previa petición oficial, en aquel mismo año, del ingreso formal de España en la Comunidad Económica Europea. El obstáculo político a esa integración quedó de nuevo en evidencia en abril de 1963, cuando fue ejecutado el dirigente comunista Julián Grimau, tras ser detenido y juzgado por un tribunal militar por presuntos crímenes cometidos durante la guerra civil. La masiva oleada de protestas internacionales por la irregular ejecución fue un factor fundamental en la posterior creación de los Tribunales de Orden Público, que en sus cuatro primeros años de actividad incoaron más de 4.500 sumarios por delitos de "propaganda ilegal", "asociación ilícita", "reunión ilegal", "manifestación ilegal", "difamación del Jefe del Estado", etc. (Ballbé, 1983: 424-426).

La ejecución de Grimau no hizo variar la política del PCE en favor de la reconciliación nacional aprobada en 1956 y auspiciada por el nuevo secretario general desde 1960, Santiago Carrillo. De hecho, durante la década, recogiendo el acierto de su política de "entrismo" sindical y apoyo a las CC. OO., el PCE se convirtió en el grupo más activo, mejor organizado y con mayor militancia (unos 5.000) de toda la oposición antifranquista. Si bien el PSOE y la UGT, al igual que la CNT y el movimiento libertario, seguían sin aceptar ninguna unidad de acción con los comunistas y debilitaban sus fuerzas al renunciar al "entrismo" por motivos de principio, los nuevos grupos surgidos en el interior no desestimaron ese concurso cuando fue necesario: el Frente de Liberación Popular (FLP), surgido de los medios católicos progresistas en 1958 y liderado por el abogado Fernández de Castro y el diplomático Julio Cerón Ayuso; la USO, creada por los militantes procedentes de la HOAC y la JOC; o el Partido Socialista del Interior (PSI), constituido por el profesor Enrique Tierno Galván en 1968. Sin embargo, el PCE también sufrió el impacto de las divisiones entre la URSS y la China de Mao y del surgimiento de una izquierda prosoviética y otra antiautoritaria: entre 1963 y 1964 se escindieron varios grupos maoístas que acertaron a aglutinarse mayormente en el Partido Comunista de España marxista-leninista, PCE (ml); en 1964 experimentó una fuerte sacudida con la expulsión de Fernando Claudín y Jorge Semprún, acusados de "derrotistas" por su realista análisis de la fortaleza social del franquismo gracias al desarrollismo; en 1968-1969, tras la denuncia de la invasión de Checoslavaquia, el veterano Enrique Líster abandonó el PCE y fundó con apoyo soviético el Partido Comunista Obrero Español (PCOE); y tras la crisis estudiantil y juvenil de mayo de 1968 aparecieron como grupos rivales el MCE (Movimiento Comunista de España) y la ORT (Organización Revolucionaria de Trabajadores), en 1969 y 1970, ambos de inspiración maoísta, junto con la LCR (Liga Comunista Revolucionaria), de orientación trotskista, fundada en 1971 (Malerbe, 1978: cap. 3; Preston, 1978: 242-254).

En cualquier caso, ese mosaico de grupos existentes, con independencia de su muy diversa entidad numérica respectiva, demostraba el pluralismo de la nueva sociedad española y su creciente homologación política al ámbito europeo-occidental circundante, incluyendo el apoyo a la democracia como fórmula política más justa y conveniente. Según una encuesta realizada entre la población española en 1966, sólo el 11% de los que expresaron su opinión estaba de acuerdo con el principio de "Gobierno de uno solo", en tanto que el 35% era favorable al principio de "Representación democrática". Dos años más tarde, otra encuesta realizada en Madrid (c. 5.4) revalidaba esa impresión genérica y daba cuenta del mayor eco potencial de las fuerzas democráticas en los sectores más jóvenes y cultos de la sociedad (siendo notable, igualmente, la prudencia de la respuesta obrera a cuestiones tan directamente políticas).

CUADRO 5.4. Actitudes de diferentes sectores de la población española hacia Franco en 1969. Porcentaje sobre muestras estratégicas a la pregunta: "¿Qué le diría usted a Franco si tuviera la oportunidad de hablar con él libremente ?"

Respuesta	Bachilleres	Universitarios	Profesionales	Empleados	Trabajadores	Amas de casa
Descontento, insultos	23	20	15	12	8	2
Cambio político, democracia	16	15	20	8	7	20
Conformidad	10	4	15	22	16	1
Necesidades personales	32	32	22	39	56	51
NS/NC	19	29	28	19	13	26

FUENTE: *Informe Sociológico sobre la situación social en España, 1970*. Recogido en López Pintor, 1982.

5.4. La diplomacia franquista en los años del desarrollismo

Si Alberto Martín Artajo había sido durante la época nacional-católica el artífice de la superación del aislamiento internacional del régimen al compás de la guerra fría, correspondería a Fernando María Castiella el papel de portavoz exterior del franquismo en la nueva fase de distensión y descolonización imperante durante la década desarrollista de los años sesenta. La prolongada gestión de Castiella al frente del Ministerio de Asuntos Exteriores (1957-1969) se concentró sobre todo en cuatro dimensiones principales cuya problemática iba a definir el decenio y a persistir hasta el final mismo del propio franquismo: vinculación con la nueva Comunidad Económica Europea; renovación y mejora de los acuerdos hispanonorteamericanos; relanzamiento del contencioso de Gibraltar con el Reino Unido; y encauzamiento de los procesos de descolonización de los territorios españoles en África (Espadas Burgos, 1987: cap. 8; Portero y Pardo, 1996: 227-250; Calduch, 1994: 128-136.

La puesta en marcha del Plan de Estabilización y su éxito posterior había sido posible por la previa incorporación española, entre febrero y mayo de 1958, a la Organización Europea de Cooperación Económica (OECE), al Fondo Monetario Internacional (FMI) y al Banco Internacional de Reconstrucción y Fomento (BIRF). El ingreso en dichos organismos y su notable asistencia técnica y financiera constituyeron un factor crucial en la apertura del ciclo económico expansivo prolongado durante los años sesenta y hasta 1974. Corolario lógico de esas medidas y garantía futura de la continuidad de ese desarrollo era igualmente la vinculación estrecha de la economía española con la nueva Comunidad Económica Europea (CEE) fundada en marzo de 1957 por varios estados continentales (los seis primeros: Francia, Alemania, Italia, Bélgica, Holanda, Luxemburgo; los "nueve" tras el ingreso en 1973 de Gran Bretaña, Dinamarca e Irlanda). No en vano, el grueso del comercio exterior de España dependía en buena medida de la CEE: en 1965, por ejemplo, el conjunto de esos nueve países absorbía el 51,7% de toda la exportación española, en tanto que suministraba el 47,8% de la corriente total de importaciones (Stillman, 1975: 154-156).

Conscientes de esa dependencia estructural creciente, las autoridades franquistas no tardaron en reconocer que la apertura y liberalización económicas en marcha tendrían como culminación natural la incorporación de España en la CEE. El 9 de febrero de 1962, en consecuencia, Castiella presentó formalmente en Bruselas la solicitud española de "una asociación susceptible de llegar en su día a la plena integración, después de salvar las etapas indispensables para que la economía española pueda alinearse con las condiciones del Mercado Común". Sin embargo, la respuesta comunitaria se limitó a un mero acuse de recibo. Contra lo que pretendía el régimen franquista, los impedimentos para tal ingreso no se cifraban en la mera distancia económica existente entre España y los países de la CEE. El problema era esencialmente político, habida cuenta de que la pertenencia al Mercado Común dependía de tres condiciones: análogo nivel de desarrollo económico, posición geográfica continental y estructura política democrática. Y era evidente que, si bien España podía satisfacer las dos primeras, en ningún caso superaba el criterio político firmemente definido por una resolución de enero de 1962 del Parlamento Europeo:

Los estados cuyos gobiernos carecen de legitimidad democrática y cuyos pueblos no participan en las decisiones gubernamentales ni directamente ni mediante representantes elegidos libremente, no pueden pretender ser admitidos en el círculo de los pueblos que forman las Comunidades Europeas (Calduch, 1994: 130).

Ese crucial condicionamiento político quedaría especialmente remarcado poco después de la petición de ingreso con motivo de dos actuaciones del régimen franquista sumamente lesivas para sus aspiraciones diplomáticas: la campaña de denuncia contra los españoles participantes en el Congreso del Movimiento Europeo de junio de 1962 (el "contubernio de Múnich"), y la negativa a condonar la pena de muerte de Julián Grimau en abril de 1963. En esas circunstancias, desde febrero de 1964, los gobernantes españoles reconocieron como imposible por motivos políticos la idea de la integración y optaron por reorientar su estrategia en favor de una modesta negociación de los términos de intercambio comercial entre España y la CEE. El fruto final de esas negociaciones habría de llegar siete años más tarde, con Castiella ya cesado, bajo la forma de un *Acuerdo Comercial Preferencial* de equívoco valor, firmado en julio de 1970 (Moreno Juste, 1998a y 1998b).

El relativo fracaso de la política de vinculación con la CEE fue reduplicado por las dificultades para obtener mejoras sustanciales (económicas o militares) en la renovación de los acuerdos hispanonorteamericanos. A pesar del éxito diplomático que supuso la visita de Eisenhower a finales de 1959 y de la notable concesión militar de Franco en diciembre de 1962 (permitiendo que submarinos nucleares norteamericanos fondearan en la base gaditana de Rota), los acuerdos defensivos renovados por cinco años en 1963 eran sustancialmente idénticos a los de 1953 y mantenían vigente la cláusula secreta de activación unilateral norteamericana de las bases (Marquina Barrio, 1986: 766-778; Tusell, 1993: 299-306). El grave peligro implícito en esa dependencia militar y cesión de soberanía se puso de manifiesto en enero de 1966, cuando el choque en vuelo de dos aviones norteamericanos hizo caer al mar sobre Palomeras (Almería) dos bombas atómicas que si bien no explotaron sí provocaron una grave contaminación del área afectada (Calduch, 1994: 135-136, 154). Por eso, llegado el momento de la renegociación de los acuerdos en 1968, Castiella adoptó una posición de firmeza en la mejora de aspectos clave que llegaría incluso a contemplar la denuncia de los convenios y la retirada de las bases norteamericanas. Esa actitud "obcecada" del ministro le valdría la oposición enérgica de Carrero Blanco, nada dispuesto a poner en duda el apoyo de la primera potencia mundial occidental y uno de los "pivotes fundamentales de la política exterior" del régimen. El cese de Castiella en octubre de 1969 y su reemplazo por López Bravo significó la reanudación de las negociaciones y la conclusión, en agosto de 1970, de un notablemente mejorado *Acuerdo de Amistad y Cooperación* entre Estados Unidos y España (Tusell, 1993: 356, 403).

Desde 1963, vistos sus reveses en el plano europeo y norteamericano, Castiella emprendió una activa gestión diplomática para conseguir la devolución británica de Gibraltar tomando como base las cláusulas originales del Tratado de Utrecht (1713) y la resolución de la Asamblea General de la ONU de 1960 sobre apertura de procesos de descolonización. Si bien España ya había planteado la cuestión en la Asamblea General de 1956 (haciendo frente a la tesis británica de conceder el derecho de autodeterminación a los gibraltareños), fue en octubre de 1964 cuando el Comité de Descolonización de la ONU asumió las tesis españolas e invitó a ambos países a "iniciar sin demora" conversaciones para llegar a "una solución negociada" que respetara "los intereses de los habitantes del territorio" y los principios establecidos en 1960. Esa postura fue asumida por la Asamblea General de diciembre de 1965 mediante su resolución 2.070 (XX). Sin embargo, el triunfo diplomático español al forzar al Reino Unido a negociar bilateralmente la cuestión fue neutralizado por la distinta interpretación de la resolución-marco de 1960. España se acogió al párrafo que primaba la unidad e integridad del territorio estatal, en tanto que Gran Bretaña subrayaba el párrafo reconociendo el derecho de los pueblos a la autodeterminación. Una nueva resolución de la ONU de diciembre de 1966 no consiguió superar la parálisis, hasta que en agosto del año siguiente el Comité de Descolonización dio la razón a España sobre la primacía del parráfo sobre integridad territorial. La Asamblea General de diciembre de 1967 ratificó esa interpretación por resolución 2.353 (XXII) por 73 votos a favor (países iberoamericanos, comunistas y árabes, sobre todo), 19 en contra y 27 abstenciones (Castiella, 1976; Marquina Barrio, 1981; Portero, 1991).

El triunfo jurídico y diplomático de España en la ONU era, pues, completo. Pero Londres había decidido ignorar las resoluciones y convocó un referéndum entre los gibraltareños en septiembre de 1967 que resultó en un abrumador triunfo de los partidarios de la continuidad de los vínculos con el Reino Unido. Posteriormente, en mayo de 1969, las autoridades británicas aprobaron unilateralmente una constitución para Gibraltar que, sin reconocer su soberanía, finalizaba su condición colonial y concedía a sus habitantes los derechos de autogobierno correspondientes a un territorio que era "parte de los dominios de Su Majestad Británica". Ante esa actitud y vista la inutilidad de las condenas de la ONU (cuya resolución de 1 de octubre de 1968 exigía el fin de la "situación colonial de Gibraltar no más tarde del 1 de octubre de 1969"), Castiella fue apostando por un incremento de las medidas de presión sobre la colonia y su metrópoli. Las iniciales restricciones a los movimientos de población entre la Línea y el peñón, al acceso aéreo y a las comunicaciones fueron completadas con el cierre total de la frontera terrestre (la "verja") en junio de 1969. En definitiva, ante el incumplimiento británico de las resoluciones de la ONU, España optaba por respetar sólo los derechos reconocidos en Utrecht, que excluían, por ejemplo, el uso del aeropuerto construido en la mal llamada "zona neutral" durante la guerra civil. Aparte del efecto negativo de esas medidas sobre la economía del área (por pérdida de puestos de trabajo, intercambio comercial, etc.), la postura de fuerza no podía ocultar la derrota política sufrida. Carrero no dejaría de señalar a Franco que Castiella, "a cambio de una batalla, que por el momento no es posible ganar", había comprometido la seguridad de las colonias africanas (Tusell, 1993: 356).

La política gibraltareña de Castiella, en efecto, se había basado en un apoyo al proceso de descolonización dirigido por la ONU que tuvo su reflejo en las colonias españolas en África: Guinea Ecuatorial, Ifni y Sáhara Occidental. El desacuerdo entre Carrero y el ministro de Asuntos Exteriores al respecto tuvo mayor virulencia que en otras facetas debido a las competencias directas de la Presidencia del Gobierno sobre estos territorios de ultramar. Sobre todo en Guinea, la estrategia de concesiones autonómicas graduales favorecida por Carrero tropezó reiteradamente con la opción de descolonización rápida promovida por Castiella en concordancia con las exigencias de la ONU. Finalmente, tras una breve etapa de autonomía política desde 1963, y a la vista del creciente movimiento independentista en la colonia, España concedió la independencia a Guinea en octubre de 1968. Sin embargo, tras el inmediato establecimiento de la dictadura del presidente Macías, las relaciones bilaterales hispanoguineanas empeoraron radicalmente y en marzo de 1969 llegaron a la ruptura formal, haciendo incluso necesaria la repatriación de la colonia española del país (Portero y Pardo, 1996, 276-280; Espadas Burgos, 1988: 231-236; Payne, 1987: 556-557).

El creciente caos imperante en Guinea precipitó una retirada igualmente rápida de otra zona muy sensible y peligrosa desde 1957: en enero de 1969 España acordó la cesión de Ifni a Marruecos confiando en apaciguar así sus recurrentes reclamaciones sobre el Sáhara occidental, sobre las plazas de Ceuta y Melilla, e incluso sobre la "africanidad de las islas Canarias". La pragmática medida significó un alivio y solución meramente temporales. No en vano, al margen de las otras reivindicaciones marroquíes, la situación en el Sáhara comenzaría a convertirse en un foco de preocupaciones en virtud de tres factores coincidentes y antagónicos: las demandas de descolonización de la ONU, las pretensiones marroquíes de anexión directa del territorio y el incipiente movimiento independentista saharaui. El súbito agravamiento del problema saharaui, de hecho, coincidiría con la crisis final del franquismo e impondría una solución de emergencia tan humillante como insatisfactoria.

6

El tardo-franquismo: la crisis y agonía final del régimen (1969-1975)

6.1. El fracaso político del continuismo inmovilista y la configuración de la alternativa reformista

La constitución del Gobierno "monocolor" de octubre de 1969 supuso un reforzamiento notable de la figura política de Carrero Blanco, que pasó a convertirse públicamente en el sucesor natural de un envejecido Franco (octogenario desde 1972) y en el símbolo de la permanencia futura del régimen más allá de la vida de su fundador. El programa político del nuevo Gobierno consistía en una combinación de estricto "continuismo" institucional bajo un régimen autoritario y de promoción del desarrollo económico y el bienestar material como fórmulas y recetas clave para la legitimación social y la aceptación popular. En la medida en que dicho programa implicaba un freno notorio a las tentativas previas "aperturistas", su mera formación supuso una profundización en la fractura interior de la elite política franquista y la aparición de dos grandes tendencias antagónicas: la línea dura de los *continuistas* (también llamados "ultras" o "búnker", depositarios del legado del "inmovilismo" precedente) y la línea flexible de los *reformistas* (herederos del "aperturismo" de los años sesenta, ya convencidos de que el desenlace natural del régimen habría de ser una democracia liberal más o menos tutelada).

La identificación de Carrero con la línea continuista se demostró en todas sus actuaciones y afirmaciones públicas de Gobierno, además de quedar clara en sus declaraciones privadas. En un memorándum remitido a Franco en marzo de 1970, el vicepresidente desestimaba las frecuentes llamadas a la definitiva reconciliación entre vencedores y vencidos en la guerra civil con un argumento revelador: "El tópico de que ya no hay que hablar de la guerra es una manifestación más del opio que se quiere dar a la generación que no la conoció". Era un réplica directa a los pronunciamientos reformistas sobre el particular, como el que habría de hacer Fraga en 1972: "[ha] llegado el momento no sólo del perdón mutuo, sino del olvido, de ese olvido generoso del corazón que deja intacta la experiencia" (Powell, 1997: 250). Por la misma razón, Carrero rechazaba todo cambio que pudiera poner en cuestión "la bondad del sistema político" y "una sociedad unida, en orden y en paz":

> ¿Qué es peor, que nos critiquen nuestros enemigos o que les dejemos, en nombre del aperturismo y de todas esas zarandajas, lograr su objetivo de corromper la moral de nuestro pueblo por lo que, además, Dios nos habría de pedir un día estrecha cuenta? (Tusell, 1993: 370-373).

Sin embargo, aparte de los problemas político-económicos y sociales que habría de afrontar, el continuismo gubernamental iba a encontrarse desde el principio con la presencia en el seno del régimen de una corriente alternativa plenamente identificada con la idea de una reforma democratizadora del sistema político a medida que se acercaba el final de la vida de Franco. Se trataba de una corriente presente en todas las "familias" (sobre todo en sus generaciones más jóvenes) y articulada en torno a tres grandes núcleos más o menos cooperantes: el "azul" (políticos falangistas como Fernando Herrero Tejedor, Adolfo Suárez, Rodolfo Martín Villa, Gabriel Cisneros, Miguel Ortí Bordás...); el democristiano que firmaba colectivamente como *Tácito* sus artículos en el diario *Ya* (Marcelino Oreja, Leopoldo Calvo Sotelo, Alfonso Osorio...); y el reunido en torno a Manuel Fraga Iribarne (Powell, 1997). Ya en su discurso de despedida como ministro cesante, Fraga había defendido la necesidad de "una política de evolución prudente" porque "la España de la paz debe institucionalizarse, equidistante de todo inmovilismo y de toda aventura" (Fraga, 1975: 266). A mediados de diciembre de 1969, en una sesión del Consejo Nacional que debatía nuevamente el Estatuto de Asociaciones Políticas, Fraga hizo una resonante declaración plenamente reformista a favor de "la apertura (no a siniestra, sino hacia el futuro)":

> España dispone hoy, por la paz de Franco y el consiguiente progreso económico y cultural, de un sector amplísimo de gentes responsables, con capacidad de pensar y de actuar, y de unas crecientes clases medias, en todos los órdenes, que permiten confiar en un futuro político de ancha base, de prudencia y moderación. Estamos lejos

del tiempo en que se experimentó el sufragio universal, hace un siglo, en un pueblo en que los analfabetos se acercaban al noventa por ciento, e incluso de aquellas masas de 1931 que no tenían que perder, en muchos casos, ni el jornal de un día. Las mismas razones que entonces hicieron insensato el experimento de la democracia inorgánica impiden hoy que se pueda mantener a la nación en una permanente minoría de edad. Hoy es posible en España una política de centro, abierta y decidida, que nos saque de la vieja dialéctica de los bandazos tradicionales, de la derecha a la extrema izquierda y del orden a la anarquía. Eso es lo que el país quiere y lo que el país espera; lo que estábamos dándole ya, y que ahora no admite frenazos. Pero ¿cómo, sin asociaciones, vamos a lograr la integración de las nuevas generaciones y de las nuevas clases, esas juventudes de la edad y del desarrollo que hoy están extramuros del sistema? (Fraga, 1975: 269, 273).

En realidad, esas profundas discrepancias públicas entre los dirigentes máximos del franquismo revelaban que el régimen había entrado en una fase terminal de crisis estructural en virtud de su creciente anacronismo respecto al propio cambio social y cultural que había generado el intenso desarrollo económico de los años sesenta. En 1970 la sociedad española ya sólo era diferente de sus homólogas europeas por la peculiar y desfasada naturaleza autoritaria de su sistema político. Como había reconocido poco antes el líder ultraderechista Blas Piñar, director de la revista *Fuerza Nueva:* "En España estamos padeciendo una crisis de identidad de nuestro propio Estado" (Fusi, 1985: 187). De hecho, sería más apropiado decir que el sistema político franquista revelaba entonces su creciente inadecuación y patente disfunción con respecto a la nueva sociedad española urbanizada, industrializada, ocupacionalmente diversificada, secularizada y con unas pautas culturales e ideológicas basadas en el consumo, la tolerancia y la voluntad de participación política y homologación democrática. Y ante ese progresivo anacronismo, sencillamente, el régimen carecía de solución. Por el contrario, el régimen mismo era el problema.

El inacabable debate sobre las asociaciones políticas mencionado fue revelador de la victoria pírrica lograda por los continuistas sobre los reformistas bajo la dirección de Carrero. El estatuto de Solís Ruiz aprobado en julio de 1969 sólo había admitido la posibilidad de crear asociaciones "de opinión pública" con grandes reservas: visto bueno previo del Consejo Nacional, mínimo de 25.000 afiliados, prohibición de participación en elecciones, etc. Y ello por razones bien explicitadas por el falangista Fernández Cuesta: "Me inquieta este asociacionismo político porque puede derivar en un partidismo político" (Ferrando Badía, 1984: 168-169). Por esos mismos motivos, el nuevo secretario general del Movimiento, Fernández-Miranda, recibió el encargo de congelar la discusión sobre el tema *sine die* por orden del propio Franco: "Diga no sin decirlo. No cierre la puerta, déjela entreabierta". Como don Juan Carlos apoyaba esa actitud por motivos opuestos (evitar que las asociaciones cerraran la vía futura a los partidos), el ministro desplegó sus amplios recursos retóricos para cumplir con éxito su cometido (Fernández-Miranda, 1995: 80, 307). En noviembre de 1972, ante las Cortes, explicó los motivos para dilatar el examen de la cuestión con una argumentación tan hábil como sorprendente:

> Decir sí o no a las asociaciones es, sencillamente, una trampa saducea... El tema está en ver si diciendo sí al asociacionismo político, se dice también sí o no, o no se dice sí sino no, a los partidos políticos (Carr y Fusi, 1979: 248-249).

Las dificultades del equipo de Carrero con los reformistas y el resto de las "familias" excluidas del Gabinete fueron insignificantes en comparación con las que hubo de afrontar en el plano político y social general. No en vano, entre 1970 y 1973 se quebró definitivamente la "paz de Franco" y el Gobierno se vio casi impotente ante un cuádruple desafío interior de suma gravedad: conflictividad laboral, contestación estudiantil, defección eclesiástica y actividad terrorista. En esa coyuntura, el fracaso de las crecientes medidas de represión para contener esos movimientos simplemente agudizaría la crisis intrarrégimen y pondría en evidencia la bancarrota política del continuismo franquista.

La pérdida de control de la situación por parte del nuevo Gobierno se percibió con especial intensidad en el plano laboral. En 1970 el número de "conflictos colectivos" registrados oficialmente se elevó hasta 1.595 (491 el año anterior), con la participación de 460.902 trabajadores (205.325 en 1969) y con 8,7 millones de horas laborales perdidas por los mismos (4,7 millones un año antes). Ese dramático incremento de la conflictividad laboral era el resultado de una creciente movilización reivindicativa de los trabajadores a la que el Gobierno sólo supo responder con el brutal empleo de las fuerzas de orden público (los "grises", color del uniforme de la Policía Armada) y el recurso ocasional a la militarización de los servicios (como en la huelga del metro de Madrid de 1970). Fruto de esas medidas represivas, entre 1970 y 1973 ocho trabajadores resultaron muertos por acción policial: el primer año, tres en Granada durante una huelga de la construcción; en 1971 dos muertos (uno en Barcelona, en la fábrica SEAT, y otro en Madrid, durante la huelga de la construcción); al año siguiente, dos muertos durante la huelga de astilleros Bazán en El Ferrol; y en 1973 otro muerto en la central térmica barcelonesa de San Adrián del Besós. El imparable auge correspondiente de las CC. OO. ("el mayor engranaje de la subversión" según el gobernador civil de Asturias en 1971) intensificó la persecución oficial contra sus cuadros y dirigentes nacionales, que en junio de 1972 serían encarcelados y sometidos a un proceso judicial (el "proceso 1.001") que se convertiría en un verdadero juicio sobre la libertad sindical (Molinero e Ysàs, 1998: 177, 204-217, 250).

La misma receta represiva aplicada al ámbito laboral se aplicó al mundo universitario. En este último, la revuelta estudiantil fraguada desde 1956 había seguido su curso ascendente a la par que crecía el número de alumnos matriculados y sus centros de estudio: la docena de universidades de los años cuarenta y cincuenta se habían transformado en 23 en 1975 y los 150.000 universitarios de 1969 se habían convertido en casi 400.000 seis años después. La persistente agitación universitaria había costado su cargo a Lora Tamayo y, desde 1968, su sucesor, Villar Palasí, trataría de introducir cierta racionalidad administrativa en el área con la *ley general de Educación* aprobada en junio de 1970 (Giner, 1978, 341-345, Payne, 1987: 589-591). Sin embargo, a pesar de sus obvias mejoras sobre la situación previa, dicha ley llegaba demasiado tarde para ganar lealtades entre los estudiantes hacia un régimen que decía haber "salvado" del abismo al país y a sus propios padres. La universidad siguió siendo un foco de variada oposición (liberal, democrática o izquierdista) contra el franquismo y sus alumnos y profesores continuaron sufriendo el azote de las intervenciones policiales, las sanciones administrativas, las detenciones gubernativas y los asaltos de los nuevos grupos de extrema-derecha tolerados por las autoridades (Guerrilleros de Cristo Rey, Fuerza Nueva...). Carrero Blanco, en particular, apostaba sin reserva por aplicar medidas expeditivas en ese campo, cuya "degeneración" le resultaba totalmente incomprensible excepto como obra de la sempiterna conspiración masónico-bolchevique. Poco después de cesar a Villar Palasí por supuesta debilidad, y antes de ser asesinado, el almirante consignaba confidencialmente por escrito sus severos juicios sobre el particular:

> Se trata de formar hombres, no maricas, y esos melenudos trepidantes que algunas veces se ven no sirven ni con mucho a este fin. (...) Hay que borrar de los cuadros del profesorado de la Enseñanza General Básica y de la Universidad a todos los enemigos del régimen y hay que separar de la Universidad a todos los alumnos que son instrumento de subversión (Tusell, 1993: 431).

Mucha mayor amargura que la conflictividad laboral y universitaria provocó en los dirigentes del régimen la pérdida del vital apoyo eclesiástico. Continuando la línea reformista aprobada en el Concilio Vaticano II, la Santa

Sede aprovechó la muerte del cardenal Morcillo, en mayo de 1971, para situar al frente de la diócesis de Madrid al cardenal Tarancón, que poco después sería elegido también presidente de la Conferencia Episcopal Española (desplazando a candidatos profranquistas como el obispo de Cuenca, Guerra Campos, o el arzobispo de Zaragoza, Cantero Cuadrado). Ambas medidas simbolizaban el abandono definitivo del nacional-catolicismo por parte de la Iglesia en favor de una pronta y pacífica evolución hacia la democracia que situó las relaciones con el régimen "en el límite de la ruptura" (Gómez Pérez, 1986: 165). El cambio de sensibilidad política eclesiástica quedó bien demostrado en la encuesta realizada durante 1970 entre el clero regular: de los 15.156 sacerdotes consultados sólo un 10,8% se mostraba favorable a la "situación política de España" (más un 2,4% partidario de "Falange"); por contra, el 24,8% simpatizaba con el "Socialismo", el 21,7% con la "Monarquía tradicional o constitucional", el 12,6% con "Movimientos obreros", el 6% con la "República", el 4,9% con la "Autonomía regional", e incluso un 0,6% con el "Comunismo" y un 0,4% con el "Anarquismo" (Ruiz Rico, 1977: 217). La crucial Asamblea Conjunta de Obispos y Sacerdotes convocada por Tarancón y celebrada en septiembre de 1971 confirmó oficialmente esa distancia política entre la Iglesia y el franquismo. Dicha reunión no solamente aprobó por mayoría absoluta una moción favorable a la "independencia y sana colaboración entre Iglesia y Estado" que deslegitimaba el concordato (215 votos contra 26), sino que estuvo al borde de aprobar por menos margen otra moción (por 137 votos frente a 78) de mayor calado simbólico aún: "Reconocemos humildemente y pedimos perdón porque nosotros no supimos a su tiempo ser verdaderos ministros de reconciliación en el seno de nuestro pueblo dividido por una guerra entre hermanos" (Gómez Pérez, 1986: 167).

Franco recibió la defección de la Iglesia y su jerarquía con auténtico desconcierto y profunda amargura, estimándola en privado como una verdadera "puñalada por la espalda" (Suárez, 1984, VIII: 305-306). Carrero Blanco fue aún más lejos y se quejó en público, en diciembre de 1972, de la ingratitud eclesiástica hacia un régimen que, desde 1939, "ha gastado unos 300.000 millones de pesetas en construcción de templos, seminarios, centros de caridad y de enseñanza, sostenimiento de culto, etc." (Gómez Pérez, 1986: 170). De todos modos, ambos estaban convencidos de la imposibilidad de romper totalmente con la Iglesia y se esforzaron por recuperar la armonía o, al menos, limitar el enfrentamiento público. El propio Carrero explicó a Tarancón que "nosotros estamos dispuestos a dar a la Iglesia todo lo que quiera; tan sólo exigimos que ella sea nuestro principal apoyo" (Tusell, 1993: 408). La respuesta negativa llegó bajo la forma de una declaración de la Conferencia Episcopal Española titulada "La Iglesia y la comunidad política", adoptada en enero de 1973. Aprobada con el voto favorable de 59 obispos y el contrario de 20 (fiel reflejo de la correlación de fuerzas en la jerarquía), la declaración contenía una firme defensa del pluralismo democrático, el respeto a los derechos humanos y la necesaria separación entre las esferas religiosas y estatales. Era sin duda la mejor prueba del cambio operado en la Iglesia española desde los tiempos de la carta pastoral de los obispos sobre la guerra civil o desde la firma del concordato. Por eso mismo recrudeció la hostilidad y los ataques de los grupos de extrema derecha hacia la jerarquía eclesiástica y, en particular, hacia su presidente: "Tarancón al paredón" habría de ser uno de sus lemas preferidos.

Las peligrosas consecuencias de la defección eclesiástica fueron apreciadas por el Gobierno en su respuesta ante la creciente actividad de ETA. Tras sus primeros asesinatos en el verano de 1968, la organización terrorista vasca se había convertido en el principal objetivo político y policial de las autoridades franquistas, que desplegaron una intensísima represión sobre el País Vasco cuya cosecha, en 1969, era impresionante: 1.953 detenidos, de los cuales 890 fueron maltratados, 510 torturados, 93 juzgados por el TOP y 53 en consejo de guerra (Vilar, 1984: 410). Como medida de escarmiento público, en 1970 el Gobierno decidió que 16 personas detenidas por su militancia en ETA (entre ellas, dos sacerdotes) fueran juzgadas conjuntamente en consejo de guerra. Sin embargo, esa decisión fue un paso en falso que convirtió al llamado Juicio de Burgos de diciembre de 1970 en un proceso internacional contra la falta de libertades democráticas en España y contra la represión de la cultura y la lengua vasca. No en vano, aparte de su resonancia exterior, el juicio sumarísimo motivó una crítica pastoral conjunta de los obispos vascos y ocasionó un pronunciamiento de la Conferencia Episcopal Española en favor de la clemencia y las garantías procesales. Por otra parte, la represión indiscriminada y la movilización solidaria con los detenidos hizo que el juicio actuara en el País Vasco como un revulsivo de la adormecida conciencia nacional, convirtiéndose así en "un verdadero punto de inflexión histórica" para el devenir reciente del nacionalismo vasco (Fusi, 1984: 199).

Al final, en medio de una gran tensión interna e internacional, la sentencia del tribunal militar condenaba a muerte a seis acusados y al resto a un total de 518 años de cárcel. En vista del eco despertado y de las numerosas peticiones de clemencia llegadas de todas partes, Franco optó por ejercer su derecho de gracia y conmutar las penas de muerte el día de fin de año de 1970. Subsanó así una equivocación política y atajó a tiempo una tormenta diplomática, además de tratar de aprovechar la ocasión para recibir un nuevo baño de multitudes en la masiva concentración de apoyo a su persona congregada en la plaza de Oriente de Madrid pocos días antes (López Rodó, 1977: 405-407; Llera, 1994: 481-488). Pero como demostraría la vigencia durante seis meses del estado de excepción decretado con motivo del juicio, aquel paso en falso había convertido el hasta entonces minoritario desafío terrorista en el País Vasco en un grave problema nacionalista de amplia base popular. De hecho, el juicio no interrumpiría la actividad de ETA (1 muerto en 1972, 6 en 1973), que logró con él un eco legitimador entre la población vasca y forzó al resto de la oposición a buscar su difícil camino entre la indiscriminada furia represiva franquista y el inaceptable terrorismo etarra. Además, con el asesinato de un subinspector de policía en mayo de 1973, hacía su aparición un nuevo grupo terrorista de inspiración marxista-leninista y emulación guerrillera tercermundista: el FRAP (Frente Revolucionario Antifascista y Patriótico).

El patente fracaso político del Gobierno de Carrero en los cuatro frentes citados resultó agravado por la progresiva parálisis decisoria derivada de la enfermedad de Franco y de su patente envejecimiento. Esa situación permitió que creciera la importancia política de su integrista círculo familiar más cercano (su mujer, doña Carmen, y su yerno, el marqués de Villaverde). Prueba de ello fue la efímera turbulencia creada durante 1971-1972 por el matrimonio entre su nieta mayor y Alfonso de Borbón y Dampierre, primo de don Juan Carlos, que seguía reclamando sus derechos al trono como hijo del infante don Jaime. Aunque el enlace no alteró las disposiciones sucesorias de Franco, sí alentó las esperanzas de los sectores "ultras" del régimen en virtud de su declarada sintonía política con el ambicioso duque de Cádiz. Más gravedad tuvo la progresiva división en el seno del Gobierno acerca del curso político a seguir en el futuro. Por afinidad con los reformistas, Silva Muñoz había dimitido a mediados de 1970, siendo reemplazado por Fernández de la Mora y privando al Gabinete del último apoyo democristiano. Apenas un año después, el cierre del diario *Madrid* por sus moderadas críticas en favor de la reforma democrática revelaba el creciente inmovilismo de la política gubernamental (Tusell, 1996: 149-154; López Rodó, 1977: 411-418). Finalmente, en mayo de 1973, la resonante dimisión del ministro de Gobernación, el jurídico-militar Tomás Garicano Goñi, precipitó una crisis ministerial completa. No en vano, el dimisionario presentó a Franco una abierta denuncia del callejón sin salida que implicaba el continuismo inmovilista auspiciado por Carrero:

> Con motivo de los acontecimientos ocurridos a raíz del asesinato de un Subinspector de Policía el 1.º de mayo, me veo en la necesidad de insistir en los puntos de vista expuestos verbalmente el 2 de mayo de 1972 y por escrito el 11 de septiembre siguiente.
> Señalaba en estas ocasiones la preocupación que me produce la actuación de los elementos "ultras" en distintos momentos; hoy mi

preocupación es mucho mayor al ver cómo dentro del Gobierno hay claras posturas de complacencia con tales actividades, sin que se ponga ni se permita poner coto a los auténticos desmanes que en nombre de un supuesto patriotismo se desarrollan. El problema político de duros o ultras y aperturistas, subsiste y es fundamental; entiendo, como el 11 de septiembre último, que el triunfo de los primeros sería fatal para España y la triste realidad es que cada vez van tomando más fuerza. La mayor proximidad del hecho sucesorio les aterra (...). Creo necesario un auténtico aperturismo, aunque no dejo de comprender que tiene sus riesgos, pero el país lo quiere y quiere que se haga en vida del Caudillo, porque pueden atarse mejor todos los cabos. Parece claro que el poder, incluso moral, que hoy tiene el Jefe del Estado, no pasará de modo alguno a su sucesor, de ahí que todas las medidas, como Ley de Régimen Local, electoral y de apertura política, fundamentales para el futuro, deban tomarse pronto, en "vida útil", del Caudillo; cuanto antes lo hagamos estaremos más seguros (López Rodó, 1977: 440-441).

La dimisión de Garicano Goñi sirvió de pretexto para que Franco, en junio de 1973, nombrara un nuevo Gabinete en el que, por vez primera, Carrero Blanco asumió el papel oficial de presidente del Gobierno. El resto de los ministros respondía a las preferencias del almirante y no mostraba grandes cambios en la orientación política anterior: Allende y García Baxter (Agricultura), Barrera de Irimo (Hacienda), Coloma Gallegos (Ejército), Cotorruelo (Comercio), Fernández de la Mora (Obras Públicas), García-Ramal (Relaciones Sindicales), Licinio de la Fuente (Trabajo), Liñán y Zofío (Información y Turismo), López de Letona (Industria), Martínez Esteruelas (Planificación), Pita da Veiga (Marina), Julio Rodríguez (Educación), Ruiz-Jarabo Baquero (Justicia), Salvador Díaz Benjuema (Aire) y Utrera Molina (Vivienda). El nombramiento más destacado era el de Torcuato Fernández-Miranda, que además de mantener la secretaría general del Movimiento era elevado a la condición de vicepresidente. Por su parte, López Rodó dejaba su cartera económica para hacerse cargo de Asuntos Exteriores. La única imposición de Franco, por indicación de su círculo familiar, fue el nuevo titular de Gobernación, considerado un "duro" muy diferente a su reformista antecesor: Carlos Arias Navarro, exfiscal militar durante la guerra civil, director general de Seguridad con Alonso Vega y, recientemente, alcalde de Madrid.

Según la intención de su presidente, la labor política del nuevo Gobierno consistía en preparar la continuidad futura del régimen una vez desaparecido su fundador y tras la subida al trono de don Juan Carlos. Era una tarea plagada de dificultades casi insalvables. No en vano, España era un Estado confesionalmente católico y donde la propia Iglesia condenaba el régimen y exigía su reforma; un Estado que prohibía las huelgas y donde los conflictos laborales proliferaban a millares pese a la feroz represión; un Estado autoritario opuesto al liberalismo y que buscaba ansiosamente alguna forma análoga de legitimación democrática; un Estado garante de la moralidad y buenas costumbres tradicionales y donde se extendían las más modernas y vanguardistas actitudes sociales y concepciones vitales. Sin añadir que la vieja receta de vender prosperidad a cambio de democracia se hacía cada vez más inviable desde principios de 1973 en vista de la severa crisis energética que habría de precipitar la recesión económica internacional. En cualquier caso, el Gabinete presidido por Carrero Blanco apenas tendría seis meses de vigencia efectiva. En la mañana del 20 de diciembre de 1973 su presidente era brutalmente asesinado en un atentado perpetrado por ETA en pleno centro de Madrid.

El mortal atentado contra Carrero Blanco (denominado "Operación Ogro") fue el golpe más espectacular planificado por el grupo terrorista y había sido resultado de una larga gestación. Habiendo descartado la posibilidad de un secuestro del presidente por las dificultades para esconderlo, ETA optó por el asesinato mediante la detonación de una bomba colocada bajo el asfalto en una calle frecuentada diariamente por el coche oficial del almirante. La realización del plan fue obra íntegra de un comando etarra desplazado a la capital y resulta inverosímil la hipótesis conspirativa que pretende ver en el mismo la mano oculta de la CIA, la KGB u otra entidad del espionaje extranjero similar. El éxito de la operación fue más bien resultado de un cúmulo de aciertos etarras y de errores de los servicios de seguridad franquistas: la actuación secreta y novedosa del comando (ETA no había actuado hasta entonces fuera del País Vasco y sus atentados se habían limitado a agentes policiales locales) y las mínimas medidas de protección de Carrero (persona de desplazamientos cotidianos por itinerarios fijos, costumbres rutinarias y con mínima escolta individual) (Tusell, 1993: 433-441; Fuente y otros, 1983).

La inesperada y trágica desaparición de Carrero provocó la crisis política más grave de todo el franquismo y un sobrecogimiento de temor entre la población civil y las fuerzas de la oposición ante la potencial reacción de los sectores ultras del régimen. Sin embargo, con Franco aturdido por la gran pérdida personal y política sufrida, Fernández-Miranda se hizo cargo inmediato de la presidencia y supo mantener la calma oficial y el orden público. El Ejército no fue movilizado y se atajaron a tiempo las medidas extremas dictadas por el director general de la Guardia Civil, general Iniesta Cano (cuyas instrucciones habían dado permiso a los agentes para abrir fuego contra cualquier desorden en la calle). En cualquier caso, como apreciaron certeramente López Rodó y Fernández de la Mora, el asesinato de Carrero suponía la eliminación del leal garante designado para asegurar la supervivencia del franquismo después de la muerte de Franco: "Fue un trauma tremendo. En lo político, me di cuenta de que su muerte ponía fin al régimen de Franco" (López Rodó, 1977: 458); "No pudo asestarse un golpe más duro contra la continuidad del Estado del 18 de julio" (Fernández de la Mora citado en Miguel, 1975: 220). El propio funeral del almirante reveló en algunos detalles la intensidad de la crisis del régimen: el anciano Franco, débil y vacilante, lloró profusamente en presencia de la televisión; un ministro "ultra" se permitió desairar en público al cardenal Tarancón, oficiante de la ceremonia; y el propio cardenal hubo de soportar en la calle los gritos hostiles de manifestantes de extrema derecha. En efecto, la crisis terminal del régimen franquista había entrado en su fase agónica y resolutiva.

6.2. El agravamiento de la crisis política del franquismo tras el asesinato de Carrero Blanco

Franco acusó profundamente el golpe político y moral que supuso la pérdida de su colaborador más próximo y leal. Pero contra todo pronóstico, por influencia directa de su mujer y su yerno, tomó la decisión de prescindir de los colaboradores de Carrero y, en particular, de Fernández-Miranda (a quien los continuistas temían por su cercanía al príncipe y su pragmática moderación). En su lugar, resolvió nombrar nuevo presidente del Gobierno a Carlos Arias Navarro, en virtud de su fama de "duro" y pese a su innegable responsabilidad en los fallos de los servicios de seguridad. Arias Navarro formó su Gabinete en enero de 1974 contando de nuevo con representantes de todas las "familias" franquistas (con exclusión de los tecnócratas del Opus Dei) y, sorprendentemente, de todas las sensibilidades políticas (tanto continuistas como reformistas). Retuvo a ocho ministros previos (Licinio de la Fuente, Martínez Esteruelas, Coloma Gallegos, Pita da Veiga, Allende y García Baxter, el reformista Barrera de Irimo y los continuistas Ruiz Jarabo y Utrera Molina), incorporó a varios falangistas y católicos pragmáticos (José García Hernández en Gobernación y como vicepresidente primero, Alejandro Fernández Sordo en Relaciones Sindicales, Cortina Mauri en Exteriores) y nombró a dos hombres próximos a Fraga (Pío Cabanillas, en Información y Turismo, y Antonio Carro Martínez, en Presidencia) dado el veto del caudillo a la incorporación del propio ex-ministro. El profundo cambio ministerial fue completado por una amplísima renovación de la Administración que afectó a centenar y medio de altos cargos, demostrando fehacientemente la voluntad de ruptura con el pasado tecnocrático (Tusell, 1996: 164; Llera, 1994: 607-614).

Arias Navarro presentó su programa de Gobierno ante las Cortes en una sesión especial celebrada el 12 de febrero de 1974. Consciente de la inviabilidad del mero continuismo intentado por Carrero, y estimulado especialmente por Cabanillas y Carro, el discurso del nuevo presidente adquirió un tinte sorprendentemente abierto y cuasirreformista. No en vano, aparte de reafirmar su lealtad a Franco, se comprometió a convertir "el consenso nacional" expresado hasta entonces "en forma de adhesión" en un nuevo consenso manifestado "en forma de participación". El llamado "espíritu del 12 de febrero" suponía así un programa de reforma gradual cuyos símbolos máximos fueron la promesa de regulación del derecho de asociación política y la introducción de cambios legales para hacer posible la elección popular de alcaldes y presidentes de Diputaciones Provinciales (Payne, 1987: 622; Preston, 1986a: 82-83). En realidad, desde entonces y hasta la muerte de Franco, el tímido reformismo gubernamental se manifestó principalmente en las dos áreas encomendadas a los ministros fraguistas. Pío Cabanillas y su equipo (que incluía al historiador Ricardo de la Cierva) eliminaron prácticamente todo resto de censura en la prensa, toleraron las críticas políticas hacia el régimen (en las que destacó el semanario *Cambio 16*, fundado en 1971 y con una tirada de casi medio millón de ejemplares en el tardo-franquismo), e hicieron posible que 1974 fuera "el año del destape" por la permisividad oficial hacia la aparición del desnudo femenino en revistas y películas. Antonio Carro flexibilizó igualmente la política represiva contra las fuerzas políticas más moderadas y amplió notablemente la tolerancia oficial hacia las actividades de los grupos y dirigentes cristiano-demócratas (Ruiz Giménez y Fernando Álvarez de Miranda), liberales (Satrústegui y Joaquín Garrigues Walker), socialdemócratas (Ridruejo) y socialistas (Tierno Galván y el joven Felipe González).

Sin embargo, la voluntad reformista de Arias Navarro demostró desde muy pronto sus limitaciones internas y externas. El presidente del Gobierno, quizá por edad, talante y formación, a pesar de reconocer la inviabilidad del franquismo sin Franco, no estaba dispuesto ni capacitado para dirigir el necesario cambio democrático que le pedían los reformistas y otras fuerzas de la oposición moderada. Además, los sectores continuistas tenían fuerte presencia en el Gabinete (liderados por Utrera Molina y Ruiz Jarabo) y contaban con el apoyo del propio Franco y su influyente círculo familiar: "Con prudencia, Arias", le aconsejó el caudillo a su jefe de Gobierno tras el discurso del 12 de febrero (Fusi, 1985: 216). En último término, Arias Navarro, como la mayoría de la elite política franquista, era consciente de que toda reforma en profundidad habría de esperar a la muerte de Franco y la entronización de don Juan Carlos. En palabras de un ministro del último Gobierno franquista: "Mientras viviera el protagonista de toda una época de la historia de España, era imposible pensar en cambios sustanciales" (Carr y Fusi, 1979: 236). Por eso mismo, las esperanzas suscitadas por el discurso del 12 de febrero quedaron muy pronto truncadas y el Gobierno y su presidente se debatieron en lo sucesivo entre tímidos avances reformistas y patentes retrocesos inmovilistas.

El primer desmentido inmediato al discurso inaugural de Arias tuvo como referente a la jerarquía episcopal. El 24 de febrero de 1974, el obispo de Bilbao, Antonio Añoveros, hizo leer en su diócesis una homilía que solicitaba una "organización socio-política" respetuosa de la "justa libertad" del pueblo vasco. La airada reacción de Arias fue desproporcionada. Considerando la homilía un "gravísimo atentado a la unidad nacional", dispuso el arresto domiciliario del obispo como paso previo a su expulsión del país. Añoveros se negó a partir sin orden expresa del papa y recordó que la medida violaba el concordato e implicaría la excomunión del católico que la pusiera en práctica por la fuerza. Tarancón y la Conferencia Episcopal secundaron al obispo, que recibió también el apoyo de Pablo VI. Finalmente, Franco obligó a su presidente a desactivar la crisis prohibiéndole una ruptura abierta con el Vaticano y la jerarquía episcopal. Añoveros no abandonó España pero tomó unas vacaciones forzadas hasta que amainara definitivamente el temporal (Preston, 1986: 85-85; Gómez Pérez, 1986: 179-180; García de Cortázar, 1996: 438-439; Suárez Fernández, 1984, VIII: 364-366). Apenas unas semanas después de esta tormenta política, el Gobierno de Arias demostró de nuevo su firmeza represiva. El 2 de marzo, después de que Franco se hubiera negado a conmutar las penas, fueron ejecutados a garrote vil el anarquista catalán Salvador Puig Antich y el polaco Heinz Chez, acusados de haber dado muerte a un policía y un guardia civil, respectivamente. Eran las primeras ejecuciones realizadas por ese bárbaro método desde la de un preso común en 1968. Las peticiones de clemencia del interior y del exterior (incluyendo la de Pablo VI) fueron así rechazadas, dando origen a una campaña de denuncias contra la renovada brutalidad de un régimen en el ocaso de su existencia.

El patente endurecimiento de la política gubernamental fue reforzado de inmediato por un crucial acontecimiento internacional: el 25 de abril de 1974 la longeva y hermana dictadura portuguesa (presidida por Marcelo Caetano desde la muerte de Salazar en 1970) se desplomaba ante un golpe de Estado protagonizado por un ejército cansado de librar una guerra colonial inacabable en África. La súbita Revolución de los Claveles al otro lado de la frontera (y la casi inmediata caída del régimen de los coroneles en Grecia) profundizó enormemente las diferencias internas en la elite política franquista porque acrecentó en unos la sensación de asedio hostil y en otros la impresión de anacronismo patente. La respuesta de los sectores inmovilistas tomó la forma de un artículo de Girón en *Arriba* el día 28 de abril que proclamaba su voluntad de no "ser derrotados por la confusión" y denunciaba a los "falsos liberales infiltrados en la Administración y las altas magistraturas del Estado". Días después del "gironazo", Blas Piñar abundaba en la denuncia de los "enanos infiltrados" en el régimen y condenaba la "libertad abyecta de la Prensa" y las tentativas de reforma por implicar "una puerta abierta a la subversión" (Preston, 1986a: 86). El eco de esa movilización del llamado "búnker" (metáfora aplicada a los inmovilistas dispuestos a emular a los nazis que resistieron hasta el final con Hitler en el sótano de la Cancillería) llegó hasta un Franco sobresaltado por los sucesos portugueses. Curándose en salud, a mediados de julio cesó como jefe del Alto Estado Mayor al general Manuel Díez Alegría, máximo exponente de la tendencia militar abierta al cambio político y favorable a una completa profesionalización de las fuerzas armadas. Por eso mismo, Díez Alegría era percibido como el potencial mariscal Spínola de una intervención militar análoga a la portuguesa (Fernández, 1985: 201-205).

Sin embargo, los triunfos del "búnker" quedaron rápidamente truncados a principios de julio de 1974 por la primera enfermedad grave de Franco. Debido a un ataque de tromboflebitis (precipitada por las muchas horas que pasaba sentado ante la televisión), el caudillo tuvo que ser ingresado y operado en un hospital madrileño a principios del mes. Aunque la operación resultó un éxito, complicaciones derivadas de la larga medicación contra el párkinson provocaron una hemorragia digestiva que estuvo a punto de costarle la vida (incluso recibió la extremaunción de manos de su confesor, el padre Bulart). Ante la gravedad de la enfermedad y la necesaria convalecencia, el 19 de julio Franco firmó el decreto de delegación provisional de sus poderes en manos de un don Juan Carlos reticente. A pesar de las esperanzas suscitadas por esa medida en sectores reformistas y de la oposición, la interinidad del príncipe en la Jefatura del Estado meramente acentuó durante todo el verano la sensación de parálisis institucional y expectante final de reinado. Sin embargo, contra todo pronóstico, una vez recuperado mínimamente de su enfermedad, Franco decidió reasumir sus funciones a principios de septiembre de 1974 y truncar así la posibilidad de una retirada definitiva del poder aún con vida.

En realidad, desde entonces, el régimen franquista vivió en plena incertidumbre y total provisionalidad, con su más que octogenario jefe del Estado muy debilitado, recién salido de una seria enfermedad y sometido a constante vigilancia médica y permanentes ejercicios de rehabilitación (para caminar e incluso hablar). Agravando la situación, a pesar de ser protagonista de una crónica de muerte anunciada, el caudillo decidió atajar las veleidades reformistas de su Gobierno. Su instintivo inmovilismo fue ratificado el 13 de septiembre por el brutal atentado de ETA contra la madrileña Cafetería Rolando (cercana a la Dirección General de Seguridad, en la Puerta del Sol), que provocó una cosecha de 12 muertos y 80 heridos (entre ellos varios policías). Aparte de la consecuente reacción represiva sobre la totalidad de la oposición, Franco exigió y obtuvo de Arias la cabeza de su ministro más reformista, Pío Cabanillas, cesado el 29 de octubre (y sustituido por el teniente coronel León Herrera Esteban). Pero la medida agravó aún más la crisis del régimen porque el cese fue seguido de un hecho insólito en la historia del franquismo: la dimisión, por solidaridad, del ministro de Hacienda, Barrera de Irimo (sustituido por Rafael Cabello de Alba), y de un amplio número de altos cargos de la Administración ligados a sectores reformistas (La Cierva, Francisco Fernández Ordóñez, Marcelino Oreja Aguirre, Juan Antonio Ortega y Díaz Ambrona, Juan José Rosón, etc.). La ruptura en el seno de la elite política franquista era ya un hecho, como señaló un manifiesto del grupo democristiano Tácito a propósito del cese y las dimisiones: "una línea política ha muerto ayer" (Preston, 1986a: 91-92; Powell, 1997: 260).

La retirada del apoyo de los sectores reformistas al Gobierno se apreció con mayor intensidad cuando en diciembre de 1974 Arias logró finalmente ver aprobado su Estatuto de Asociaciones Políticas. En realidad, su texto apenas mejoraba el proyecto de Solís de los años sesenta (previa autorización del Consejo Nacional, mínimo de 25.000 afiliados, repartidos en 15 provincias, para evitar asociaciones regionalistas). En los seis meses siguientes se constituyeron un total de ocho asociaciones, básicamente continuistas, siendo la más importante la UDPE (Unión del Pueblo Español), presidida por Adolfo Suárez González, exdirector de Televisión y asesor de Herrero Tejedor, que agrupaba a los sectores más jóvenes y aperturistas del Movimiento. Pero tanto los democristianos como los seguidores de Fraga rehusaron tomar parte en un juego tan limitado y tan resueltamente rechazado por la oposición. Su alternativa era ya la negociación con las fuerzas antifranquistas de una reforma democrática y sólo esperaban a la sucesión de don Juan Carlos para hacerla viable y efectiva. Un destacado miembro de Tácito, Ortega y Díaz Ambrona, dimisionario asesor del ministro Carro, definió en diciembre de 1974 su alternativa programática como una "evolución democrática", diferente tanto del mero continuismo como de la ruptura auspiciada por la oposición. El mismo autor afirmaría en abril de 1975: "mientras que en 1973 todavía existía la esperanza de una evolución gradual, hoy es evidente que nada salvo una reforma inmediata puede salvarnos de riesgos imprevisibles" (Powell, 1997: 261). También Fraga haría poco después un pronunciamiento en el mismo sentido: "La legitimidad democrática debe ser reconocida en la elección por sufragio universal de una cámara representativa" (Carr y Fusi, 1979: 266).

Los riesgos aludidos por el citado dirigente reformista se cifraban sobre todo en la impresionante oleada de movilizaciones laborales y políticas contra el régimen registrada en 1974 y 1975, estimulada por el nuevo contexto de crisis económica, parálisis política, enajenación del apoyo de la opinión pública y fracaso de las medidas meramente represivas. De hecho, entre 1973 y 1975, la conflictividad laboral más que triplicó sus dimensiones en todos los órdenes: los 931 conflictos de 1973 fueron 2.290 al año siguiente y 3.156 en 1975; entre ambas fechas extremas, el número de huelguistas pasó de 357.523 a 647.100 y el número de horas perdidas de 8.649.265 a 14.521.000 (Molinero e Ysàs, 1998: 96). Lo más significativo fue que ese movimiento huelguístico no quedó reducido a los habituales sectores obreros más combativos (metalúrgicos, mineros, construcción...), sino que se generalizó a otros trabajadores cualificados (empleados de la banca, por ejemplo) y aun profesionales asalariados de clases medias (médicos de la sanidad pública, maestros y profesores de bachillerato, actores de teatro, etc.). Y si bien esa impresionante movilización había adquirido caracteres claramente políticos (por la demanda de libertad sindical y la exigencia de garantías jurídicas contra la represión policial), seguía estando alimentada y reforzada por la creciente recesión económica: en 1974 la inflación anual se había disparado, la electricidad subió un 15% en el primer trimestre, la gasolina un 70% y el gas butano (principal combustible de cocinas y calefacciones) un 60%; mientras tanto, el superávit de la balanza de pagos de 1973 (500 millones de dólares) se había convertido en un déficit de 3.268 millones al año siguiente; y durante el primer trimestre de 1975, la tasa de inflación (medida por el índice de precios de consumo) sobrepasaría el límite del 18% (Preston, 1986a: 80; Fuentes Quintana, 1988: 26).

El descontento social manifiesto por esas huelgas y reduplicado por la agitación universitaria y los nuevos movimientos sociales (vecinales, feministas, juveniles, etc.), quedó además enmarcado en un notable salto de la actividad terrorista que acrecentó la sensación de asedio dentro del personal político del régimen. Las víctimas mortales de ETA pasaron de ser sólo 6 (incluyendo a Carrero Blanco) en 1973 a sumar 18 un año más tarde y 14 en 1975. A la par, el continuo activismo del FRAP fue amplificado por el inicio de las operaciones de un enigmático y filomaoísta GRAPO (Grupos Revolucionarios Antifascistas Primero de Octubre), que fue responsable de 7 víctimas mortales en el último año de vida de Franco (López Pintor, 1982: 59; Preston, 1986a, 99; Waldmann, 1997: 122).

La respuesta gubernamental a esa escalada, tanto laboral como terrorista, consistió en acentuar las medidas represivas en todos los órdenes. El propio Franco había marcado la pauta al declarar a fines de 1974 ante una delegación de la Confederación Nacional de Excombatientes presidida por Girón:

"Cerrad filas, conservadlas incólumes, conservad el espíritu combativo" (Llera, 1986: 639). Precisamente, la negativa de Arias y su Gabinete a condonar un mínimo derecho de huelga provocó a finales de febrero de 1975 su segunda crisis interna en menos de seis meses: el ministro de Trabajo, Licinio de la Fuente, dimitió de su cargo por las críticas del presidente y la mayoría de ministros a su proyecto de autorización de las huelgas siempre que se hicieran en una sola empresa, aprobada por el 60% de la plantilla laboral y por motivos exclusivamente económicos. La dimisión sirvió de pretexto para que en marzo de 1975 Arias llevara a cabo un amplio reajuste en lo que habría de ser el último Gobierno de Franco: sustituyó a Licinio de la Fuente por Fernando Suárez, reemplazó a Ruiz-Jarabo y Utrera Molina en Justicia y Secretaría del Movimiento por Sánchez Ventura y Herrero Tejedor, respectivamente, además de nombrar a Alfonso Álvarez de Miranda para Industria y a José Luis Cerón para Comercio.

Pero el reajuste ministerial impuesto por Arias no supuso un cambio de la línea política en sentido reformista, a pesar de la pragmática disposición aperturista exhibida por Herrero Tejedor (que nombró como vicesecretario al joven Adolfo Suárez). Muy al contrario, la opción por la represión generalizada quedó revalidada al poco tiempo y en ámbitos clave. Por ejemplo, entre febrero y julio de 1975 los servicios de información detuvieron a once oficiales del Ejército y desarticularon así la Unión Militar Democrática (UME). Se trataba de una organización clandestina formada un año antes por el comandante Julio Busquets y el capitán Guillermo Reinlein, bajo la inspiración del movimiento de las fuerzas armadas portuguesas, que llegó a contar con la simpatía de un máximo de 242 oficiales en todo el país. Era, por tanto, un grupo muy minoritario, si bien su mera existencia demostraba los cambios operados en el Ejército y provocó una llamada del ministro Coloma Gallegos a la necesaria unidad "en las filas". Precisamente con motivo de la desarticulación de la UME, Herrero Tejedor pidió a Adolfo Suárez que hiciera un informe reservado sobre los militares y el cambio político aprovechando sus contactos con los servicios de inteligencia labrados durante su época en Televisión. El informe, transmitido al príncipe por vía reservada, permitía concluir que la mayoría de los oficiales y jefes, si bien totalmente ajenos a los ideales de la UME, no serían contrarios a "una reforma política moderada" (Preston, 1986a: 93-95; Fernández, 1985: 207-214; Vilar, 1984: 452-455).

En el orden laboral, el nuevo Gobierno de Arias siguió la misma práctica represiva de épocas previas. De hecho, ya en el año 1974 habían sido suspendidos de empleo y sueldo 25.000 trabajadores por su participación en conflictos laborales. A la par, durante el último año de vida de Franco, las Normas de Obligado Cumplimiento dictadas por el Ministerio de Trabajo habían llegado a afectar al 33,4% de los trabajadores implicados en nego-ciaciones de convenios colectivos (Molinero e Ysàs, 1998: 80; Tusell, 1996, 172). Por lo que respecta a delitos políticos, también en 1975 el Tribunal de Orden Público había incoado un total de 4.317 causas contra civiles, en tan-to que los tribunales militares habían juzgado en los dos últimos años del franquismo a un total de 305 civiles por injurias al Ejército, resistencia al mismo o delitos contra la seguridad del Estado (Ballbé, 1983: 453-454). Esta espiral represiva se cebó especialmente en el País Vasco, con el objetivo de atajar los apoyos tácitos o expresos a la actividad de ETA. De hecho, de 1973 a 1975, en virtud de diversos estados de excepción, más de 6.300 vascos fue-ron detenidos por la policía durante algún tiempo y, en muchos casos, mal-tratados y torturados (Payne, 1987: 629). Para facilitar esa labor antiterro-rista, el Gobierno aprobó el 22 de agosto de 1975 un decreto-ley de "prevención y enjuiciamiento de los delitos de terrorismo y subversión con-tra la paz social y la seguridad personal" que revalidaba el protagonismo indis-cutido de la jurisdicción militar como en los primeros tiempos del franquis-mo y sin las trabas de la legislación civil introducida en los años sesenta.

La nula eficacia práctica de esa legislación draconiana y su potencial peli-gro político y diplomático fue puesta en evidencia con su aplicación a los miembros de ETA y el FRAP detenidos por su participación en atentados con víctimas mortales y sometidos a distintos consejos de guerra durante el mes de septiembre de 1975. Los tribunales militares sentenciaron a muerte a tres etarras y a ocho militantes del FRAP (incluyendo dos mujeres encin-tas). En medio de una grave tensión interna (el 11 de septiembre hubo una masiva huelga general en el País Vasco en solidaridad con los condenados) y de múltiples peticiones de clemencia llegadas del exterior (entre ellas, tres del papa, don Juan, la reina de Inglaterra, el propio Leónidas Breznev...), el cau-dillo decidió ejercer el derecho de gracia sobre seis condenados y aprobar la sentencia a muerte de otros cinco. En consecuencia, el 27 de septiembre fue-ron ejecutados dos miembros de ETA (Txiki Paredes y Ángel Otaegui) y tres del FRAP (José Humberto Baena, José Luis Sánchez Bravo y Ramón García Sanz). La fuerte repulsa internacional se expresó en forma de masivas mani-festaciones, a veces violentas, ante las embajadas españolas en las capitales europeas y la retirada de varios embajadores acreditados en Madrid. La res-puesta del régimen consistió en una concentración de apoyo a Franco cele-brada el 1 de octubre de nuevo en la plaza de Oriente, bajo pancartas de sec-tores ultras que rezaban "ETA, al paredón" y "No queremos apertura, queremos mano dura". Emocionado y tembloroso, el caudillo se dirigió con voz débil y quejumbrosa a los manifestantes para dar su explicación de los hechos: "todo lo que en España y Europa se ha armado obedece a una cons-piración masónica-izquierdista de la clase política, en contubernio con la subversión comunista-terrorista en lo social, que si a nosotros nos honra, a ellos les envilece" (Payne, 1987, 644-645; López Rodó, 1977: 483).

Los fusilamientos de septiembre y el discurso del primero de octubre de 1975 fueron en realidad los últimos actos de Gobierno de Franco. La tensión anímica provocada por esa crisis, junto con las graves noticias sobre la situación generada en el Sáhara por la política anexionista marroquí, afectaron irreversiblemente la frágil salud de un anciano de casi 83 años. Un leve proceso gripal iniciado el 12 de octubre fue seguido de un infarto tres días más tarde. Apenas recuperado, el día 20 volvió a sufrir un segundo infarto. A la mañana siguiente, una tranquilizadora nota oficial daba cuenta de la enfermedad gripal de Franco y de un episodio superado de "insuficiencia coronaria aguda". Pero ni la opinión pública ni la elite política se llamaron a engaño: Franco agonizaba. El día 24 sufrió otro infarto muy pronto complicado con una parálisis intestinal y una interminable hemorragia gástrica (producto de la medicación contra el párkinson). El 30 de octubre, consciente de su gravedad, Franco ordenó que se ejecutara el artículo 11 de la ley orgánica del Estado, traspasando sus poderes al príncipe. Cuatro días después tuvo que ser operado a vida o muerte en un improvisado quirófano en el palacio de El Pardo. Sobrevivió a duras penas, pero hubo que ingresarle en la clínica La Paz por aparecer una insuficiencia renal que precisaba diálisis. El 5 de noviembre sufrió una nueva operación que le extirpó dos tercios del estómago. A partir de entonces, mantenido con vida mediante una amplio despliegue técnico, entró en una larga y dolorosa agonía que concluyó el 20 de noviembre de 1975. Su propia muerte fue todo un símbolo de las contradicciones existentes en la España por él gobernada: un caudillo moribundo asistido por todo tipo de modernos artefactos médicos y sosteniendo en su lecho el manto de la Virgen del Pilar y el brazo momificado de Santa Teresa de Ávila (Preston, 1994: 959-961; La Cierva, 1986: 492-503).

Con la desaparición de Franco y la proclamación como rey de don Juan Carlos (el 22 de noviembre en las Cortes), la alternativa política para el régimen dejó de consistir en la dialéctica entre el continuismo pretendido por los inmovilistas o la reforma alentada por los herederos del aperturismo. Hasta tal punto estaba unido el franquismo a la vida de su fundador que no era posible prolongar su existencia más allá de la muerte del caudillo. Desde entonces, el crucial dilema político radicaría en la reforma interna desde el seno del postfranquismo en un sentido democrático o en la ruptura abierta con el mismo propiciada por las fuerzas de oposición. Al final, y en gran medida por el omnipresente recuerdo de la guerra civil y la voluntad tácita y general de no repetirla nunca jamás, el proceso de la transición política tuvo tanto de lo primero como de lo segundo: una reforma pactada y gradual habría de llevar al final a una ruptura de forma y fondo con el régimen precedente.

6.3. La larga marcha hacia la unidad de la oposición antifranquista

La última etapa de la dictadura franquista registró el progresivo reforzamiento de las fuerzas de la oposición y una perceptible tendencia hacia la unidad de sus diversas estrategias para acabar con el régimen. La expectativa de una inminente muerte de Franco, junto con las pruebas de fractura en el interior de la elite política respecto al futuro, fueron factores fundamentales en ese proceso de reafirmación y convergencia de los grupos de la oposición. El mismo efecto tuvo la profunda modernización económica y social desplegada desde 1959, gracias a la cual España pasó de ser una sociedad agraria y rural con un apéndice industrial a convertirse en una sociedad urbana e industrial con un apéndice agrario. Se trataba de una nueva sociedad análoga en conductas, hábitos y preferencias a las habituales en las democracias europeas occidentales circundantes y ya sólo era diferente de ellas por su peculiar y anacrónica estructura política. El desfase y distanciamiento entre la sociedad real y el régimen oficial quedó al descubierto por una encuesta realizada en 1974 sobre preferencias democráticas o autoritarias entre la población. Sólo un 18% de los encuestados consideraba que "es mejor que un hombre destacado decida por nosotros", en tanto que un 60% prefería que "la decisión la tomen personas elegidas por el pueblo" y un 22% "no sabe, no contesta". Al año siguiente, otra encuesta de ámbito nacional sobre simpatías políticas de los españoles revelaba que los mayores apoyos los recogían los "Socialistas" (el 17%), seguidos de la "Democracia Cristiana" (el 16%). A bastante distancia de esos grupos situados en el centro del espectro político, aparecían los "Monárquicos" (el 6%), la "Falange" (5%), el "Movimiento" (4%), los "Regionalistas" (3%), etc. (López Pintor, 1982: 84, 108).

La permisividad del régimen en los últimos años hacia la "oposición moderada" ligada a don Juan permitió que ésta reapareciera en la escena política interior después del ostracismo que había sufrido a partir del "contubernio de Múnich". El monarquismo juanista, muy atento a no romper totalmente con la estrategia de don Juan Carlos, tuvo sus mayores valedores en Joaquín Satrústegui, inspirador de la Unión Española, y José María de Areilza, que había roto con el régimen a mediados de los sesenta. Los grupos de filiación liberal tenían como artífice principal al abogado Joaquín Garrigues Walker, muy bien conectado con los círculos empresariales y financieros del país preocupados por la estabilidad política a largo plazo. Por su parte, los varios núcleos demócrata-cristianos acabarían por unirse en 1973 en el llamado "Equipo de la Democracia Cristiana del Estado Español", que agrupaba a los sectores más conservadores aglutinados por Gil Robles, a la tendencia más progresista dirigida por Ruiz-Giménez, y a los partidos análogos de las diversas regiones y nacionalidades. En este ámbito de la oposición moderada, Dionisio Ridruejo trataba de articular un foco socialdemócrata alrededor de su Partido Social de Acción Democrática y sobre la base de su carisma intelectual y prestigio moral (Tusell, 1977; Gortázar, 1990; Toquero, 1990). En cualquier caso, la influencia política de estos grupos no derivaba de su base de masas sino de su condición de selectos puentes de comunicación entre la oposición de izquierdas y los sectores reformistas del régimen. No en vano, como señaló en privado Garrigues Walker, "la base de su partido cabía con toda comodidad en un taxi" (Preston, 1986a: 135).

La tolerancia oficial también dio cierto respiro a los grupos socialistas que intentaban restablecer la presencia orgánica de esta corriente política entre la población española. En 1967, tras una serie de desencuentros profundos (sobre todo por la actitud ante CC. OO. y el PCE), el profesor Tierno Galván había decidido romper con el PSOE dirigido por Llopis en el exilio y formar un Partido Socialista del Interior (PSI). A finales de noviembre de 1974, dicha entidad se había rebautizado como el Partido Socialista Popular (PSP) y trataba de constituirse en el referente electoral principal dentro del socialismo español. Sin embargo, su tentativa estaba llamada al fracaso debido a la profunda renovación del PSOE operada entre 1970 y 1974. Bajo la dirección de Llopis y el predominio de los envejecidos dirigentes del exilio, el PSOE y la UGT habían llegado a la práctica desaparición como grupos operativos en el interior. De la mano de las nuevas generaciones militantes del País Vasco (dirigidas por Nicolás Redondo y Enrique Múgica) y de Andalucía (articuladas por Felipe González y Alfonso Guerra), los sucesivos congresos de 1971 (Toulouse), 1972 (Bayona) y 1974 (Suresnes) lograron poner punto final a esa larga decadencia y traspasar el poder a los activistas del interior. En el congreso de Toulouse, Redondo sustituyó a Llopis como secretario general de la UGT; en tanto que en el congreso de Suresnes, Felipe González reemplazó al mismo Llopis como secretario general del PSOE. Desde entonces, las históricas siglas del PSOE-UGT y sus jóvenes dirigentes retomarían un papel protagonista en la vida política interior, con creciente atractivo electoral entre la población, a pesar de su reducida militancia efectiva: en 1974, el PSOE contaba con 2.548 afiliados en el interior y 1.049 en el exilio; dos años después, la UGT no llegaba a 7.000 afiliados (Mateos, 1993; Gillespie, 1991; Juliá, 1997).

Ni el anarquismo ni el comunismo tuvieron nunca la menor tolerancia o permisividad por parte de las autoridades franquistas. En el caso del primero, las hondas fracturas políticas en el exilio, la modernización sociodemográfica operada y la represión contra los dispersos núcleos guerrilleros en el interior (Puig Antich, del Movimiento Ibérico de Liberación creado en 1972, fue el último libertario fusilado), sentenciaron la definitiva desaparición de la gran corriente sindicalista que había dominado el movimiento obrero en España desde el último cuarto del siglo XIX. Por su parte, pese a las escisiones sufridas y a la competencia de los grupos de la nueva izquierda (ORT, MCE, LCR, PTE...), el Partido Comunista de España se consolidó en los años finales del franquismo como la principal organización de la oposición por militancia (en torno a 15.000 en 1975) y capacidad movilizadora. Bajo la experimentada dirección de Carrillo, el PCE recogió los beneficios de su política de "entrismo" sindical, apoyo a las CC. OO. y promoción de un gran "pacto por la libertad" y la "reconciliación nacional" como paso previo a la "ruptura democrática" con el franquismo. El paralelo alineamiento de Carrillo con las tesis "eurocomunistas" avaladas por sus homólogos italianos y franceses frente a la URSS ratificaron las credenciales democráticas del PCE y contribuyeron a romper su aislamiento político en el seno de la oposición (G. Morán, 1986).

En Cataluña y el País Vasco, la fase final del franquismo también registró un reforzamiento y redefinición de las fuerzas opositoras al régimen. En la primera, la hegemonía del PCE se mantuvo a través de su filial, el PSUC (Partido Socialista Unificado de Cataluña), en soterrada pugna con el MSC (Moviment Socialista de Catalunya), la histórica ERC (Esquerra Republicana de Catalunya) y el más radicalizado PSAN (Partit Socialista d'Alliberament Nacional dels Paisos Catalans). La tradición moderada catalanista recobró sus fuerzas de la mano de la veterana Unió Democrática de Catalunya (UDC, integrante del Equipo de la Democracia Cristiana) y del núcleo católico agrupado en torno a Jordi Pujol, que crearía en 1974 la Convergencia Democrática de Catalunya (Balcells y Solé i Sabaté, 1990). En el caso vasco, la hegemonía tradicional del PNV sobre el PSOE y otras fuerzas implantadas en el área (como el Partido Carlista, que evolucionó sorprendentemente hacia un socialismo autogestionario y federal) sufrió el desgaste impuesto por la presencia de ETA y la escalada terrorista y represiva desatada en 1969. Después de la escisión de su sector "españolista" en la V Asamblea (que daría origen al MCE), tras el juicio de Burgos ETA experimentaría nuevas divisiones entre los partidarios de la lucha armada en exclusiva y los favorables a una combinación de esa vía con la movilización de masas. Estos últimos, escindidos en la VI Asamblea, contribuirían en gran medida a la formación de la LCR, en tanto que los primeros proseguirían sus actividades terroristas por la "liberación nacional y social" sin tregua durante todo el período franquista y una vez restablecida la democracia (Jáuregui, 1990; Waldmann, 1997; Cubero, 1990).

En el seno de la oposición antifranquista, a pesar de su gran diversidad de principios ideológicos y estrategias políticas, siempre habían existido formas de colaboración parcial o episódica (ANFD, Gobierno de Giral, Pacto de San Juan de Luz...). Sin embargo, desde los efímeros organismos unita-

rios de los años cuarenta, nunca hubo una plataforma conjunta que agrupa-
ra al PCE y al resto de los partidos opositores del exilio o del interior. La
razón de esa ausencia la había explicado Prieto al PSOE en julio de 1947:
"El PCE no es un partido hermano, sino... un rival..., adversario, enemigo"
(Fernández Vargas, 1981: 141). El tránsito definitivo hacia esa plataforma
conjunta superadora de los antagonismos de la guerra civil se produjo por
vez primera en noviembre de 1971, con la creación en Barcelona de la
Assemblea de Catalunya, en la que estaban representados todos los grupos de
la oposición en el ámbito catalán (desde los demócrata-cristianos a los maoístas, pasando por el PSUC y las CC. OO.).

Alentado por el ejemplo catalán, Carrillo aprovechó la primera enfermedad grave de Franco para romper el aislamiento del PCE y crear un organismo unitario de la oposición que pudiera ser el embrión de una alternativa democrática al régimen en descomposición. En julio de 1974 se constituyó
en París la *Junta Democrática,* con la participación del PCE, el PSP de Tierno
Galván, el Partido Carlista e incluso personalidades de la derecha monárquica como Rafael Calvo Serer (miembro del Opus Dei exiliado tras el cierre de su diario *Madrid.* Su programa de "ruptura democrática" con el franquismo mediante movilizaciones de masas implicaba el rechazo a la sucesión
de don Juan Carlos y demandaba un Gobierno provisional, referéndum sobre
la forma de Estado (republicana o monárquica), amnistía para todos los delitos políticos, reconocimiento de los derechos civiles, libertad sindical, separación de Iglesia y Estado y el ingreso en la CEE. A pesar de su impacto político y mediático, la Junta Democrática no consiguió sumar el apoyo de los
restantes grupos de la oposición más moderada y posibilista (dispuesta a aceptar la monarquía si don Juan Carlos conseguía traer la democracia), aunque
sí los forzó a imitar su dinámica unitaria. Apenas un año más tarde, en junio
de 1975, quedaba constituida la *Plataforma de Convergencia Democrática,*
articulada en torno al PSOE y que contó con el concurso de la Democracia
Cristiana, el PNV, la UDC, el grupo de Ridruejo e incluso la participación
del MCE y la ORT (Morodo, 1985: 143-145).

El deterioro de la situación política desde mediados de 1975 acentuó las
presiones de los sectores de la oposición y de la opinión pública en favor de
una colaboración política de la Junta y la Plataforma. En plena crisis generada por los fusilamientos de septiembre, los contactos iniciales desemboca-
ron en el primer comunicado conjunto de ambos organismos comprome-
tiéndose a "realizar un esfuerzo unitario que haga posible la formación urgente
de una amplia coalición organizada democráticamente, sin exclusiones, capaz
de garantizar el ejercicio, sin restricciones, de las libertades políticas" (Vilar,
1984: 460). La muerte de Franco y la proclamación de don Juan Carlos precipitaron esa dinámica unitaria a finales de 1975. Apreciando la imposibi-

dad de derribar al régimen por la fuerza y percibiendo el amplio apoyo popular a un cambio pacífico y gradual, Carrillo cedió a las demandas de los otros partidos más moderados para que retirara su exigencia de ruptura total con el franquismo y expulsión del nuevo rey. Como resultado, en marzo de 1976, la Junta y la Plataforma establecieron un nuevo organismo unitario: *Coordinación Democrática* (conocida popularmente como la Platajunta). De este modo, tras un largo período de gestación, las fuerzas de la oposición consiguieron finalmente su unidad y un instrumento crucial a la hora de negociar con los reformistas del régimen la transición pacífica hacia un sistema plenamente democrático. La propia moderación de sus objetivos contribuiría decisivamente a hacer factible dicha negociación y el éxito de la operación de reforma pactada pero radical del sistema franquista. En palabras de Raúl Morodo, partícipe en el proceso como dirigente del partido de Tierno Galván:

> Estos tres supuestos iniciales (asumidos por la oposición unida) –no cuestionar el sistema socio-económico, no plantear responsabilidades, no lanzarse a la polémica Monarquía/República– serán, a partir de ahora (marzo de 1976), tres elementos clave para posibilitar el consenso ulterior (Morodo, 1985: 145).

6.4. El desahucio internacional del régimen de Franco

Frente a la normalmente longeva duración en sus cargos de los titulares de Asuntos Exteriores de Franco, entre 1969 y 1975 hubo tres ministros sucesivos en esa cartera con muy corto período de ejercicio individual: Gregorio López Bravo (1969-1973), Laureano López Rodó (1973) y Pedro Cortina Mauri (1973-1975). Por sí solo, este anormal y rápido relevo ministerial traduce las crecientes dificultades internas e internacionales que hubo de afrontar el régimen en su última y crítica etapa de existencia.

La gestión del "tecnócrata" López Bravo en el Gobierno "monocolor" de Carrero Blanco todavía consiguió algunos éxitos notables para el franquismo en el ámbito diplomático. No en vano, bajo su gestión, en agosto de 1970 se firmó el *Acuerdo de Amistad y Cooperación* entre España y los Estados Unidos de América, que derogaba expresamente los pactos defensivos de 1953, eliminaba la onerosa cláusula secreta de activación unilateral de las bases por parte norteamericana, implantaba un sistema de consultas bilaterales en caso de emergencia, y ampliaba sustancialmente la cooperación económica, científica, cultural y educativa entre ambos países. Un mes antes de este avance cualitativo en las relaciones hispano-norteamericanas, López Bravo también había logrado concluir el ansiado *Tratado Comercial* de carácter preferencial entre España y la Comunidad Económica Europea. Sin embargo, apenas tres años más tarde, habida cuenta del ingreso de Dinamarca, Irlanda y Gran Bretaña en la CEE, fue preciso revisarlo por el agravamiento de las servidumbres agrícolas e industriales asumidas por España en el texto original. El Protocolo Adicional firmado en enero de 1973 consiguió aliviar provisionalmente la situación a costa de dejar en suspenso el grave problema político que impedía la plena integración de España en la CEE: la supervivencia del franquismo como un régimen antiliberal y contrario al sistema democrático (Marquina, 1986: 836-847; Moreno Juste, 1998a y 1998b; Calduch, 1994: 136-138).

López Bravo cosechó otro triunfo al superar las reticencias anticomunistas de algunos sectores del régimen y proceder, entre 1969 y 1973, al restablecimiento de relaciones comerciales, consulares o diplomáticas con países del este de Europa: Hungría, Bulgaria, Checoslovaquia, Yugoslavia, Polonia, Alemania oriental y Rumanía. En realidad, no había motivo de principio para mantener esa cuarentena perjudicial para los intereses exportadores e importadores españoles una vez que Franco había decidido en 1959 no romper relaciones diplomáticas con Cuba tras el triunfo de Fidel Castro, a pesar de su pronta deriva prosoviética y de las presiones de Washington en favor de tal ruptura. El único límite impuesto a esa "Ostpolitik" fue el veto a la normalización de relaciones diplomáticas con la URSS, no obstante la firma en septiembre de 1972 de un tratado comercial hispano-soviético. Con el reconocimiento, al año siguiente, del Gobierno de la China Popular, los únicos países con los que la España de Franco no mantenía relaciones por motivos políticos quedaron reducidos a tres: Albania, Corea del Norte y Vietnam.

Sin embargo, la suerte no acompañó a López Bravo en otra faceta clave de la política exterior franquista: las relaciones con la Santa Sede. Desde que en 1968 Franco se hubiera negado a la petición del papa para que renunciara a su derecho de presentación episcopal, el régimen y el Vaticano habían iniciado las conversaciones para reformar o renovar el ya anticuado concordato de 1953. El proceso estuvo plagado de dificultades insuperables por la resistencia numantina de Franco a las nuevas orientaciones políticas democratizadoras impulsadas por Roma tras el Concilio Vaticano II. De hecho, es muy probable que López Bravo perdiera su cartera por el fracaso de la dureza de su trato hacia Pablo VI durante su entrevista de enero de 1973, en la que llegó a acusar al pontífice de "querer mal a España". En cualquier caso, en vida de Franco no fue posible renegociar el concordato porque el Vaticano apostaba ya por una alternativa inaceptable bien expresada por el obispo de Las Palmas, Infantes Florido, en mayo de 1975: "Ni clericalismo, ni cesaropapismo, sino secularización de la política y despolitización de la fe" (García de Cortázar, 1996: 440; Portero y Pardo, 1996: 245; Cuenca Toribio, 1989: 146-156).

Tras el breve e infructuoso intervalo de López Rodó en el último Gobierno presidido por Carrero Blanco (junio a diciembre de 1973), Arias Navarro encargó a Cortina Mauri, diplomático de carrera, la dirección de la política exterior española durante los dos últimos años del franquismo. Reflejando fielmente la agonía del régimen en el orden interno, fue aquél un período de graves complicaciones exteriores y de creciente aislamiento y rechazo internacional. La primera crisis surgió con el estallido de la Revolución de los Claveles en Portugal el 25 de abril de 1974. Si bien la tensión política y diplomática entre los antagónicos regímenes de ambos países aumentó notablemente, no se llegó a la ruptura de relaciones. Al verano siguiente, la aparatosa caída de la dictadura de los coroneles en Grecia convirtió la española en la última, aislada y moribunda dictadura superviviente en el sur de Europa. Privado así del apoyo portugués y del respaldo vaticano, Franco no tuvo más remedio que aferrarse a la vital cooperación con Estados Unidos. En mayo de 1975 visitó Madrid el presidente Gerald Ford (Nixon lo había hecho en septiembre de 1970) y sentó las bases de una Declaración de Principios hispanonorteamericana firmada en julio que abrió la vía para la renovación, ya dos años más tarde, del tratado bilateral. Sin embargo, la visita de Ford también permitió comprobar que EE. UU. apostaba claramente por el príncipe como sucesor de Franco y como artífice de una pronta transición a la democracia. La elección ya se había hecho durante la visita de don Juan Carlos y doña Sofía a Washington a finales de 1971, cuando la prensa norteamericana acogió con agrado una declaración claramente reformista del primero: "Yo creo que el pueblo quiere más libertad. Todo es cuestión de saber a qué velocidad" (Preston, 1994: 935, 956). En esa misma línea, pocas semanas antes de la muerte de Franco, la influyente revista *Newsweek* recogía un cuidado comentario sobre el príncipe muy revelador:

> El gobierno gobernará, y Juan Carlos confía en poderle aconsejar y orientar en lo que a los pasos e iniciativas a tomar se refiere. Está decidido a ser rey de todos. La restauración de la verdadera democracia es una de las metas, pero España no debe escatimar esfuerzos para impedir desorden y caos. Cree más en la reforma que en la represión, más en la evolución democrática que en la revolución. Tiene la intención de formar un gobierno moderno que asegure el futuro de España y que no quiera conservar el pasado (Palacio Atard, 1989: 53).

El apenas velado apoyo oficial norteamericano a los planes reformistas de don Juan Carlos tenía lugar, precisamente, cuando el régimen de Franco se enfrentaba a una fortísima oleada de rechazo internacional por causa de los fusilamientos del 27 de septiembre de 1975. Las masivas manifestaciones en las capitales europeas contra las ejecuciones fueron seguidas de episodios de violencia (como el asalto a la embajada española en Lisboa) y de la retirada de los embajadores de 15 países continentales de Madrid como señal de protesta. Mientras tanto, el presidente de México (país que nunca había reconocido a Franco) solicitaba la expulsión de España de la ONU, y el Parlamento Europeo dictaba una resolución condenatoria que suspendía las negociaciones hispanocomunitarias para la renovación del Acuerdo Comercial vigente (Armero, 1978: 230). De este modo, en el último tramo de su existencia, el régimen franquista volvía a experimentar un aislamiento y reprobación internacional muy similares a los que había sufrido en la inmediata posguerra mundial.

La generalizada repulsa exterior suscitada por los fusilamientos no fue el único motivo de preocupación de Franco en los meses finales de su existencia. Para complicar aún más la situación, en la segunda mitad de 1975 se agravó hasta extremos de ruptura el contencioso con Marruecos sobre el futuro de la colonia española del Sáhara occidental. Desde la independencia del Protectorado y la cesión de Ifni, la cuestión del Sáhara había motivado crecientes conflictos diplomáticos entre Madrid y Rabat que ponían en cuestión la tradicional política española de buena vecindad y cooperación con el mundo árabe. Ante la presión independentista del movimiento nacionalista saharaui (articulado por el Frente Polisario) y las antagónicas demandas de anexión del territorio de Marruecos, desde 1970 la política española había consistido en recurrir a la ONU para garantizar un referéndum de autodeterminación como etapa final de la imperiosa descolonización. El rey Hassan II, por motivos de política interior, se había opuesto a esa medida alegando los derechos de soberanía marroquíes sobre la zona y llevando el contencioso al Tribunal Internacional de La Haya. Sin embargo, la sentencia del mismo, conocida a mediados de octubre de 1975, atajaba las pretensiones marroquíes porque reconocía el derecho de la colonia a la libre autodeterminación. La réplica inmediata de Hassan II fue anunciar una marcha pacífica de la población civil marroquí para ocupar el Sáhara, aprovechando la patente debilidad política española por el rechazo internacional, la grave enfermedad de Franco y la previsible neutralidad de los Estados Unidos en caso de conflicto entre sus dos aliados en el área.

La inminencia de la llegada de la "marcha verde" anexionista (350.000 hombres, mujeres y niños) y la pesadilla de un conflicto colonial con Marruecos precipitaron los acontecimientos en España. Apenas asumida interinamente la Jefatura del Estado, y en vista de la grave coyuntura creada por la agonía de Franco, don Juan Carlos se reunió con Arias, Cortina Mauri y el alto mando del Ejército. La necesidad de evitar una agotadora guerra colonial, junto con la conveniencia de asegurar un régimen estable y amigo al otro lado del estrecho de Gibraltar, impusieron la tesis del abandono del territorio previa negociación con Marruecos y Mauritania. El 1 de noviembre de 1975, en su primer y simbólico acto público, el príncipe se trasladó a El Aaiún (capital del Sáhara) para mostrar su solidaridad con las hostigadas tropas españolas y anunciarles la pronta retirada "en buen orden y con dignidad" (Vilallonga, 1995: 224). La posterior visita del ministro Antonio Carro al monarca alauita en Rabat ultimó la negociación de la ansiada solución pacífica al contencioso. En consecuencia, el 14 de noviembre se firmó en Madrid un Pacto Tripartito por el que España se retiraba de su colonia y entregaba su administración a Marruecos y Mauritania, que se comprometían a respetar la opinión de la población saharaui y a comunicar sus resultados a la ONU. Las Cortes franquistas aprobaron la medida por la que España abandonaba su última colonia en África el 19 de noviembre, precisamente un día antes de la muerte de Franco, el soldado "africanista" que había llegado a caudillo.

La urgente resolución diplomática de la crisis saharaui, aparte de resaltar la figura política del príncipe ante los militares españoles y las cancillerías internacionales, supuso un simbólico epitafio final para el moribundo régimen franquista. Aún mayor carga simbólica de clausura de una época y apertura de otra tuvieron dos ceremonias consecutivas inmediatas. Como prueba de reprobación a las últimas ejecuciones autorizadas, ningún jefe de Estado significativo, salvo el dictador chileno, general Augusto Pinochet, asistió a los funerales oficiales de Franco. En espectacular contraste, con la flamante ausencia de Pinochet, el presidente Giscard d'Estaing, el duque de Edimburgo, el vicepresidente de EE. UU. y el presidente de la República Federal de Alemania, asistieron a la proclamación de don Juan Carlos como rey de España (Preston, 1986a: 100).

7

A modo de epílogo: la transición política de la dictadura a la democracia (1975-1977)

Tras la muerte de Franco y la proclamación del rey Juan Carlos I, en España comenzó a ponerse en marcha el llamado proceso de transición política desde la dictadura hacia la democracia. La celeridad de dicho proceso y sus propias características formales son una irrefutable prueba retrospectiva del marcado anacronismo del régimen franquista y de su notable desfase respecto a las peculiaridades y valores dominantes en la sociedad española de mediados de los años setenta. En gran medida, el hecho de que dicha sociedad ya hubiera experimentado su propia transición cultural hacia la democracia al compás de la intensa modernización económica y sociográfica operada desde 1959, permite comprender tanto la forma como el contenido del propio proceso de la transición política: una operación de ingeniería política para desmontar el viejo y anacrónico sistema institucional autoritario a fin de reemplazarlo por un sistema democrático-parlamentario congruente con las demandas de participación de la propia sociedad española y de sus fuerzas políticas y sindicales representativas (Juliá, 1994; Tusell, 1994).

Desde un punto de vista histórico y jurídico, la transición política española se define conceptualmente como "el proceso de reemplazo y sustitución gradual de una legalidad y un sistema institucional heredados de la dictadura franquista en favor de una legalidad y sistema institucional definidos por su carácter democrático y basados en la doctrina de la soberanía popular y la división de poderes del Estado" (Morodo, 1985). A tenor de esta definición, el correspondiente cambio se llevó a cabo entre el 22 de noviembre de 1975 y el 6 de diciembre de 1978: desde la proclamación como rey de don Juan Carlos I y hasta la aprobación mediante referéndum de una nueva *Constitución*

previamente elaborada y votada por unas Cortes democráticas y constituyentes elegidas el 15 de junio de 1977. El hito temporal decisivo en ese proceso transitorio habría de ser, a su vez, el referéndum del 15 de diciembre de
1976 para la aprobación de la *ley para la Reforma Política,* previamente votada por las últimas Cortes franquistas antes de su autodisolución. El proceso
de transición política señalaría así, rigurosamente, el lapso cronológico existente entre la vigencia de una y otra legalidad constituyente y su correspondiente sistema institucional.

Atendiendo a sus características formales, la transición política de la dictadura a la democracia fue un proceso pacífico, negociado, fruto de un pacto y compromiso entre el Gobierno surgido de la legalidad franquista y las
fuerzas de la oposición enfrentada a la misma, bajo el imperativo del consenso básico entre la mayor parte de las fuerzas políticas y con el apoyo expreso de la práctica totalidad de la población española. Estas características formales del proceso implican que la transición significó tanto una *reforma
pactada* de la legalidad franquista como una *ruptura pactada* de la misma en
beneficio de una legalidad democrática plena. En otras palabras: en cuanto
a la forma, el proceso transitorio se llevó a cabo con el máximo grado de respeto procesal a la legalidad e instituciones de la dictadura; se hizo la reforma
"De la ley a la ley" (en palabras de Torcuato Fernández-Miranda). Y sin
embargo, en cuanto al contenido y resultado final, el proceso transitorio con-
dujo a un régimen democrático que suponía una destrucción plena del antiguo sistema político imperante, que fue totalmente desmontado y elimina-
do durante el proceso y no solamente reformado o renovado. Esta ambivalencia
esencial del cambio político (que permite subrayar su carácter procesal de
reforma interna o enfatizar su sentido rupturista último) no excluye, sino
todo lo contrario, "la importancia del *acuerdo,* el *consenso* o el *compromiso*
durante el momento político de sustitución de un régimen por otro " (Maravall
y Santamaría, 1985).

En efecto, a tenor de su morfología histórica, la transición española cobró
la forma de un desmantelamiento interno del sistema franquista realizado
por elementos reformistas del propio sistema, dirigidos por el rey y sus consejeros, en un contexto de intensa crisis económica y bajo la constante presión de la movilización de masas instigada por las fuerzas de la oposición. El
proceso transitorio fue, así pues, ejecutado por la elite gobernante del postfranquismo al tiempo que negociaba con las fuerzas de la oposición el ritmo
y alcance de las propias reformas institucionales. Esta negociación y búsqueda
del compromiso fue una condición esencial de la viabilidad del proceso porque la grave coyuntura económica y la incertidumbre política reforzaron las
bases sociales de la oposición y dieron a ésta el poder para influenciar el proceso, tanto mediante la movilización de sus apoyos de masas en favor del

cambio político como mediante la contención de esa misma movilización de masas a trueque de mayores y más rápidos cambios. En todo caso, la compartida preferencia del Gobierno y la oposición por el acuerdo pacífico en detrimento de la confrontación violenta fue resultado de un conjunto de factores combinados que aconsejaba a ambos la búsqueda del compromiso y la evitación de todo potencial derramamiento de sangre. Al respecto, no cabe duda de que el recuerdo de la guerra civil y la voluntad implícita o explícita de no repetir dicha tragedia operó como un persistente elemento moderador y disuasorio de todo radicalismo (Aguilar Fernández, 1996).

Por parte del Gobierno, uno de los factores de mayor peso a la hora de decidirse a optar resueltamente por la reforma política negociada con la oposición radicó en la intensidad de la crisis económica y sus peligrosos efectos sobre la paz social y laboral. No en vano, la recesión provocada por la subida de los precios del petróleo en 1973 continuó agravándose en los años siguientes: la balanza de pagos española pasó de tener un superávit de 555 millones de dólares en 1973 a una cota máxima de déficit cifrada en 4.294 millones de dólares en 1976; entre ambas fechas, el paro registrado se duplicó desde el 2,2% al 4,9% de la población activa (y subiría al 7,1% en 1978); por su parte, la inflación saltó de un ya elevado 15,6% en 1975 a un desorbitado 24% en 1977 (Serrano Sanz, 1994).

Resultaba evidente que los duros ajustes económicos exigidos por la crisis sólo serían posibles en un marco político estable, homologado y legitimado, que satisficiera mínimamente las amplias demandas populares de participación democrática en la gestión del Estado. Sobre todo, habida cuenta del enorme incremento de la movilización obrera que se operó durante el período de transición y que constituyó una poderosa "presión desde abajo" a la disposición negociadora "desde arriba". De hecho, en el crucial año de 1976 se registró la impresionante cifra de 40.179 huelgas laborales (contra 3.156 el año anterior), participaron en ellas un total de 2.519.000 trabajadores huelguistas (frente a 647.000 en 1975) y se perdieron como resultado en torno a 106.560.000 horas laborales (14.521.000 el año previo) (Molinero e Ysàs: 1998: 96). Esa movilización y militancia obrera y popular respaldada por la oposición fue "clave para el proceso de democratización" y su resultado final rupturista: "Sin ella ningún funcionario (franquista), ni siquiera el más flexible y reformista, se habría creído obligado a reflexionar sobre el futuro" (Preston, 1986a: 112).

Por parte de la oposición, los factores fundamentales que rebajaron sus expectativas de ruptura democrática y la inclinaron a aceptar la reforma pactada fueron esencialmente dos. De un lado, dejando aparte su debilidad organizativa y limitada implantación en términos de militancia, su arma política clave, la presión en la calle mediante huelgas y manifestaciones, encontró sus propios límites a lo largo del período 1975-1976. La notable conflictividad obrera registrada seguía estando motivada por razones básicamente económicas y, en todo caso, no fue capaz de extenderse a otros grupos sociales afines ni encontró eco suficiente para transformarse en un movimiento interclasista general. En definitiva, los líderes de la oposición apreciaron certeramente que, a diferencia de abril de 1931, "la instauración de la democracia nunca sería el resultado de una irresistible movilización popular" (Juliá, 1994: 185). La consecuente opción negociadora se vio asimismo reforzada por otra comprobación igualmente moderadora: la fuerza que conservaban los sectores "ultras" en el aparato coactivo del Estado (por ejemplo, en la policía) y su potencial capacidad de instrumentación del Ejército para detener el proceso reformista y hacerlo derivar hacia una confrontación violenta o incluso hacia una nueva guerra civil. La consecuente amenaza de involución política mediante un golpe militar (en reacción a un desbordamiento de la protesta popular o en respuesta a la persistente actividad terrorista) actuó como un poderoso correctivo a las demandas maximalistas de la oposición y amplió el margen de maniobra de los sectores reformistas del franquismo.

Finalmente, un último factor contribuyó a fijar los límites del marco sociopolítico de la transición española y a configurar su carácter pacífico y pactado: la patente voluntad mayoritaria de la población de cambiar el régimen político pero sin arriesgarse a ninguna violencia general. Las encuestas realizadas durante esos años demostraban reiteradamente esa voluntad mayoritaria de cambio controlado, que penalizaba las opciones radicales y maximalistas y trataba de conciliar la aspiración a la libertad con la preservación de la estabilidad. Así por ejemplo, una encuesta de 1975 reveló que los españoles valoraban más la *estabilidad,* el *orden* y la *paz,* que la *libertad,* la *justicia* y la *democracia:* el 56% de los consultados anteponía a toda costa los primeros valores frente a un 33% que prefería los segundos en cualquier caso. Ese trasfondo de moderación generalizada de la ciudadanía y el potencial cuerpo electoral español fue ratificado por la encuesta sobre preferencias políticas efectuada en enero de 1977. Según esta última, si bien en una escala ideológica de 10 puntos el 44% de los encuestados se situaba en la parte izquierda del espectro político y un 37% en la derecha, el dato crucial era el peso de los sectores intermedios de centro-izquierda y centro-derecha: entre ambos cubrían un 41% de los españoles (López Pintor, 1982: 85-86; Juliá, 1994: 183; Maravall, 1980: 80-81).

La proclamación de don Juan Carlos como sucesor de Franco a título de rey en noviembre de 1975 significó de hecho la apertura del proceso de transición política. Aparte de que su primer discurso hiciera mención a una monarquía "de todos los españoles" y "una sociedad libre y moderna" que "requiere la participación de todos en los foros de decisión", prueba fehaciente de esa voluntad democratizadora del rey eran sus previos contactos secretos, directos o indirectos, con personalidades de la oposición antifranquista (incluyendo a Santiago Carrillo) (Vilallonga, 1993: 103-108). Sin embargo, en un primer momento, a fin de amortiguar las tensiones entre las propias facciones franquistas y calmar los recelos del "búnker", el rey no tuvo más remedio que mantener como presidente del Gobierno a Carlos Arias Navarro. A cambio de transigir en ese aspecto, consiguió el nombramiento de Torcuato Fernández-Miranda como presidente de las Cortes y del Consejo del Reino y la inclusión en el nuevo Gabinete de prominentes figuras del reformismo (Fraga en Gobernación; Areilza en Asuntos Exteriores; Adolfo Suárez en la Secretaría del Movimiento) que contrarrestaban la presencia o continuidad en él de caracterizados guardianes de la ortodoxia inmovilista (como el general Santiago y Díaz de Mendívil en Defensa o el almirante Pita da Veiga en Marina). Pero Arias Navarro no aceptó nunca la idea de transformar al régimen en una democracia pluralista y tampoco asumió la necesidad o conveniencia de negociar con la oposición ningún proceso de reforma esencial. Desde la constitución de su Gabinete y hasta su cese en julio de 1976, el vago proyecto de Arias para otorgar una "democracia limitada y bajo control", una "democracia a la española", fue sometido a un sistemático desgaste por parte de una oposición cada vez más unida y reforzada por la intensidad de la movilización obrera y popular del primer semestre de 1976 (Maravall y Santamaría, 1985: 92; Carr y Fusi, 1979: 274). La muerte en Vitoria de cuatro obreros huelguistas en choques con la policía a principios de marzo sentenció el fracaso de esa tentativa pseudoreformista frente a la estrategia opositora de apostar por la "presión desde abajo", contribuyendo además al desprestigio personal de Fraga y de los reformistas más veteranos.

La patente incapacidad de Arias Navarro para retomar la situación y apoderarse de la iniciativa política forzó una decisiva intervención del rey en el verano de 1976. A principios de julio, don Juan Carlos cesó a su presidente del Gobierno y encomendó la formación de un nuevo Gabinete a un político joven (de la "generación del rey"), reformista, pero que ofrecía garantías a los sectores más temerosos del régimen por su pasado y extracción política: Adolfo Suárez, hasta entonces ministro-secretario general del Movimiento. Con Suárez de jefe del Gobierno, con el rey como "motor del cambio" (según Areilza) y con Fernández-Miranda al frente de las instituciones clave del régimen, el proceso de reforma controlada y pactada con la oposición emprendió su verdadera marcha imparable e irreversible. De hecho, la primera declaración programática de Suárez en julio de 1976 asumió el principio de la soberanía popular, anunció la concesión de una amplia amnistía política y, sobre todo, advirtió que pronto se sometería a referéndum popular un proyecto de *ley para la Reforma Política* cuyo objetivo último era el "establecimiento" de un sistema político democrático y la convocatoria de elecciones generales antes de finalizar el mes de junio de 1977.

Habiendo conseguido el 8 de septiembre el apoyo del alto mando militar por respeto a la voluntad del rey (a pesar de tener que sustituir al "ultra" general Santiago por el reformista general Gutiérrez Mellado), el Gobierno de Suárez consiguió hábilmente que su proyectada ley para la Reforma Política fuera aprobada tanto por el Consejo Nacional (80 votos contra 13 y 6 abstenciones) como por las Cortes (425 votos contra 59 y 13 abstenciones). Satisfechos así los cauces jurídicos del régimen (como señaló el almirante Pita da Veiga: "Tengo la conciencia tranquila porque se llevarán a cabo las reformas democráticas mediante la legalidad franquista" [Preston, 1986a: 127]), el referéndum del 15 de diciembre de 1976 supuso una sustancial victoria política del programa reformista: con una participación del 77,4% del censo electoral, la ley fue aprobada con el 94,4% de votos afirmativos, con un escaso 2,6% de votos negativos (los del continuismo franquista) y con una abstención del 22,6% (la opción defendida por la oposición).

La llamada de la oposición a la abstención en el referéndum fue ya el primer paso hacia el consenso y el compromiso porque anunciaba su disposición a negociar el ritmo y alcance de una reforma política sincera y verdadera. Reforzado políticamente por su abrumadora victoria en la consulta popular, a partir de diciembre de 1976 Suárez inició los contactos con una comisión negociadora surgida de Coordinación Democrática para acordar los términos básicos de esa reforma. Por parte de la oposición, los objetivos esenciales de la negociación se centraban en cuatro ámbitos: 1. forzar el reconocimiento de todas las fuerzas políticas sin exclusiones (esto es: incluyendo al PCE); 2. conseguir un acuerdo aceptable sobre el reglamento y normativa electoral (asegurándose de su carácter proporcional y respeto al equilibrio territorial); 3. lograr una ampliación notable de la previa amnistía política ya concedida por el Gabinete; y 4. imponer la disolución del Movimiento Nacional y de los Sindicatos Verticales antes de las elecciones generales. Por su parte, el Gobierno de Suárez pretendía conseguir dos objetivos prioritarios de esos contactos con el organismo unitario de la oposición: 1. obtener una legitimación popular de la Corona por vía indirecta (a través de las elecciones a Cortes y posterior elaboración de la Constitución sin recurrir a un referéndum expreso sobre la forma de Estado); y 2. orillar la cuestión de las responsabilidades políticas del franquismo e "impedir por cualquier medio que se hiciera un memorial de agravios cometidos por el régimen" (Vilallonga, 1993: 227).

Durante el primer semestre de 1977, las negociaciones entre el Gobierno de Suárez y la comisión negociadora de la oposición fueron desbrozando fatigosamente el camino hacia la primera consulta electoral libre en España desde hacía más de cuarenta años. Las fuerzas de la oposición continuaron su estrategia de presión desde la calle para acelerar la reforma e imponer el máximo de sus objetivos, en tanto que el Gobierno aprovechaba su recién ganado prestigio político para dosificar los cambios sin precipitar la violenta resistencia del "búnker" y el potencial golpismo militar. A finales del fatídico mes de enero de 1977 se produjo la más grave crisis de toda la transición cuando un grupo terrorista de extrema derecha asesinó a cinco militantes del PCE (tres de ellos abogados), en una calculada operación para precipitar una reacción comunista que sirviera de pretexto a una intervención militar y truncara el proceso reformista en curso. La respuesta de la dirección comunista se limitó a impulsar una impresionante y controlada movilización popular de repulsa genérica hacia la violencia que acabó por amortiguar los últimos recelos reformistas acerca de su legalización. A cambio de esta última medida (tomada en abril de 1977), el PCE cedió en tres puntos cruciales: abandonó la exigencia de un Gobierno neutral para presidir las elecciones generales, reafirmó su renuncia a pedir responsabilidades políticas por el pasado, y asumió implícitamente la permanencia de la monarquía y de los símbolos nacionales (la bandera rojigualda).

Con la legalización de los comunistas, la disolución del Movimiento y los Sindicatos Verticales y la ampliación de la amnistía política, el Gobierno de Suárez obtuvo finalmente el aval de la oposición para convocar elecciones generales por sufragio universal y democrático a Cortes constituyentes el 15 de junio de 1977. Esa revalidación pública de las credenciales democráticas del segundo Gobierno del rey fue completada con otro reconocimiento de igual simbolismo político y transcendencia institucional: el 14 de mayo de 1977 don Juan renunciaba a sus derechos históricos al trono como jefe de la casa de Borbón y los transmitía a su hijo y heredero, don Juan Carlos, que asumía así la plena legitimidad dinástica y sacudía la mácula de una monarquía "instaurada" en beneficio de una "restauración" de la monarquía.

A partir de la consulta electoral de junio de 1977, desde un punto de vista tanto histórico como jurídico-institucional, quedó enterrado definitivamente el régimen de Franco. Sin desconocer que esa profunda ruptura en nada aminoraba la pesada herencia legada por el franquismo a la restablecida democracia española: hipoteca de la amenaza del golpismo militar, gravedad de la crisis económica cuasiestructural, persistencia e incremento del activismo terrorista, agotamiento del modelo estatal centralista y búsqueda de fórmulas sustitutorias, etc. La reforma política desde el interior del franquismo había conducido gradualmente, mediante el pacto y la negociación con la oposición, combinados con la presión y la movilización popular, a una situación terminal de cesura plena con el pasado. La nueva legalidad surgida en junio de 1977 tendría su origen en el principio de la soberanía del pueblo, la división de poderes del Estado, el reconocimiento de los derechos civiles individuales y la consulta electoral libre y democrática de la ciudadanía para la formación y sustitución de Gobiernos y parlamentos. Nada más ajeno a aquel régimen basado en los poderes carismáticos de un caudillo providencial cuya legitimidad derivaba de la victoria en la guerra civil, que abominaba de las supuestamente trasnochadas fórmulas liberal-democráticas y se vanagloriaba de que "en España no hay división de Poderes, sino unidad de mando y de dirección y, bajo ella, orden y jerarquía".

Estado de la cuestión

1. El debate sobre la naturaleza del franquismo

Es una convención académica admitida y consagrada denominar "debate sobre la naturaleza del franquismo" a la discusión sobre la definición conceptual apropiada para el tipo de régimen político y modelo de dominación social implantado en España desde 1936 y hasta 1975. Se trata de una polémica intensa y duradera, quizá incluso insoluble e inacabable, que ha involucrado a numerosos protagonistas históricos, analistas políticos, juristas, sociólogos e historiadores. En esencia, dicho debate pretende definir con rigor las características propias del sistema político franquista para enmarcarlo comparativamente en las diferentes tipologías de regímenes políticos existentes en Europa y en el mundo durante el siglo XX. Esa definición y análisis comparativo, lejos de ser unas prácticas baladíes o artificiosas, constituyen un ejercicio intelectual básico para comprender las razones y causas históricas del origen y evolución del régimen español y así perfilar sus similitudes y diferencias con otros sistemas análogos o coetáneos acaecidos en la época contemporánea. No en vano, el primer acto del conocimiento humano es dar nombre propio y distinto a las cosas para diferenciar, cotejar y discriminar unas de otras en el proceso comunicativo intersubjetivo. Por consiguiente, el primer requisito del conocimiento científico-social es, a su vez, la lógica de la definición conceptual rigurosa y unívoca de los fenómenos estudiados y analizados para evitar equívocos, ambigüedades, contrasentidos o simples absurdos: ejercitando, en resolución, el arte de la distinción frente al vicio de la confusión.

La discusión sobre la definición del franquismo como caso particular de régimen político comenzó ya durante la propia guerra civil española. Y desde el primer momento se apreció la existencia de dos grandes núcleos de interpretación alternativa que, en gran medida, siguen subsistiendo en la actualidad. Generalizando notablemente, podría decirse que ambos núcleos interpretativos estaban de acuerdo en concebir la insurrección militar, junto con sus apoyos civiles en la sociedad, como un movimiento reaccionario, contrarreformista y contrarrevolucionario, cuyo propósito fundamental era defender los intereses de la oligarquía y las clases e instituciones dominantes frente a las reformas sociales del Gobierno republicano y frente a la amenaza revolucionaria representada por una potente clase obrera organizada y muy reivindicativa. Salvada esa coincidencia básica sobre las *funciones sociales* del bando insurgente, la diferencia crucial entre las dos interpretaciones estribaba en la consideración de la *naturaleza política* de esa reacción contrarrevolucionaria y antirreformista liderada por el Ejército y encabezada por el general Franco. En esencia: ¿se trataba de una caso extremo de dictadura militar de tipo tradicional, como las que existían entonces en otras zonas de Europa (caso de la Polonia del mariscal Pilsudski) y como ya había conocido España en épocas previas (1923-1930, por ejemplo)? ¿O más bien representaba la versión española del nuevo movimiento fascista europeo, tal y como había tomado cuerpo y vida primero en la Italia de Mussolini y después, con mayor radicalidad, en la Alemania de Hitler?

La primera interpretación tenía amplios y destacados seguidores en las filas republicanas y, posteriormente, contaría con sustanciales apoyos entre historiadores, juristas y analistas políticos (Ballbé, 1983: cap. 12; Seco Serrano, 1984, 423-443; Navajas Zubeldia, 1993). El propio presidente de la república y notable representante de la burguesía reformista, Manuel Azaña, no dudó en anotar en su diario en octubre de 1937 las escasas veleidades modernizantes que, a su juicio, podían abrigar las derechas españolas en sus ensayos políticos:

> Hay o puede haber en España todos los fascistas que se quiera. Pero un régimen fascista no lo habrá. Si triunfara un movimiento de fuerza contra la República, recaeríamos en una dictadura militar y eclesiástica de tipo tradicional. Por muchas consignas que se traduzcan y muchos motes que se pongan. Sables, casullas, desfiles militares y homenajes a la Virgen del Pilar. Por ese lado, el país no da otra cosa. Ya lo están viendo. (...) Les he explicado a fondo el origen, los fines y medios de la rebelión y la guerra; (...) los caracteres típicamente españoles de la dictadura militar y eclesiástica que implantan los rebeldes, cualesquiera que sean los lemas que enarbolan y el color de sus camisas (Azaña, 1978: 313, 330).

Paradójicamente, la misma opinión sobre la inviabilidad de un pleno fascismo en España había sostenido tres años antes el periodista Luis Araquistáin, cerebro gris de la radicalizada izquierda socialista y furibundo crítico del republicanismo azañista:

> En España no puede producirse un fascismo de tipo italiano o alemán. No existe un ejército desmovilizado, como en Italia; no existen cientos de miles de jóvenes universitarios sin futuro, ni millones de desempleados, como en Alemania. No existe un Mussolini, ni siquiera un Hitler; no existen ambiciones imperialistas, ni sentimientos de revancha, ni problemas de expansión, ni siquiera la cuestión judía. ¿A partir de qué ingredientes podría obtenerse el fascismo español? No puedo imaginar la receta (Chueca Rodríguez y Montero Gibert, 219).

No deja de ser sorprendente que, un mes después de iniciada la propia guerra civil, esos juicios de destacados dirigentes republicanos fueran igualmente compartidos, con pesar, desde su cárcel alicantina, por José Antonio Primo de Rivera, fundador y máximo líder del hasta entonces minúsculo partido fascista español, la Falange Española:

> ¿Qué va a ocurrir si ganan los sublevados? Un grupo de generales de honrada intención, pero de desoladora mediocridad política. Puros tópicos elementales (orden, pacificación de espíritus...) Detrás: 1) el viejo carlismo intransigente, cerril, antipático; 2) las clases conservadoras interesadas, cortas de vista, perezosas; 3) el capitalismo agrario y financiero, es decir: la clausura en muchos años de toda posibilidad de edificación de la España moderna. La falta de todo sentido nacional de largo alcance (Payne, 1965: 110).

Y esa misma opinión abrigarían destacados dirigentes franquistas con posterioridad. Por ejemplo, el general Francisco Franco Salgado-Araujo, primo y secretario militar de Franco, anotaría en su revelador diario el 28 de octubre de 1955 cuál era, en su opinión, la esencia del modelo político del franquismo:

> Se habla demasiado del Movimiento, de sindicatos, etc., pero la realidad es que todo el tinglado que está armado sólo se sostiene por Franco y el Ejército. (...) Lo demás... Movimiento, sindicatos, Falange y demás tinglados políticos, no han arraigado en el país después de diecinueve años del Alzamiento; es triste consignarlo, pero es la pura verdad (Franco Salgado-Araujo, 1976: 142).

Sin embargo, frente a esos juicios que en general tendían a desechar la existencia de un fascismo (como régimen político *stricto sensu)* por razones de atraso económico y social (con relación a Italia y Alemania) y suficiencia de las fuerzas tradicionales para mantener el orden deseado (la burocracia militar y la religiosa), durante el quinquenio republicano y los tres años de guerra circularon con profusión las opiniones contrarias. El mismo Araquistáin, en febrero de 1936, asumía la existencia de un peculiar fascismo español, "astuto y soslayado", definido ya no por la existencia de un líder fascista apoyado en partido de masas civiles y lanzado a la conquista violenta del Estado, sino por la asunción por parte de las derechas conservadoras de un programa político centrado en la represión violenta de la movilización obrera autónoma y de las instituciones representativas parlamentarias y democráticas. En sus propias palabras, la actuación de las derechas católicas y monárquicas en España pretendía:

> (...) acabar con el contenido social y laico de la República y, a la postre, con la República misma, con la autonomía de Cataluña y con las organizaciones obreras de inspiración marxista. Pero esto es el fascismo sin disfraz, adaptado a las realidades españolas. (...) Un fascismo apoyado especialmente en la propiedad territorial, en la Iglesia católica y en el Ejército; más parecido al de Austria y Portugal que al de Italia y Alemania (Preston, 1976: 295-296, 302-303).

Esta consideración del fascismo como un proyecto social violentamente represivo y antiliberal, con independencia de su formato político estricto, recibiría plena aceptación por parte de casi todas las izquierdas españolas y europeas durante los años de la guerra civil y con posterioridad. En gran medida, dicha interpretación centrada en la virtualidad social del fascismo (relegando su modalidad política precisa) reflejaba el análisis realizado por los círculos marxistas europeos sobre el nacimiento de las dictaduras italiana y alemana. En 1933, la Internacional Comunista había definido el fascismo como "la dictadura abierta y terrorista de los elementos más reaccionarios, más chauvinistas y más imperialistas del capital financiero". En una línea análoga, el respetado dirigente socialista austríaco Otto Bauer había profundizado en las raíces y funciones sociales de los nuevos movimientos de la derecha radical:

> Los capitalistas y los grandes propietarios agrarios no entregan a las hordas fascistas el poder del Estado para protegerse a sí mismos contra la amenaza de la revolución proletaria, sino que lo entregan para reducir los salarios, eliminar las ventajas sociales alcanzadas por

la clase obrera, destruir los sindicatos y acabar con las posiciones de poder político logradas por los trabajadores (Laqueur, 1988: 420).

Sobre esta base, una vez iniciada la guerra civil en España, para la izquierda la rúbrica "fascismo" pasaría a definir (con tintes evidentemente demonológicos y denunciatorios) al bando enemigo liderado por Franco en su conjunto, en tanto que el epíteto "antifascista" se convertiría, de modo especular, en el rasgo identitario común del heterogéneo espectro político que permaneció leal a la república. No deja de ser significativo que en el bando franquista, por iguales motivos genéricos y demonológicos, se calificara imprecisamente a sus heterogéneos enemigos como "rojos" y "comunistas" sin mayores diferenciaciones y sutilezas. El consecuente uso lato del concepto de "fascismo", subrayando casi exclusivamente su dimensión social y rebajando o anulando su formato político, se aprecia claramente, por ejemplo, en el primer manifiesto sobre la guerra civil emitido por el Partido Comunista de España en agosto de 1936. En el mismo, la categoría de "fascismo" definía simplemente el movimiento, reaccionario y antidemocrático, desatado contra la república reformista por una coalición de "curas, aristócratas, generales cobardes y señoritos fascistas":

> Hace ya largos días que el suelo de nuestro país tiembla bajo el tronar de los cañones y se tiñe de sangre derramada por la felonía de un grupo de generales reaccionarios que, traicionando villanamente promesas y juramentos repetidos de lealtad al régimen republicano, se han alzado en armas después de apoderarse de los medios con que el Estado contaba para defender la integridad del territorio nacional. Traidores y ladrones, se han aliado a las fuerzas representativas del pasado vinculadas en un señoritismo degenerado y procaz, encarnado en la canalla fascista, que de la mano de un clero trabucaire y criminal, representante de la tradición sangrienta, de la Inquisición, van arrasando los pueblos por donde pasan, cometiendo crímenes horrendos, sólo posibles de concebir en imaginaciones perversas o faltas de todo sentido humano (Ibárruri, 1966, I: 305).

A medida que transcurría la guerra civil y que la España nacionalista incorporaba elementos políticos formales presentes en Alemania e Italia (partido único, saludo fascista, retórica corporativa e imperial, exaltación carismática del caudillo, etc.), esa identificación entre franquismo y fascismo no sólo se acentuó sino que cobró mayor verosimilitud. A finales de 1937, incluso los representantes diplomáticos británicos en España, tempranos simpatizantes de la sublevación militar y testigos privilegiados y ecuánimes de su evolución, advertían a sus superiores en Londres de la deriva fascista en curso. Uno de ellos informó que la España franquista mostraba "una gran absorción de los métodos e ideas del fascismo italiano". El propio embajador refrendaba con inquietud:

> Lo que está surgiendo en el territorio de Franco hoy es una forma de nacional-socialismo inspirado tanto por Alemania como por Italia, aunque más por ésta que por aquélla. Creo que los franceses tienen todos los motivos para estar preocupados y nosotros también. (...) En síntesis, que la España que surja de una victoria de Franco no será la España de Alfonso (XIII) y ni siquiera la España de la República (Moradiellos, 1996, 217).

En efecto, a juzgar por los propios actos y declaraciones públicas de Franco, la España nacionalista había emprendido un proceso político de conversión fascista consciente y meditado. Desde abril de 1937, el nuevo partido unificado había asumido en su práctica totalidad el programa previo falangista, afirmando su irrenunciable "voluntad de Imperio" y la necesidad de construir un "Estado nacional-sindicalista" que fuera "instrumento totalitario al servicio de la integridad patria". El propio Franco contribuyó desde entonces y hasta casi 1945 a dar credibilidad a esa evolución con una nueva retórica fascista que afirmaba su condición de "Jefe responsable ante Dios y ante la Historia" y subrayaba la naturaleza "misional y totalitaria" del Nuevo Estado en construcción "como en otros países de régimen totalitario" (García Nieto y Donézar, 1974: 260-261, 286 y 314).

Atendiendo a esas declaraciones y actuaciones, la consideración del franquismo como la versión española de un Estado fascista no dejó de prosperar y afianzarse, tanto en círculos académicos como en la opinión pública en general. Quizá el máximo apogeo y sanción popular de esa identificación tuvo lugar en la posguerra mundial, una vez derrotadas las potencias fascistas, con ocasión de la condena formal del régimen español dictada por la Asamblea General de las Naciones Unidas en diciembre de 1946. No en vano, dicha condena reiteraba el veto a la entrada de la España franquista en el nuevo organismo con juicios y palabras terminantes:

> En origen, naturaleza, estructura y conducta general, el régimen de Franco es un régimen de carácter fascista, establecido en gran parte gracias a la ayuda recibida de la Alemania nazi de Hitler y de la Italia fascista de Mussolini (Portero, 1989: 215).

Habría que esperar casi veinte años, hasta 1964, para que surgiera en el mundo académico (y político) una definición diferente y alternativa del régimen de Franco. Su autor fundamental fue el sociólogo español Juan José Linz Storch de Gracia, que formuló con ese objetivo el concepto de "régimen autoritario" tomando como referencia y contrafigura el previo concepto de "totalitarismo". Dicho concepto había sido elaborado en el período de entreguerras (1919-1939) por los doctrinarios fascistas para expresar su propósito de transformar el Estado liberal mediante la concentración de todos los poderes en manos de un jefe carismático de autoridad ilimitada, apoyado por un partido civil militarizado que habría de ser instrumento de represión de la disidencia y de control de la población en todas sus manifestaciones sociales y públicas. En palabras de Mussolini: "Todo dentro del Estado, nada fuera del Estado y nada contra el Estado". Joseph Goebbels, ministro de propaganda de Hitler, repetiría en 1933: "nuestro partido ha aspirado siempre al Estado totalitario... la meta de la revolución (nacional-socialista) tiene que ser un Estado totalitario que penetre en todas las esferas de la vida pública" (Luebbert, 1997: 475; Neumann, 1943: 69; Bracher, 1983: 35-45; Hernández Sandoica, 1992: 13-39).

Partiendo de ese uso del término, durante los años cincuenta, en un contexto de guerra fría entre el bloque soviético y el occidental, politólogos como Carl Joachim Friedrich y Zbigniew K. Brzezinski fueron reformulando el concepto de "totalitarismo" para definir a todas las dictaduras que presentaran una serie de rasgos característicos comunes, desde una perspectiva exclusivamente política formal y sin atención a sus específicos fundamentos sociales o de clase. Dicha definición utilizaba como criterio, fundamentalmente, el grado de diferencia de esos sistemas políticos respecto al parámetro establecido por la democracia liberal representativa (basada, en esencia, en la división de poderes, el respeto a las libertades civiles individuales, la universalidad del derecho y la competencia entre grupos por el acceso al poder político mediante elecciones libres). De este modo, englobando tanto a regímenes de "derechas" como de "izquierdas" (tanto al fascismo como al comunismo), el totalitarismo definía los nuevos sistemas políticos autocráticos o dictatoriales surgidos después de la Primera Guerra Mundial y que se caracterizaban por los siguientes aspectos: 1. la presencia al frente del Estado de un líder único (en ocasiones de un directorio colectivo reducido) de prestigio carismático que acumula plenos poderes; 2. la sustentación de una ideología oficial bien perfilada y frecuentemente salvífica y semirreligiosa; 3. la existencia de un partido único que controla las instituciones estatales, cuenta con apoyos de masas movilizables y está plenamente identificado con la ideología oficial; 4. la imposición de un control estatal férreo de la vida política y social, con estricto dominio de los medios de comunicación de masas y con un aparato policial y militar para la represión violenta y brutal de todo síntoma de disidencia u oposición; 5. la articulación de un control centralizado y de pretensiones absolutas sobre la economía estatal con vistas a garantizar y reforzar su poder militar y a conseguir los mayores niveles de autarquía posibles.

En contraposición a dicho concepto de "totalitarismo", Linz procedió a definir el "autoritarismo" con las siguientes características:

> Los regímenes autoritarios son sistemas políticos con un pluralismo político limitado, no responsable; sin una ideología elaborada y directora (pero con una mentalidad peculiar); carentes de una movilización política intensa o extensa (excepto en algunos puntos de su evolución), y en los que un líder (o si acaso un grupo reducido) ejerce el poder dentro de límites formalmente mal definidos, pero en realidad bastante predecibles (Linz, 1974: 1474).

Esa tentativa de definición de un concepto expresamente aplicado al régimen del general Franco tuvo desde el principio muchos adeptos, tanto en el campo de la sociología y la politología como entre los historiadores (Miguel, 1975: 19-21; Hermet, 1985: 365-393; Payne, 1987: 651-672; Tusell, 1988: 86-110). Pero también provocó un gran debate académico con innegables tintes políticos. Algunos críticos consideraron que esa revisión conceptual podía entenderse como una forma de absolución del régimen franquista al subrayar que no estaba exento "de caracteres benévolos o ampliamente tolerantes" (Sevilla Guzmán y Giner, 1975: 83-84). De igual modo, se apuntaron ciertas imprecisiones que debilitaban el alcance y rigor del concepto: la cuestionable contraposición entre una "ideología" fascista (precisa, definida y cerrada en sí misma) y una "mentalidad" autoritaria (amplia, difuminada y abierta a muchos componentes ideológicos); el carácter relativo del "pluralismo político limitado", que sólo afectaría las clases dominantes y ocultaría las concordancias políticas fundamentales en el seno de ese grupo; la posible confusión entre "desmovilización" (como apatía inducida desde el poder) y falta de muestras de rechazo u oposición entre las masas, olvidando la existencia de una disconformidad de fondo ahogada por el temor a la represión; etc. Sin embargo, la crítica fundamental se centraba en la carencia de referencias a las clases y grupos sociales que apoyaban el régimen o se beneficiaban de él (o, viceversa, a las clases y grupos sociales que sufrían los efectos del régimen y estaban excluidos de sus beneficios). En otras palabras, se censuraba el carácter estrictamente político-formalista de la definición y su falta de atención a las dimensiones sociales y clasistas de los regímenes políticos.

Una de las primeras y más depuradas propuestas de superación de las tesis de Linz fue obra de los sociólogos Salvador Giner y Eduardo Sevilla

Guzmán. En 1975, tratando de aunar los aspectos sociales (contenido) con los aspectos políticos formales (continente), ambos autores formularon el concepto de "despotismo moderno" como sistema político distinto al totalitarismo y a los regímenes autocráticos tradicionales. A su juicio, la dictadura franquista cumplía todos los rasgos característicos del despotismo moderno:

> Un caso típico de despotismo moderno ha sido el estado franquista español, al igual que el régimen salazarista portugués, que duró hasta 1974, y un buen número de dictaduras sudamericanas o africanas contemporáneas. En todos los casos de despotismo moderno nos encontramos con: *a)* un modo de dominación de clase en el cual el poder está ejercido para la clase dominante y, en su nombre, por un déspota o una reducida elite; *b)* una serie de colectividades de servicio –policía, funcionarios, miembros de un partido único, clérigos– que obedecen siempre al jefe o jefes; *c)* un pluralismo político restringido de clase dentro de estas colectividades de servicio; *d)* una fórmula política de gobierno que incluye una fachada ideológica y la tolerancia de un cierto grado de pluralismo ideológico entre las facciones que componen la coalición de fuerzas dominantes; y *e)* una mayoría popular a la que se exige obediencia pasiva y que es explotada económicamente por las clases dominantes (Giner, 1985: 141).

Si bien el concepto de "despotismo moderno" recoge y amplía en un sentido social los rasgos implícitos en la idea de "régimen autoritario" (una nueva revisión del mismo en Sevilla Guzmán y González de Molina, 1989), otras críticas a dicha idea fueron mucho más radicales en su rechazo a su formalismo político de origen. En esencia, retomando y renovando la tradición interpretativa marxista, estas críticas insistían en que la definición del franquismo no podía omitir su funcionalidad social de constituir una solución histórica a una grave crisis capitalista mediante una reacción de fuerza contrarrevolucionaria y contrarreformista para atajar la amenaza de la movilización obrera autónoma. En este sentido, según la argumentación del historiador italiano Gino Germani, tanto "los objetivos básicos como el significado histórico del régimen de Franco son típicamente fascistas. El que su formulación política pueda ser caracterizada como autoritaria es, seguramente, importante, pero no menos que su sustancia fascista" (Fernández Vargas, 1981: 16; Tezanos, 1978: 61). Algo muy semejante aduce también el historiador portugués Luis Bensaja dei Schirò a propósito de la prolongada y análoga dictadura de Oliveira Salazar en Portugal (Bensaja, 1997). Siguiendo esas líneas de razonamiento, el hispanista británico Paul Preston ha llamado reiteradamente la atención sobre los riesgos de identificar exclu-

sivamente al fascismo español con la escuálida Falange de preguerra, puesto que así se "evita la necesidad de examinar los rasgos fascistas de otros grupos derechistas y del propio régimen de Franco" y se corre el riesgo de "olvidar no sólo los adornos fascistas y las alianzas del franquismo con el Eje sino
también las actividades de su maquinaria represiva entre 1937 y 1945"
(Preston, 1997: 33). Probablemente, uno de los más acreditados representantes actuales de esta línea interpretativa es el historiador Julián Casanova.
Su razonamiento en favor del carácter fascista del franquismo merece reproducirse por extenso:

> (...) la coalición contrarrevolucionaria que defendió y asumió en
> España a partir de julio de 1936 la vía armada para echar abajo la
> República, cumplió la misma misión histórica, persiguió los mismos
> fines y, sobre todo, logró los mismos "beneficios" que los regímenes
> fascistas de Italia y Alemania. (...) el fascismo resulta para el historia-
> dor algo más que un estilo de política, con una ideología distintiva,
> que supo movilizar a las clases medias y apelar a los sentimientos de
> comunidad –con el consiguiente rechazo del concepto de "clase" como
> principio organizativo de la sociedad– en una coyuntura de crisis. Nos
> hallamos, más bien, ante un proceso contrarrevolucionario, expresión
> violenta y extrema de un movimiento de reacción, que surgió en casi
> todos los países europeos en el período de entreguerras para hacer
> frente al avance de la izquierda y a las conquistas parlamentarias obre-
> ras, al temor a la revolución y a la crisis del Estado liberal. (...) Una
> diferencia sustancial, sin embargo (entre el caso español y los casos
> italiano y alemán), residía en la naturaleza del brazo ejecutor de esa
> reacción. En una sociedad donde el ejército había demostrado en múl-
> tiples ocasiones capacidad para proteger por la fuerza los intereses de
> esas clases, no se necesitaba inventar otro procedimiento. (...) Como
> se sabe, ese objetivo (el golpe militar rápido) falló y provocó la gue-
> rra. (...) Un ingrediente primordial, por lo tanto, de la misión histó-
> rica del régimen de Franco, surgido de la victoria en la guerra e inex-
> tricablemente unido a los recuerdos y consecuencias de ella, fue
> erradicar los conflictos sociales que ponían en peligro la propia exis-
> tencia de la burguesía industrial y de las clases poseedoras de la tierra.
> El proyecto reformista de la República, y todo lo que esa forma de
> gobierno significaba, fue barrido y esparcido por las tumbas de miles
> de ciudadanos. Y el movimiento obrero, sus organizaciones y su cul-
> tura, resultó sistemáticamente eliminado en un proceso más violento
> y duradero que el sufrido por otros movimientos europeos de resis-
> tencia al fascismo. Para preservar las condiciones de su supervivencia,
> ese régimen tuvo que desprenderse con el tiempo de algunas de sus

apariencias fascistas e incluso transformar las bases de su dominio. (...) En los tres casos (Italia, Alemania y España), la función social del fascismo fue estabilizar y fortalecer las relaciones de propiedad capitalistas y asegurar el dominio social y económico de la clase capitalista (Casanova, 1992: 5, 12, 20, 24, 25):

> Sin embargo, en opinión de un amplio espectro de historiadores de muy distinta significación ideológica, la "función social" o "misión histórica" desempeñada por el franquismo no justifica en modo alguno su consideración como "fascismo". Entre otras cosas, porque ese papel ("función") de instrumento de estabilización de "las relaciones de propiedad capitalistas" y fortalecimiento del "dominio social y económico de la clase capitalista" puede realizarse y se ha realizado históricamente bajo muy distintas formas políticas (dictaduras militares tradicionales o "desarrollistas", regímenes democráticos conservadores o socialdemócratas, sistemas oligárquicos liberales, fascismos, etc.) (Pérez Ledesma, 1994: 186-187). En otras palabras: la reproducción y continuidad de un modelo de dominación social burguesa y acumulación económica capitalista siempre se ejercita y desarrolla bajo medios y fórmulas políticas (sistemas de relación de poder entre clases y grupos, gobernantes y gobernados) distintas y diversas, las cuales además, debido a la autonomía relativa de la esfera del poder político, afectan e inciden en la evolución específica de ese modelo de dominación social y económica. A este respecto, cabe reseñar que incluso los medios marxistas más ortodoxos de los años treinta apreciaron las diferencias políticas cualitativas del fascismo con otros regímenes burgueses más o menos dictatoriales. Sin ir más lejos, en 1932, el entonces teórico comunista español Santiago Montero Díaz (convertido al fascismo posteriormente) subrayaba el contraste y "antítesis" entre el triunfal fascismo italiano y los tradicionales sistemas políticos capitalistas, al margen de su común condición de regímenes de clase:

> El fascismo significa un nuevo ensayo de concepción del Estado burgués para sostener contra el proletariado un predominio de clase. (...) Ese es el papel del fascismo. Esencialmente distinto de un Estado liberal parlamentario, distinto también de un simple poder absoluto, el fascismo ha significado sencillamente el más genial ensayo realizado hasta el día para dotar a la sociedad burguesa de una estructura política tal que se imposibilite la existencia de todo organismo revolucionario. (...) El hecho era que [desde 1922 en Italia] un nuevo poder iba a emprender, con las velas desplegadas, rumbos inéditos en la Historia; métodos absolutamente nuevos para defender finalidades absolutamente viejas.

Aquella gestación laboriosa, violenta, de la toma del poder, combatiendo día por día y fábrica por fábrica a la revolución, aquel plan de conquista del Estado, erizado de banderas acribilladas, de insignes demagogias y de himnos patrióticos, movilizando masas y venciendo facciones, no se parecía en nada, absolutamente en nada a las podridas combinaciones ministeriales, a los bajos cuartelazos palaciegos como el de (Miguel) Primo de Rivera (en 1923), que solamente la inefable ignorancia de algunos sectores puede equiparar a la conquista mussoliniana del Poder, heroica y criminal, nutrida de arrogancias y de traiciones. (...) No hay propiamente diferencia; hay antítesis. Son distintos los arrestos, las tácticas y hasta el campo de operaciones. (...) Por lo que respecta a las distintas dictaduras europeas, ya tuvieran, tras la pantalla anodina de un Primo de Rivera, la voluntad de un rey absoluto, ya sean poderes personales de un Pilsudski o un Carmona [general portugués], no tienen, por lo que se refiere a la toma del Poder ni a los contenidos sustantivos del Estado, contacto esencial alguno con el fascismo. Tendrán, todo lo más, alguno de sus procedimientos de fuerza, alguna de sus organizaciones de choque o de sus maneras de abordar y cortar el nudo de los problemas sociales (Montero Díaz, 1932).

En atención a ese conjunto de razones, la definición del fascismo sobre la base exclusiva de sus funciones sociales (o históricas) y prescindiendo del formato político específico parece ser un ejemplo de *reductio ad extremum* ineficaz y confuso por omnicomprensivo y por carencia de potencia para discriminar casos diferentes de regímenes políticos históricamente cristalizados y socialmente análogos en su función. Precisamente ese "uso inflacionario" (Bracher, 1983: 33), que anula la virtualidad científico-social del concepto, es también la causa de la devaluación de la voz "fascista" como mera etiqueta de denuncia política denigratoria. Así, desde hace tiempo, en lenguaje corriente, sería fascismo toda oposición al sistema democrático o a las reivindicaciones sindicales obreras, toda aceptación del uso de la violencia como instrumento político o de la represión de la disidencia como método expeditivo de Gobierno. Lo que simplemente sirve para relativizar y aminorar el significado de una dictadura realmente fascista y totalitaria (como la nazi, por ejemplo) equiparándola a cualquier otro régimen capitalista de mayor o menor propensión al uso de la fuerza contra sus disidentes internos y enemigos fehacientes o potenciales.

En vista de esas dificultades conceptuales de la interpretación lata del fascismo, la tendencia más actual entre la historiografía consiste en matizar el carácter fascista *(stricto sensu)* del régimen franquista sin descuidar por eso su significado social y clasista. El componente fascista de la coalición reaccionaria forjada durante la guerra civil bajo el liderazgo de Franco fue claro y evidente, pero no mayoritario ni decisorio a la postre. "Al fin y al cabo, la sociedad española de los años treinta dio de sí, en fascista, lo que pudo y necesitó" (Chueca y Montero, 1992: 246). En gran medida porque, como ya había apreciado el presidente Azaña, la estructura social básica de la España de los años treinta era demasiado arcaica y atrasada para producir las formas de organización y práctica políticas inequívocamente "modernas" asociadas a los fascismos italiano y alemán. Lo que no fue óbice para que la coalición reaccionaria aprovechara del fascismo sus rasgos más novedosos y apropiados para la coyuntura bélica española: su funcionalidad civil violentamente represiva, su atractiva retórica organicista antidemocrática y corporativa, y su ilusorio remedo de participación integradora de las masas en la política de la nación regenerada.

En esta renovadora línea interpretativa se sitúan, por ejemplo, los historiadores Santos Juliá ("Un fascismo bajo palio, en uniforme militar"), Manuel Pérez Ledesma ("Una dictadura por la Gracia de Dios": "el franquismo fue algo más que una dictadura personal, pero también algo distinto del fascismo de otros países europeos"), o Antonio Elorza:

> El régimen de Franco habría sido una dictadura personal, un cesarismo, de base militar, con una orientación contrarrevolucionaria y arcaizante, y un contenido estrictamente fascista en cuanto "estado de excepción permamente", en la política de represión de oponentes y disidentes, y hasta 1966, en la política de información y eliminación de la libertad de pensamiento. (...) cabe encuadrar al franquismo entre las dictaduras militares (como cesarismo, no como pretorianismo), a diferencia de las dictaduras civiles de Hitler o Mussolini. (...) El fascismo estuvo ahí, en los símbolos y en los métodos represivos, pero el régimen fue antes que nada una dictadura militar (Elorza, 1996: 49; 1990: 442).

Igualmente cabe considerar en esta corriente al historiador Julio Aróstegui, que rescata la denominación de régimen político autoritario y caudillista al servicio de un proyecto social reaccionario y restaurador:

> (En la España sublevada en julio de 1936) la situación evoluciona hacia la constitución de un poder militar exclusivo. (...) La insurrección militar correspondía a esa caracterización que Arno J. Mayer estableció para los movimientos violentos de extrema reacción social en el siglo XX como "una bayoneta en busca de una ideología". (...) (En el bando franquista) los contornos del primitivo y absoluto reaccionarismo social fueron dando paso a un discurso "social-nacional", con retórica antiburguesa y anticapitalista, cuyos componentes mues-

tran tal grado de amalgamación que, sobre el sustrato del contenido programático de Falange, no puede definirse más que como un mero formalismo fascista que, por lo demás, irá siendo erosionado progresivamente en el régimen de posguerra y que cubre el designio real de preservar las estructuras sociales de la España de la Restauración, con un nuevo sistema de encuadramiento de masas. (...) El modelo de régimen "caudillista", autoritario, quedaba establecido antes de concluir el diseño del propio Estado. Franco asumía las cuatro jefaturas: Estado, Partido, Gobierno y Ejército. El 18 de julio de 1938 se le elevaba al rango militar de capitán general, siendo el único que lo ostentaba. Las connotaciones políticas eran tales que en este terreno, como en el social, es imposible hablar de un verdadero régimen y Estado fascista, si no es como mera cuestión de mimetismo formal. Ni el partido era el dueño del Estado, ni éste descansaba sobre aquél, si hablamos de ambas cosas con su significación estricta dentro de los regímenes fascistas (Aróstegui, 1986: 48, 61, 97 y 102).

Esa caracterización del régimen como caudillismo ha sido elaborada con detalle por el jurista Juan Ferrando Badía, que igualmente califica el sistema político franquista como un "régimen autoritario y paternalista" presidido por un caudillo cuyo carisma, poder y legitimidad se forjan en la guerra civil y en la consecución de la victoria absoluta sobre el enemigo republicano:

La figura del Caudillo era la institución capital del Régimen por el hecho de constituir la suprema institución de la jerarquía política no sólo en el orden de la representación, sino también en el del ejercicio del poder. Los rasgos que caracterizaban la figura del Jefe del Estado autoritario español eran los siguientes:

1. Exaltación personal del Jefe y su identificación con el supuesto destino histórico del pueblo.
2. Plenitud del poder concentrado en sus manos.
3. Ausencia de un control institucional de su ejercicio, pues el Jefe del Estado, Franco, sólo era responsable ante Dios y ante la Historia (Ferrando Badía, 1984: 54, 66).

Basta ojear las páginas de la prensa en la zona insurgente durante la guerra civil y en la posguerra para apreciar el alto grado de adulación personal y exaltación carismática de la figura de Franco como caudillo providencial solo responsable ante Dios y la Historia. Por ejemplo, en 1942, los diarios españoles publicaban recurrentemente cuñas publicitarias oficiales que, bajo el título de "El pueblo y su Caudillo", divulgaban la doctrina del caudillaje legitimadora del poder omnímodo de Franco:

Un pueblo que comprenda a su conductor, y un caudillo que sepa interpretar a su pueblo, han de caminar forzosamente, en la ley de la armonía, dentro de la más expresiva fórmula de amor de que son capaces los movimientos sentimentales, colectivos, de una nación. Sabe muy bien España cuánto debe y cuánto puede esperar de su salvador, Generalísimo Franco, desde el día 17 de julio, que entrega el destino de todos en las manos seguras del militar integérrimo. Aquellas horas históricas hicieron depositario de todo el futuro español al Caudillo, en quien la voluntad unánime veía la más pura síntesis de las virtudes raciales, capaz, por el esfuerzo de su genio, predestinado a rescatar la vida de la Patria de las rutas de perdición por donde caminaba. Desde entonces, existe una identificación absoluta entre el fervor popular y la figura y nombre del Caudillo *(Extremadura. Diario católico,* 11 de septiembre de 1942).

En el mismo sentido, dos años más tarde, con ocasión del aniversario de la omnipresente victoria militar, todos los periódicos españoles incluyeron en su primera plana, por orden directa de las autoridades, referencias como la siguiente:

CAUDILLO DE ESPAÑA. SUPREMO CAPITÁN DE LA RAZA

En el día de la Victoria saludamos en la persona de Francisco Franco, la más alta expresión de las virtudes del Ejército. Y en el Ejército la más auténtica expresión de la Patria.

(...)

El Ejército, brazo armado de la Patria, idolatra al Caudillo que supo llevarlo a la Victoria. Un haz apretado de corazones forman los caballeros de España, vértice del cual es el Caudillo, Generalísimo de Tierra, Aire y Mar. Expresión de tan honda fidelidad y amor fue la entrega de un magnífico bastón de mando –mariscal de la Historia– que Generales, Jefes y Oficiales del glorioso Ejército dedicaron al adalid sin miedo y sin tacha, cruzado de Cristo y defensor de la Civilización de Occidente *(Extremadura. Diario católico,* 1 de abril de 1944).

Una de las últimas y más recientes aportaciones al tema de la relación entre fascismo y franquismo hace hincapié en el carácter proteico del régimen militar construido durante la guerra civil y de sus potenciales virtualidades evolutivas en un sentido plenamente fascista y totalitario. Como había percibido desde el principio del conflicto español el propio Mussolini, el estado franquista, pese a su naturaleza originaria reaccionaria y autocrática, en virtud de la movilización impuesta por la guerra y por las circunstancias internacionales, "puede servir mañana de base para el Estado totalitario": cabía esperar, por tanto, que Franco liderase el proceso de fascistización de España (Saz, 1986: 222). Bajo esta perspectiva, el franquismo habría sido un régimen militar reaccionario que sufrió un proceso de *fascistización* notable pero inconcluso y finalmente truncado y rebajado por el resultado de la Segunda Guerra Mundial y la derrota de Italia y Alemania en la misma. Esa naturaleza de "régimen fascistizado" se apreciaría en su peculiar "capacidad para combinar ciertos elementos de la rigidez propia de los fascismos con la versatilidad y capacidad de maniobra de los no fascistas" (Saz, 1993: 195). No en vano, una de las características de los regímenes fascistizados habría sido su reversibilidad hacia el estado inicial de régimen dictatorial autoritario. En gran medida, ese proceso de fascistización emprendido, truncado y luego revertido, es la razón de las dificultades de conceptualización del régimen franquista y es la clave de la subrayada capacidad evolutiva y adaptativa del mismo. Por eso abundan las calificaciones del franquismo como "versión diluida del fascismo" (Luebbert, 1997: 482), "una variedad peculiar de bonapartismo y fascismo" (Miguel y Oltra, 1978: 68-69), y un régimen que atravesó una "fase semifascista, potencialmente imperialista" (Payne, 1987: 652). El historiador Ismael Saz ha expuesto con rigor esta interpretación del franquismo como régimen fascistizado, potencialmente equidistante entre el modelo totalitario fascista y la mera dictadura autoritaria y capaz de evolucionar en uno u otro sentido:

> La dictadura franquista se basaba en la misma alianza antidemocrática y contrarrevolucionaria que la italiana o la alemana, era tan represiva –y en cierto sentido incluso más– que aquéllas; se estructuraba sobre la base de un partido único y en el principio del caudillaje; tenía la misma concepción centralizada y uniformizadora del Estado; copió buena parte de las instituciones esenciales del régimen fascista italiano; adoptó algo parecido a una ideología oficial; instauró unas estructuras pretendidamente supraclasistas o corporativas y se refugió en la autarquía económica; anunció, como las dictaduras fascistas, su propósito de durar.
>
> Sin embargo en todos y cada uno de los casos mencionados podemos localizar diferencias no menos esenciales: la correlación de fuerzas en el seno de la alianza contrarrevolucionaria no fue nunca favorable al sector fascista; su política represiva y aniquiladora de la oposición obrera y democrática sólo fue parcialmente acompañada de un esfuerzo de removilización o articulación de un consenso activo; hubo algo de política de plaza pero bastante más de cárcel, iglesia y cuartel; el partido único fue realmente un partido unificado desde arriba y desde fuera; el caudillo no era la expresión, plasmación o concreción, de algu-

na forma de supuesta voluntad popular, sino en todo caso de la voluntad divina –*por la Gracia de Dios*– y militar; la ideología oficial podía ser o no una ideología pero desde luego no era una ideología fascista; el Estado franquista era menos intervencionista y más respetuoso de la sociedad civil que el fascista, pero estaba también mejor estructurado, carecía, es decir, de las connotaciones anárquicas y darwinistas, propias, en mayor o menor grado, de los regímenes fascistas; nadie se creyó nunca al sindicalismo del Sindicato Vertical, y la autarquía más que obedecer a la lógica interna de los regímenes fascistas, incluso, eventualmente, en contra de los intereses de sectores fundamentales del gran capital, conectaba perfectamente con las tendencias autárquicas, defensivas, de un capitalismo que más que expansión hacia fuera buscaba protección frente al exterior (Saz, 1993: 196).

Es sumamente improbable que el vivo debate sobre la naturaleza del régimen de Franco haya terminado con estas aportaciones reseñadas, que no son todas las existentes aunque sí las más importantes y relevantes (véase un repaso general sobre el particular en Molinero e Ysàs, 1992). En cualquier caso, no cabe duda de que la polémica ha sido muy fructífera y ha contribuido a replantear críticamente el carácter y rasgos definitorios del peculiar sistema político encabezado por el general Franco y las razones de sus indudables fundamentos sociales y prolongada vigencia y duración histórica.

2. La represión franquista durante la guerra civil y la posguerra

La enorme violencia fratricida desatada por el estallido de la guerra civil en julio de 1936 no quedó circunscrita, ni mucho menos, a las líneas y frentes de combate militar rápidamente configurados. Por el contrario, desde el primer momento, tuvo como trágico escenario a las respectivas retaguardias de la España leal al Gobierno de la república y de la España dominada por los militares insurgentes. En cada una de ambas zonas, esa explosión de violencia se vio plasmada en un amplísimo proceso de represión política, sumamente atroz y sanguinario, contra los respectivos disidentes y opositores. En realidad, dicho proceso represivo inmediato y fulminante contra el correspondiente enemigo *interno,* fehaciente o potencial, fue el mayor y principal exponente del cáracter civil del propio conflicto bélico de 1936-1939. Al respecto, es suficiente subrayar que, según estimaciones de autores muy diversos, el número total de muertos en acciones represivas de retaguardia pudo alcanzar cifras muy similares, si no superiores, al total de los caídos en el frente de batalla y en operaciones militares.

El sentido y finalidad de esa mimética "política de exterminio y de venganza" fue amargamente definida en plena guerra por el presidente de la república, Manuel Azaña, con su habitual perspicacia: "se propone acabar con el adversario, para suprimir quebraderos de cabeza a los que pretenden gobernar". Al margen de esta naturaleza común y compartida, el carácter cualitativo y la entidad numérica de ese doble fenómeno represivo fueron motivos de controversia política y propagandística entre los dos bandos desde el principio de las hostilidades. Así, ya desde agosto de 1936, las denuncias republicanas por el asesinato en Granada del poeta Federico García Lorca o por la matanza de civiles y milicianos defensores de Badajoz tuvieron su réplica exacta en las acusaciones insurgentes por la masacre de sacerdotes y religiosos o por el asesinato de simpatizantes derechistas y oficiales del Ejército. Esta utilización de los muertos respectivos como arma arrojadiza persistió durante el período bélico y a lo largo de toda la existencia del régimen instituido por los vencedores bajo la dirección del general Franco.

La historiografía académica no pudo librarse de esa viva controversia en su tratamiento de un tema ya de por sí difícil de abordar con rigor documental y mínima serenidad de juicio. Por eso mismo, los cálculos sobre el número de muertos por acción represiva en cada zona son muy divergentes de acuerdo con las simpatías políticas abrigadas por cada autor y a tenor de las fuentes informativas utilizadas o privilegiadas. De otro modo no cabe explicarse la diferencia entre las estimaciones aportadas por Gabriel Jackson en su libro *La República española y la guerra civil* (edición original en inglés de 1965) y por Ramón Salas Larrazábal en su obra titulada *Pérdidas de la guerra* (1977). El hispanista norteamericano, abiertamente simpatizante de la causa republicana, estimaba en tan sólo 20.000 los asesinatos y ejecuciones políticas registradas en el territorio de la república durante toda la guerra, y en un mínimo de 125.000 y un máximo de 200.000 los asesinados y ejecutados en zona nacionalista durante el conflicto y el período de posguerra (hasta 1944). El general Salas Larrazábal, excombatiente carlista en el bando franquista, calculaba que el número de "ejecuciones y homicidios" cometidos en la república habían sumado 72.500, mientras que los registrados en la España de Franco apenas superaba los 58.500 (35.500 durante la guerra y 23.000 en la posguerra).

El problema para resolver con mínimo rigor historiográfico la gran disparidad entre ambos cálculos numéricos responde, en gran medida, a las dificultades para establecer unas fuentes informativas fidedignas y generales para todo el país: registros civiles de defunciones (con indicación expresa de causa de muerte); archivos de los Gobiernos civiles relativos a orden público; sentencias dictadas por los tribunales (militares en zona franquista; populares en zona republicana); expedientes personales de las prisiones provinciales; libros-registros de cementerios municipales; información sobre ejecuciones en diarios y prensa periódica; testimonios personales de ejecutores, familiares o testigos; despachos consulares de representantes extranjeros; estimaciones de la Cruz Roja u otras organizaciones humanitarias; etc. En relación con esta dificultad documental, cabe subrayar que los muertos por represión en el seno de la república fueron más fácilmente localizados y enumerados porque la victoria permitió al régimen franquista dedicar todos sus esfuerzos a computar las atrocidades cometidas por el enemigo a fin de poder perseguir a los responsables y compensar a los deudos de las víctimas. En un principio, con intención claramente propagandística, el propio Franco estimó en julio de 1937 "un total de más de cuatrocientas mil personas asesinadas en el campo rojo". Un año después, en el discurso de aniversario del "alzamiento nacional", el caudillo pormenorizó el cómputo de los "horrendos crímenes en la España roja" del siguiente modo: "Más de 70.000 asesinatos registró su paso por Madrid, 20.000 se produjeron en Valencia, 54.000 señalan su estancia en Barcelona" *(ABC,* Sevilla, 19 de julio de 1938). Sin embargo, tras la victoria, la *Causa General,* el gran sumario abierto por los vencedores sobre los crímenes cometidos por los vencidos, arrojó una cifra genérica mucho más modesta: 85.490 asesinatos. Las evaluaciones posteriores del general Salas Larrazábal (basándose principalmente en los registros civiles de defunciones) redujeron dicho número aún más: 72.344. Y en la actualidad parece aceptarse que su volumen osciló entre 55.000 y 60.000 personas. Entre éstas, un total de 6.832 eran víctimas religiosas y en torno a 2.670 eran militares profesionales (Franco, 1939: 147; Montero Moreno, 1961: 762; Reig Tapia, 1984: 105-106; Salas Larrazábal, 1977: 362; Villarroya, 1999: 28, 32; Juliá y otros, 1999: 407-410).

Contrariamente al caso anterior, la cifra exacta de los muertos por represión en la zona nacionalista, tanto durante la guerra como en la posguerra, es mucho más difícil de establecer porque muchos de ellos, sobre todo los eliminados al margen de procesos jurídicos formales, no fueron inscritos en los registros civiles (por temor de los familiares a represalias) o se ocultó la causa expresa de defunción bajo un eufemismo clínico (muerto por "hemorragia" en vez de "fusilamiento"). Así por ejemplo, la certificación literal del acta de defunción del fusilado poeta García Lorca señala que "falleció en el mes de agosto de 1936 a consecuencia de heridas producidas por hecho de guerra", en tanto que el certificado de defunción del presidente de la Generalitat, Lluis Companys, fusilado en 1940, informa que falleció de "hemorragia interna traumática". Por su parte, la muerte del gobernador civil republicano de Valladolid, fusilado en agosto de 1936, no fue nunca inscrita en el registro civil (Gibson, 1979: 192-193; Reig Tapia, 1984: 102). Esas lagunas y equívocos obedecían claramente a un propósito de ocultamiento de las víctimas provocadas por la feroz represión practicada por el bando franquista, con el objetivo de evitar su conocimiento exacto y su potencial comparación desfavorable con la represión republicana. Así lo demuestra, por ejemplo, un oficio remitido el 13 de agosto de 1936 por el presidente de la Audiencia Provincial de Salamanca a un juez municipal de su término:

> Las circunstancias actuales que de hecho y derecho determinan la situación de campaña obligan a simpli(fi)car trámites en lo concerniente a actuaciones para levantamiento y reconocimiento pericial de cadáveres de individuos presuntamente fallecidos por choque con la fuerza pública, debiendo en estas causas limitarse la acción de los juzgados, tanto militares como civiles, a ordenar rápidamente su traslado a los depósitos correspondientes, donde serán identificados y reconocidos a los fines de certificación de fallecimiento y referencia solamente del aspecto exterior del mismo, sin práctica de autopsia, procediendo lo más pronto posible al enterramiento (Fontana, 1986: 21-22).

Las deficiencias señaladas en la principal fuente informativa utilizada por el general Salas Larrazábal y otros investigadores (el registro civil de defunciones) cuestionan o invalidan las cifras generales sobre el alcance de la represión franquista derivadas de su uso en exclusiva. Por eso mismo, desde hace varios años, la investigación historiográfica ha optado por concentrar sus esfuerzos en estudios monográficos de ámbito local y regional que puedan superar las deficiencias de los registros civiles apelando a una amplia variedad de fuentes diversas solventes y mutuamente enriquecedoras (libros de registros de cementerios, archivos de prisiones, fondos de orden público de los Gobiernos civiles, prensa local y regional, testimonios orales, etc.). Así ha sido posible matizar severamente y corregir en consecuencia los resultados de los cómputos generalistas ofrecidos inicialmente.

Atendiendo a esas fuentes nuevas y complementarias, por ejemplo, un estudio sobre la represión franquista en Cáceres (en poder de los sublevados desde el principio de la guerra) arrojó una cifra probada documentalmente de 1.680 víctimas que duplica la cifra de 818 víctimas de "ejecuciones y homicidios" aportada por Salas Larrazábal para dicha provincia (Chaves, 1996: 317-321). Aún mayor desfase ofrece una investigación sobre la provincia de Soria (también en poder de los sublevados desde el primer momento): las 82 víctimas registradas por Salas devienen en 281 (Herrero Balsa y Hernández García, 1982, II: 273). En Albacete, provincia en manos de la república hasta el final de la contienda, la situación es muy similar: las 742 víctimas de Salas se convierten en 1.599 (Ortiz Heras, 1996: 448-449). En Aragón, dividido por la mitad hasta marzo de 1938, sucede otro tanto: las 4.720 víctimas se vuelven 8.628 (Casanova y otros, 1992: 231). Todos esos estudios demuestran, además, que la represión adoptó en los primeros meses la forma de "paseos" más o menos irregulares y posteriormente de ejecuciones militares tras consejo de guerra hasta bien avanzada la posguerra. En Cáceres, por ejemplo, perdieron la vida por este procedimiento atroz del "paseo" en los primeros meses un total de 1.170 personas, mientras que otras 510 fueron fusiladas por ejecución de sentencia firme en consejo de guerra entre 1936 y 1943. En Albacete, las proporciones se alteran probablemente en virtud de su conquista en el momento final de la guerra: entre 1939 y 1950 fueron ejecutadas 1.026 personas y sufrieron muertes "de carácter violento" otras 573.

A juzgar por esos casos y otros análogos, parece evidente que el cómputo de Salas Larrazábal está infracuantificado y que el volumen de la represión franquista en la guerra y durante la posguerra superó con creces el volumen de la republicana y sobrepasó la barrera de las 100.000 víctimas. Según una estimación reciente, incluso se acercaría "a los 130.000 fusilados: unos 90.000 durante la guerra y 40.000 en la posguerra" (Moreno Gómez, 1999: 24; Juliá y otros, 1999: 407-410). Esa proporción respectiva no es sorprendente habida cuenta de dos factores diferenciales cruciales de orden espacial y temporal. En primer lugar, la represión franquista afectó todo el territorio nacional (gracias a su victoria militar), en tanto que la represión republicana no existió en aproximadamente 14 provincias españolas (en poder de los insurgentes desde el primer momento). En segundo orden, la represión franquista se efectuó durante toda la guerra y se prolongó durante bastantes años de la posguerra, en tanto que la represión republicana quedó circunscrita a los casi tres años de hostilidades.

Las fuentes informativas utilizables y la entidad numérica total no son los dos únicos aspectos de la represión que han originado motivos de polémica historiográfica (con mayor o menor tinte político e ideológico). Un tercer aspecto decisivo concierne a la interpretación de la naturaleza, objetivos y finalidad de la misma en ambos bandos contendientes. En otras palabras: ¿cabría establecer la existencia de caracteres cualitativos diferenciales entre los movimientos represivos desatados en cada una de las zonas atendiendo a sus propósitos políticos y a sus objetivos sociales?

En 1940, desde su exilio en Francia y poco antes de su muerte, el presidente Azaña estimaba que la doble represión que acompañó la guerra era el resultado compartido del "odio y el miedo": "Una parte del país odiaba a la otra, y la temía". La consecuente "política de exterminio y venganza" se había cebado así en los respectivos grupos sociales y ocupacionales más temidos u odiados en cada bando:

En el territorio ocupado por los nacionalistas fusilaban a los franc-
masones, a los profesores de universidad y a los maestros de escuela
tildados de izquierdismo, a una docena de generales que se habían
negado a secundar el alzamiento, a los diputados y exdiputados republicanos o socialistas, a gobernadores, alcaldes y a una cantidad difícilmente numerable de personas desconocidas; en el territorio dependiente del gobierno de la República, caían frailes, curas, patronos,
militares sospechosos de "fascismo", políticos de significación derechista (Azaña, 1986: 96).

La descripción impresionista de Azaña tenía mucho de verdadera, sobre
todo en el retrato de las víctimas de la zona republicana, como han demostrado los estudios posteriores. No en vano, los muertos por la oleada represiva en dicha zona habían sido fundamentalmente religiosos y militares, junto
con políticos derechistas, empresarios pudientes y agentes estatales que en
algún momento se habían enfrentado a las organizaciones sindicales y parti-
darias obreras (jueces, policías, funcionarios de prisiones, etc.). Por su parte,
la oleada represiva en la zona insurgente se cebó en los grupos aludidos en el
texto pero también y sobre todo en los dirigentes, militantes y afiliados de los
partidos políticos y sindicatos de la clase obrera. Así por ejemplo, en la provincia de Cáceres, abrumadoramente agrícola y latifundista, más de un tercio
de todos los fusilados (el 35%) eran jornaleros del campo, el 16% eran labradores, y el 10% eran militares leales a la república. También fueron fusilados un total de 11 alcaldes cacereños, entre ellos el socialista moderado Antonio
Canales, alcalde de la capital provincial, que fue ejecutado en diciembre de
1937 después de recibir la conformidad expresa de Franco (Chaves, 1996: 272-
274, 302-303). En la ciudad de Zaragoza, donde serían ejecutadas un total de
3.558 personas, de las 1.616 víctimas con profesión conocida el 49% eran jornaleros (574) y agricultores (225), seguidos de obreros (entre otros, 65 ferro-
viarios, 50 albañiles, 40 empleados de comercio, 17 tranviarios y 17 chóferes)
y de 20 maestros (Casanova y otros, 1992: 41, 49-54).

Si la composición sociográfica de las víctimas en cada bando ratifica el
innegable carácter social y de clase implícito en el conflicto civil, la génesis
y funcionalidad de la política represiva en ambas zonas también presenta rasgos diferenciales apreciables. Sin embargo, sobre este aspecto, las diferencias
interpretativas son, si cabe, tan agudas como respecto a la entidad numérica
de ambas represiones. El siguiente juicio de Stanley G. Payne refleja suma-
riamente las tesis encontradas y sus críticas potenciales:

Una distinción común que los defensores de la izquierda han establecido a veces entre el Terror Rojo y el Blanco en España es que el
primero era desorganizado y espontáneo, y en gran parte fue supri-

mido al cabo de unos seis meses, mientras que el último estaba centralizado y era sistemático, manteniéndose a lo largo de toda la guerra y mucho tiempo después. Esta distinción es parcialmente exacta en el mejor de los casos. En los primeros meses, la represión nacionalista no estuvo centralizada en absoluto, mientras que en la zona del Frente Popular tuvo más planificación y organización de las que se le atribuye. Así lo indican las numerosas ejecuciones en zonas donde el conflicto social no era particularmente intenso y el hecho de que muchos de los asesinatos los realizaran milicias revolucionarias que procedían de otras provincias. Tampoco terminaron las ejecuciones en la zona republicana después de 1936, aunque sí disminuyeron en volumen (Payne, 1987: 223).

Todo parece indicar que, en el territorio republicano, la oleada represiva desatada desde julio de 1936 no respondió a una política de Estado sino a una acción revolucionaria surgida del vacío de poder causado por la sublevación militar y su fracaso en esa área. Los inmediatos y atroces "paseos" y ejecuciones irregulares llevados por a cabo por las milicias populares de variada filiación partidista y sindical se practicaron "contra la voluntad del gobierno de la República" (Azaña, 1986: 96) y nunca fueron aprobados por las autoridades legítimas y sí denunciados y a la postre atajados en la medida de sus capacidades y posibilidades. El presidente Azaña no fue el único en condenar su existencia y demandar su terminación (buena prueba es su justamente famoso discurso barcelonés del 18 de julio de 1938 sobre la necesaria "Paz, Piedad y Perdón"). Indalecio Prieto había secundado esos llamamientos a los milicianos ya en agosto de 1936 desde las páginas de *El Socialista:* "Ante la crueldad ajena, la piedad vuestra; ante los excesos del enemigo, vuestra benevolencia generosa. (...) ¡No los imitéis ! ¡No los imitéis ! Superadlos en vuestra conducta moral". Igual actitud mantuvieron otros líderes republicanos de muy diverso signo político, como el anarcosindicalista Joan Peiró o el nacionalista vasco Manuel de Irujo. Sin embargo, hasta que la reconstrucción del Estado hubo avanzado a finales de 1936, no fue posible frenar esa ciega violencia popular espontánea y dirigida contra los "sectores socialmente mejor situados" para reemplazarla por mecanismos jurídicos regulares (los Tribunales Populares) y bajo control gubernativo (Solé i Sabaté y Villarroya, 1986, VI: 124; Villarroya, 1999: 29-30; Reig Tapia, 1984: 8-9, 133; Juliá y otros, 1999: 25-29).

Las raíces de ese carácter social e inarticulado de la inicial represión desatada en zona republicana fueron incluso bien apreciadas internamente en círculos oficiales franquistas. Buena prueba podría ser el siguiente párrafo de la memoria confidencial elaborada en agosto de 1939 por el gobernador civil de Albacete sobre la situación social de su provincia (donde un total de 920 personas habían perdido la vida como consecuencia de la represión republicana):

> Desde el punto de vista social, presenta esta Provincia, lo mismo en la capital que en los demás pueblos y ciudades de la misma, el aspecto de unos núcleos de población pobres e incultos, en su mayoría, cuyos habitantes, sin norte fijo en sus actividades, se dedican a los más variados oficios y menesteres para atender malamente a su subsistencia. Y en contraste con esta zona social, la más numerosa, e integrada por las clases más modestas de esta sociedad, unos pocos señores latifundistas, practicantes del absentismo, que a menudo pasean sus riquezas extraordinarias ante las masas de indigentes y proletarios. De aquí la baja condición moral de estas pobres gentes, que sin duda ha influido en la saña y perversidad con que se han rebelado contra todos aquellos que sostenían una posición económica desahogada. Y de aquí también, el estado latente de rencor y resentimiento, que todavía puede apreciarse entre las clases más humildes de la sociedad, fáciles a la desobediencia, y propicias a las doctrinas disolventes y a implicarse en cualquier empresa social revolucionaria que propugne la lucha de clases, como ingrediente más apropiado, en su concepto, para elevar su nivel de vida y dar satisfacción a sus más justas y elementales aspiraciones (Ortiz Heras, 1996: 559).

En el territorio insurgente, la represión desatada por los militares desde el principio de la guerra obedecía a las razones previstas por el general Emilio Mola en su directiva de mayo de 1936: "la acción ha de ser en extremo violenta para reducir lo antes posible al enemigo, que es fuerte y bien organizado" (La Cierva, 1969: 771). Se trataba de la "política de exterminio" apuntada por Azaña y destinada a infundir una sensación de miedo y terror que atajara o paralizara cualquier reacción hostil del enemigo real o potencial. A fin de lograr el control rápido e indiscutido de un territorio plagado de desafectos, las autoridades sublevadas alentaron y consintieron una oleada represiva que buscaba la eliminación física de los adversarios más significados y que pretendía sellar la boca y aherrojar el pensamiento del resto de disidentes, amedrentados por un escarmiento tan ejemplar como cruel e irreversible. A finales de agosto de 1936, el comandante de la Guardia Civil en la provincia de Cáceres dictó a todos los efectivos de ese cuerpo armado una orden al respecto sumamente reveladora:

> En el menor tiempo posible es necesario llevar a los pueblos el efecto de la vida cotidiana y tranquilidad, practicando amplia lim-

pieza de los indeseables (...). Es necesario que vean en nosotros el brazo fuerte que les hará mantenerse en el mayor orden y cumplimiento de las leyes (Chaves, 1996: 101).

Los "paseos" y las ejecuciones sumarias fueron parte de esa sistemática labor de "limpieza" física intencional y meditada, que en la mayor parte de las ocasiones corrió a cargo de milicias de civiles falangistas y carlistas operantes en la retaguardia insurgente. Como reconocería muchos años después el líder falangista Raimundo Fernández Cuesta: "En aquellos años caímos en la trampa porque siempre hacíamos el trabajo sucio, como era el de llevar a cabo los fusilamientos, no todos, pero sí la mayoría". Una proclama falangista de agosto de 1936 permite apreciar la intensidad y amplitud de ese programa de erradicación del enemigo interno:

> ¡Camaradas! Tienes la obligación de perseguir al judaísmo, a la masonería, al marxismo y al separatismo. Destruye y quema sus periódicos, sus libros, sus revistas, su propaganda. ¡Camarada! Por Dios y por España (Ferrer Benimeli, 1986: 259).

La consecuente vesania homicida llegó a tal punto que incluso provocó el 25 de agosto de 1936 la repulsa de un miembro de la jerarquía episcopal, el obispo de Pamplona, Marcelino Olaechea: "No más sangre, hijos míos, no más castigos sangrientos. La sangre derramada en los campos de batalla ya es suficiente" (Thomas, 1976, I: 314). Sin embargo, la crucial carta pastoral colectiva de los obispos españoles sobre la guerra civil, publicada en julio de 1937, amortiguaría esas aisladas reservas sobre "excesos" no autorizados en función de la extrema violencia enemiga:

> Tiene toda guerra sus excesos; los habrá tenido, sin duda, el movimiento nacional; nadie se defiende con total serenidad de las locas arremetidas de un enemigo sin entrañas. Reprobando en nombre de la justicia y de la caridad cristiana todo exceso que se hubiese cometido, por error o por gente subalterna, y que metódicamente ha abultado la información extranjera, decimos que el juicio que rectificamos no responde a la verdad, y afirmamos que va una distancia enorme, infranqueable, entre los principios de justicia de su administración y de la forma de aplicarla entre una y otra parte (Tello, 1984: 87-88).

La política de eliminación física violenta fue completada paralelamente por una serie de medidas represivas muy heterogéneas pero igualmente funcionales: depuraciones, ceses y destituciones de funcionarios en todos los ámbitos de la Administración estatal; incautaciones de propiedades de republicanos y disidentes significados; multas y sanciones económicas o destierros e inhabilitaciones para ejercer la práctica profesional; condenas a reclusión dictadas por tribunales militares; etc. La motivación profiláctica y "purificadora" que inspiraba ese amplio proceso depurativo y sancionador paralelo a la violenta represión física queda claramente de manifiesto en las normas oficiales dictadas para las comisiones de depuración en el magisterio:

> El carácter de la depuración que hoy se persigue no es sólo punitivo, sino también preventivo. Es necesario garantizar a los españoles, que con las armas en la mano y sin regateos de sacrificios y sangre salvan la causa de la civilización, que no se volverá a tolerar, ni menos a proteger y subvencionar a los envenenadores del alma popular primeros y mayores responsables de todos los crímenes y destrucciones que sobrecogen al mundo y han sembrado de duelo la mayoría de los hogares honrados de España. (...) Los individuos que integran esas hordas revolucionarias, cuyos desmanes tanto espanto causan, son sencillamente los hijos espirituales de catedráticos y profesores que a través de instituciones como la llamada "Libre de Enseñanza", forjaron generaciones incrédulas y anárquicas. Si se quiere hacer fructífera la sangre de nuestros mártires es preciso combatir resueltamente el sistema seguido desde hace más de un siglo de honrar y enaltecer a los inspiradores del mal, mientras se reservaban los castigos para las masas víctimas de sus engaños (*Boletín Oficial del Estado*, 10 de diciembre de 1936).

La política de sistemática represión multiforme (desde la eliminación física hasta la depuración administrativa, la sanción económica o la inhabilitación profesional) fue un componente esencial del régimen franquista desde el comienzo de la sublevación militar y hasta su terminación en 1975. Y ello porque, en palabras del jurista Manuel Ballbé, "las instituciones de orden público no son unas más en el conjunto del Estado franquista, sino que constituyen la médula de la dictadura" (Ballbé, 1983: 399). De hecho, desde una perspectiva histórico-jurídica, el modelo político dictatorial vigente desde 1936 supuso la militarización de la vida pública social y la implantación de un "permanente estado de excepción" bajo tutela directa del Ejército (Aróstegui, 1990: 242). La continuidad en la posguerra de ese peculiar régimen represivo institucionalizado durante la guerra civil fue expresivamente anunciada por la prensa y radio desde el mismo momento de la victoria:

> Españoles, alerta. La paz no es un reposo cómodo y cobarde frente a la historia; la sangre de los que cayeron no consiente el olvido, la esterilidad ni la traición.

> Españoles, alerta. Todas las viejas banderías de partido o de secta han terminado para siempre; la rectitud de la justicia no se doblegará jamás ante los egoísmos privilegiados ni ante la criminal rebeldía; el amor y la espada mantendrán, con la unidad de mando victoriosa, la eterna unidad española.
>
> Españoles, alerta. España sigue en pie de guerra contra todo enemigo del interior o del exterior, perpetuamente fiel a sus caídos. España, con el favor de Dios, sigue en marcha, Una, Grande y Libre, hacia su irrenunciable destino (*ABC,* 4 de abril de 1939).

El propio Franco reconoció en diversas ocasiones esa voluntad de "limpieza", "depuración" y "purificación" definitoria del Nuevo Estado por él acaudillado. En diciembre de 1939 había anotado en un documento interno programático remitido a sus ministros:

> En el orden de la Gobernación, es necesario crear el instrumento policíaco y de orden público del nuevo régimen, tan vasto y numeroso como exijan las circunstancias, ya que lo más oneroso para la nación sería la perturbación de nuestra paz interna indispensable a nuestro resurgimiento (Suárez Fernández, 1984, III: 55-56).

Tres meses antes había declarado durante su visita a Asturias: "¡Ay de aquel que se tuerza, porque sobre los escombros de Simancas [cuartel militar gijonés destruido durante la guerra] juro yo, con los españoles, apartar y hundir al que se oponga" (Ruiz, 1978: 25). En otro crucial discurso de enero de 1942 afirmaba que toda su obra de gobierno podía ser considerada una "cirugía de urgencia" destinada a "desarraigar los errores, allanar los odios y aquilatar las responsabilidades" para "dejar limpio el solar para nuestro edificio". También reconoció sin ambages lo que podían esperar los enemigos y opositores a esa tarea:

> El que no quiera (tomar parte), tened la seguridad de que, por el bien de España, por la salud y el porvenir de nuestra Patria y de todos los españoles, ya que así lo hemos jurado sobre la sangre de los que cayeron, será arrollado. (...) Ya lo sabéis. Mi corazón está abierto a todos, pero no consentiré que nadie se desvíe, porque sería traicionar la revolución (nacional-sindicalista) y la Patria (*Extremadura. Diario católico,* 29 de enero de 1942).

Los instrumentos legales de dicho proceso represivo institucionalizado fueron varios y continuados. El bando de la Junta de Defensa de Burgos declarando el estado de guerra el 28 de julio de 1936 permaneció en vigor hasta marzo de 1948 y persiguió toda manifestación de oposición al régimen bajo la tipificación de "adhesión a rebelión militar". La *ley de Responsabilidades Políticas* del 9 de febrero de 1939 (con efectos retroactivos hasta octubre de 1934) sólo fue derogada con el decreto de extinción de responsabilidades políticas de 10 de noviembre de 1966. La legislación marcial sobre el orden público se mantuvo vigente en virtud de las sucesivas leyes de *Represión de la Masonería y el Comunismo* (1 de marzo de 1940), de *Seguridad del Estado* (29 de marzo de 1941), de *Represión de Bandidaje y Terrorismo* (18 de abril de 1947) y de *Orden Público* (30 de julio de 1959). Sólo con la creación de los Tribunales de Orden Público (TOP) en diciembre de 1963 se devolvió a la jurisdicción civil (en un régimen excepcional, no ordinario) las competencias sobre delitos análogos. En sus cuatro primeros años de existencia, esos tribunales civiles incoaron más de 4.500 sumarios. Sin embargo, en virtud del decreto de 21 de septiembre de 1960 sobre "bandidaje y terrorismo" se mantuvo la competencia militar para "los actos de subversión social" por quedar tipificados como "delito de rebelión militar". De hecho, en esos cuatro primeros años de actividad de los TOP, los tribunales militares también condenaron a un total de 1.255 reos civiles (Ballbé, 1983: 426-427).

El volumen de la población reclusa durante la guerra y, sobre todo, en la inmediata posguerra, acredita la dureza represiva empleada por las autoridades insurgentes contra la población civil desafecta. Según las estadísticas oficiales publicadas en el *Anuario Estadístico de España* de 1944-1945, el promedio de los presos internados en cárceles españolas entre 1931 y 1934 había sido de 9.403 personas (8.925 hombres y 478 mujeres). El enorme aumento de los prisioneros por causa de delitos políticos y sentencia de los tribunales militares se aprecia en las cifras alcanzadas el 1 de abril de 1939, con el final de la guerra: 100.262 reclusos totales (90.413 hombres y 9.849 mujeres). La prosecución de la represión legal se aprecia en el tope máximo alcanzado en el año 1940: 270.719 reclusos totales (247.487 hombres y 23.232 mujeres). Durante los años sucesivos las cifras irían bajando lentamente en términos globales y sin variación en la proporción de géneros: 233.373 en 1941; 159.392 en 1942; 124.423 en 1943; 74.095 en 1944. Doce años después de haber terminado la guerra, en 1951, todavía estaban en prisión 30.610 reclusos, muy por encima de la población carcelaria normal, estimable en 10.000 personas. Sólo a partir de mediados de la década de los cincuenta se alcanzarían cifras "normales" de reclusos, con mayor predominio de los encarcelados por motivos comunes sobre los políticos (1956: 19.659; 1960: 15.226) (*Anuario Estadístico de España*, 1960: 847).

En conjunto, como índice del impacto social de la represión franquista, se ha calculado que de los 6.000.000 de familias que había en España en 1935, unas 800.00 (el 15%) "se vieron directamente afectadas por su vinculación a la causa republicana" (Fernández Vargas, 1981: 64). De hecho, un mero dato estadístico sirve elocuentemente para mostrar lo que fue y significó la represión franquista para los vencidos en la guerra civil. Si asumimos como aceptable la cifra mínima de 28.000 fusilados entre 1939 y 1945, ello "supondría que hubo unos 10 fusilados todos y cada uno de los días de los siete años comprendidos entre 1939 y 1945" (Fusi, 1985: 79). Y sobre la particular intensidad de esa represión en la inmediata posguerra, contamos con un testimonio fidedigno por su innegable simpatía y favor hacia el régimen de Franco. El 19 de julio de 1939, durante su visita oficial a España, el conde de Ciano, ministro de Asuntos Exteriores y yerno de Mussolini, anotó en su diario:

> Los problemas que afronta el nuevo régimen son muchos y serios. El primero de ellos es la llamada cuestión de los rojos. Hay ya 200.000 bajo arresto en las diversas cárceles españolas. Los juicios se celebran todos los días a una velocidad que yo calificaría de sumaria. (...) Sería inútil negar que todo esto hace que exista un triste ambiente de tragedia en España. Todavía se realizan un gran número de ejecuciones. Sólo en Madrid, entre 200 y 250 al día; en Barcelona, 150; en Sevilla, que nunca estuvo en poder de los rojos, 80. Pero todo esto debe juzgarse en términos de la mentalidad española y hay que añadir que, incluso en estas circunstancias, la población mantiene una calma y frialdad impresionantes (Ciano, 1948: 293-294).

Ese baño de sangre sistemático selló para siempre la lealtad de los vencedores en la guerra civil hacia el caudillo de la victoria, aunque sólo fuera por temor a la hipotética venganza de los republicanos vencidos y supervivientes en el interior de España o en el exilio. Esa misma sangría constituyó a su vez una utilísima "inversión" política ejemplarizante para los vencedores: los derrotados que no habían perdido la vida quedaron mudos de terror y paralizados por el miedo en los años venideros. En ambos sentidos, la represión fue una política social de "limpieza" y "depuración" de enemigos y desafectos enormemente fructífera para la dictadura franquista, sin la cual no resulta cabalmente comprensible su consolidación y pervivencia durante tantos años y en tan diferentes contextos internacionales.

3. El régimen franquista y la Segunda Guerra Mundial

La política exterior de la España regida por el general Francisco Franco durante la Segunda Guerra Mundial ha sido objeto de una viva polémica política desde sus propios momentos iniciales. Con posterioridad y hasta nuestros días, esa polémica también ha tenido su fiel reflejo en el ámbito historiográfico. En esencia, las interpretaciones sobre dicha política exterior han oscilado entre las siguientes alternativas extremas: o bien se define como una política de neutralidad voluntaria y ecuánime entre ambos bandos beligerantes cuyo objetivo principal fue siempre evitar la entrada en la guerra mundial a cualquier precio; o bien se percibe como una política de neutralidad cualificada, impuesta sólo por las circunstancias y sujeta a reiteradas tentaciones de beligerancia en favor de las potencias del eje. Un breve repaso a los juicios de diversos testigos presenciales e historiadores, tanto españoles como extranjeros, permite comprobar esta aguda divergencia interpretativa.

Según el testimonio de Willard L. Beaulac, consejero de la Embajada de Estados Unidos en Madrid entre 1941 y 1944, el general Franco había sido el "aliado silencioso" de Gran Bretaña y Estados Unidos "en la Segunda Guerra Mundial" y la política exterior española tuvo como objetivo permanente "mantenerse fuera de toda participación activa en la guerra". Por el contrario, según sir Samuel Hoare, embajador británico en Madrid entre 1940 y 1944, "la no-beligerancia española no había significado la neutralidad española" y "si Franco no entró en la guerra no fue por amor hacia nosotros o por dudas sobre la victoria final alemana" (Beaulac, 1986: 8; Hoare, 1946: 285, 286).

Esa notoria diferencia de apreciación entre ambos diplomáticos aliados en España parece reproducirse igualmente en la distinta opinión manifestada al respecto por dos destacados protagonistas españoles. A tenor del relato de José María Doussinague, director general de política exterior en el Ministerio de Asuntos Exteriores durante el conflicto, España "tenía razón", había sido neutral y había seguido "una política de paz perfectamente marcada" y "cuyo empeño principal fue llegar al fin de la guerra sin verse arrastrado por su torbellino y sortear sus gravísimos peligros". Por su parte, Ramón Serrano Suñer, cuñado y confidente de Franco y su ministro de Asuntos Exteriores entre 1940 y 1942, reconoció con posterioridad: "es en cambio ciertísimo que practicamos una política de inclinación absolutamente amistosa hacia el Eje" y que "la actitud de cada uno de nosotros correspondió real y sinceramente a la disposición de Franco" (Doussinague, 1949: 355, 359-360; Serrano Suñer, 1947: 133, 138).

En el plano historiográfico, el contraste de opiniones e interpretaciones sobre el carácter de la política exterior franquista durante el conflicto mundial es igualmente relevante. Una amplia corriente de estudiosos (entre otros, Ricardo de la Cierva, Brian Crozier, Ramón Salas Larrazábal y Luis Suárez Fernández), básicamente afín al régimen franquista desde el punto de vista político e ideológico, ha defendido con tenacidad que España fue un país neutral y ecuánime debido a la voluntad suprema de Franco de evitar toda participación en la guerra si ello era posible. Según señala Luis Suárez Fernández en su último y voluminoso libro sobre el tema, la acertada política exterior de Franco "permitió a España salir indemne de las terribles secuelas de la guerra". Y añade desafiante:

> Ciertos historiadores parten del supuesto de que Franco deseaba entrar en guerra, pero las circunstancias cambiaron este propósito. Tal supuesto no ha sido nunca probado con documentos. Existen, en cambio, datos bastante abundantes que podrían utilizarse en sentido contrario. De cualquier modo se trata de atribuir intenciones y nada hay más difícil que pretender penetrarlas (Suárez Fernández, 1997: 14, 169).

En abierta oposición al indisimulado profranquismo de esos historiadores citados, desde hace tiempo ha venido cristalizando una nueva tendencia historiográfica mucho más crítica y ponderada en sus análisis e interpretaciones. Figuras como Antonio Marquina, Víctor Morales Lezcano, Javier Tusell, Paul Preston o Angel Viñas han sometido a una completa revisión las tesis sobre la neutralidad estricta con el apoyo de la nueva documentación española y extranjera disponible sobre el particular. Probablemente, las siguientes palabras del último trabajo del profesor Tusell dedicado al asunto puedan sintetizar el punto de vista de estos historiadores:

> Una de la conclusiones de este libro es que, si bien la España de Franco no entró en la Guerra Mundial, sí bordeó repetidamente esta posibilidad por voluntad propia y estuvo muy lejana a la estricta neutralidad en gran parte del conflicto. Lo que Franco no estuvo nunca dispuesto a hacer fue entrar, como él mismo decía, "gratis" en la Guerra Mundial, a cambio de nada. Pero habría bastado un poco más de tenacidad y decisión en Hitler, una amenaza en forma de ultimátum o una mentira creíble como promesa destinada a convencer a los dirigentes españoles, para que el rumbo de la guerra fuera muy otro. (...) Es muy curioso que uno de los mitos más consistentes y, al parecer, más difíciles de desarraigar acerca de Franco haya sido el de su neutralidad durante la Guerra Mundial (Tusell, 1995a: 13).

Al margen de la influencia de la simpatía o antipatía política por el régimen de Franco, esa evidente divergencia interpretativa entre los historiadores responde en gran medida a dos factores principales y concurrentes. En primer lugar, es el resultado de las graves e irresolubles carencias documentales que afectan los archivos oficiales españoles relativos al tema. No en vano, la larga duración de la dictadura franquista permitió una sistemática y profunda limpieza y expurgación de aquellos fondos documentales considerados comprometedores. Así, por ejemplo, en los archivos españoles de Presidencia del Gobierno o del Ministerio de Asuntos Exteriores no queda rastro alguno de la profusa y reveladora correspondencia mantenida por Franco con Hitler y Mussolini durante los años de guerra mundial. Esta lamentable situación hace inexcusable la consulta de los diversos archivos extranjeros para conocer *de facto* la conducta oficial española y determinar sus propósitos y objetivos (así, la mencionada correspondencia de Franco es conocida sólo por su presencia en los archivos alemanes e italianos capturados por los aliados en 1944 y 1945). Y ello, a su vez, supone un inevitable grado de incertidumbre en la consecuente interpretación histórica de la política exterior española en aquel período (Viñas, 1981a: 263-377; 1987: 17-36).

El segundo factor que debe tomarse en consideración hace referencia a los notorios cambios de la posición jurídica y política adoptados por el régimen español durante el conflicto. De hecho, no cabe olvidar que la España de Franco fue sucesivamente, a lo largo de los cinco años de guerra mundial, "neutral", "no-beligerante", "beligerante moral" y de nuevo "neutral". Y esa diversidad de tomas de posición oficiales del régimen franquista dificulta la caracterización global de su conducta entre 1939 y 1945 e impone la necesidad de una periodización estricta y cualificada.

En cualquier caso, por encima de los problemas generados por ambos factores y de las inevitables simpatías o antipatías políticas, la historiografía especializada está totalmente de acuerdo en un punto de partida común e ineludible. Resulta imposible comprender la política exterior española durante la Segunda Guerra Mundial sin prestar la debida atención a un hecho crucial: cuando estalló el conflicto, España acababa de salir de una cruenta guerra civil que se había prolongado durante casi tres años y que había concluido con la victoria absoluta de un bando franquista vitalmente asistido desde el primer momento por la Italia fascista y la Alemania nazi.

Como resultado de ese apoyo de las potencias del eje, la ideología, la estructura y la línea de conducta del nuevo régimen español habían experimentado un proceso de fascistización que también se tradujo en el plano diplomático: tratados secretos de amistad con Italia (noviembre de 1936) y Alemania (marzo de 1939); adhesión al *Pacto Anti-Comintern* ítalo-germano-nipón (abril de 1939); abandono de la Sociedad de Naciones (mayo de 1939), etc. Por tanto, en vísperas del inicio de la guerra mundial, la dictadura franquista se había alineado con el eje en oposición a Francia y Gran Bretaña y abrigaba unas aspiraciones irredentistas de carácter antibritánico (a causa de la presencia colonial en Gibraltar) y antifrancés (por rivalidad en el Protectorado sobre Marruecos y disputa por el control de la ciudad internacional de Tánger).

Sin embargo, la España de Franco estaba limitada por su situación interna y geoestratégica para ejecutar una política exterior revisionista como la de sus valedores internacionales. La población estaba diezmada y exhausta tras una guerra devastadora y al menos la mitad podía clasificarse como hostil al régimen. La contienda había provocado una enorme sangría demográfica, a la par que las destrucciones habían dañado seriamente la infraestructura productiva y provocaban graves carencias alimentarias, de servicios y de bienes industriales. Además, agotadas las reservas de oro, la situación financiera era desesperada e insuficiente para promover de modo autónomo (o con apoyo italogermano) la urgente reconstrucción económica postbélica. Ello obligaba a recurrir al bien surtido mercado de capitales anglofrancés (o norteamericano) en solicitud de créditos para efectuar las imprescindibles importaciones de grano, equipo industrial y carburantes.

Si la situación económica era dramática, en el plano geoestratégico tampoco había motivo para el optimismo. A pesar de su victoria, el ejército franquista carecía de material y recursos logísticos para enfrentarse a posibles acciones ofensivas francobritánicas contra el Marruecos español, las expuestas costas y archipiélagos (Canarias y Baleares) o las fronteras pirenaica y portuguesa. Esa vulnerabilidad estratégica ya había sido percibida por Franco durante la guerra civil y, de hecho, durante la crisis de septiembre de 1938, con resignado pesar había anunciado su neutralidad en caso de conflicto entre las aborrecidas democracias y el admirado eje. En definitiva, aunque la ideología franquista fuera francófoba, anglófoba, y propugnase la recuperación de Gibraltar y la expansión imperial en África, la dramática realidad imponía un período de paz y recuperación que no podría financiarse sin recurrir a los créditos de esas potencias democráticas. Durante el verano de 1939, Franco y su entonces ministro de Asuntos Exteriores, el coronel Juan Beigbeder, advirtieron a Roma y Berlín de la necesidad española de paz en vista de sus dificultades interiores y su vulnerabilidad militar. El 19 de julio, durante su visita a España, el conde Ciano, yerno de Mussolini y su ministro de Asuntos Exteriores, escuchó las razones de la necesaria neutralidad hispana:

> Franco habló de su gratitud hacia el Duce y hacia Italia en términos que no dejan lugar a dudas sobre su sinceridad. (...) Franco considera que es necesario un período de paz de al menos cinco años e incluso esta cifra parece a muchos observadores optimista. Si, a pesar de lo previsto y de la buena voluntad, surgiera un hecho nuevo e inesperado que forzara la aceleración del plazo de reconstrucción, España reitera su intención de mantener hacia Italia una neutralidad muy favorable e incluso más que muy favorable (Ciano, 1948: 290-291).

Esa era la crítica situación de España cuando el 1 de septiembre de 1939 la invasión alemana de Polonia provocó la declaración de guerra de Francia y Gran Bretaña. La reacción de Franco fue la única que cabía esperar: el 4 de septiembre decretó "la más estricta neutralidad" en el conflicto. También Mussolini, su admirado modelo político, había optado por permanecer al margen de las hostilidades y declararse "no beligerante". Con esa medida ambigua, el *Duce* no ocultaba su soterrado apoyo diplomático y económico a Alemania y proseguía el programa de preparación de Italia para entrar en la contienda en el momento oportuno. Por su parte, el embajador alemán en Madrid fue informado por Beigbeder de la declaración de neutralidad y recibió garantías de que, pese a ella, "España estaba dispuesta a ayudarnos en la medida en que le fuera posible" *(Documents on German Foreign Policy,* 1956-1964, VII: 524).

Los Gobiernos de Francia y Gran Bretaña recibieron favorablemente la decisión franquista como mal menor dada la coyuntura. Su primera reacción fue implantar un bloqueo naval de la península para interrumpir el tráfico comercial hispanoalemán y restablecer su perdida hegemonía en el comercio exterior español. No en vano, como resultado de las especiales relaciones de Franco con el Eje durante la guerra civil, las potencias occidentales habían sido reemplazadas por Alemania e Italia como grandes receptores de la exportación española: en 1938 Alemania había absorbido el 40,7% de dicha exportación (básicamente, mineral de hierro y piritas ferrocobrizas destinadas a la industria de guerra), seguida a enorme distancia por Italia (15,3%), Estados Unidos (13,5%), Gran Bretaña (11,7%) y Francia (0,3%) (García Pérez, 1994: 60; Viñas y otros, 1979, I: 239-240).

Como complemento a ese bloqueo, a fin de paliar sus devastadores efectos, ambas potencias aceptaron financiar el programa de reconstrucción postbélica y abastecer a España con el trigo, los productos industriales y los combustibles que urgentemente necesitaba. Las autoridades españolas habían decidido reservadamente: "las negociaciones con Inglaterra deben ser tratadas y estudiadas con preferencia, dado el volumen del comercio tradicional hispano-inglés y las dificultades que con motivo de la guerra ofrece el tráfico con otros países". Fruto del pragmatismo forzado fue la firma de un primer acuerdo comercial con Francia en enero de 1940 y, dos meses más tarde, de un acuerdo comercial y financiero con Gran Bretaña. A tenor de este último, España recibía un crédito de 2.000.000 de libras esterlinas para comprar materias primas en el mercado británico, así como un anticipo de casi 2.000.000 de libras para cancelar las deudas españolas vigentes. Mediante esos acuerdos, las potencias occidentales ponían en práctica una peculiar política del "palo y la zanahoria" muy próxima al apaciguamiento económico (Smyth, 1986). No en vano, si por un lado dicha política hacía posible la adquisición por España de productos alimenticios e industriales inexcusables, por otro significaba el mantenimiento de una estricta vigilancia de las costas y el tráfico mercante español y la dosificación de las importaciones para evitar la posible reexportación de mercancías hacia Alemania por vía de Italia.

La razón de las medidas cautelares de las potencias aliadas no era otra que la pública identificación del régimen franquista con la causa germana. Puesto que la "estricta neutralidad" era pura necesidad y no libre opción, las autoridades españolas manifestaron desde el primer momento una parcialidad evidente hacia Alemania. Beigbeder, entonces ferviente germanófilo (y sólo más adelante anglófilo circunstancial), había reconocido ante los negociadores británicos esa antipatía al firmar el acuerdo comercial: "Hago una excepción con ustedes no porque nos gusten sino porque el Imperio Británico es nuestro mejor mercado".

Las manifestaciones españolas favorables a la causa de Alemania fueron muy diversas. En el plano más visible, la controlada prensa franquista se mostró sistemáticamente progermana y contraria al esfuerzo bélico anglo-francés. La policía y el Ejército español, grandes admiradores de sus homólogos alemanes, posibilitaron la actuación de espías nazis en todo el territorio nacional, al igual que permitieron el paso de aviones de reconocimiento alemán por el espacio aéreo español y la instalación de una estación de radio en La Coruña al servicio de la Luftwaffe. Además, desde septiembre de 1939, con la aprobación de Franco, se puso en marcha secretamente la operación "Moro". A tenor de la misma, los buques de guerra y submarinos germanos recibieron todo tipo de facilidades para el aprovisionamiento de combustible, agua y alimentos en varios puertos peninsulares (Vigo, Ferrol y Cádiz) e insulares (Las Palmas). En total, hasta finales de 1942, hubo al menos 23 ocasiones de aprovisionamiento de submarinos alemanes con la colaboración española.

Sin embargo, esa proclividad hacia Alemania seguía estando limitada por la situación económica y la vulnerabilidad militar. En marzo de 1940, el prestigioso general Kindelán (capitán general de Baleares) presentó un informe sobre la situación militar ante el Consejo Superior del Ejército que recibió el apoyo de sus miembros. En el mismo se descartaba la posibilidad de emprender toda operación bélica:

> Nos es doloroso afirmar que no estamos en modo alguno preparados para tal contingencia (entrar en la guerra mundial): la aviación y la flota naval han perdido eficiencia en el año transcurrido desde la victoria (en la guerra civil) y en tierra sólo está iniciada la reorganización y siguen indefensas nuestras fronteras y sin resolver los problemas primordiales de combustibles y explosivos (Tusell y García Queipo de Llano, 1985: 97).

Aparte de esos motivos económicos y estratégicos que demandaban la neutralidad, desde principios de 1940 la situación política interna se había agravado por el creciente predomino de Falange dentro del régimen y la resistencia ofrecida por los restantes grupos políticos de la coalición de fuerzas franquista. Esa tensión política interior se traducía igualmente en distintas orientaciones de política exterior, aunque ambos sectores comprendían la necesidad de la neutralidad por razones de fuerza mayor. La derecha tradicional, conservadora, monárquica y católica (dominante entre los militares de alta graduación, los más cualificados funcionarios del Estado, la aristocracia y el clero) era mucho más prudente en su actitud proalemana y aceptaba la obligada contemporización con las potencias aliadas. Por el contrario, los sectores falangistas (bien representados entre la oficialidad del Ejército más joven y en el nuevo personal político y administrativo reclutado durante la guerra civil) eran fervorosos partidarios del eje y estaban dispuestos a arriesgarse a un enfrentamiento con los aliados. Esa creciente oposición entre ambos grupos en temas de política interior y exterior, siempre bajo la mirada vigilante y arbitral de Franco, se iría agudizando a medida que la contienda europea se prolongaba y afectaba más directamente España.

La súbita victoria de Alemania sobre los Países Bajos y Francia en junio de 1940, junto con la entrada de Italia en la guerra (el 10 de junio), cambiaron por completo el panorama europeo y fueron ocasión para un giro notable en la posición española ante el conflicto. Con la derrota de Francia consumada (el armisticio se firmó el 22 de junio por mediación del embajador español en París, José Félix de Lequerica) y con Gran Bretaña aislada y esperando el inminente asalto alemán, Franco se vio tentado de entrar en la guerra al lado del eje a fin de recuperar Gibraltar y realizar los sueños imperiales en África. No en vano, la situación estratégica había cambiado radicalmente: la ocupación alemana de la fachada atlántica francesa establecía contacto terrestre español con el eje; la capitulación francesa y la formación del régimen colaboracionista de Vichy presidido por el mariscal Pétain eliminaban cualquier peligro para España de esa procedencia; y la intervención italiana extendía la guerra al Mediterráneo y limitaba la capacidad de acción de una flota británica que ya no podía servirse de los puertos de Francia.

Sin embargo, el problema esencial para Franco seguía siendo el mismo de siempre: España no podría soportar un esfuerzo bélico prolongado dada su debilidad económica y militar y el control naval británico de sus suministros alimenticios y petrolíferos. Refrendando el previo memorándum de Kindelán, un informe del 8 de mayo de 1940 del general Carlos Martínez Campos, había recordado con claridad las limitaciones militares que seguían vetando la intervención española:

España, después de una guerra de desgaste de tres años, se encuentra muy débil para intervenir (...). Envueltos en la contienda que actualmente se desarrolla nos hallaríamos en circunstancias extraordinariamente penosas. Sin aviación ni unidades mecanizadas (hoy que los ejércitos basan su ofensiva en la velocidad), sin artillería antiaérea ni cañones contracarros (hoy que la ofensiva enemiga se desarrollaría con unidades aéreas y blindadas), sin tener efectuados los preparativos concernientes a la movilización de nuestras fuerzas (hoy que el tiempo ha adquirido un valor extraordinario), sin materias primas suficientes, sin los hombres que se encuentran en el extranjero y sin el entusiasmo de los que se hallan en España, no cabe duda que la empresa tendría muchísimas garantías de fracaso (Tusell y García Queipo de Llano, 1985: 98).

Constreñido por esas limitaciones, pero también animado por la expectativa de una victoria final del eje, durante junio de 1940 el caudillo fue desplegando una cautelosa estrategia diplomática que tratara de hacer compatible la realización de las reivindicaciones territoriales con la situación económica y las fuerzas militares disponibles. Desde luego, los triunfos alemanes y la intervención italiana habían reforzado la inclinación pública y la ayuda encubierta a las potencias del eje. El mismo día de la entrada de Italia en la guerra (anunciada por Mussolini a Franco con anticipación), el caudillo había escrito una reveladora carta privada al *Duce* en ese sentido:

Nuestra solidaridad moral os acompañará fervorosamente en vuestra empresa y en cuanto a la económica tened la seguridad que en la medida de nuestras fuerzas (pues bien conocéis nuestra situación) os la prestaremos de buen grado. Ya conocéis las razones de nuestra posición actual; no obstante al entrar vuestra Nación en la guerra he decidido alterar los términos anteriores en el sentido de sustituir la actual declaración de neutralidad por la de "no beligerancia". Muy agradecido a la disposición de Italia en cuanto a Gibraltar, cuyo rescate indispensable al Honor de España es una de las justas aspiraciones nacionales que aumentarán las posibilidades de España en provecho de nuestro común futuro en Europa. Os reitero la cordialidad con que aprovecharemos todas las ocasiones para ayudaros en cuanto estén a nuestro alcance. Con mis mejores votos al éxito de vuestras armas os envío el más afectuoso saludo (*Documenti Diplomatici Italiani*, 1954-1988, IV: 847).

Sin embargo, el caudillo era consciente de que ese mero apoyo soterrado no bastaría para obtener los títulos que garantizasen la realización futura del programa irredentista español. Por consiguiente, Franco aspiraba a tomar parte en la guerra al lado del eje, pero sólo cuando hubiera pasado lo peor del combate y fuera inminente la derrota inglesa, con objeto de poder participar como beligerante en el reparto del botín colonial subsecuente a expensas de Francia y Gran Bretaña. En palabras posteriores de Serrano Suñer, artífice con Franco de esa cautelosa estrategia diplomática, la "intención era entrar en la guerra en el momento de la victoria alemana, a la hora de los últimos tiros" y "siempre partiendo de la convicción de que la entrada de España en la guerra corta, casi terminada, sería más formal que real y no nos causaría verdaderos sacrificios". En definitiva, Franco se aprestaba a aprovechar la victoria del eje sobre la alianza francobritánica para conseguir las aspiraciones territoriales españolas con un precio y coste bélico mínimo y asumible. De nuevo el testimonio de Serrano Suñer clarifica el sentido de la conducta franquista durante aquella coyuntura:

> Entonces teníamos el convencimiento de que la guerra estaba terminada, de que no había que perder días. Pensábamos que si España participaba en la guerra aunque fuese simplemente una semana, sus derechos y su crédito en la Conferencia de Paz serían muy distintos a que si simplemente se limitaba a aplaudir, que es lo que hacíamos (Saña, 1982: 170, 193; Pike, 1985: 54).

De acuerdo con esa estrategia, el 13 de junio de 1940 España abandonó la "estricta neutralidad" y se proclamó "no beligerante" en el conflicto europeo. Ante el Gobierno británico, por si acaso, se justificó el cambio como medida cautelar exigida por la extensión de los combates al Mediterráneo. Pero internamente se admitía que era una imitación de la conducta italiana y abría las puertas a futuras acciones ofensivas. Como escribió entonces Doussinague en un informe reservado para Beigbeder (y que el autor olvida mencionar en su libro):

> (...) el precedente de Italia deja entender que una declaración de no beligerancia es, en realidad, un estado preparatorio de la entrada en la lucha y ello ha de ejercer fortísima coacción de temor en los países que pueden suponerse amenazados por nuestras armas (Tusell, 1995a: 81).

Al día siguiente de la declaración, al mismo tiempo que las tropas alemanas ocupaban París, fuerzas militares españolas ocuparon la ciudad internacional de Tánger bajo el pretexto de preservar el orden y la neutralidad. Se trataba del primer paso, todavía cauto y reversible, para la realización de un programa imperial mucho más vasto y ambicioso.

La gestión definitiva de la diplomacia franquista tuvo lugar el 16 de junio de 1940. Fue una iniciativa propiamente española y no obedeció a una petición de Alemania (ni mucho menos a una presión). Ese día, un emisario especial del caudillo, el general Juan Vigón, jefe del Alto Estado Mayor, se entrevistó con Hitler y su ministro de Asuntos Exteriores, Joachim von Ribbentrop. En nombre de Franco, Vigón ofreció a Hitler la entrada española en la guerra a cambio de ciertas condiciones específicas. Ante todo, el compromiso de cesión a España, tras la victoria, de Gibraltar, el Marruecos francés, el Oranesado (región occidental de Argelia) y la ampliación de las posesiones españolas en el Sáhara y Guinea ecuatorial. Además, la oferta estaba condicionada al envío previo de notables suministros alemanes de alimentos, petróleo, armas y artillería pesada para paliar la crítica situación económica y militar española (*Documents on German Foreign Policy,* 1956-1964, IX: 456). Paralelamente a esta gestión personal, Beigbeder informaba a Roma de la oferta española:

> Si como natural consecuencia de la derrota de Francia ocurriese una justa redistribución de territorios africanos, España reivindicaría: la unión de Marruecos bajo su protectorado; la parte del territorio argelino que ella colonizó y está próxima a su costa meridional; la ampliación del Sáhara español y la ampliación de sus posesiones del Golfo de Guinea hacia poblados que ofrezcan jornaleros indígenas de los cuales carece hoy España. (...) Si Gran Bretaña continuase la guerra, España estaría dispuesta ahora a declarar su beligerancia previa preparación de la opinión pública y la ayuda necesaria para atacar Gibraltar y defender al Majzen, en cuanto atañe a aprovisionamientos de material y armamento pesados y al adecuado auxilio aéreo y naval (*Documenti Diplomatici Italiani,* 1954-1988, V: 54).

Para irónica fortuna de Franco, aunque Hitler felicitó a Vigón por la ocupación de Tánger y expresó su deseo de que Gibraltar volviera a ser español, rehusó totalmente cualquier compromiso sobre las restantes reivindicaciones imperiales y demandas materiales, subrayando la necesidad de consultar con Italia cualquier modificación de la situación en el Mediterráneo. En realidad, los dirigentes nazis despreciaban como innecesaria la costosa oferta de beligerancia española en el momento de capitulación de Francia y cuando parecía inminente la derrota británica y el final victorioso de la guerra. Tampoco Mussolini realizó ningún esfuerzo para satisfacer lo que le parecían desmesuradas peticiones españolas, que además podrían generar un competidor indeseado para Italia en el Mediterráneo y el norte de África (Ciano, 1947: 105).

Las gestiones secretas bilaterales sobre la entrada de España en la guerra continuaron durante el verano de 1940, con nula presión alemana o italiana y reiterada insistencia española en sus condiciones. El 19 de junio el embajador español en Berlín presentó un memorándum recapitulando la oferta de beligerancia española. Para honda decepción de Franco y sus asesores, la respuesta oficial alemana se retrasó hasta el 25 de junio y su naturaleza no podía ser más ambigua e imprecisa. Se limitaba a señalar que el Gobierno alemán "ha tomado nota de las aspiraciones territoriales de España en el norte de África" y, respecto a las demandas de ayuda material, "Alemania les prestará en el momento oportuno la más favorable consideración". La nota finalizaba con una cláusula todavía más inquietante y decisiva para el futuro: "Tan pronto como haya quedado aclarada la situación militar después de la conclusión del armisticio con Francia, el gobierno del Reich consultará de nuevo con el gobierno español" (*Documents on German Foreign Policy*, 1956-1964, IX: 488; X: 3, 16).

Esa actitud de reserva oficial fue acentuada por los informes sobre la situación española remitidos por el embajador alemán en Madrid y por el servicio secreto militar. A tenor del primero, "España está incapacitada económicamente para afrontar hasta el final una guerra que dure más de unos pocos meses si no recibe ayuda económica" y "la ayuda económica que se nos pide podría representar un grave peso (especialmente en suministros alimenticios)". Por su parte, el segundo advertía sobre la penosa vulnerabilidad militar del país: "España en la actualidad puede tener municiones para unos pocos días sólo. La capacidad de las industrias bélicas es pequeña (...). Debido a las muchas dificultades internas de un país en proceso de reconstrucción, España, *sin ayuda exterior, no puede librar más que una guerra de muy corta duración*" (*Documents on German Foreign Policy*, 1956-1964, X: 313, 326. Subrayados originales). El almirante Wilhelm Canaris, jefe del servicio secreto militar alemán, resumió certeramente en agosto para el alto mando germano la naturaleza y peligros de la oferta franquista:

> La política de Franco ha sido desde el principio no entrar en la guerra hasta que Gran Bretaña haya sido derrotada, porque teme su poderío (puertos, situación alimenticia, etc.). (...) España tiene una situación interna muy mala. Sufren escasez de alimentos y carecen de carbón. (...) Las consecuencias de tener a esta nación impredecible como aliado son imposibles de calcular. Tendríamos un aliado que nos costaría muy caro (Moradiellos, 1995: 7-8).

La decepción española por el fracaso de su oferta de beligerancia fue acompañada de un empeoramiento de la situación interna que agudizó su dependencia de los suministros exteriores aliados. El Gobierno y los estrategas británicos habían apreciado desde el principio de las victorias alemanas la nueva importancia de España en el contexto bélico y se habían apresurado a tomar medidas de precaución ante cualquier cambio. Como parte de las mismas, el primero de junio de 1940 llegó a Madrid sir Samuel Hoare como nuevo embajador "en misión especial" (Hoare, 1946). Su cometido primordial consistía en evitar la entrada voluntaria de España en la guerra por medio de la persuasión, la coacción o el simple soborno a los generales y políticos más afines.

Para atajar cualquier tentación beligerante española, el Gobierno británico puso en marcha dos operaciones complementarias. Por una parte, en previsión de lo peor, se estudiaron y prepararon distintos planes estratégicos ante la eventualidad de que España declarase la guerra a Gran Bretaña o fuera invadida por Alemania: operación "Challenger" (ocupación de Ceuta), "Blackthorn" (resistencia angloespañola en Marruecos), "Puma" (ocupación de las Canarias), etc. La segunda línea de acción consistió en estrechar el bloqueo marítimo de las costas españolas y dosificar rígidamente, con la colaboración de Estados Unidos, las importaciones de alimentos y materias primas energéticas procedentes del exterior para evitar su almacenamiento con fines bélicos o su reexportación hacia Alemania. La consecuente "política de ritmo controlado de los suministros cada mes" fue especialmente eficaz en el caso de los productos petrolíferos. Al respecto, el objetivo definido y cumplido fue autorizar "importaciones suficientes para permitir el consumo normal y el mantenimiento de reservas para dos meses y medio de consumo". Esa demostración de fuerza a través del bloqueo naval fue acompañada de reiteradas ofertas de ayuda y facilidades a la importación de productos inexcusables si España permanecía "no beligerante". En conjunto, como se congratulaba Hoare y su equipo diplomático, tal política "demostró ser un factor vital para convencer a España dónde estaban sus intereses" porque España estaba entrando en "un periodo de intensa escasez interior que bordeaba el hambre" (Smyth, 1986: 78, cap. 6).

El patente deterioro de la situación interna española desde principios de septiembre de 1940 coincidió con el momento crucial de la batalla aérea de Inglaterra y con las primeras dudas alemanas sobre la posibilidad de llevar a cabo la prevista invasión de la isla. Fue en ese contexto cuando los estrategas germanos comenzaron a fijar su atención en Gibraltar, cuya conquista podría doblegar la resistencia británica y cercenar la actividad de la *Royal Navy* en el Mediterráneo. El resultado de esa nueva atención estratégica fue la invitación de Hitler a Franco para que enviara a Alemania un representante cualificado que pudiera negociar las condiciones de la entrada de España en la guerra.

Marginando a Beigbeder (cada vez más neutralista), Franco decidió enviar a Berlín a su hombre de confianza y principal apoyo político: entre el 16 y el 27 de septiembre de 1940 Serrano Suñer estuvo en Alemania para entrevistarse en varias ocasiones con Hitler y Ribbentrop. Durante las conversaciones quedó de manifiesto la disparidad de criterios entre ambas partes y su diferente percepción de la importancia de España en el conflicto y en el futuro orden nuevo de Europa (*Documents on German Foreign Policy*, 1956-1964, XI: 63, 66, 67, 97, 104, 117; Serrano Suñer, 1977: 329-348). No en vano, la incertidumbre respecto a un rápido final de la batalla de Inglaterra, junto con la relativa libertad de actuación de la *Royal Navy* en el Mediterráneo, habían exacerbado la cautela de Franco y su voluntad de asumir sólo riesgos limitados a cambio de grandes compensaciones. Sin que por ello amainara lo más mínimo la campaña de prensa antibritánica y la ayuda soterrada al eje. El propio Serrano declararía públicamente a su llegada a Berlín: "España es no beligerante, pero no indiferente. En la hora propicia será dada la orden de actuar" (*Extremadura. Diario católico,* 16 de septiembre de 1940).

Siguiendo instrucciones muy precisas de Franco, el ministro español insistió en la aceptación formal de las reivindicaciones territoriales y en los envíos previos de ayuda alimenticia, militar y de carburante, dado el grave deterioro que había experimentado la situación interna española. Para complacer esa demanda de aceptación formal, Franco exigía un "protocolo político" secreto que asumiera las reivindicaciones españolas y dejara a su criterio la decisión de entrar en la guerra en el momento oportuno. En sus propias palabras: "Nos conviene estar dentro (del Eje) pero no precipitar". Y ello porque "la alianza no tiene duda", pero existían muchas razones "que aconsejan limitar en lo posible la duración de nuestra guerra" y no cabía olvidar que "ya se abre camino el supuesto de la guerra larga" (Serrano Suñer, 1977: 338, 340, 342-343). Por lo que respecta a la ayuda material demandada, Serrano mantuvo su volumen en los límites ya fijados en la primera oferta de beligerancia y considerados por las autoridades alemanas imposibles de atender: 400.000 toneladas de gasolina, hasta 700.000 toneladas de trigo, 200.000 toneladas métricas de carbón, etc. Los igualmente elevados envíos militares requeridos consistían básicamente en aviones, munición y artillería naval y antiaérea para proteger las costas y las islas españolas, así como para atacar Gibraltar. Según confesó Franco en carta privada a Serrano, esa ayuda militar, lejos de ser excesiva, era "sólo lo indispensable a esta misión" (Serrano Suñer, 1977: 338).

Sin embargo, para decepción del caudillo y sorpresa de su emisario, la respuesta alemana fue muy distinta de la prevista. Aunque Hitler pareció mostrarse dispuesto a admitir la cesión del Marruecos francés después de la victoria, pedía a cambio la entrega de "una de las islas Canarias", "bases en Agadir y Mogador (plazas marroquíes)", la colonia de Guinea (para su proyectado imperio centroafricano) y concesiones económicas y financieras en

Marruecos y la propia España. Además, los alemanes reducían considerablemente la cuantía de su ayuda militar y alimenticia puesto que concebían el ataque a Gibraltar como una operación localizada dentro de su gran estrategia antibritánica y no como una defensa integral del vulnerable territorio peninsular, insular y colonial de España. Como señaló Ribbentrop en reiteradas ocasiones, "las cifras parecen demasiado altas, especialmente en gasolina, dado que, como ya había dicho antes, no habría implicados grandes movimientos de tropas" (*Documents on German Foreign Policy,* 1956-1964, XI, 63). En esencia, el emisario del caudillo español había previsto ser tratado como un valioso aliado y, por el contrario, sólo recibía la consideración de representante de un virtual Estado satélite.

En vista de las hondas divergencias existentes, las discusiones fueron suspendidas a la espera de una futura entrevista entre Franco y Hitler que hiciera posible una solución mutuamente aceptable. En consecuencia, Serrano abandonó Berlín sin haber acordado ningún protocolo para la entrada en la guerra y después de asistir como espectador a la firma del Pacto Tripartito entre Alemania, Italia y Japón. Al poco tiempo se acordó la fecha de la entrevista entre el caudillo y el *Führer.* Se realizaría el 23 de octubre de 1940 en Hendaya, localidad de la frontera hispanofrancesa, aprovechando un viaje de Hitler al sur de Francia para entrevistarse también con Pierre Laval, jefe del Gobierno de Vichy (el día 22), y con el propio mariscal Pétain (el 24). Sin embargo, en el intervalo entre las conversaciones de Berlín y la entrevista de Hendaya, el curso de la guerra fue reafirmando a ambas partes en sus posiciones y reduciendo el estrecho margen existente para el acuerdo.

En primer lugar, el entusiasmo belicista de Franco se fue atenuando debido a la victoria aérea británica sobre la *Lutfwaffe,* que descartaba un pronto derrumbe de la resistencia inglesa (Hitler cancelaría la prevista invasión de la isla el 12 de octubre), y al tenaz mantenimiento por la *Royal Navy* de la hegemonía mediterránea frente a Italia (que convenció a Franco de que la ocupación del canal de Suez era condición previa para todo ataque a Gibraltar). Además, los altos mandos militares españoles, con el apoyo de los políticos monárquicos y de la jerarquía eclesiástica, se oponían cada vez más a la política intervencionista que propugnaba la Falange con argumentos bien conocidos: la extrema vulnerabilidad militar, la hambruna existente en el país (el invierno de 1940-1941 fue dramático) y la dependencia de los suministros alimenticios y petrolíferos angloamericanos. En esas condiciones, a juicio de Franco, los crecientes riesgos implícitos en la beligerancia española hacían tanto más inexcusable el cumplimiento exacto de todas las condiciones previstas para entrar en la lucha al lado del eje. Su compromiso con esa línea política quedó revalidado el 17 de octubre, al sustituir a Beigbeder por Serrano Suñer como ministro de Asuntos Exteriores.

Por su parte, Hitler tenía cada vez más dificultades para armonizar su estrategia general con las reivindicaciones franquistas. Pocos días después de su última entrevista con Serrano, el *Führer* se entrevistó en Berlín con Ciano y le confesó su negativa a aceptar la beligerancia española bajo las condiciones fijadas "porque costaría más de lo que vale". Su interlocutor, reflejando el criterio de Mussolini, también opinaba que los españoles "han estado pidiendo mucho y no dando nada a cambio" (Ciano, 1947: 294-295; *Documents on German Foreign Policy*, 1956-1964, XI, 124). Además, se había producido un dato nuevo y crucial: el 25 de septiembre de 1940 el ejército colonial francés había rechazado en Dakar un ataque de las fuerzas del general De Gaulle con apoyo de los británicos, permaneciendo fiel al Gobierno de Vichy. Este había garantizado la neutralidad de su ejército colonial sólo si Alemania respetaba la integridad del imperio norteafricano francés. Bajo el impacto de la acción de Dakar, Hitler y Mussolini se entrevistaron el 4 de octubre de 1940 para debatir su respuesta a la demanda española sobre Marruecos (*Documents on German Foreign Policy*, 1956-1964: XI, 149; *Documenti Diplomatici Italiani*, 1954-1988, V, 677; Ciano, 1948: 395-398). Hitler subrayó que la intervención de España "sólo era de importancia estratégica en conexión con la conquista de Gibraltar; su ayuda militar era absolutamente nula". Sin embargo, la aceptación formal de sus reivindicaciones provocaría dos fenómenos adversos al eje: "primero, la ocupación inglesa de las bases españolas en las Canarias y, segundo, la adhesión del norte de África al movimiento de De Gaulle". En consecuencia, Hitler consideraba que "sería más favorable para Alemania que los franceses siguieran en Marruecos y lo defendieran contra los ingleses", evitando que la noticia de su cesión a España provocara el paso de las tropas coloniales al campo enemigo y un empeoramiento de la situación estratégica en el Mediterráneo y norte de África. Mussolini expresó su conformidad con ese juicio y el propósito de lograr "un compromiso (...) entre las esperanzas francesas y los deseos españoles" para alinear a ambos frente a Inglaterra.

En esas condiciones, durante la entrevista de Hendaya del 23 de octubre de 1940, las posibilidades de acuerdo hispanoalemán se habían reducido notablemente. Franco rehusó comprometerse a una fecha fija para entrar en la guerra, como solicitaba Hitler, si antes no se aceptaban la totalidad de sus demandas imperiales. Como reconoció ante su cuñado y acompañante durante la entrevista:

> Quieren que entremos en la guerra a cambio de nada; no nos podemos fiar de ellos si no contraen, en lo que firmemos, el compromiso formal, terminante, de cedernos desde ahora los territorios que como les he explicado son nuestro derecho; de otra manera aho-

ra no entraremos en la guerra. Este nuevo sacrificio nuestro sólo tendría justificación con la contrapartida de lo que ha de ser la base de nuestro Imperio (Serrano Suñer, 1977: 299).

Sin embargo, el *Führer* ni quiso ni pudo aceptar esas reivindicaciones. Al día siguiente tenía concertada su entrevista con Pétain y había concluido que era prioritario mantener a su lado la Francia colaboracionista, que garantizaba la neutralidad benévola del imperio africano francés e incluso su posible beligerancia antibritánica, como había demostrado en Dakar. En consecuencia, Hitler se negó a ofrecer una desmembración del Imperio francés que empujaría a sus autoridades en los brazos de De Gaulle y Gran Bretaña: no podía arriesgar las ventajas que estaba reportando la colaboración francesa en aras de la costosa y dudosa beligerancia de una España hambrienta, inerme y semidestruida.

No obstante la falta de acuerdo, y a fin de contar con títulos para participar en el reparto del botín postbélico, Franco aceptó en Hendaya firmar un "Protocolo Secreto" que prescribía la adhesión de España "al Pacto Tripartito firmado el 27 de septiembre de 1940 entre Italia, Alemania y Japón" y la obligaba a "intervenir en la presente guerra de las Potencias del Eje contra Inglaterra después de haber recibido de aquéllas la asistencia militar necesaria para su preparación y en el momento establecido de común acuerdo con las tres potencias". El artículo 5 de dicho protocolo reconocía la reincorporación de Gibraltar a España y articulaba el difícil "compromiso" entre esperanzas francesas y deseos españoles buscado por Hitler y Mussolini:

> Las Potencias del Eje afirman que, en principio, están dispuestas a considerar, de acuerdo con una determinación general que debe establecerse en África y que puede ser llevada a efecto en los tratados de paz después de la derrota de Inglaterra, que España reciba territorios en África en extensión semejante en la que Francia pueda ser compensada, asignando a la última otros territorios de igual valor en África; pero siempre que las pretensiones alemanas e italianas contra Francia permanezcan inalterables (Serrano Suñer, 1977, 312; *Documents on German Foreign Policy,* 1956-1964, XI, 287).

De ese modo, la España de Franco se convertía formalmente en un asociado *todavía* no-beligerante del eje. Mussolini describió certeramente el significado de dicho documento en su reunión con Hitler el 28 de octubre: "Ese Protocolo representa la adhesión secreta de España al Pacto Tripartito" (Ciano, 1948: 404).

El curso posterior de la guerra, con los graves reveses italianos en Grecia y Libia, fue demostrando a Franco que se encontraba ante una contienda larga y agotadora. En consecuencia, fue demorando *sine die* la beligerancia española, a pesar de las reiteradas demandas alemanas para que se atuviera al protocolo firmado y fijase el inicio del ataque conjunto a Gibraltar. A finales de diciembre de 1940 esas demandas fueron especialmente intensas, a fin de lograr la colaboración española en la llamada "operación Félix" (que Berlín había previsto para el 10 de enero de 1941). El almirante Canaris se entrevistó con Franco el 7 de diciembre para obtener su aprobación definitiva. Sin embargo, el caudillo resistió la presión argumentando que España "no estaba preparada para esto. Las dificultades no eran tanto militares como económicas; faltaban los alimentos y otras necesidades materiales". Según Franco, la debilidad militar era tan grande que "España perdería las islas Canarias y sus posesiones ultramarinas tan pronto como entrara en la guerra". En esas condiciones, reconoció que "España sólo podría entrar en la guerra cuando Inglaterra estuviera a punto de desplomarse" (*Documents on German Foreign Policy*, 1956-1964, XI, 476).

Esa voluntad abiertamente dilatoria fue reforzada por el grave deterioro de la situación económica y alimenticia (que agudizó la dependencia de los suministros exteriores controlados estrechamente por la *Royal Navy*). La crítica situación exacerbó a su vez el conflicto entre militares y falangistas por el control de la política interna y exterior del régimen. Aprovechando la coyuntura, en una hábil combinación del "palo y la zanahoria", británicos y norteamericanos dispusieron el envío del trigo y carburante imprescindible para aliviar la penuria, con el objetivo de apuntalar las tendencias neutralistas dentro del régimen. Churchill había escrito al presidente Roosevelt el 23 de noviembre urgiendo esa política benévola sobre la base de que España "no está lejos del estado de inanición" y "una oferta suya de entrega de alimentos mes a mes en tanto que permanezcan fuera de la guerra podría ser decisiva".

Para forzar la renuencia española a fijar una fecha para su entrada en la guerra, Hitler solicitó al *Duce* su intervención mediadora. Esa petición estuvo en el origen de la entrevista entre Mussolini y Franco en Bordighera (frontera italofrancesa) el 12 de febrero de 1941. En la misma, el caudillo reconoció sinceramente las "condiciones de verdadera hambre y de absoluta carencia de preparación militar" que vetaban cualquier beligerancia española, además de demandar una "revisión a favor de España del artículo 5" del Protocolo de Hendaya (*Documenti Diplomatici Italiani*, 1954-1988: VI, 568, 577; Ciano, 1948: 421-430). Como ese diagnóstico había sido confirmado por los diplomáticos italianos en España, Mussolini se abstuvo de presionar a su interlocutor y remitió a Hitler un informe que puso fin a toda esperanza alemana:

> Le repito mi opinión de que España, hoy, no está en condiciones de iniciar ninguna acción de guerra. Está hambrienta, desarmada, con

fuertes corrientes hostiles a nosotros (burguesía y aristocracia angló-
filas) y, en este momento, afectada incluso por las inclemencias naturales. Creo que podremos arrastrarla de nuestro lado, pero no ahora.
Dependerá del curso más o menos rápido de la guerra (Tusell y García
Queipo de Llano, 1985: 124).

En lo sucesivo, el régimen franquista mantuvo su firme alineamiento con
las potencias del eje sin traspasar, por mera incapacidad, el umbral de la guerra. Por tanto, continuaron las furibundas campañas antibritánicas en la prensa; se mantuvo el apoyo oficial encubierto a los servicios secretos germanos
e italianos; siguieron concediéndose facilidades logísticas para ambas flotas
y fuerzas aéreas; y se promovió la exportación de productos españoles útiles
para el esfuerzo de guerra del eje, como el wolframio, el mineral de hierro y
las piritas.

El momento cumbre de esa identificación española con la causa del eje
tuvo lugar después del 22 de junio de 1941, tras la invasión alemana de la
Unión Soviética y el desplazamiento de la guerra mundial hacia el este de
Europa. Franco y Serrano Suñer felicitaron al Gobierno nazi "con la mayor
satisfacción" por su iniciativa y ofrecieron, como "gesto de solidaridad", el envío
de voluntarios españoles para luchar con el ejército alemán contra el comunismo. Serrano definió públicamente el 2 de julio la posición adoptada por
España como "la más resolutiva beligerancia moral al lado de nuestros amigos" (*Documents on German Foreign Policy,* 1956-1964, XII, 671; XIII, 12).
Inmediatamente, bajo la consigna de "¡Rusia es culpable de nuestra guerra
civil!", comenzó la recluta de voluntarios por todo el país. El 14 de julio de
1941 partió hacia el frente ruso el primer contingente de la División Azul
(así llamada por el color del uniforme falangista), formada por 18.694 hombres y dirigida por mandos militares profesionales encabezados por el general Agustín Muñoz Grandes. Hasta su retirada definitiva (febrero de 1944),
un total de 47.000 españoles combatirían con los ejércitos alemanes en Rusia
(de los cuales cerca del 10% perdieron la vida) (Ruhl, 1986: 22-30, 378;
Kleinfeld y Tambs, 1983; Salas Larrazábal, 1989).

La intencionalidad política del envío de la División Azul era clara: se trataba de la contribución de sangre española al esfuerzo bélico del eje que habría
de avalar las reclamaciones territoriales en el futuro. Al decir de Serrano: "Su
sacrificio nos daba un título de legitimidad para participar en la soñada victoria y nos excusaba de los generales y terribles sacrificios de la guerra".
Tampoco cabe descartar que se tratara del primer paso tentativo (por si acaso, no hubo declaración formal de guerra contra la URSS) hacia una mayor
intervención en la guerra en el momento oportuno. Según los embajadores
alemán e italiano en Madrid, ésa era la estrategia de Serrano, quien confesa-

ba que únicamente la opción bélica permitiría superar las divisiones internas y hacer triunfar las tesis falangistas: "La unidad española sólo podría ser restablecida por una decidida entrada en la guerra; sólo de esta manera podría salvarse el régimen y satisfacerse las aspiraciones nacionales españolas" (*Documents on German Foreign Policy*, 1956-1964, XIII, 273).

La beligerancia moral reflejada materialmente por el envío de la División Azul fue completada por un resonante discurso de Franco ante el Consejo Nacional de Falange el 17 de julio de 1941. Llevado por su patente emoción, el caudillo abandonó su proverbial cautela y se mostró más favorable al eje y más despreciativo hacia los aliados que nunca antes o después:

> La suerte ya está echada. En nuestros campos se dieron y ganaron las primeras batallas. (...) Ni el continente americano puede soñar en intervenciones en Europa sin sujetarse a una catástrofe (...). Se ha planteado mal la guerra y los aliados la han perdido. (...) La campaña contra la Rusia de los sóviets con la que hoy aparece solidarizado el mundo plutocrático, no puede ya desfigurar el resultado. (...) En estos momentos en que las armas alemanas dirigen la batalla de Europa que el Cristianismo desde tanto tiempo anhelaba y en que la sangre de nuestra juventud va a unirse a la de nuestros camaradas del Eje, como expresión viva de solidaridad, renovemos nuestra fe en los destinos de nuestra Patria que han de velar estrechamente unidos nuestros Ejércitos y la Falange (*Extremadura. Diario Católico*, 18 de julio de 1941).

En consonancia con esa posición, el régimen franquista firmó el 22 de agosto de 1941 un acuerdo con el Tercer *Reich* por el que se comprometía a enviar 100.000 trabajadores españoles a Alemania para sustituir a los obreros germanos llamados al frente por necesidades de guerra. España secundaba así la vía iniciada por Italia y el resto de Estados satélites (Bulgaria, Hungría, Rumanía y Croacia) y se convertía en el único estado "neutral" que suscribía un acuerdo de colaboración semejante. Al final, debido a las dificultades de reclutamiento, transporte y sanidad, la movilización prevista sólo afectó a un máximo de 10.000 trabajadores (García Pérez, 1988). De igual modo, en los últimos días de noviembre de ese mismo año, Serrano se desplazó a Berlín y firmó la prórroga del Pacto Anti-Comintern por parte de España.

Sin embargo, y como había sucedido en anteriores ocasiones, el alineamiento público con el eje no significó una ruptura irreversible con el bando aliado. La respuesta angloamericana al discurso de Franco había consistido en el reforzamiento del bloqueo naval y la interrupción de suministros alimenticios y petrolíferos. El 24 de julio, Anthony Eden, ministro británico de Asuntos Exteriores, reconoció en la Cámara de los Comunes que la declaración del caudillo indicaba que "no deseaba más ayuda económica para su país" y que, por tanto, la política británica "dependerá de las acciones y actitudes del gobierno español". Cinco días más tarde, el ministro de Guerra Económica se comprometió a ejercer "la mayor vigilancia para que no llegue nada al general Franco que pueda incrementar su capacidad de acción contra nosotros". Mientras tanto, por encargo directo de Churchill y en previsión de una decisión bélica de Franco, los estrategas británicos pusieron a punto una fuerza expedicionaria de 24.000 hombres para ocupar las Canarias en un plazo de tiempo mínimo. Esas medidas de alerta sólo serían revocadas una vez pasado el peligro, ya en febrero de 1942 (Smyth, 1986: 230-238; Sánchez-Gijón, 1984).

Consciente de su vital dependencia de los suministros de grano y carburante angloamericanos, la diplomacia franquista se esforzó por aplacar los fuertes recelos de Londres y Washington. No en vano, la virtual interrupción de suministros petrolíferos a partir de julio paralizó el sistema de transportes español y puso al borde del estrangulamiento toda la actividad económica del país. A finales de 1941 España sólo tenía unas reservas de 39.071 toneladas de petróleo, cuando su consumo trimestral había sido de 114.252 toneladas y sus importaciones en los tres últimos meses sólo habían sumado 82.936 (cifra mínima comparada con las 285.208 importadas en el último trimestre de 1940). Se trataba de una clara demostración de la política que Eden había caracterizado en privado de un modo expresivo: "abrir el grifo pero regularlo y estar atento a cerrarlo".

Para hacer frente a las protestas británicas por el envío de la División Azul a Rusia, Franco y sus asesores elaboraron una conveniente "teoría de las dos guerras" que serviría como defensa de la "beligerancia moral": España era beligerante en la guerra contra el comunismo en el este del continente, pero seguía siendo no beligerante en la lucha entre el eje y Gran Bretaña en Europa occidental. De hecho, desde entonces, a pesar de todas las reservas angloamericanas a aceptarlo, la diplomacia franquista se atendría al principio de que "la lucha contra los bolcheviques era algo muy distinto de la batalla librada en el oeste entre naciones civilizadas" (Hoare, 1946: 139; Suárez Fernández, 1997: 324-325, 331). El carácter puramente instrumental de esa teoría queda patente en el informe confidencial entregado a Franco por Carrero Blanco (desde mayo subsecretario de la Presidencia) el 12 de diciembre de 1941:

> El frente anglosajón soviético, que ha llegado a constituirse por una acción personal de Roosevelt, al servicio de las Logias y los Judíos, es realmente el frente del Poder Judaico donde alzan sus banderas todo el complejo de las democracias, masonería, liberalismo, plutocracia y

comunismo que han sido las armas clásicas de que el Judaísmo se ha valido para provocar una situación de catástrofe que pudiera cristalizar en el derrumbamiento de la Civilización Cristiana. (...) De entrar en la guerra solamente podríamos al lado de Alemania, porque el Eje lucha hoy contra todo lo que es en el fondo anti-España (Tusell, 1993, 61 y 63).

La entrada de Estados Unidos en la guerra después del ataque japonés a Pearl Harbour (7 de diciembre de 1941), junto con los graves reveses italianos en Libia y las dificultades alemanas en Rusia, fueron socavando la certeza de Franco en la victoria total del eje y demostrando su error de cálculo del pasado julio. Desde entonces, el caudillo, al igual que todos sus asesores militares y la mayoría de los políticos, comprendieron que la guerra iba a ser muy larga y agotadora y que la posición estratégica española se había vuelto más vulnerable en virtud de la masiva presencia militar y naval norteamericana en el Atlántico, de la continua posesión británica del canal de Suez y de la obligada retención de fuerzas alemanas en el frente oriental.

En esa coyuntura, para asegurarse contra posibles actos hostiles angloamericanos, Franco recurrió a la baza que siempre había conservado para tales casos: las relaciones con el régimen de Salazar en Portugal, el viejo aliado británico que le había apoyado durante la guerra civil. Entre ambas dictaduras existía un Tratado de Amistad firmado el 17 de marzo de 1939 ratificado en julio de 1940. Por iniciativa española, el 12 de febrero de 1942 tuvo lugar una entrevista entre Franco y Salazar en Sevilla y, en un "ambiente de amistad y coincidencia que presiden las relaciones de los dos países", se reafirmaron los acuerdos previos con el fin de salvaguardar la paz e inviolabilidad del territorio peninsular. Se configuraba el *Bloque Ibérico,* concebido por Franco como una oferta tácita de neutralidad española y como garantía de respeto angloamericano hacia su régimen (Gómez de las Heras y Sacristán, 1989; Jiménez Redondo, 1993). Prueba de que esa medida cautelar no aminoraba la simpatía proalemana fue el discurso de Franco en Sevilla dos días después de recibir a Salazar:

> En estos momentos de lucha entre los pueblos del mundo, presenciamos cómo se pretende destruir el baluarte (Alemania) y se ofrece a Europa como posible presa del comunismo. No tememos su realización, tenemos la absoluta seguridad de que no será así; pero si hubiera un momento de peligro, si el camino de Berlín fuese abierto, no sería una división de voluntarios españoles lo que allí fuese, sino que sería un millón de españoles los que se ofrecerían (*Extremadura. Diario católico,* 16 de febrero de 1942).

Apenas solucionada a fines de agosto la crisis política provocada por el enfrentamiento entre falangistas y militares (que supuso el cese de Serrano y su reemplazo por el general Gómez-Jordana), el régimen franquista tuvo que afrontar un hecho decisivo en el curso de la guerra mundial. El 8 de noviembre de 1942 los aliados llevaron a cabo por sorpresa la "operación Torch": el triunfal desembarco angloamericano en la zona francesa de Marruecos y en Argelia, que supuso la apertura de un segundo frente en el Mediterráneo contra el eje. El embajador norteamericano Carlton J. H. Hayes comunicó la noticia oficialmente a un sorprendido y temeroso Gómez-Jordana a las dos de la madrugada del mismo día 8. La presencia de tropas aliadas al otro lado del estrecho de Gibraltar y a lo largo de la frontera del Marruecos español sirvió para cortar definitivamente las veleidades intervencionistas de Franco. No en vano, aparte de la incapacidad española para reaccionar militarmente, Hayes entregó a Gómez-Jordana una carta de Roosevelt para Franco en la que afirmaba:

> Espero que usted confíe plenamente en la seguridad que le doy de que en forma alguna va dirigido este movimiento contra el gobierno o pueblo español ni contra Marruecos u otros territorios españoles, ya sean metropolitanos o de ultramar. Creo también que el gobierno y el pueblo español desean conservar la neutralidad y permanecer al margen de la guerra. España no tiene nada que temer de las Naciones Unidas (Suárez Fernández, 1984, III: 356).

En esas condiciones, Franco decidió abstenerse de cualquier acto que pudiera precipitar la hostilidad aliada contra una España inerme y hambrienta. El 20 de abril de 1943, en el momento en que la suerte de las armas ya había girado decisivamente en perjuicio del eje y que un Mussolini asediado le acuciaba para entrar en la guerra, el caudillo reiteraría la causa de su inactividad ante el embajador italiano:

> Mi corazón está con ustedes y deseo la victoria del Eje. Es algo que va en interés mío y en el de mi país, pero ustedes no pueden olvidar las dificultades con que he de enfrentarme tanto en la esfera internacional como en la política interna (Tusell y García Quipo de Llano, 1985: 193).

No en vano, a partir de las victorias aliadas en África, la diplomacia española fue recuperando un tinte más neutralista y moderado. De modo perceptible, la previa identificación pública con el eje y el abuso de las democracias fueron cediendo paso a las denuncias genéricas anticomunistas y a la reafirmación de los vínculos de España con el Vaticano. Como había recordado Gómez-Jordana a finales de noviembre de 1942: "No es propiamente con el eje con el que estamos sino contra el Comunismo". A la par, tratando de evitar lo peor a la Italia fascista, Franco inauguraba sus llamamientos a la paz entre el eje y los países occidentales para evitar la expansión soviética en Europa:

> Hemos llegado a lo que suele llamarse un punto muerto de la lucha. Ninguno de los beligerantes tiene fuerza para destruir a su contrario. (...) Por ello, para los que serenamente miramos la contienda, juzgamos insensato el retrasar la paz. Y digo esto, porque detrás de esta fachada, hay algo peor: hay el comunismo empujando, la siembra de odios llevada a cabo durante veinticinco años, la barbarie rusa esperando su presa (*Extremadura. Diario Católico,* 10 de mayo de 1943).

La invasión aliada de Sicilia y la caída de Mussolini en julio de 1943 precipitaron el retorno franquista a la neutralidad. Conscientes de su fuerza, los aliados (en particular los norteamericanos) comenzaron a presionar con dureza para que cesara todo tipo de ayuda soterrada y simpatía oficial hacia Alemania. A finales de septiembre, después de la capitulación de Italia, Franco anunció la disolución de la División Azul (un batallón de voluntarios permanecería como Legión Azul hasta febrero de 1944). También como resultado de esa presión, el 1 de octubre de 1943 Franco decretó nuevamente la "estricta neutralidad" de España en la guerra. Siete días más tarde hubo de aceptar sin protesta la decisión portuguesa de autorizar a los aliados el uso de bases militares en las islas Azores.

La presión anglo-americana en favor de sus demandas se intensificó a principios de 1944. El 28 de enero, Estados Unidos impuso unilateralmente un embargo de petróleo y gasolina con destino español hasta que Franco no cumpliera las peticiones aliadas. Poco después aplicó igual medida a las exportaciones de algodón, provocando la parálisis virtual de la industria textil catalana. Enfrentado a la perspectiva de un colapso total de la actividad económica, Franco cedió en toda regla reconociendo que "España no estaba en condiciones de ser intransigente". Por el acuerdo firmado el 2 de mayo de 1944, se comprometió a expulsar de su territorio a todos los agentes alemanes denunciados por los aliados por actividades de espionaje o sabotaje; a impedir todo apoyo logístico en puertos y aeródromos españoles para el esfuerzo de guerra germano; a reducir drásticamente hasta su extinción todas las exportaciones de wolframio hacia Alemania; y a entregar a los aliados los buques italianos refugiados en puertos españoles antes de la capitulación (Tusell, 1995: 501-502; Cortada, 1973).

En definitiva, en las postrimerías de la guerra, Franco se plegaba a todas las exigencias angloamericanas decidido a sobrevivir al hundimiento del eje y del fascismo en Europa. Y para ello apelaba insistentemente al anticomunismo y al catolicismo de su régimen e iniciaba la operación propagandística destinada a mostrarlo como el "centinela de Occidente" y "el hombre que con hábil prudencia resistió a Hitler y preservó la neutralidad española". Correlativamente, se iniciaba la conveniente satanización de Serrano Súñer, achacándole la exclusiva responsabilidad de la identificación de España con el eje durante su etapa ministerial.

De la mano de Lequerica, ministro tras la muerte de Gómez-Jordana en agosto de 1944, la política exterior franquista concentró sus esfuerzos en congraciarse con el coloso norteamericano y alertar sobre el peligro soviético en Europa. El 7 de noviembre, en declaraciones a la agencia United Press, Franco definía su régimen por vez primera como una "democracia orgánica" y católica, añadiendo que "la política internacional de los Estados Unidos en absoluto se contradecía con la ideología de España". También declaraba que España "mantuvo entonces (1940-1941) honradamente su completa neutralidad" y nunca se había identificado con las potencias del eje porque "España no podía aliarse ideológicamente con naciones que no estuvieran guiadas por los principios del catolicismo". Con el mismo fin, el 11 de abril de 1945 el caudillo ordenó la ruptura de relaciones con Japón, antiguo socio del Pacto Anti-Comintern, pretextando unos incidentes previos ocurridos en Filipinas.

A pesar de todas las operaciones de cosmética neutralista, la derrota de Alemania en mayo de 1945 significó el inicio de un purgatorio para el régimen franquista. En junio, la conferencia fundacional de la ONU en San Francisco vetaba el ingreso de la España franquista en dicha institución. Dos meses después, la conferencia de los tres máximos mandatarios aliados en Potsdam ratificaba el ostracismo internacional de la España de Franco "en razón de sus orígenes, su naturaleza, su historial y su asociación estrecha con los países agresores" (Moradiellos, 1998: 5). Sin embargo, cabe dudar de que en Potsdam "España pierde la Segunda Guerra Mundial" (La Cierva, 1975: 289). Buena prueba es que diez años después de esas condenas una España todavía regida por el general Franco ingresaba formalmente en la ONU.

Documentos

Documento I

Población de España (por sexos y total)

Año	Hombres	Mujeres	Total
1930	11.498.301	12.065.566	23.563.867
1940	12.413.777	13.464.194	25.877.971
1950	13.469.684	14.507.071	27.976.755
1960	14.763.388	15.667.310	30.430.698
1970	16.505.324	17.318.594	33.823.918

FUENTE: Censos de Población. Recogidos en Carreras, 1989b: 68.

Distribución de la población de España por grandes grupos de edad (en porcentajes)

Grupo de edad	1930	1940	1950	1960	1970
0-14 años	31,6	29,9	26,2	27,3	27,8
15-64 años	62,3	63,6	66,6	64,5	62,5
65 y más	6,1	6,5	7,2	8,2	9,7

FUENTE: Carreras, 1989b.

Distribución de la población en España según estado civil (millares)

Año	Solteros	Casados	Viudos	Separados legalmente
1930	13.417,0	8.581,7	1.565,2	–
1940	14.885,2	9.107,3	1.885,5	–
1950	15.443,3	10.562,8	1.968,6	2,1
1960	15.725,7	12.748,6	1.931,0	25,4
1970	16.905,6	14.918,9	2.011,7	81,1

FUENTE: Anuario Estadístico de España. Recogidos en Sánchez-Reyes de Palacio, 1978: 7.

Documento 2

Población activa en España (entidad total y distribución por sexo)

Años	Total	Hombres	Mujeres	Tasa de actividad
1930	8.771.500	7.662.700	1.109.800	37,2
1940	9.219.700	8.103.100	1.116.600	35,6
1950	10.793.100	9.084.200	1.708.900	38,6
1960	11.816.600	9.436.800	2.379.800	38,8
1970	11.908.100	9.574.100	2.334.000	35,1

FUENTE: Censos de Población y Encuestas sobre Población Activa. Recogidos en Sánchez-Reyes de Palacio, 1978: 19.a.

Población activa en España (porcentaje en sectores de actividad)

Años	Total	Sector primario	Sector industrial	Sector de servicios	Actividades sin especificar
1930	8.771.500	46,1	30,5	21,1	2,3
1940	9.219.700	51,9	24,0	24,0	0,1
1950	10.793.100	48,9	25,0	24,5	1,6
1960	11.816.600	39,8	28,6	27,0	4,6
1970	11.908.100	24,9	37,3	36,5	1,3

FUENTE: Censos de Población y Encuestas sobre Población Activa. Recogidos en Sánchez-Reyes de Palacio, 1978: 19.

Población activa en España (por grupos de profesiones en porcentaje)

Grupos de profesiones	1950	1960	1970
Profesionales, técnicos y similares	3,3	4,1	5,4
Administradores, gerentes y directores		1,0	0,9
Empleados de oficina	7,4 (*)	5,1	8,3
Vendedores	3,3	6,5	8,2
Agricultores, pescadores y similares	48,5	39,5	24,5
Artesanos, trabajadores de producción diversa y mineros	25,7	27,8	35,5
Transportes y comunicaciones	1,8	3,8	5,2
Personal de los servicios	9,2	8,6	10,5
Sin clasificar	0,8	3,6	1,5

En el censo del año 1950 el porcentaje de 7,4 corresponde conjuntamente a las categorías de "Administradores, gerentes y directores" y de "Empleados de oficina".
FUENTE: Censos de Población. Recogidos en Carreras, 1989b: 81.

Documento 3

Distribución de la población española por tipo de poblamiento (porcentajes)

Años	Municipios de hasta 2.000 h.	Municipios de 2.001 a 10.000 h.	Municipios de 10.001 a 100.000 h.	Municipios de más de 100.000 h.
1930	20,50	36,63	28,03	14,84
1940	18,36	32,82	29,70	19,11
1950	16,74	31,18	28,11	23,97
1960	14,52	28,70	29,04	27,74
1970	11,00	22,52	29,70	36,78

FUENTE: Anuario Estadístico de España. Recogido en Sánchez-Reyes de Palacio, 1978: 8.

Densidad de población (en habitantes/km^2) en España según el tamaño del municipio

Número de habitantes	1930	1940	1950	1960
España en conjunto	47	51	55	60
Municipios de 10.000 y más h.	121	140	152	181
Municipios de menos de 10.000 h.	32	32	33	32

FUENTE: Fraga y otros, 1972: 164.

Diferencias regionales de la densidad de población en España

Provincias y regiones	1950	1960	1965
Barcelona	288	372	436
Madrid	242	326	399
País Vasco	146	189	228
Resto del país	47	49	49

FUENTE: Foessa, 1970: 90.

Movimiento migratorio a Europa (cifras oficiales registradas)

Años	Emigración permanente	Emigración total
1960	–	40.521
1961	41.935	108.876
1962	65.336	149.916
1963	83.728	164.715
1964	102.146	205.278
1965	74.539	183.251
1966	56.795	155.232
1967	25.911	124.530
1968	66.699	169.721
1969	100.840	207.268
1970	97.657	203.887
1971	113.702	213.930
1972	104.134	216.710
1973	96.088	197.648
1974	50.695	149.815
1975	20.618	118.611

FUENTE: Estadísticas de Migración Exterior. Recogidas en Carreras, 198b: 76.

Población en las ciudades españolas de más de 100.000 habitantes en 1960

Ciudad	Habitantes	Ciudad	Habitantes
Madrid	2.259.931	Valladolid	151.807
Barcelona	1.557.863	Vigo	144.914
Valencia	505.066	San Sebastián	135.149
Sevilla	442.300	Santa Cruz	133.100
Zaragoza	326.316	Jerez	130.900
Málaga	301.048	Oviedo	127.058
Bilbao	297.942	Gijón	124.714
Las Palmas	193.862	Cartagena	123.630
Murcia	249.378	Hospitalet	122.813
Córdoba	198.148	Alicante	121.527
La Coruña	177.502	Santander	118.435
Palma	159.084	Cádiz	117.871
Granada	157.178	Sabadell	105.152

FUENTE: Bielza de Ory, 1989: 168.

Documento 4

Bando de declaración del estado de guerra en la provincia de Badajoz firmado el 14 de agosto de 1936 y publicado por el teniente coronel Juan Yagüe Blanco en el *Boletín Oficial de la Provincia* (15 de agosto de 1936).

ESPAÑOLES:

Las circunstancias extraordinarias y críticas por que atraviesa España entera; la anarquía que se ha apoderado de las ciudades y los campos, con riesgos evidentes de la patria, amenazada por el enemigo exterior, hacen imprescindible el que no se pierda un solo momento y que el Ejército, si ha de ser salvaguardia de la nación, tome a su cargo la dirección del país para entregarlo más tarde, cuando la tranquilidad y el orden estén restablecidos, a los elementos civiles preparados para ello.

En su virtud, y hecho cargo del mando en esta provincia,

ORDENO Y MANDO:

Primero. Queda declarado el estado de guerra en todo el territorio de esta provincia.

Segundo. Queda prohibido terminantemente el derecho a la huelga. Serán juzgados en juicio sumarísimo y pasados por las armas los directivos de los Sindicatos cuyas organizaciones vayan a la huelga o no se reintegren al trabajo los que se encuentren en tal situación a la hora de entrar el día de mañana.

Tercero. Todas las armas largas o cortas serán entregadas en el plazo irreductible de cuatro horas en los puestos de la Guardia Civil más próximos. Pasado dicho plazo serán juzgados en juicio sumarísimo y pasados por las armas todos los que se encuentren con ellas en su poder o en su domicilio.

Cuarto. Serán juzgados en juicio sumarísimo y pasados por las armas los incendiarios, los que ejecuten atentados por cualquier medio a las vías de comunicación, vidas, propiedades, etc., y cuantos por cualquier medio perturben la vida del territorio de esta provincia.

Quinto. Se incorporarán urgentemente a todos los Cuerpos de esta provincia los soldados del capítulo XVII del Reglamento de Reclutamiento (cuotas) de los reemplazos 1931 a 1935, ambos inclusive, y todos los voluntarios de dicho reemplazo que quieran prestar este servicio a la patria.

Sexto. Se prohíbe la circulación de toda clase de personas y carruajes que no sean de servicio desde las nueve de la noche en adelante.

Espero del patriotismo de todos los españoles que no tendré que tomar ninguna de las medidas indicadas en bien de la Patria y de la República.

En Badajoz, a 14 de agosto de 1936. El teniente coronel comandante militar de la provincia, JUAN YAGÜE.

Documento 5

Los 26 puntos de Falange Española, convertidos en norma programática del Estado tras la unificación de abril de 1937, previa eliminación del punto 27 (recogidos en la publicación de FET y de las JONS *Doctrina e Historia de la Revolución Nacional Española*, 1939: 11-15).

Nación, Unidad, Imperio

1. Creemos en la suprema realidad de España. Fortalecerla, elevarla y engrandecerla, es la apremiante tarea colectiva de todos los españoles. A la realización de esa tarea habrán de plegarse inexorablemente los intereses de los individuos, de los grupos y de las clases.

2. España es una unidad de destino en lo universal. Toda conspiración contra esa unidad es repulsiva. Todo separatismo es un crimen que no perdonaremos.

La Constitución vigente en cuanto incita a las disgregaciones, atenta contra la unidad de destino de España. Por eso exigimos su anulación fulminante.

3. Tenemos voluntad de Imperio. Afirmamos que la plenitud histórica de España es el Imperio.

Reclamamos para España un puesto preeminente en Europa. No soportamos ni el aislamiento internacional ni la mediatización extranjera.

Respecto de los países de Hispanoamérica, tendemos a la unificación de cultura, de intereses económicos y de poder. España alega su condición de eje espiritual del mundo hispánico como título de preeminencia en las empresas universales.

4. Nuestras fuerzas armadas –en la tierra, en el mar y en el aire– habrán de ser tan capaces y numerosas como sea preciso para asegurar a España en todo instante la completa independencia y la jerarquía mundial que le corresponde.

Devolveremos al Ejército de tierra, mar y aire, toda la dignidad pública que merece y haremos a su imagen, que un sentido militar de la vida informe toda la existencia española.

5. España volverá a buscar su gloria y su riqueza por las rutas del mar. España ha de aspirar a ser una gran potencia marítima para el peligro y para el comercio.

Deseamos para la Patria igual jerarquía en las flotas y en los rumbos del aire.

Estado, Individuo, Libertad

6. Nuestro Estado será un instrumento totalitario al servicio de la integridad patria.

Todos los españoles participarán en él a través de su función familiar, municipal y sindical. Nadie participará a través de los partidos políticos. Se abolirá implacablemente el sistema de los partidos políticos con todas sus consecuencias: sufragio inorgánico, representación por bandos en lucha y Parlamento del tipo conocido.

7. La dignidad humana, la integridad del hombre y su libertad, son valores eternos e intangibles.

Pero sólo es de veras libre quien forma parte de una nación fuerte y libre.

A nadie le será lícito usar su libertad contra la unión, la fortaleza y la libertad de la Patria.

Una disciplina rigurosa impedirá todo intento dirigido a envenenar, a desunir a los españoles o a moverlos contra el destino de la Patria.

8. El Estado nacional-sindicalista permitirá toda iniciativa privada compatible con el interés colectivo, y aun protegerá y estimulará las beneficiosas.

Economía, Trabajo, Lucha de Clases

9. Concebimos a España en lo económico como un gigantesco sindicato de productores. Organizaremos corporativamente a la sociedad española mediante un sistema de sindicatos verticales por rama de producción, al servicio de la integridad económica nacional.

10. Repudiamos el sistema capitalista, que se desentiende de las necesidades populares, deshumaniza la propiedad privada y aglomera a los trabajadores en masas informes propicias a la miseria y a la desesperación.

Nuestro sentido espiritual y nacional repudia también el marxismo. Orientaremos el ímpetu de las clases laboriosas, hoy descarriadas por el marxismo, en el sentido de exigir su participación directa en la gran tarea del Estado nacional.

11. El Estado nacional-sindicalista no se inhibirá cruelmente de las luchas económicas entre los hombres, ni asistirá impasible a la dominación de la clase más débil por la más fuerte. Nuestro régimen hará radicalmente imposible la lucha de clases, por cuanto todos los que cooperan a la producción constituyen en él una totalidad orgánica.

Reprobamos e impediremos a toda costa los abusos de un interés parcial sobre otro y la anarquía en el régimen de trabajo.

12. La riqueza tiene como primer destino –y así lo afirmará nuestro Estado– mejorar las condiciones de vida de cuantos integran el pueblo. No es tolerable que masas enormes vivan miserablemente mientras unos cuantos disfrutan de todos los lujos.

13. El Estado reconocerá la propiedad privada como medio lícito para el cumplimiento de los fines individuales, familiares y sociales, y la protegerá contra los abusos del gran capital financiero, de los especuladores y de los prestamistas.

14. Defendemos la tendencia a la nacionalización del servicio de Banca y mediante las corporaciones, a la de los grandes servicios públicos.

15. Todos los españoles tienen derecho al trabajo. Las Entidades públicas sostendrán necesariamente a quienes se hallen en paro forzoso.

Mientras se llega a la nueva estructura total, mantendremos e intensificaremos todas las ventajas proporcionadas al obrero por las vigentes leyes sociales.

16. Todos los españoles no impedidos tienen el deber del trabajo. El Estado nacional-sindicalista no tributará la menor consideración a los que no cumplan función alguna y aspiran a vivir como convidados a costa del esfuerzo de los demás.

Tierra

17. Hay que elevar a todo trance el nivel de vida del campo, vivero permanente de España. Para ello adquiriremos el compromiso de llevar a cabo sin contemplaciones la reforma económica y la reforma social de la agricultura.

18. Enriqueceremos la producción agrícola (reforma económica) por los medios siguientes:

Asegurando a todos los productos de la tierra un precio mínimo remunerador.

Exigiendo que se devuelva al campo, para dotarlo suficientemente, gran parte de lo que hoy absorbe la ciudad en pago de sus servicios intelectuales y comerciales.

Organizando un verdadero Crédito Agrícola Nacional, que al prestar dinero al labrador a bajo interés con la garantía de sus bienes y de sus cosechas, le redima de la usura y del caciquismo.

Difundiendo la enseñanza agrícola y pecuaria.

Ordenando la dedicación de las tierras por razón de sus condiciones y de la posible colocación de los productos.

Acelerando las obras hidráulicas.

Racionalizando las unidades de cultivo, para suprimir tanto los latifundios desperdiciados como los minifundios antieconómicos por su exiguo rendimiento.

19. Organizaremos socialmente la agricultura por los medios siguientes:

Distribuyendo de nuevo la tierra cultivable para instituir la propiedad familiar y estimular enérgicamente la sindicación de labradores.

Redimiendo de la miseria en que viven a las masas humanas que hoy se extenúan en arañar suelos estériles y que serán trasladadas a las nuevas tierras cultivables.

20. Emprenderemos una campaña infatigable de repoblación ganadera y forestal, sancionando con severas medidas a quienes la entorpezcan e, incluso, acudiendo a la forzosa movilización temporal de toda la juventud española para esta histórica tarea de reconstruir la riqueza patria.

21. El Estado podrá explotar sin indemnización las tierras cuya propiedad haya sido adquirida o disfrutada ilegítimamente.

22. Será designio preferente del Estado nacional-sindicalista la reconstrucción de los patrimonios comunales de los pueblos.

Educación Nacional, Religión

23. Es misión esencial del Estado, mediante una disciplina rigurosa de la educación, conseguir un espíritu nacional fuerte y unido e instalar en el alma de las futuras generaciones la alegría y el orgullo de la Patria.

Todos los hombres recibirán una educación premilitar que les prepare para el honor de incorporarse al Ejército nacional y popular de España.

24. La cultura se organizará en forma de que no se malogre ningún talento por falta de medios económicos. Todos los que lo merezcan tendrán fácil acceso incluso a los estudios superiores.

25. Nuestro movimiento incorpora el sentido católico –de gloriosa tradición y predominante en España– a la reconstrucción nacional.

La Iglesia y el Estado concordarán sus facultades respectivas, sin que se admita intromisión o actividad alguna que menoscabe la dignidad del Estado o la integridad nacional.

Revolución Nacional

26. Falange Española de las JONS quiere un orden nuevo, enunciado en los anteriores principios. Para implantarlo, en pugna con las resistencias del orden vigente, aspira a la revolución nacional.

Su estilo preferirá lo directo, ardiente y combativo. La vida es milicia y ha de vivirse con espíritu acendrado de servicio y de sacrificio.

Documento 6

Fragmentos del Fuero del Trabajo, firmado por Franco el 9 de marzo de 1938 y publicado en el *Boletín Oficial del Estado* del día siguiente recogido en la publicación de FET y de las JONS, *Doctrina e Historia de la Revolución Nacional Española*, 1939: 29-35.

PREÁMBULO

Renovando la Tradición Católica, de justicia social y alto sentido humano que informó nuestra legislación del Imperio, el Estado, Nacional en cuanto es instrumento totalitario al servicio de la integridad patria, y Sindicalista en cuanto representa una reacción contra el capitalismo liberal y el materialismo marxista, emprende la tarea de canalizar –con aire militar, constructivo y gravemente religioso– la Revolución que España tiene pendiente y que ha de devolver a los españoles, de una vez para siempre, la Patria, el Pan y la Justicia.

Para conseguirlo –atendiendo por otra parte a cumplir las consignas de Unidad, Libertad y Grandeza de España–, acude al plano de lo social con la voluntad de poner la riqueza al servicio del pueblo español, subordinando la economía a su política.

Y partiendo de una concepción de España como unidad de destino, manifiesta, mediante las presentes declaraciones, su designio de que también la producción española –en la hermandad de todos sus elementos– sea una Unidad que sirva a la fortaleza de la Patria y sostenga los instrumentos de su poder.

El Estado español, recién establecido, formula, fielmente, con estas declaraciones que inspirarán su política social y económica, el deseo y la exigencia de cuantos combaten en las trincheras y forman, por el honor, el valor y el trabajo, la más adelantada aristocracia de esta Era Nacional.

Ante los españoles, irrevocablemente unidos en el sacrificio y en la esperanza

DECLARAMOS

I

1. El trabajo es la participación del hombre en la producción mediante el ejercicio voluntariamente prestado de sus facultades intelectuales y manuales según la personal vocación, en orden al decoro y holgura de su vida y al mejor desarrollo de la economía nacional.

2. Por ser esencialmente personal y humano, el trabajo no puede reducirse a un concepto material de mercancía, ni ser objeto de transacción incompatible con la dignidad personal de quien lo preste.

3. El derecho de trabajar es consecuencia del deber impuesto al hombre por Dios, para el cumplimiento de sus fines individuales y la prosperidad y grandeza de la Patria.

4. El Estado valora y exalta el trabajo, fecunda expresión del espíritu creador del hombre y, en tal sentido, lo protegerá con la fuerza de la Ley, otorgándole las máximas considera-

ciones y haciéndole compatible con el cumplimiento de los demás fines individuales, familiares y sociales.

5. El trabajo, como deber social, será exigido inexcusablemente en cualquiera de sus formas a todos los españoles no impedidos, estimándolo tributo obligatorio al patrimonio nacional.

6. El trabajo constituye uno de los más nobles atributos de jerarquía y de honor, y es título suficiente para exigir la asistencia y tutela del Estado.

7. Servicio es el trabajo que se presta con heroísmo, desinterés o abnegación, con ánimo de contribuir al bien superior que España representa.

8. Todos los españoles tienen el derecho al trabajo. La satisfacción de este derecho es misión primordial del Estado.

II

1. El Estado se compromete a ejercer una acción constante y eficaz en defensa del trabajador, su vida y su trabajo.

Limitará convenientemente la duración de la jornada para que no sea excesiva y otorgará al trabajo toda suerte de garantías de orden defensivo y humanitario. En especial, prohibirá el trabajo nocturno de las mujeres y niños, regulará el trabajo a domicilio y libertará a la mujer casada del taller y de la fábrica.

2. El Estado mantendrá el descanso dominical como condición sagrada en la prestación del trabajo.

3. Sin pérdida de la retribución, y teniendo en cuenta las necesidades técnicas de las empresas, las leyes obligarán a que sean respetadas las festividades religiosas que las tradiciones imponen, las civiles declaradas como tales y la asistencia a las ceremonias que las jerarquías del Movimiento ordenen.

4. Declarado fiesta nacional el 18 de julio, iniciación del glorioso alzamiento, será considerado, además, como "Fiesta de exaltación del trabajo".

5. Todo trabajador tendrá derecho a unas vacaciones anuales retribuidas, para proporcionarle un merecido reposo, organizándose al efecto las instituciones que aseguren el mejor cumplimiento de esta disposición.

6. Se crearán las instituciones necesarias para que en las horas libres y en los recreos de los trabajadores tengan éstos acceso al disfrute de todos los bienes de la cultura, la alegría, la milicia, la salud y el deporte.

III

1. La retribución del trabajo será, como mínimo, suficiente para proporcionar al trabajador y su familia una vida moral y digna.

2. Se establecerá el subsidio familiar, por medio de organismos adecuados.

3. Gradual e inflexiblemente se elevará el nivel de vida de los trabajadores en la medida que lo permita el superior interés de la Nación.

4. El Estado fijará bases para la regulación del trabajo, con sujeción a las cuales se establecerán las relaciones entre los trabajadores y las empresas. El contenido primordial de dichas relaciones será, tanto la prestación del trabajo y su remuneración como el recíproco deber de lealtad, la asistencia y protección en los empresarios y la fidelidad y subordinación en el personal.

5. A través del Sindicato, el Estado cuidará de conocer si las condiciones económicas y de todo orden en que se realiza el trabajo son las que en justicia corresponden al trabajador.

6. El Estado velará por la seguridad y continuidad en el trabajo.

7. La Empresa habrá de informar a su personal de la marcha de la producción en la medida necesaria para fortalecer su sentido de responsabilidad en la misma, en los términos que establezcan las leyes.

IV

1. El artesanado –herencia viva de un glorioso pasado gremial– será fomentado y eficazmente protegido, por ser proyección completa de la persona humana en su trabajo y suponer una forma de producción, igualmente apartada de la concentración capitalista y del gregarismo marxista.

XI

1. La producción nacional constituye una unidad económica al servicio de la Patria. Es deber de todo español defenderla, mejorarla e incrementarla. Todos los factores que en la producción intervienen, quedan subordinados al supremo interés de la Nación.

2. Los actos individuales o colectivos que de algún modo turben la normalidad de la producción o atenten contra ella, serán considerados como delitos de lesa patria.

3. La disminución dolosa del rendimiento en el trabajo habrá de ser objeto de sanción adecuada.

4. En general, el Estado no será empresario, sino cuando falte la iniciativa privada o lo exijan los intereses superiores de la Nación.

5. El Estado, por sí o a través de sus sindicados, impedirá toda competencia desleal en el campo de la producción, así como aquellas actividades que dificulten el normal establecimiento o desarrollo de la economía nacional, estimulando, en cambio, cuantas iniciativas tiendan a su perfeccionamiento.

6. El Estado reconoce la iniciativa privada como fuente fecunda de la vida económica de la Nación.

XIII

1. La organización Nacional-Sindicalista del Estado se inspirará en los principios de Unidad, Totalidad y Jerarquía.

2. Todos los factores de la economía serán encuadrados por ramas de la producción o servicios en sindicatos verticales. Las profesiones liberales y técnicas se organizarán de modo similar, conforme determinen las leyes.

3. El sindicato vertical es una Corporación de derecho público que se constituye por la integración, en un organismo unitario, de todos los elementos que consagran sus actividades al cumplimiento del proceso económico, dentro de un determinado servicio o rama de la producción, ordenado jerárquicamente bajo la dirección del Estado.

4. Las jerarquías del sindicato recaerán necesariamente en militantes de FET y de las JONS.

5. El sindicato vertical es instrumento al servicio del Estado, a través del cual realizará, principalmente, su política económica. Al sindicato corresponde conocer los problemas de la producción y proponer sus soluciones, subordinándolas al interés nacional. El sindicato vertical podrá intervenir por intermedio en la reglamentación, vigilancia y cumplimiento de las condiciones de trabajo.

6. El sindicato vertical podrá iniciar, mantener o fiscalizar organismos de investigación, educación moral, física y profesional, previsión, auxilio y las de carácter social que interesen a los elementos de la producción.

7. Establecerá oficinas de colocación para proporcionar empleo al trabajador, de acuerdo con su aptitud y mérito.

8. Corresponde a los sindicatos suministrar al Estado los datos precisos para elaborar las estadísticas de su producción.

9. La ley de sindicación determinará la forma de incorporar a la nueva organización las actuales asociaciones económicas y profesionales.

Documento 7

Ponencia de programas escolares y principios fundamentales de la reforma escolar elaborada por la Comisión de Cultura y Enseñanza de la Junta Técnica del Estado, Burgos, 25 de octubre de 1937 (recogida Alted Vigil, 1984: 371-372).

PRINCIPIOS FUNDAMENTALES DE LA EDUCACIÓN PRIMARIA

1.º. La enseñanza primaria en España debe ser Católica, patriótica y esencialmente formativa.

2.º. El Estado organizará y sostendrá la Escuela primaria oficial, con arreglo al postulado anterior.

3.º. Asimismo amparará los derechos de la enseñanza privada, sin perjuicio de tomar, en todo momento, las garantías suficientes para su mayor eficacia.

4.º. Para conseguir la catolicidad de la enseñanza primaria, el Estado secundará a la Iglesia en sus derechos sobre la educación.

5.º. Siendo el nuevo Estado eminentemente disciplinado y jerárquico, se procurará que el niño trate con el debido respeto a su Maestro, a sus padres y a sus superiores.

6.º. Atendiendo a las exigencias del momento actual y para conseguir que la formación del nuevo Estado afiance sus raíces en el alma del niño, se intensificará de modo extremo la formación cívica y patriótica, la subordinación a los poderes del Estado y el amor a España una e imperial.

7.º. La Escuela y la organización docente primaria no puede considerarse ajenas a la obra de las Milicias juveniles, a la educación física y premilitar y a cuantas contribuyan al desarrollo del niño y formación del ciudadano.

8.º. Dentro de los principios establecidos, el Estado procurará la más eficaz colaboración de los padres en la educación de sus hijos y les exigirá el cumplimiento de sus deberes.

9.º. La enseñanza primaria será rigurosamente obligatoria y para conseguirlo se adoptarán las medidas más eficaces.

10.º. El Estado cuidará de que no se frustren las capacidades y aptitudes del niño, cualquiera que sea la esfera social a que pertenezca, y fomentará la convivencia de las distintas clases tanto en la Escuela Oficial como en la Privada.

Documento 8

Texto del juramento prestado por los obispos españoles ante el jefe del Estado en virtud del "Convenio entre el Gobierno español y la Santa Sede acerca del modo de ejercicio del privilegio de presentación", firmado el 7 de junio de 1941 (recogido en Hermet, 1985: 402).

Ante Dios y los Santos Evangelios, juro y prometo, como corresponde a un obispo, fidelidad al Estado Español. Juro y prometo respetar y hacer respetar de suerte que mi clero respete al Jefe del Estado Español y al Gobierno establecido conforme a las leyes españolas. Juro y prometo, además, no tomar parte en ningún acuerdo, ni asistir a ninguna reunión que puedan causar perjuicio al Estado Español y al orden público, y me comprometo a hacer respetar por mi clero una conducta similar. Cuidadoso del bien y del interés del Estado Español, me preocuparé en evitar todo mal que pudiera amenazarle.

Documento 9

Fragmentos del Fuero de los Españoles, firmado por Franco el 17 de julio de 1945 y publicado en el *Boletín Oficial del Estado* al día siguiente.

Francisco Franco Bahamonde, Caudillo de España, Jefe del Estado y Generalísimo de los Ejércitos de la Nación:

Por cuanto las Cortes Españolas, como órgano superior de participación en las tareas del Estado, según Ley de su creación, han elaborado el Fuero de los Españoles, texto fundamental definidor de los derechos y deberes de los mismos y amparador de sus garantías;

Vengo en disponer, de conformidad en un todo con la propuesta por aquéllas formulada, lo siguiente:

Artículo único. Queda aprobado, con el carácter de Ley fundamental reguladora de sus derechos y deberes, el Fuero de los Españoles, que a continuación se inserta:

TÍTULO PRELIMINAR

Artículo 1. El Estado español proclama como principio rector de sus actos el respeto a la dignidad, la integridad y la libertad de la persona humana, reconociendo al hombre, en cuanto portador de valores eternos y miembro de una comunidad nacional, titular de deberes y derechos, cuyo ejercicio garantiza en orden al bien común.

TÍTULO PRIMERO

DEBERES Y DERECHOS DE LOS ESPAÑOLES

Capítulo Primero

Artículo 2. Los españoles deben servicio fiel a la Patria, lealtad al Jefe del Estado y obediencia a las Leyes.

Artículo 3. La Ley ampara por igual el derecho de todos los españoles, sin preferencia de clases ni acepción de personas.

Artículo 4. Los españoles tienen derecho al respeto de su honor personal y familiar. Quien lo ultraje, cualquiera que fuese su condición, incurrirá en responsabilidad.

Artículo 5. Todos los españoles tienen derecho a recibir educación e instrucción y el deber de adquirirlas, bien en el seno de su familia o en centros privados o públicos, a su libre elección. El Estado velará para que ningún talento se malogre por falta de medios económicos.

Artículo 6. La profesión y práctica de la religión católica, que es la del Estado Español, gozará de protección oficial.

Nadie será molestado por sus creencias religiosas ni en el ejercicio privado de su culto. No se permitirán otras ceremonias ni manifestaciones externas que las de la Religión Católica.

Artículo 7. Constituye título de honor para los españoles el servir a la Patria con las armas. Todos los españoles están obligados a prestar este servicio cuando sean llamados con arreglo a la ley.

Artículo 8. Por medio de leyes, y siempre con carácter general, podrán imponerse las prestaciones personales que exijan el interés de la Nación y las necesidades públicas.

Artículo 9. Los españoles contribuirán al sostenimiento de las cargas públicas, según su capacidad económica. Nadie estará obligado a pagar tributos que no hayan sido establecidos con arreglo a ley votada en Cortes.

Artículo 10. Todos los españoles tienen derecho a participar en las funciones públicas de carácter representativo, a través de la Familia, el Municipio y el Sindicato, sin perjuicio de otras representaciones que las leyes establezcan.

Artículo 11. Todos los españoles podrán desempeñar cargos y funciones públicas, según su mérito y capacidad.

Artículo 12. Todo español podrá expresar libremente sus ideas mientras no atenten a los principios fundamentales del Estado.

Artículo 13. Dentro del territorio nacional el Estado garantiza la libertad y el secreto de la correspondencia.

Artículo 14. Los españoles tienen derecho a fijar libremente su residencia dentro del territorio nacional.

Artículo 15. Nadie podrá entrar en el domicilio de un español ni efectuar registros en él sin su consentimiento, a no ser con mandato de la Autoridad competente y en la forma en que establezcan las leyes.

Artículo 16. Los españoles podrán reunirse y asociarse libremente para fines lícitos y de acuerdo con lo establecido por las leyes. El Estado podrá crear y mantener las organizaciones que estime necesarias para el cumplimiento de sus fines. Las normas fundacionales, que revestirán forma de ley, coordinarán el ejercicio de este derecho con el reconocido en el párrafo anterior.

Artículo 17. Los españoles tienen el derecho a la seguridad jurídica. Todos los órganos del Estado actuarán conforme a un orden jerárquico de normas preestablecidas, que no podrán arbitrariamente ser interpretadas ni alteradas.

Artículo 18. Ningún español podrá ser detenido sino en los casos y en la forma que prescriben las leyes. En el plazo de setenta y dos horas todo detenido será puesto en libertad o entregado a la autoridad judicial.

Artículo 19. Nadie podrá ser condenado sino en virtud de ley anterior al delito, mediante sentencia del Tribunal competente y previa audiencia y defensa del interesado.

Artículo 20. Ningún español podrá ser privado de su nacionalidad sino por delito de traición, definido en las leyes penales, o por entrar al servicio de las armas o ejercer cargo público en país extranjero contra la prohibición expresa del Jefe del Estado.

Artículo 21. Los españoles podrán dirigir individualmente peticiones al Jefe del Estado, a las Cortes y a las Autoridades.

Las Corporaciones, funcionarios públicos y miembros de las fuerzas e Institutos armados sólo podrán ejercitar este derecho de acuerdo con las disposiciones por que se rijan.

Capítulo Segundo

Artículo 22. El Estado reconoce y ampara a la familia como institución natural y fundamento de la Sociedad, con derechos y deberes anteriores y superiores a toda ley humana positiva. El matrimonio será uno e indisoluble. El Estado protegerá especialmente a las familias numerosas.

TÍTULO SEGUNDO

DEL EJERCICIO Y GARANTÍA DE LOS DERECHOS

Artículo 33. El ejercicio de los derechos que se reconocen en este Fuero no podrá atentar a la unidad espiritual, nacional y social de España.

Artículo 34. Las Cortes votarán las leyes necesarias para el ejercicio de los derechos reconocidos en este Fuero.

Artículo 35. La vigencia de los artículos 12, 13, 14, 15, 16 y 18 podrá ser temporalmente suspendida por el Gobierno total o parcialmente mediante Decreto-Ley, que taxativamente determine el alcance y duración de la medida.

Artículo 36. Toda violación que se cometiere contra cualquiera de los derechos proclamados en este Fuero será sancionada por las leyes, las cuales determinarán las acciones que para su defensa y garantía podrán ser utilizadas ante las jurisdicciones en cada caso competente.

Documento 10

Ley de Principios del Movimiento Nacional, promulgada por Franco el 17 de mayo de 1958 y publicada en el *Boletín Oficial del Estado* del día siguiente.

Yo, Francisco Franco Bahamonde, Caudillo de España, consciente de mi responsabilidad ante Dios y ante la Historia, en presencia de las Cortes del Reino, promulgo como Principios del Movimiento Nacional, entendido como comunión de los españoles en los ideales que dieron vida a la Cruzada, los siguientes:

I. España es una unidad de destino en lo universal. El servicio a la unidad, grandeza y libertad de la Patria es deber sagrado y tarea colectiva de todos los españoles.

II. La Nación española considera como timbre de honor el acatamiento a la ley de Dios, según la doctrina de la Santa Iglesia Católica, Apostólica y Romana, única verdadera y fe inseparable de la conciencia nacional, que inspirará su legislación.

III. España, raíz de una gran familia de pueblos, con los que se siente indisolublemente hermanada, aspira a la instauración de la justicia y de la paz entre las naciones.

IV. La unidad entre los hombres y las tierras de España es intangible. La integridad de la Patria y su independencia son exigencias supremas de la comunidad nacional. Los Ejércitos de España, garantía de su seguridad y expresión de las virtudes heroicas de nuestro pueblo, deberán poseer la fortaleza necesaria para el mejor servicio de la Patria.

V. La comunidad nacional se funda en el hombre, como portador de valores eternos, y en la familia, como base de la vida social; pero los intereses individuales y colectivos han de estar subordinados siempre al bien común de la nación, constituida por las generaciones pasadas, presentes y futuras. La ley ampara por igual el derecho de todos los españoles.

VI. Las entidades naturales de la vida social: Familia, Municipio y Sindicato, son estructuras básicas de la comunidad nacional. Las instituciones y corporaciones de otro carácter que satisfagan exigencias sociales de interés general deberán ser amparadas para que puedan participar eficazmente en el perfeccionamiento de los fines de la comunidad nacional.

VII. El pueblo español, unido en un orden de Derecho, informado por los postulados de autoridad, libertad y servicio, constituye el Estado Nacional. Su forma política es, dentro de los principios inmutables del Movimiento Nacional y de cuantos determinan la ley de Sucesión y demás leyes fundamentales, la Monarquía tradicional, católica, social y representativa.

VIII. El carácter representativo del orden político es principio básico de nuestras instituciones públicas. La participación del pueblo en las tareas legislativas y en las demás funciones de interés general se llevará a cabo a través de la Familia, el Municipio, el Sindicato y demás entidades con representación orgánica que a este fin reconozcan las leyes. Toda organización política de cualquier índole, al margen de este sistema representativo, será considerada ilegal.

Todos los españoles tendrán acceso a los cargos y funciones públicas según su mérito y capacidad.

IX. Todos los españoles tienen derecho: a una justicia independiente, que será gratuita para aquellos que carezcan de medios económicos; a una educación general y profesional, que nunca podrá dejar de recibirse por falta de medios materiales; a los beneficios de la asistencia y seguridad sociales y a una equitativa distribución de la renta nacional y de las cargas fiscales. El ideal cristiano de la justicia social, reflejado en el Fuero del Trabajo, inspirará la política y las leyes.

X. Se reconoce el trabajo como origen de jerarquía, deber y honor de los españoles, y a la propiedad privada en todas sus formas como derecho condicionado a su función social. La iniciativa privada, fundamento de la actividad económica, deberá ser estimulada, encauzada y, en su caso, suplida por la acción del Estado.

XI. La Empresa, asociación de hombres y medios ordenados a la producción, constituye una comunidad de intereses y una unidad de propósitos. Las relaciones entre los elementos de aquélla deben basarse en la justicia y en la recíproca lealtad, y los valores económicos estarán subordinados a los de orden humano y social.

XII. El Estado procurará por todos los medios a su alcance perfeccionar la salud física y moral de los españoles y asegurarles las más dignas condiciones de trabajo; impulsar el progreso económico de la nación con la mejora de la agricultura, la multiplicación de las obras de regadío y la reforma social del campo; orientar el más justo empleo y distribución del crédito público; salvaguardar y fomentar la prospección y explotación de las riquezas mineras; intensificar el proceso de industrialización, patrocinar la investigación científica y favorecer las actividades marí-

timas, respondiendo a la extensión de nuestra población marinera y a nuestra ejecutoria naval.
En su virtud,

DISPONGO:

1. Los principios contenidos en la presente promulgación, síntesis de los que inspiran las leyes fundamentales refrendadas por la nación en 6 de julio de 1947, son, por su propia naturaleza, permanentes e inalterables.
2. Todos los órganos y autoridades vendrán obligados a su más estricta observancia. El juramento que se exige para ser investigo de cargos públicos habrá de referirse al texto de estos Principios Fundamentales.
3. Serán nulas las leyes y disposiciones de cualquier clase que vulneren o menoscaben los Principios proclamados en la presente ley fundamental del Reino.
4. Dado en el Palacio de las Cortes, en la solemne sesión de 17 de mayo de 1958.

Documento 11

Tasas de escolarización primaria y alfabetización en España

Año	Población de 5 a 14 años (millares)	Alumnos (millares)	Tasa de escolarización	Tasa de alfabetización
1930	4.876	2.598	53,3	68,87
1940	5.501	3.012	54,7	76,83
1950	4.762	2.791	58,6	82,66
1960	5.378	3.387	63,0	86,36
1970	6.250	4.763	76,2	91,20

FUENTE: Tortella, 1994: 225.

Alumnos matriculados en el bachillerato general

Años	Población total	Alumnos matriculados	Alumnos por 100.000 h.
1932	24.242.038	121.319	500
1940	25.877.971	156.563	605
1950	27.976.755	218.332	780
1960	30.430.698	467.430	1.536
1966	32.726.188	916.545	2.801

FUENTE: Foessa, 1970: 960-961.

Evolución de la enseñanza superior en España, 1932-1967

Años	Alumnos matriculados	Alumnos por 100.000 h.
1932	37.079	153
1940	37.539	145
1950	54.605	195
1960	77.123	253
1967	152.957	459

FUENTE: Foessa, 1970: 963.

Documento 12

Fragmento de la ley orgánica del Estado, firmada por Franco el 10 de enero de 1967 y publicada en el *Boletín Oficial del Estado* al día siguiente.

A lo largo de seis lustros, el Estado nacido el 18 de julio de 1936 ha realizado una honda labor de reconstrucción en todos los órdenes de la vida nacional. Nuestra legislación fundamental ha avanzado al compás de las necesidades patrias consiguiendo, gracias a su paulatina promulgación, el arraigo de las instituciones al tiempo que las ha preservado de las rectificaciones desorientadoras que hubieran sido consecuencia inevitable de toda decisión prematura.

Las leyes hasta ahora promulgadas abarcan la mayor parte de las materias que demanda un ordenamiento institucional. En la Ley de Principios del Movimiento se recogen las directrices que inspiran nuestra política y que han de servir de guía permanente y de sustrato inalterable a toda acción legislativa y de gobierno. En el Fuero de los Españoles y en Fuero del Trabajo se definen los derechos y deberes de los españoles y se ampara su ejercicio. La Ley de Referéndum somete a consulta y decisión directa del pueblo los proyectos de ley cuya trascendencia lo aconseje o el interés público lo demande. La Ley de Cortes establece la composición y atribuciones del órgano superior de participación del pueblo español en las tareas del Estado. Y en la Ley de Sucesión se declara España, como unidad política, constituida en Reino y se crea el Consejo del Reino que habrá de asistir al Jefe del Estado en todos los asuntos y resoluciones trascendentales de su exclusiva competencia.

No obstante la vitalidad jurídica y el vigor político del Régimen, su adecuación a las necesidades actuales y la perspectiva que su dilatada vigencia proporciona, permiten y aconsejan completar y perfeccionar la legislación fundamental. Es llegado del momento oportuno para culminar la institucionalización del Estado nacional; delimitar las atribuciones ordinarias de la suprema magistratura del Estado al cumplirse las previsiones de la Ley de Sucesión; señalar la composición del Gobierno, el procedimiento para el nombramiento y cese de sus miembros, su responsabilidad e incompatibilidades; establecer la organización y funciones del Consejo Nacional;

dar carácter fundamental a las bases por las que se rigen la Justicia, las Fuerzas Armadas y la Administración Pública; regular las relaciones entre la Jefatura del Estado, las Cortes, el Gobierno y el Consejo del Reino; señalar la forma de designación, duración del mandato y cese del Presidente de las Cortes y de los Presidentes de los más altos Tribunales y Cuerpos consultivos, y abrir un cauce jurídico para la impugnación de cualquier acto legislativo o de gobierno que vulnere nuestro sistema de Leyes Fundamentales. A estos fines responde la presente Ley, que viene a perfeccionar y encuadrar en un armónico sistema las instituciones del Régimen, y a asegurar de una manera eficaz para el futuro la fidelidad por parte de los más altos órganos del Estado a los Principios del Movimiento Nacional.

Las Disposiciones adicionales tienen por objeto introducir las modificaciones precisas en las leyes fundamentales ya promulgadas, para poner algunos de sus puntos de acuerdo con la presente Ley, perfeccionarlas y acentuar el carácter representativo del orden político, que es principio básico de nuestras instituciones públicas.

A tal propósito responden las modificaciones a la Ley de Cortes como las que significan: dar entrada en las mismas a un nuevo grupo de Procuradores representantes de la familia, elegidos por los cabezas de familia y las mujeres casadas, de acuerdo con el principio de igualdad de derechos políticos de la mujer; extender la representación a otros Colegios, Corporaciones o Asociaciones, al tiempo que se reduce, ponderadamente, el total de Procuradores que integran las Cortes, y en general, acentuar la autenticidad de la representación e incrementar muy considerablemente la proporción de los Procuradores electivos respecto de los que lo sean por razón del cargo. En esta misma línea está la elección, por el Pleno de las Cortes y en cada legislatura, de los dos Vicepresidentes y los cuatro Secretarios de la Mesa.

Igual directriz a la seguida para la modificación de la Ley de Cortes inspira la de la Ley de Sucesión en la Jefatura del Estado, en lo relativo a la composición del Consejo del Reino. A este efecto, diez de sus Consejeros serán electivos, frente a cuatro que lo son actualmente. Otras modificaciones van encaminadas a puntualizar algunos extremos del mecanismo sucesorio regulado en los artículos 8 y 11 de dicha Ley Fundamental, con objeto de prever contingencias no contempladas por la misma.

A pesar de haber transcurrido varios lustros desde la promulgación del Fuero del Trabajo y del Fuero de los Españoles, pocas son las modificaciones que la experiencia aconseja introducir en ellas. Sus líneas maestras acreditan el valor permanente del ideario que las inspira y gran número de sus declaraciones y preceptos constituyen una feliz anticipación de la doctrina social católica recientemente puesta al día por el Concilio Ecuménico Vaticano II.

Sin embargo, la Declaración Conciliar sobre la libertad religiosa promulgada el 7 de diciembre de 1965 exige el reconocimiento explícito de este derecho y la consiguiente modificación del artículo 6.º del Fuero de los Españoles, en consonancia con el segundo de los Principios Fundamentales del Movimiento según el cual la doctrina de la Iglesia habrá de inspirar nuestra legislación.

En su virtud, en ejercicio de la facultad legislativa que me confieren las Leyes de 30 de enero de 1938 y 8 de agosto de 1939, de conformidad con el acuerdo de las Cortes Españolas adoptado en su Sesión Plenaria del día 22 de noviembre último, y con la expresión auténtica y directa del pueblo español, manifestada por la aprobación del 85,50 por 100 del cuerpo electoral, que representa el 95,86 por 100 de los votantes, en el Referéndum nacional celebrado el día 14 de diciembre de 1966,

DISPONGO:

TÍTULO I. EL ESTADO NACIONAL

Artículo 1. I. El Estado español, constituido en Reino, es la suprema institución de la comunidad nacional.

II. Al Estado incumbe el ejercicio de la soberanía a través de los órganos adecuados a los fines que ha de cumplir.

Artículo 2. I. La soberanía nacional es una e indivisible, sin que sea susceptible de delegación ni cesión.

II. El sistema institucional del Estado español responde a los principios de unidad de poder y coordinación de funciones.

Artículo 3. Son fines fundamentales del Estado: la defensa de la unidad entre los hombres y entre las tierras de España; el mantenimiento de la integridad, independencia y seguridad de la Nación; la salvaguardia del patrimonio espiritual y material de los españoles; el amparo de los derechos de la persona, de la familia y de la sociedad; y la promoción de un orden social justo en el que todo interés particular quede subordinado al bien común. Todo ello bajo la inspiración y la más estricta fidelidad a los Principios del Movimiento Nacional promulgados por la Ley Fundamental de 17 de mayo de 1958, que son, por su propia naturaleza, permanentes e inalterables.

Artículo 4. El Movimiento Nacional, comunión de todos los españoles en los Principios a que se refiere el artículo anterior, informa el orden político, abierto a la totalidad de los españoles y, para el mejor servicio de la Patria, promueve la vida política en régimen de ordenada concurrencia de criterios.

Artículo 5. La bandera nacional es la compuesta por tres franjas horizontales: roja, gualda y roja; la gualda de doble anchura que las rojas.

TÍTULO II. EL JEFE DEL ESTADO

Artículo 6. El Jefe del Estado es el representante supremo de la Nación; personifica la soberanía nacional; ejerce el poder supremo político y administrativo; ostenta la Jefatura Nacional del Movimiento y cuida de la más exacta observancia de los Principios del mismo y demás Leyes Fundamentales del Reino, así como de la continuidad del Estado y del Movimiento Nacional; garantiza y asegura el regular funcionamiento de los Altos Órganos del Estado y la debida coordinación entre los mismos; sanciona y promulga las leyes y provee a su ejecución; ejerce el mando supremo de los Ejércitos de Tierra, Mar y Aire; vela por la conservación del orden público en el interior y de la seguridad del Estado en el exterior; en su nombre se administra justicia; ejerce la prerrogativa de gracia; confiere, con arreglo a las leyes, empleos, cargos públicos y honores; acredita y recibe a los representantes diplomáticos y realiza cuantos actos le corresponden con arreglo a las Leyes Fundamentales del Reino.

Artículo 7. Corresponde, particularmente, al Jefe del Estado:

a) Convocar las Cortes con arreglo a la Ley, así como presidirlas en la sesión de apertura de cada legislatura y dirigirles, de acuerdo con el Gobierno, el discurso inaugural y otros mensajes.

b) Prorrogar por el tiempo indispensable, a instancia de las Cortes o del Gobierno, y de acuerdo con el Consejo del Reino, una legislatura cuando exista causa grave que impida la normal renovación de los Procuradores.

c) Someter a referéndum de la Nación los proyectos de ley a que se refiere el párrafo 2.º del artículo 10 de la Ley de Sucesión y el artículo 1.º de la Ley de Referéndum.

d) Designar y relevar de sus funciones al Presidente del Gobierno, al Presidente de las Cortes y demás Altos Cargos en la forma prevista por las Leyes.

e) Convocar y presidir el Consejo de Ministros y la Junta de Defensa Nacional cuando asista a sus reuniones.

f) Presidir, si lo estima oportuno, las deliberaciones del Consejo del Reino y del Consejo Nacional, siempre que las de aquél no afecten a su persona o a la de los herederos de la Corona. En ningún caso las votaciones se realizarán en presencia del Jefe del Estado.

g) Pedir dictamen y asesoramiento al Consejo del Reino.

h) Recabar informes del Consejo Nacional.

Artículo 8. I. La persona del Jefe del Estado es inviolable. Todos los españoles le deberán respeto y acatamiento.

II. Todo lo que el Jefe del Estado disponga en el ejercicio de su autoridad deberá ser refrendado, según los casos, por el Presidente del Gobierno o el Ministro a quien corresponda, el Presidente de las Cortes o el Presidente del Consejo del Reino, careciendo de valor cualquier disposición que no se ajuste a esta formalidad.

III. De los actos del Jefe del Estado serán responsables las personas que los refrenden.

Artículo 9. El Jefe del Estado necesita una ley o, en su caso, acuerdo o autorización de las Cortes a los fines siguientes:

a) Ratificar tratados o convenios internacionales que afecten a la plena soberanía o a la integridad del territorio español.

b) Declarar la guerra y acordar la paz.

c) Realizar los actos a que hace referencia el artículo 12 de la Ley de Sucesión y los que vengan determinados en otros preceptos de las Leyes Fundamentales del Reino.

d) Adoptar medidas excepcionales cuando la seguridad exterior, la independencia de la Nación, la integridad de su territorio o el sistema institucional del Reino estén amenazados de modo grave e inmediato, dando cuenta documentada a las Cortes.

e) Someter a referéndum nacional los proyectos trascendentales cuando ello no sea preceptivo.

f) Adoptar las demás determinaciones para las que una Ley Fundamental establezca este requisito.

Artículo 11. Durante la ausencia del Jefe del Estado del territorio nacional, o en caso de enfermedad, asumirá sus funciones el heredero de la Corona si lo hubiere y fuese mayor de 30 años o, en su defecto, el Consejo de Regencia. En todo caso, el Presidente del Gobierno dará cuenta a las Cortes.

Artículo 12. La tutela de las personas reales menores de edad llamadas a la sucesión o del Rey incapacitado, será aprobada por las Cortes a propuesta del Consejo del Reino. La designación ha de recaer en persona de nacionalidad española que profese la religión católica y es incompatible con el ejercicio de la Regencia, de la Presidencia del Gobierno o de la Presidencia de las Cortes.

DISPOSICIONES TRANSITORIAS

Primera. I. Cuando se cumplan las previsiones de la Ley de Sucesión, la persona llamada a ejercer la Jefatura del Estado a título de Rey o de Regente, asumirá las funciones y deberes señalados al Jefe del Estado en la presente Ley.

II. Las atribuciones concedidas al Jefe del Estado por las Leyes de 30 de enero de 1938 y de 8 de agosto de 1939, así como las prerrogativas que le otorgan los artículos 6.º y 13.º de la Ley de Sucesión, subsistirán y mantendrán su vigencia hasta que se produzca el supuesto a que se refiere el párrafo anterior.

III. La Jefatura Nacional del Movimiento corresponde con carácter vitalicio a Francisco Franco, Caudillo de España. Al cumplirse las previsiones sucesorias, pasará al Jefe del Estado y, por delegación de éste, al Presidente del Gobierno.

Documento 13

Principios de la profesión periodística recogidos en anexo al decreto 744/1967 de 13 de abril (recogido en Terrón Montero, 1981: 198-199).

PRINCIPIOS GENERALES DE LA PROFESIÓN PERIODÍSTICA

1.º En el ejercicio de su misión, el periodista ha de observar las normas de la moral cristiana y guardar fidelidad a los principios del Movimiento Nacional y Leyes Fundamentales del Estado.

Las normas básicas de la actuación profesional del periodista han de ser el servicio a la verdad, el respeto a la justicia y a la rectitud de intención.

El periodista ha de orientar su tarea a la función de informar, formar y servir a la opinión nacional.

2.º En el cumplimiento de su misión, el profesional del periodismo ha de tener en cuenta las exigencias de la seguridad y la convivencia nacionales, del orden y la salud pública.

Será obligación del periodista evitar toda presentación o tratamiento de la noticia que pueda suponer apología o valoración sensacionalista de hechos o de formas de vida que sean delictivos o atenten a la moral y a las buenas costumbres.

El profesional de la información tiene el deber de evitar toda deformación de la noticia que altere la realidad objetiva de los hechos o desvíe de cualquier manera que sea, su alcance, su intención o su contenido.

El periodista rechazará cualquier presión o condicionamiento que tienda a alterar la exactitud de la información o la imparcialidad de su opinión o juicio crítico rectamente expresados.

3.º El periodista debe cuidar especialmente cuanto afecte a temas o publicaciones destinadas a la infancia y a la juventud, adecuando su labor a las normas esenciales de carácter formativo que deben orientarlas.

4.º Es obligación ineludible de todo periodista el más estricto respeto a la dignidad, la intimidad, el honor, la fama y la reputación de las personas. El derecho y el deber a la verdad informativa tiene sus justos límites en este respeto.

5.º El periodista tiene el deber de mantener el secreto profesional, salvo en los casos de obligada cooperación con la justicia, al servicio del bien común.

6.º El periodista debe lealtad a la empresa en que presta sus servicios, dentro del marco de los principios esenciales que han de regir su actuación, en cuanto no sea incompatible con su conciencia profesional, con la moral pública, con las Leyes y Principios Fundamentales del Estado y con lo dispuesto en la legislación de Prensa e Imprenta.

Documento 14

Informe elevado por la Jefatura Superior de Policía de Oviedo a la Dirección General de Seguridad sobre "Conflictos Laborales en las Minas Asturianas", fechado el 12 de abril de 1962. Custodiado en el Archivo Histórico Provincial de Asturias (Oviedo), Fondo de Gobierno Civil (recogido en Gatti, 1997).

En relación con lo que se ha venido informando sobre los conflictos en las minas de carbón de la Cuenca del Caudal, se considera oportuno, para conocimiento de esa Jefatura, tratar el asunto bajo varios aspectos, con el objeto de calar en los orígenes y situación del conflicto.

Causas que originaron el conflicto

Desde hace varios años, la mina "Nicolasa", del Grupo "San Nicolás", de la Empresa "Fábrica de Mieres, S. A.", viene planteando serios problemas a las autoridades laborales, a veces por causas justificadas y otras que no lo son tanto.

El último de los serios conflictos que se plantearon y que terminaron con la victoria de los obreros, después de manifestarse en franca rebeldía, ocurrió en el pasado año, cuando el Ingeniero-Jefe del Grupo, señor Gabilondo, se enfrentó con los trabajadores, los que por sus gestiones, consiguieron de la empresa la retirada de dicho señor de la Jefatura del Grupo. Esta "victoria" de los trabajadores, no hay duda que ha debido influir en el ánimo de los mismos y han comprendido que por las vías legales y por el cauce de la Organización Sindical, sus problemas se eternizan en los organismos oficiales y les ha debido animar a volver sobre sus mismos pasos en el problema que en la actualidad se les había planteado.

Las causas originarias en el presente conflicto hay que buscarlas en una reclamación que tenían planteada 7 picadores de una de las capas de "Mina Nicolasa", muy dura y, por tanto, de muy difícil extracción. La empresa, al parecer, se había negado a admitir las quejas de los picadores que, al trabajar en malas condiciones obtenían bajo rendimiento y, por tanto, jornal muy bajo. Estos manifestaron a la empresa su deseo de trabajar a jornal, con lo cual el esfuerzo es mucho menor que a destajo, y, por su cuenta y riesgo, determinaron trabajar a jornal. Con esta medida de los picadores, si a destajo sacaban un determinado número de vagones, al trabajar a jornal, la producción bajó la mitad, por lo que la empresa decidió someterles a expediente, ya que no han sido despedidos, como en algunos sectores se venía creyendo.

Muchos trabajadores de esta empresa, mejor dicho, de esta explotación tienen su residencia en los pueblos de Morcín y Las Segadas, a ocho, diez o más km del trabajo. Cuando se trabajaba a tres turnos los trabajadores se habían acoplado en aquel que mejor les resultase para desplazarse desde sus domicilios; pero al decidir la empresa establecer un sistema de dos turnos, rotando mensualmente, el equilibrio de las combinaciones quedaba totalmente roto y, ciertamente, a muchos obreros les resultaba gravoso, sobre todo para aquellos que salían del trabajo después de las 10 de la noche que se veían en dificultad para hallar medios de locomoción o tenían que hacer el trayecto a pie llegando a sus casas después de las 12 o la una de la madrugada.

Estos, al menos, han sido los pretextos esgrimidos por los trabajadores de la mina Nicolasa, para adoptar la posición de rebeldía, negándose a trabajar en tanto en cuanto no se modificaran los salarios y se tomase en consideración la petición de sus compañeros, los siete picadores sometidos a expediente, por causas, a su modo de ver, injustas.

Prendida la mecha en esta explotación, inmediatamente se sumaron al conflicto los picadores y el resto del personal de los grupos de "Baltasara" (Baltasara, Polio y Centella), siguiéndolos a continuación, los del Pozo "Barredo", del Grupo "Mariana", todos ellos de la empresa Fábrica de Mieres.

Ahondando en las averiguaciones, existen además otras muchas causas, muchas de ellas muy complejas, que son las que lanzan a los trabajadores a estas aventuras, aun a sabiendas, de que van a salir más o menos perjudicados.

Sabido es de todos el grave descontento que existe en las zonas mineras de esta provincia, descontento que se agrava día a día, principalmente en lo que respecta al problema económico.

Hecha excepción de los picadores y el resto de los destajistas, los demás trabajadores de la mina devengan unos sueldos muy bajos, en relación con el peligro y lo ingrato que resulta su trabajo; conocen o comentan los beneficios que, dicen, quedan para las empresas mineras y entienden que ellos son los que trabajan y nadie se acuerda de sus necesidades.

Aunque parezca lo contrario, los trabajadores no han olvidado, ni olvidan las promesas que por parte del Gobierno y de sus representantes se les vienen haciendo continuamente, referentes al aumento de salarios y comprueban que el tiempo va pasando y que las promesas quedan en el olvido y nadie les da nada, sino son nuevas promesas que, al decir de ellos, vienen a quedar en "agua de borrajas".

Existe, por otro lado, un divorcio entre la empresa, el trabajador y el Sindicato, que hace que los tres se miren como enemigos. La empresa no ve en el Sindicato ni más ni menos que una carga, que un instrumento extraño que se inmiscuye en sus asuntos y que tolera por la imposición del Gobierno; dice de él que sólo hace o sirve para perder jornales y, por tanto, producción, por la múltiple y constante convocatoria de reuniones a las que son llamados los miembros del Jurado, Enlaces y Vocales sindicales. Para terminar diciendo que tiemblan plantear un problema, porque siempre se resuelve a favor de los obreros.

Estos, por su parte, consideran al Sindicato vendido a la empresa y no como un organismo encargado de su defensa, sino más bien un elemento extraño que no conoce ni vive el problema de los obreros. Habida cuenta que muchos son personas de poca instrucción, no pasan por alto el comprobar cómo las Jerarquías sindicales alternan habitualmente con los Jefes de las empresas, sin pararse a considerar que su relación no pasa de ser exclusivamente oficial, y ven en ello la prueba de que las empresas se encargan de sobornar a los sindicatos, siempre en perjuicio del trabajador.

En principio, se descarta la posibilidad de que en el planteamiento de este conflicto se vean maniobras políticas, aunque una vez planteado es posible que los elementos extremistas traten de aprovecharlo en beneficio propio, al igual que ha ocurrido en otras ocasiones.

Tampoco hay que despreciar el hecho de que en las Cuencas Mineras la Radio Pirenaica tiene muchos escuchas; gran número de ellos acuden a ella en busca de noticias y sus prédicas son escuchadas con fruición, sobre todo, por aquellos que son de matiz izquierdista.

Aunque se da por supuesto que los Grupos de "Baltasara" y "Mariana" se han lanzado a la huelga por solidaridad con sus compañeros de "Nicolasa", no se debe pasar por alto la aspiración de estos trabajadores a la firma de un Convenio Colectivo.

De toda la vida, es sabido, que el trabajador minero ha ganado jornales superiores a los metalúrgicos. Ya se ha informado que Fábrica de Mieres, recientemente ha firmado un convenio con su personal de Fábrica, es decir, con los metalúrgicos, lo que sitúa a estos en condiciones ventajosas sobre los de las minas. Es posible que esta diferencia de salarios haya influido también en el ánimo de los trabajadores.

Por otra parte, hasta el momento, no se sabe que los trabajadores hayan ejercido presiones o amenazas sobre otros compañeros para obligarlos a dejar el trabajo. Y ciertamente muchos lo hacen por no quedar mal ante sus compañeros y para evitar que los motejen de "esquiroles". Como única excepción hay que señalar que en el día de ayer un posteador de la mina "Nicolasa", se quejó al Capataz Jefe y acudió a él pidiéndole protección, pues tanto él como algunos de sus compañeros temían que se tomaran represalias contra ellos y que por la mañana, hacia las seis, bajando él en moto, unos individuos a los que no pudo identificar le llamaron "hijo de puta". Creyendo que se trataba de compañeros del pozo que de este modo pretendían echarle en cara su postura.

Consecuencias

Tanto para el trabajador como para la empresa, la decisión de abandonar el trabajo ha traído fatales consecuencias.

"Mina Nicolasa" de acuerdo con la disposición gubernativa, que al parecer, figura inserta en el tablón de anuncios, ha cerrado sus puertas y rescindido el contrato de los trabajadores que habían abandonado sus explotaciones, proveyendo de una tarjeta a los vigilantes y al personal de conservación, para que el Guarda Jurado les autorice a entrar en la explotación; prohibiendo el paso al personal sancionado. Otro tanto ha ocurrido con el Grupo "Baltasara".

Tanto en uno como en otro, solamente acude al trabajo personal de conservación y mantenimiento, que cuida de las instalaciones, rellenando, achicando agua, etc., etc.

En la mina "Nicolasa" se ha admitido ya a tres nuevos picadores, que han venido a pedir trabajo, pero que no son los que estaban en plantilla antes de iniciarse el conflicto.

Para la empresa, la falta de producción le supone un grave quebranto, pues tiene que atender obligatoriamente, a los cupos que ha de enviar para Ensidesa, así como para su propio consumo que es muy grande. En la actualidad ha tenido que apagar una batería de hornos de cok, por ser imposible mantenerla en funcionamiento y se sabe que está pidiendo carbón a otras empresas. En el día de ayer Hulleras de Turón 300 toneladas y sigue interesada en que se les sigan suministrando otras cantidades de combustible; también está recibiendo toda la producción del grupo de "La Cobertoria" y de las minas de Quirós.

Esto produce un desequilibrio en la economía de la empresa y le supone fuertes pérdidas.

Otras empresas

En esta misma zona hasta el momento, no se ha acusado anormalidad grave en otras empresas. En la empresa "Ortiz Sobrinos" se sabe que hubo un ligero descenso de producción en el día de ayer, si bien hoy parece que era normal; sin embargo, el personal está muy descontento porque tardan en resolverle una reclamación que tienen presentada unos 22 o 24 picadores, sobre el precio del promedio de los destajos.

En la mina "Llori", también se acusa descontento; en esta empresa tenían que haber pagado el día 10 y a partir de aquel día los trabajadores abandonan la mina una hora antes, la que llaman "hora de paga", esta postura de los obreros es completamente legal y no se ve en ella actitud hostil.

Turón

Se ha podido apreciar que existe un fuerte malestar, y dada la proximidad de Mieres se ha extendido rápidamente la noticia de lo ocurrido en los grupos de Fábrica de Mieres; ayer y hoy se han escuchado numerosos comentarios especialmente en los establecimientos de bebidas, en los que los mineros manifiestan abiertamente su simpatía con la causa de sus compañeros y algunos no se recatan en afirmar que es la única manera de sacar alguna ventaja de las empresas. (...)

A pesar de la aparente tranquilidad que se observa, teniendo en cuenta el malestar que crece por momentos, no se descarta la posibilidad de que en el instante menos pensado se pueda producir el chispazo que daría lugar a un grave conflicto en esta zona. (...)

Otros comentarios

En toda la zona se ha extendido el rumor de que el Gobierno está pendiente del conflicto de Mieres, de tal forma que hallándose en disposición de no autorizar la supresión de cupos de carbón, lo de Mieres le ha obligado a cambiar de táctica, de forma que mañana, en el Consejo de Ministros que se celebre se dará un Decreto autorizando la venta del carbón en precio libre, sin intervención por parte del Estado y sin la obligación de entregar cupos a bajo precio, Decreto que será publicado inmediatamente en la Prensa Nacional.

También se dice que se están tomando medidas para poner en marcha un convenio colectivo único para minas de carbón que supondría notables ventajas para los trabajadores, sin embargo, se dice que la puesta en marcha del Convenio se subordina a la vuelta a la normalidad de las minas asturianas, que mientras tanto, no se iniciarán las gestiones.

En la masa general de la población se ha observado que existe una corriente de simpatía hacia la causa de los trabajadores, bien sea porque conocen los problemas de éstos, bien por antipatía hacia las empresas, a las que consideran como entes dedicados a extraer beneficios y a repartirlos entre el personal de sus consejos de administración. Esta impresión se ha podido recoger tanto en los establecimientos públicos como en los trenes y autobuses de la comarca, por ser el tema de actualidad y porque muchos están vinculados a la empresa y a los trabajadores por sí mismos o por sus familiares.

Bibliografía

La producción bibliográfica disponible sobre la historia de España durante el franquismo es muy abundante y lógicamente diversa en su temática y variable en su calidad. La más reciente y completa recopilación analítica de la misma fue obra del Centro de Información y Documentación Científica (CINDOC), organismo especializado del Consejo Superior de Investigaciones Científicas (CSIC) y responsable de una publicación serial sobre *Bibliografías de Historia de España* cuyo primer número, editado en Madrid en el año 1993, era una monografía titulada *El franquismo*. Al margen de este valioso y actualizado instrumento, siguen conservando interés los repertorios bibliográficos incluidos en distintas obras generales o monográficas sobre el franquismo publicadas con anterioridad, por ejemplo, las de María Carmen García-Nieto y Javier Donézar *(Bases documentales de la España contemporánea. XI. La España de Franco)*, la dirigida por Emili Giralt *(El franquisme i l'oposició)*, o las firmadas por Rafael Gómez Pérez *(El franquismo y la Iglesia)*, Luis de Llera *(España actual. El régimen de Franco)*, Stanley G. Payne *(El régimen de Franco)*, Paul Preston *(Franco. Caudillo de España)*, etc.

Sobre este aspecto de *información bibliográfica* actualizada, cabe subrayar la existencia de una publicación electrónica titulada *Hispania Nova. Revista de Historia Contemporánea*, que contiene un apartado sobre "Bibliografía" en el que se da cuenta periódica de las novedades aparecidas en el campo de la edición de libros de historia contemporánea, incluyendo los relativos al período franquista. La misma revista incluye también un apartado denominado "Enlaces" que permite acceder a un amplio surtido de revistas electrónicas internacionales de historia que integran, a su vez, la debida sección de información bibliográfica reciente. Complemento imprescindible del anterior recurso podría ser el catálogo bibliográfico informatizado de la Biblioteca Nacional (Madrid), conocido bajo la denominación de *Ariadna* y que puede consultarse en su página correspondiente de Internet. Una buena y actualizada introducción sobre estos novedosos instrumentos para la búsqueda y localización bibliográfica se ofrece en el libro de Francisco Alía Miranda, *Fuentes de información para historiadores* (Gijón, Trea Ediciones, 1998).

De igual modo, debe mencionarse la existencia desde hace muy poco tiempo de una base de datos bibliográfica y archivística accesible mediante la red Internet. Se trata de la página del CIDA (Centro de Información Documental de Archivos), perteneciente a la actual Subdirección General de Archivos de la Secretaría de Estado de Cultura (antiguo Ministerio de Cultura). Sirve como un buscador de fuentes informativas para la historia y consta de tres bases de datos diferenciadas: bibliografía especializada, censo-guía de archivos iberoamericanos, y guía de fuentes sobre historia de España en la que se pueden realizar búsquedas por diversos campos (autor, título, materia, etc.). El CIDA atiende además consultas por correspondencia y por correo electrónico.

Por lo que se refiere a *archivos*, los recursos disponibles para el estudio del franquismo pueden encontrarse también en esa página electrónica de la Secretaría de Estado de Cultura, dentro del apartado correspondiente a la Subdirección General de Archivos y Bibliotecas. Su permanentemente actualizada información complementa la ofrecida por la tradicional *Guía de los archivos estatales españoles. Guía del investigador*, publicada en Madrid por el organismo correspondiente del Ministerio de Cultura en varias ocasiones (1977 y 1984, por ejemplo). Las someras indicaciones allí recogidas pueden ampliarse en otras guías análogas redactadas por archiveros profesionales, como la firmada por Vicenta Cortés, *Archivos de España y América* (Madrid, Universidad Complutense, 1979). Y todavía puede profundizarse más consultando las guías, catálogos e inventarios de fondos correspondientes a cada uno de los distintos archivos públicos o particulares accesibles a los investigadores. Una ayuda similar a la que presta el CIDA en la búsqueda y localización de estos archivos puede encontrarse en *Archiespa. Directorio de Archivos de España*, una base de datos en Internet que mantiene el Archivo General de la Universidad Carlos III de Madrid. En todo caso, al menos por lo que hace al período de configuración del franquismo durante la guerra civil, sigue siendo de utilidad la consulta de dos obras excelentes: el trabajo de Juan García Durán titulado *La Guerra Civil española: fuentes (archivos, bibliografía y filmografía)* y publicado por la Editorial Crítica en Barcelona en 1985; y el apéndice final del libro de Walther L. Bernecker, *Guerra en España, 1936-1939*, publicado en Madrid por la Editorial Síntesis en 1996.

Respecto a la situación y posibilidades de todos estos archivos para escribir con rigor la historia del franquismo, resulta conveniente recordar las reflexiones hechas por dos historiadores españoles en sendos artículos: Javier Tusell en 1984 en "Los archivos históricos y la historia inmediata en España" (*Análisis e Investigaciones Culturales*, 18: 43-50) y Angel Viñas en 1987 en "La historia de la contemporaneidad española y el acceso a los archivos del franquismo" (*Sistema*, 78: 17-36). Síntoma y símbolo máximo de las dificultades aún persistentes para investigar libremente sobre el tema y la época es la situación del archivo privado del general Franco, hoy propiedad de sus herederos y custodiado celosamente por la *Fundación Francisco Franco* (véase las reflexiones de Tusell en "El escándalo de los papeles de Franco", *El País*, 1 de noviembre de 1995). Como ha relatado uno de los pocos historiadores que ha tenido acceso recurrente al mismo, Luis Suárez Fernández, dicho archivo crucial y prácticamente inaccesible está formado por "fotocopias obtenidas en diversos archivos públicos y privados españoles, de manera especial de los procedentes del propio generalísimo, que se hacía servir copias de todos los asuntos importantes" (Suárez Fernández, 1984, I: 33). Al margen del problema creado por la clausura *de facto* del archivo privado de Franco, resulta evidente para todo investigador que el acervo público archivístico español sufrió enormes expurgos y depuraciones en diversas áreas temáticas durante toda la dictadura y, particularmente, en su etapa terminal. Una labor depuradora que no dejó de proseguir con posterioridad, según informaciones periodísticas como la siguiente recogida en el diario madrileño *Ya* el 9 de agosto de 1977:

> Murcia. Parte de los Archivos de la desaparecida Jefatura Provincial del Movimiento de Murcia fueron quemados en las afueras del término municipal, siguiendo instrucciones de Madrid, informa *Diario 16*. Personas que viven en el edificio donde se encontraban las dependencias del Movimiento informaron al citado periódico que hace meses observaron que los ficheros de las oficinas de la Delegación eran trasladados fuera del edificio. Según fuentes competentes, los informes políticos destruidos son los que obraban en poder de la Jefatura Provincial desde 1936 hasta nuestros días (recogido en Fernández Vargas, 1981: 46).

A pesar de esos obstáculos, dentro del conjunto de archivos imprescindibles para elaborar la historia del franquismo, destaca por su importancia el *Archivo Histórico Nacional*, fundado en 1866. Varias de sus secciones contienen documentación correspondiente al período de vigencia de ese régimen político; por ejemplo, la llamada sección de "Fondos Contemporáneos", que incorpora la documentación de la "Causa General", del Tribunal Supremo, de la Audiencia Territorial de Madrid, etc. Una antigua filial de dicho organismo veterano es el origen del actual *Archivo General de la Guerra Civil Española*, creado en fecha tan reciente como 1999. Este archivo constituye un repositorio fundamental para el conocimiento de los grupos de la oposición antifranquista y para el estudio de la represión de guerra y postguerra (no en vano, se creó durante la guerra civil como fondo policial y militar para la persecución de los delitos políticos contra el nuevo régimen triunfante). Igual o mayor interés para los historiadores del franquismo abriga el *Archivo General de la Administración*, creado en 1969 en Alcalá de Henares con el fin de custodiar la documentación generada por los distintos ministerios e instituciones oficiales del Estado. Sus distintas y variadas secciones recogen los materiales documentales de los organismos extintos de la época franquista (como la Organización Sindical Española, la Falange Española Tradicionalista y de las JONS, la Sección Femenina, el Frente de Juventudes...) y también los fondos archivísticos de más de veinticinco años de antigüedad remitidos por los ministerios aún vigentes, que siguen manteniendo además sus propios archivos particulares en sus sedes oficiales madrileñas. Entre estos últimos, destaca por su importancia el *Archivo de la Presidencia del Gobierno* (que contiene, por ejemplo, las actas de los Consejos de Ministros); el del *Ministerio de Hacienda* (clave para el estudio de la política económica), el de *Trabajo* (esencial para el análisis de las relaciones laborales), el de *Asuntos Exteriores* (imprescindible para el estudio de la política exterior y colonial), el de *Interior* (inexcusable para los asuntos de orden público y gobernación interior), etc. Caso aparte constituyen los archivos militares, que además de contar con un centro unitario, el *Servicio Histórico Militar,* mantienen dispersos los fondos de las tres armas; infantería, aviación y marina. Por lo que se refiere a la guerra civil, los fondos militares disponibles están albergados en otra sede: el *Archivo General Militar.*

Al margen y a la par de la documentación de las instituciones estatales conservada en los archivos centrales, resulta imprescindible la consulta de los archivos de la Administración provincial y municipal, repositorios fundamentales de la información necesaria para elaborar la historia de esos marcos territoriales de menor escala geográfica durante el período franquista. En gran medida, sus fondos se han ido concentrando en los respectivos *Archivos Históricos Provinciales,* creados desde 1931 en cada una de las referidas circunscripciones administrativas españolas. Por ejemplo, gran parte de los fecundos materiales existentes en los antiguos Gobiernos Civiles (máxima autoridad provincial durante el franquismo) han sido transferidos a los archivos históricos provinciales correspondientes, al igual que ha pasado con los fondos de la delegación provincial de la Organización Sindical Española, de la Sección Femenina, de la Falange, etc. En el mismo nivel de importancia para la historia local y comarcal se sitúan los *Archivos Municipales* de cada ayuntamiento y los *Archivos de las Diputaciones Provinciales* o *Forales* (de los Cabildos Insulares en el caso de las islas Baleares y Canarias). Sin la consulta de sus variados fondos, puede anticiparse que carece de valor cualquier investigación sobre la sociedad y la política en ese ámbito microhistórico durante la etapa franquista. Las mencionadas páginas electrónicas del CIDA y de Archiespa proporcionan información útil sobre estos archivos provinciales para todo el país. En este apartado también deben citarse los nuevos archivos centrales creados por las comunidades autónomas en sus distintos marcos geográficos. Por ejemplo, la Generalitat de Cataluña instituyó en 1980 el *Arxiu Nacional de Catalunya,* y encargado de la custodia de una amplia variedad de fondos pertenecientes a la Administración autonómica, la Administración central delegada, diversos partidos políticos y organizaciones sociales, e incluso archivos privados de personajes prominentes de la vida catalana. Una función análoga en su comunidad cumple *Irargi. Centro de Patrimonio Documental de Euskadi,* creado en 1982 por el Gobierno autónomo vasco con el propósito de servir como institución central para informar de las fuentes archivísticas y documentales disponibles sobre la historia del País Vasco.

Por lo que respecta a la historia de los grupos de la oposición, resulta imprescindible acudir a sus respectivos archivos privados y particulares. Por ejemplo, la documentación generada por las instituciones republicanas durante su larga existencia en el exilio se encuentra depositada en la *Fundación Universitaria Española.* Para estudiar el movimiento socialista, es obligada la consulta de los fondos del archivo histórico del PSOE *(Fundación Pablo Iglesias)* y del archivo histórico de la UGT *(Fundación Francisco Largo Caballero).* Para el caso del movimiento comunista, se puede contar con el *Archivo del Comité Central del PCE,* en tanto que el movimiento sindical de Comisiones Obreras tiene su propia archivo en la *Fundación Primero de Mayo.*

Este sumario repaso a las instituciones que albergan documentación original para escribir la historia del franquismo no puede dejar de mencionar a aquellos centros que custodian la prensa diaria y otras publicaciones periódicas, tanto si ésta era legal como si era clandestina. Entre todos ellos destaca por su riqueza y amplitud la sección hemerográfica existente en la *Biblioteca Nacional.* También resulta muy útil la colección conservada en la *Hemeroteca Municipal de Madrid.* Los fondos hemerográficos de procedencia autonómica, regional y provincial suelen encontrarse en las respectivas bibliotecas públicas de esos marcos territoriales (Biblioteca de Cataluña, Biblioteca Provincial de Asturias, etc.). También es habitual encontrar una sección hemerográfica especializada en algunos de los archivos de instituciones particulares ya citadas (como la Fundación Primero de Mayo o la Fundación Pablo Iglesias). En ocasiones, en virtud de su origen y proyección histórico-cultural, existen centros privados que cobijan una rica hemeroteca inexcusable para un tema particular. Por ejemplo, a efectos de estudio del catalanismo durante la época franquista, resultaría obligada la consulta de la *Biblioteca de la Abadía de Montserrat.* Otro tanto cabría decir para el estudio del exilio republicano en relación a la biblioteca del *Centro de Investigación y Estudios Republicanos.*

Abordando ya propiamente el comentario selectivo sobre la bibliografía disponible sobre el franquismo, cabe señalar que las primeras *obras generales* mínimamente solventes sobre la historia del régimen sólo comenzaron a publicarse durante su etapa final. Entre las mismas, todavía son aprovechables y merecen citarse las elaboradas por tres autores franceses y un conocido economista y político español: Jacques Georgel (1970), Max Gallo (1971), Guy Hermet (1972) y Ramón Tamames (1973). Tras la muerte de Franco, la primera historia general de su régimen destacable, a pesar de su innegable contenido apologético, fue la obra en dos volúmenes del prolífico historiador Ricardo de la Cierva (1975 y 1979). Mucha mayor ecuanimidad de trato y ponderación de análisis se aprecian en la obra conjunta de Raymond Carr y Juan Pablo Fusi (1979) y en el ensayo interpretativo de Shlomo Ben-Ami (1980). La síntesis realizada pocos años después por Manuel Tuñón de Lara y José Antonio Biescas (1980) responde a un interpretación ligeramente escorada hacia posiciones de izquierda. Lo mismo podría decirse del breve trabajo anterior de David Ruiz (1978) y de la posterior contribución de Encarna Nicolás Marín (1991). De todos modos, ninguno de estos trabajos pierde su rigor académico para incurrir en la parcialidad manifiesta de la ineficaz síntesis elaborada por la historiadora soviética Svetlana Pozharskaia (1987). En abierto contraste, la obra de Luis de Llera (1986) se inclina más acusadamente hacia una visión benévola y ponderativa del período franquista, como igualmente es perceptible ese sesgo intencional derechista en los dos volúmenes recientemente coordinados por José Andrés-Gallego (1987 y 1992).

En conjunto, quizá la más densa, relativamente equilibrada y útil síntesis sobre la historia general del franquismo siga siendo la elaborada por el hispanista norteamericano Stanley G. Payne (1987). En el mismo nivel de actualización documental y ponderación analítica cabría situar el más reciente trabajo de Bernart Muniesa (1996) y la última versión escrita sobre el tema de Javier Tusell (1997). Como obra global más actualizada y solvente probablemente debería destacarse el reciente volumen dirigido por el decano del hispanismo británico, Raymond Carr (1996), dentro de la monumental colección de historia de España fundada por Ramón Menéndez Pidal, que cuenta con colaboraciones de algunos de los más prestigiosos especialistas en el período (Fernando García de Cortázar, Stanley Payne, Florentino Portero, Rosa Pardo, Paul Preston, Javier Tusell...).

Combinando su carácter de obras generales y *repertorios de documentos* sobre la época, existen algunos trabajos muy dignos de interés y sumamente útiles. El más veterano de los existentes es la voluminosa antología de textos recopilada e introducida por María Carmen García Nieto y Javier M. Donézar dentro del volumen correspondiente al franquismo integrado en su valiosa colección de documentos de historia contemporánea española (1975). En la misma línea de trabajos de esta naturaleza ambivalente se sitúa la más reciente y breve obra de José Manuel Sabín Rodríguez (1997).

Un capítulo aparte en este bloque dedicado a las obras generales sobre la historia del franquismo debería recoger aquellos libros vertebrados sobre un eje temático plural y ya no estrictamente cronológico y diacrónico. En este orden, la obra pionera es sin duda la dirigida por Paul Preston (1978), en la que varios especialistas españoles y extranjeros pasaban revista al devenir durante el régimen de instituciones o fuerzas tales como la Iglesia, el Ejército, la oposición, el campesinado, la clase obrera, las universidades, el catalanismo o ETA. Con el mismo propósito de análisis sectorial de algunos aspectos temáticos del régimen se presenta el libro editado por Josep Fontana (1986), que recogía la mayor parte de las ponencias presentadas en el primer congreso histórico dedicado al estudio del franquismo, celebrado en Valencia a los diez años del fallecimiento de Franco. La culminación de esta línea de estudios podría ser el doble volumen de ponencias y comunicaciones presentadas al congreso sobre "El régimen de Franco" celebrado en Madrid ocho años después del anterior, publicado bajo la dirección de los profesores Javier Tusell, Susana Sueiro, José María Marín y Marina Casanova (1993).

Si de las obras generales pasamos a las *biografías* específicas sobre el general Franco, la nómina de autores y trabajos a reseñar es igualmente amplia y diversa. Desde luego, dejando aparte la publicística abiertamente hagiográfica (Brian Crozier) o denigratoria (Luis Ramírez) sobre el personaje, en el campo de las publicaciones más pro-franquistas merecen figurar dos trabajos especialmente valiosos por sus aportes documentales y testimoniales: los dos volúmenes firmados por Ricardo de la Cierva (1972 y 1973) y los ocho volúmenes elaborados por Luis Suárez Fernández (1984), reproducidos poco después en una nueva edición con gran despliegue fotográfico (1986). La más preclara y desmitificadora contrafigura de ambas obras es el libro sobre el caudillo publicado por Alberto Reig Tapia (1996). Desde un punto de vista estrictamente historiográfico, sin embargo, el análisis biográfico más solvente, riguroso y exhaustivo de todos los disponibles es el realizado por el hispanista británico Paul Preston (1994). En la misma línea de ponderación de esta obra monumental se encuentran los más breves y sintéticos trabajos, anteriores y posteriores, firmados por Juan Pablo Fusi (1985) y Stanley Payne (1992).

Abandonando el ámbito de las obras generales y de las biografías de Franco hemos de descender al campo de las monografías centradas en algún *período crono-*

lógico particular de la evolución del régimen. Y en este apartado el listado bibliográfico sigue siendo muy abundante y plural, imponiéndose de nuevo una selección mínima del material que necesariamente habrá de dejar fuera muchas obras importantes y pertinentes. Por lo que respecta a la etapa de configuración del régimen durante la guerra civil, además del primer volumen correspondiente de la historia del franquismo debida a Ricardo de la Cierva (1975), cabe destacar la obra de Gonzalo Redondo (1999) y el estudio de Javier Tusell sobre el ascenso político y militar de Franco en aquella coyuntura bélica (1992). Este mismo autor es responsable de un análisis crucial sobre el devenir y la actuación de la dictadura franquista durante la etapa de la Segunda Guerra Mundial (1995). Tanto su análisis como sus conclusiones presentan un marcado contraste con las sugeridas por Luis Suárez Fernández en la obra que dedica a ese mismo tema y período (1997). A este respecto, también cabría subrayar el interés de las colaboraciones incluidas en el libro editado por José Luis García Delgado (1989). Tusell (1984) es igualmente responsable de una obra básica para entender la evolución del régimen entre 1945 y 1957, durante la fase de predominio nacional-católico. Rafael Abella (1994a) y Genoveva García Queipo de Llano (1993) son autores de sendas panorámicas sobre la vida social y política española durante la segunda mitad de los años cuarenta y el decenio de los cincuenta. Esas mismas décadas son objeto de estudio por varios historiadores en la reciente obra editada por Glicerio Sánchez Recio (1999) y constituyen el ámbito cronológico de la reciente síntesis elaborada por Stanley G. Payne (1997). El segundo volumen de la obra general de La Cierva (1979) aborda también ese período de la posguerra mundial y del nacional-catolicismo, extendiéndose hasta cubrir las etapas posteriores. La flamante década desarrollista de los años sesenta y sus consecuencias posteriores son objeto de atención especial en el trabajo de Abdón Mateos y Álvaro Soto (1997) y en el ensayo interpretativo de Rafael Abella (1994b). Por su parte, la fase de crisis y desintegración del régimen abierta a partir del año 1969 cuenta con un análisis pormenorizado en el trabajo correspondiente de Paul Preston (1986).

Por lo que respecta a monografías sobre aspectos temáticos relevantes del franquismo, la selección bibliográfica se hace más difícil habida cuenta de la variedad de obras disponibles para un campo tan disperso de asuntos y materias. En el plano específico de la *historia política*, por ejemplo, resulta obligada como mínimo la mención de la síntesis general de José María García Escudero (1987), del sugerente ensayo interpretativo de Javier Tusell (1988) y de las veteranas pero todavía útiles introducciones politológicas de Jordi Solé Tura (1971) y Javier García Fernández (1976). Dentro de esta misma temática, son igualmente dignos de reseña especial cuatro estudios dedicados al análisis pormenorizado del variopinto *personal político* del franquismo en distintas etapas de su historia: Amando de Miguel (1975), Carles Viver Pi-Suñer (1978), Miguel Jerez Mir (1982) y Glicerio Sánchez Recio (1996). La crucial dimensión de la *política exterior* desplegada por Franco en sus cuarenta años de dictadura se analiza de modo genérico en otras cuatro obras fundamentales: José Mario Armero (1978), Rafael Calduch (1994), Manuel Espadas Burgos (1988) y Florentino Portero y Rosa Pardo (1996).

El destacado papel de la *Falange* como partido único del régimen durante toda su existencia ha sido objeto de varios trabajos sucesivos y en gran medida complementarios: la veterana obra de Stanley G. Payne (1965), el sugerente ensayo de Juan José Linz (1970), la sintética panorámica de Sheelagh Ellwood (1984), el artículo interpretativo de Paul Preston (1997) y el estudio más detallado y circunscrito cronológicamente de Ricardo Chueca (1983). Las funciones y cometidos del *Ejército* en el franquismo, por su parte, han sido analizados desde distintos ángulos por autores como Mariano Aguilar Olivencia (1999), Miguel Alonso Baquer (1986), Manuel Ballbé (1983), Julio Busquets (1971), José Antonio Olmeda (1988), Stanley Payne (1968), Paul Preston (1998) y Carlos Seco Serrano (1984). El último de los tres pilares institucionales del régimen, la *Iglesia*, también cuenta con una variada gama de estudios a cargo de muy diversos investigadores: José Angel Tello (1984), José Manuel Cuenca Toribio (1989), Fernando García de Cortázar (1996), Rafael Gómez Pérez (1986), Guy Hermet (1985), Frances Lannon (1990) y Juan José Ruiz Rico (1977).

La *oposición* política y sindical al franquismo cuenta con numerosos trabajos de muy distinta entidad y naturaleza. Útiles introducciones generales se encuentran en los respectivos artículos y libros de Valentina Fernández Vargas (1981), Hartmut Heine (1983), Pierre C. Malerbe (1977), Paul Preston (1978), Javier Tusell (1979), Pedro Vega y Fernando Jáuregui (1984-1985) y Sergio Vilar (1984). El listado bibliográfico final de este apartado recoge algunas muestras de los trabajos específicos existentes sobre cada uno de los partidos y grupos sindicales opositores, cuya mención singularizada haría esta reseña inacabable. Sin embargo, cabe subrayar que existe una puesta al día de las más actuales investigaciones sobre esta atrayente temática. Se trata de las ponencias y comunicaciones presentadas al congreso "La oposición al régimen de Franco", celebrado en Madrid en octubre de 1988, que han sido publicadas en varios volúmenes dirigidos conjuntamente por Javier Tusell, Alicia Alted y Addón Mateos (1990).

Para introducirse en la *historia social* del franquismo es útil y conveniente la consulta de los capítulos correspondientes de dos buenas obras generales como las firmadas por Adrian Shubert (1991) y por Santos Juliá (1993 y 1999). También resulta muy pertinente, a pesar de los años transcurridos desde su primera aparición, la contribución sociológica cuasipionera de Amando de Miguel (1974). Por su parte, el documentado ensayo del periodista Rafael Abella (1996) ofrece una visión de la sociedad española de esa época desde la perspectiva de la vida cotidiana, como igualmente hace el evocador libro cronístico de Manuel Vázquez Montalbán (1998).

Sobre la situación social e institucional de las *mujeres* bajo la dictadura, resultan muy interesantes y son complementarios los estudios de María Angeles Durán (1972), Giuliana di Febo (1979), Pilar Folguera (1997), María Teresa Gallego Méndez (1983) Rosario Sánchez López (1990) y Geraldine Scanlon (1976). Para el devenir y las vicisitudes de los *trabajadores* y el *movimiento obrero* durante el franquismo es inexcusable la consulta del reciente trabajo de Carme Molinero y Pere Ysàs (1998), que amplía y matiza los estudios pioneros sobre el particular de José María Maravall (1970 y 1978). En el caso del *campesinado*, siguen siendo análogamente imprescindibles los trabajos firmados por Eduardo Sevilla Guzmán (1978 y 1979). Por lo que respecta a la socialización política de la *juventud* en la dictadura, son dignos de mención los trabajos de Juan Sáez Marín sobre el Frente de Juventudes (1988) y de Miguel Ángel Ruiz Carnicer sobre los estudiantes universitarios de sindicación obligada en el SEU (1996). Un repaso general válido al devenir de las *ciudades* españolas durante el período franquista se ofrece en la aportación clásica del geógrafo Horacio Capel (1981) y en la más reciente compilación dirigida por Vicente Bielza de Ory (1989). Los *aspectos educativos* y escolares cuentan con investigaciones a cargo de Gregorio Cámara Villar (1984), Juan José Carreras y Miguel Ángel Ruiz Carnicer (1991), Salvador Giner (1978), José María Maravall (1979), Ricardo Montoro Romero (1981) y Clotilde Navarro García (1993). Para todo lo referente al control de la *prensa y los medios de comunicación* resultan útiles y pertinentes los trabajos de Carlos Barrera (1995), Jesús García Jiménez (1980), Justino Sinova (1989) y Javier Terrón Montero (1981). Los sucesivos cambios de estado de la *opinión pública* española en diversos temas sociales y políticos durante el franquismo y la transición se analizan en la completa investigación de Rafael López Pintor (1982).

En el apartado de *memorias* y *autobiografías* de protagonistas de la época, también cabe citar algunas obras importantes y aun imprescindibles. Por ejemplo, para conocer la intimidad y opiniones del general Franco sobre muy variados asuntos resultan muy instructivos los recuerdos anotados por su primo y ayudante militar, Francisco Franco Salgado-Araujo (1976 y 1977). Otro tanto cabría decir, sobre todo en referencia al primer franquismo, de los libros autobiográficos publicados por Ramón Serrano Suñer (1973 y 1977) y por el general Alfredo Kindelán (1981). Entre la producción memorialística debida a la pluma de exministros y colaboradores del caudillo alcanza especial relieve la generada por el prolífico Laureano López Rodó (1977 y 1990-1992). De menor enjundia genérica pero similar interés para aspectos parciales resultan los libros publicados por José Luis de Arrese (1982), Raimundo Fernández Cuesta (1985), Manuel Fraga Iribarne (1980), José Antonio Girón de Velasco (1994), Rodolfo Martín Villa (1984), Mariano Navarro Rubio (1991), José María Pemán (1976), Pilar Primo de Rivera (1983), Federico Silva Muñoz (1993) y José Utrera Molina (1989). Procedentes del seno de la órbita franquista pero deslizados hacia la oposición monárquica y democrática se halla un conjunto de autores que han dejado memoria escrita de su evolución política: José María de Areilza (1985), José María Gil Robles (1976), Pedro Laín Entralgo (1976), Dionisio Ridruejo (1976) y Pedro Sainz Rodríguez (1978). Desde las filas de la oposición antifranquista no han surgido demasiadas memorias de protagonistas, a pesar de la existencia ocasional de algunas obras de interés como las firmadas por el secretario general del PCE, Santiago Carrillo (1993), o por el veterano dirigente socialista Enrique Tierno Galván (1981).

Las *biografías* de protagonistas de la época realizadas por historiadores o periodistas complementan las ausencias y carencias patentes en el capítulo anterior de memorias y autobiografías. Así, por ejemplo, ante la grave falta de los recuerdos escritos del almirante Luis Carrero Blanco, cabe utilizar con sumo provecho el estudio sobre el personaje, a partir de su archivo privado, debido a Javier Tusell (1993). El mismo autor es responsable de un afamado estudio anterior sobre la dilatada gestión ministerial de Alberto Martín Artajo (1984), que también hace uso abundante de su archivo particular. Por lo que respecta a Torcuato Fernández-Miranda, figura clave para comprender la etapa terminal del régimen, contamos con el documentado retrato elaborado por sus familiares Pilar y Alfonso Fernández-Miranda (1995) a partir de sus papeles y notas personales. Sin el atenuante de esta conexión familiar, la sustanciosa biografía de José Félix de Lequerica a cargo de María Jesús Cava Mesa (1989) denota análoga simpatía e identificación del autor con su biografiado. Otro tanto cabría referir de la notable obra de María Luisa Rodríguez Aisa (1981) sobre el cardenal primado de España durante la guerra y primeros dos años de posguerra, Isidro Gomá. La figura humana y política del eterno pretendiente al trono, don Juan de Borbón, queda suficientemente cubierta por los trabajos de Pedro Sainz Rodríguez (1981), José María Toquero (1989) y Luis María Ansón (1994). Sobre su hijo, heredero y sucesor de Franco a título de rey, cabe encontrar muy agudas noticias con grandes dosis de alabanzas quizá innecesarias en las obras de Vicente Palacio Atard (1989), Charles Powell (1991), Carlos Seco Serrano (1989), Javier Tusell (1995) y José Luis de Vilallonga (1995).

En lo que atañe a *fuentes informativas impresas* para el conocimiento de la historia política y social del franquismo, cabe reseñar la existencia de algunas obras de notable interés además de los trabajos ya citados en su momento de García-Nieto y Donézar (1975) y Sabín Rodríguez (1997). Así, por ejemplo, el pensamiento político del general Franco cuenta con una notable antología seleccionada y organizada por Agustín del Río Cisneros (Franco, 1964). Lo mismo cabe decir, por lo que hace al almirante Carrero Blanco, de la selección de textos y discursos elaborada y editada por el Instituto de Estudios Políticos en 1974. Para todos los aspectos legales y jurídicos de la época resulta inexcusable la remisión al *Boletín Oficial del Estado*, fundado precisamente en plena guerra civil, en 1936, a fin de diferenciarse de la tradicional *Gaceta de la República* que siguió editándose en Madrid por el bando enemigo hasta 1939. Por su parte, la Fundación Francisco Franco es responsable de la publicación, hasta el momento, de cuatro sustanciosos volúmenes de materiales documentales sobre los primeros años del régimen procedentes de su archivo particular *(Documentos Inéditos para la Historia del Generalísimo Franco,* 1992-1994). Una fuente esencial para el conocimiento de la sociedad española durante el período franquista, particularmente en sus décadas últimas, son los voluminosos informes sociológicos sobre la situación social de España elaborados por la Fundación Foessa en los años 1966, 1970 y 1975. La riqueza de sus datos se complementa con las informaciones cuantitativas publicadas serialmente en el *Anuario Estadístico de España*, recopiladas en el volumen estadístico coordinado por Albert Carreras (1989) o agrupadas en el repertorio macrométrico dirigido por Carlos Sánchez-Reyes de Palacio (1978).

Abella Bermejo, R. (1978): *Por el imperio hacia Dios. Crónica de una postguerra,* Planeta, Barcelona.
— (1994a): *La España del biscuter,* Historia16, Madrid.
— (1994b): *La España del 600,* Historia16, Madrid.
— (1996): *La vida cotidiana bajo el régimen de Franco,* Temas de Hoy, Madrid.
Aguado Sánchez, F. (1975-1976): *El maquis en España,* San Martín, Madrid, 2 vols.
Aguilar Fernández, P. (1996): *Memoria y olvido de la guerra civil española,* Alianza, Madrid.
Aguilar Olivencia, M. (1999): *El Ejército español durante el franquismo,* Akal, Madrid.

Alonso Baquer, M. (1986): "Las Fuerzas Armadas en la época del general Franco", en M. Hernádez Sánchez Barba y M. Alonso Baquer (Dirs.), *Historia social de las Fuerzas Armadas Españolas*, Alhambra, Madrid.

Alpert, M. (1998): *Aguas peligrosas. Nueva historia internacional de la guerra civil*, Akal, Madrid.

Alted Vigil, A. (1984): *Política del Nuevo Estado sobre el Patrimonio Cultural y la Educación durante la guerra civil española*, Dirección General de Bellas Artes y Archivos, Madrid.

Andrés-Gallego, J. (Coord.) (1987): *La época de Franco. I*, Rialp, Madrid

— (1992): *La época de Franco. II*, Rialp, Madrid.

Ansón, L. M. (1994): *Don Juan*, Plaza y Janés, Barcelona.

Anuario Estadístico de España. 1944-1945. (1946): Presidencia del Gobierno, Madrid.

Anuario Estadístico de España. Edición Manual. (1960): Instituto Nacional de Estadística, Madrid.

Aparicio Pérez, M. A. (1976): "Aspectos políticos del sindicalismo español de posguerra", *Sistema*: 13; 55-76.

— (1980): *El sindicalismo vertical y la formación del Estado franquista*, Eunibar, Barcelona.

— (1986): "Sobre los comienzos del sindicalismo franquista, 1939-1945", en J. Fontana (Ed.), *España bajo el franquismo*, Crítica, Barcelona, 78-99.

Arce, C. de (1984): *Los generales de Franco*, Seuba, Barcelona.

Areilza, J. M. (1985): *Crónica de libertad, 1965-1975*, Planeta, Barcelona.

Areilza, J. M. y Castiella, F. M. (1942): *Reivindicaciones de España*, Instituto de Estudios Políticos, Madrid.

Armero, J. M. (1978): *La política exterior de Franco*, Planeta, Barcelona.

Aróstegui Sánchez, J. (1986): "Los componentes sociales y políticos", en M. Tuñón de Lara y otros, *La guerra civil española. 50 años después*, Labor, Barcelona, 45-122.

— (1990): "La oposición al franquismo. Represión y violencia política", en J. Tusell y otros (1990), *La oposición al régimen de Franco*, I, 2, 235-256.

— (1992): "La historiografía sobre la España de Franco. Promesas y realidades", *Historia Contemporánea*, 7: 77-99.

— (1996): "Opresión y pseudo-juridicidad. De nuevo sobre la naturaleza del franquismo", *Bulletin d'Histoire Contemporaine de l'Espagne*, 24: 31-46.

Arrarás Iribarren, J. (1937): *Franco*, Imprenta Aldecoa, Burgos.

— (1963): *Historia de la Segunda República Española*, Editora Nacional, Madrid, 4 vols.

Arrese Magra, J. L. de (1982): *Una etapa constituyente*, Planeta, Barcelona.

Avilés Farré, J. (1994): *Pasión y farsa. Franceses y británicos ante la guerra civil*, Eudema, Madrid.

— (1998): *Las grandes potencias ante la guerra de España*, Arco-Libro, Madrid.

Azaña, M. (1978): *Memorias políticas y de guerra (1931-1939)*, Grijalbo-Mondadori, Barcelona, 2 vols.

— (1986): *Causas de la guerra de España*, Crítica, Barcelona.

Balcells, A. y Solé i Sabaté, J. M. (1990): "Aproximación a la historia de la oposición al régimen franquista en Cataluña", en J. Tusell y otros, *La oposición al régimen de Franco*, I-1, UNED, Madrid, 275-301.

Balfour, S. (1990): "El movimiento obrero y la oposición obrera durante el franquismo", en J. Tusell y otros, *La oposición al régimen de Franco*, I-2, UNED, Madrid, 11-18

— (1994): *La dictadura, los trabajadores y la ciudad. El movimiento obrero en el área metropolitana de Barcelona, 1939-1988*, Institució Alfons el Magnànim, Valencia.

Ballbé, M. (1983): *Orden público y militarismo en la España constitucional, 1812-1983*, Alianza, Madrid.

Bañón Martínez, R. (1978): *Poder de la burocracia y Cortes franquistas, 1943-1971*, Instituto Nacional de Administración Pública, Madrid.

Barbagallo, F. y otros. (1990): *Franquisme: resistència i consens a Catalunya, 1938-1959*, Crítica, Barcelona.

Barciela, C. (1986): "El mercado negro de productos agrarios en la posguerra, 1939-195", en J. Fontana, *España bajo el franquismo*, Crítica, Barcelona, 192-205.

— (1987): "Crecimiento y cambio en la agricultura española desde la guerra civil", en J. Nadal y otros, *La economía española en el siglo XX*, Ariel, Barcelona, 258-279.

— (1989): "La España del estraperlo", en J. L. García Delgado (Ed.), *El primer franquismo. España y la Segunda Guerra Mundial*, Siglo XXI, Madrid, 105-121

— (1996): "La contrarreforma agraria y la política de colonización del primer franquismo, 1936-1959", en A. García Sanz y J. Sanz Fernández (Coords.), *Reformas y políticas agrarias en la España contemporánea*, Ministerio de Agricultura, Madrid.

Barrera, C. (1995): *Periodismo y franquismo*, Ediciones Internacionales Universitarias, Barcelona.

Bastida, F. J. (1986): *Jueces y franquismo. El pensamiento político del Tribunal Supremo de la Dictadura*, Ariel, Barcelona.

Beaulac, W. L. (1986): *Franco. Silent Ally in World War II*, Southern Illinois University Press, Carbondale.

Beltrán Villalba, M. (1993): "La Administración", en R. Carr (Coord.), *Historia de España Menéndez Pidal. XLI. La época de Franco. I.*, Espasa-Calpe, Madrid, 557-637.

Ben-Ami, S. (1980): *La revolución desde arriba: España, 1936-1979*, Riopiedras, Barcelona.

Benet, J. (1979): *Cataluña bajo el régimen franquista. Informe sobre la persecución de la lengua y la cultura catalana por el régimen del general Franco*, Blume, Barcelona.

Benito del Pozo, C. (1993): *La clase obrera asturiana bajo el franquismo*, Siglo XXI, Madrid.

Bennassar, B. (1996): *Franco*, Edaf, Madrid.

Bensaja dei Schirò, L. (1997): *A experiência fascista em Itália e em Portugal*, Ediçoes Universitárias Lusófonas, Lisboa.

Bernecker, W. L. (1996): *Guerra en España, 1936-1939*, Síntesis, Madrid.

Bielza de Ory, V. (Coord.) (1989): *Territorio y sociedad en España. II. Geografía Humana*, Taurus, Madrid.

Borrás, J. (1976): *Políticas de los españoles exiliados*, Ruedo Ibérico, París.

Botti, A. (1992): *Cielo y dinero. El nacionalcatolicismo en España, 1881-1975*, Alianza, Madrid.

Bracher, K. D. (1983): *Controversias de historia contemporánea sobre fascismo, totalitarismo y democracia*, Alfa, Barcelona.

Busquets, J. (1971): *El militar de carrera en España. Estudio de sociología militar*, Ariel, Barcelona.

Bustelo, F. (1994): *Historia económica*, Complutense, Madrid.

Cabanellas, M. (1977): *Cuatro generales. II. La lucha por el poder*, Planeta, Barcelona.

Cabeza Sánchez-Albornoz, S. (1997): *Historia política de la Segunda República en el exilio*, Fundación Universitaria Española, Madrid.

Calduch Cervera, R. (1994): "La política exterior española durante el franquismo", en R. Calduch (Coord.), *La política exterior española en el siglo XX*, Ediciones Ciencias Sociales, Madrid, 107-156.

Cámara Villar, G. (1984): *Nacionalcatolicismo y escuela. La socialización política del franquismo, 1936-1951*, Hesperia, Jaén.

Cano Bueso, J. (1985): *La política judicial del régimen de Franco, 1936-1945*, Ministerio de Justicia, Madrid.

Capel, H. (1981): *Capitalismo y morfología urbana en España*, Amalia Romero, Barcelona.

Carballo, R. (1981): "Salarios", en R. Carballo, A. G. Temprano y J. A. Moral Santín (Eds.), *Crecimiento económico y crisis estructural en España, 1959-1980*, Akal, Madrid, 233-275.

Carr, R. (1982): *España, 1808-1975*, Ariel, Barcelona.

— (Dir.): (1996): *Historia de España Menéndez Pidal. XLI. La época de Franco. I. Política, Ejército, Iglesia, Economía y Administración*, Espasa-Calpe, Madrid.

— y Fusi Aizpurúa, J. P. (1979): *España, de la dictadura a la democracia*, Planeta, Barcelona.

Carreras, A. (1989a): "Depresión económica y cambio estructural durante el decenio bélico (1936-1945)", en J. L. García Delgado (Ed.), *El primer franquismo. España y la Segunda Guerra Mundial*, Siglo XXI, Madrid, 3-33.

— (Coord.) (1989b): *Estadísticas históricas de España, siglos XIX y XX*, Fundación Banco Exterior, Madrid.

Carreras Ares, J. J. (1976): "El franquismo, ¿un régimen autoritario?", *Andalán*, 85; 13.

— y Ruiz Carnicer, M. A. (Coords.): (1991): *La Universidad española bajo el régimen de Franco*, Institución Fernando el Católico, Zaragoza.

Carrero Blanco, L. (1974): *Discursos y escritos, 1943-1973*, Instituto de Estudios Políticos, Madrid.

Carrillo Solares, S. (1993): *Memorias*, Planeta, Barcelona.

Casanova, J. (1992): "La sombra del franquismo; ignorar la historia y huir del pasado", en J. Casanova, A. Cenarro, J. Cifuentes, M. P. Maluenda y M. P. Salomón, *El pasado oculto. Fascismo y violencia en Aragón, 1936-1939*, Siglo XXI, Madrid, 1-28.

Casas de la Vega, R. (1974): *Las milicias nacionales en la guerra de España*, Editora Nacional, Madrid (24 de marzo de 1991); "Ifni, la guerra prohibida", *El País*.

— (1995): *Franco, militar*, Fénix, Madrid.

Castiella, F. M. (1976): *Una batalla diplomática*, Planeta, Barcelona.

Catalán, J. (1995): *La economía española y la Segunda Guerra Mundial*, Ariel, Barcelona.

Cava Mesa, M. J. (1989): *Los diplomáticos de Franco. J. F. de Lequerica (1890-1963)*, Universidad, Deusto.
Cazorla, J. (1973): *Estratificación social en España*, Edicusa, Madrid.
Cazorla Sánchez, A. (1998): "La vuelta a la historia; caciquismo y franquismo", *Historia Social*, 30; 119-132.
Cenarro, Angela. (1997a): *Cruzados y camisas azules. Los orígenes del franquismo en Aragón, 1936-1945*, Prensas Universitarias de Zaragoza, Zaragoza.
— (1997b): "Fascismo, franquismo y poder local, 1939-1949. Un ejercicio comparativo", *International Journal of Iberian Studies*, X, 3: 147-159.
Chaves Palacios, J. (1995): *La represión en la provincia de Cáceres durante la guerra civil*, Universidad de Extremadura, Cáceres.
Chueca, R. (1983): *El fascismo en los comienzos del régimen de Franco. Un estudio sobre FET-JONS*, CIS, Madrid.
— y Montero Gibert, J. R. (1992): "El fascismo en España: elementos para una interpretación", *Historia contemporánea*, 8: 215-247.
Ciano, G. (1947): *Ciano's Diary, 1939-1943*, Heinemann, Londres.
— (1948): *Ciano's Diplomatic Papers*, Odhams Press, Londres.
Clavera, J.; Esteban, J. M.; Monés, M. A.; Montserrat, A. y Ros Hombravella, J. (1978): *Capitalismo español; de la autarquía a la estabilización, 1939-1959*, Edicusa, Madrid.
Colloti, E. (1989): *Fascismo, fascismi*, Sansini Editore, Florencia.
Cortada, J. W. (1973): *Relaciones España-USA, 1941-1945*, Dopesa, Barcelona.
Coverdale, J. (1979): *La intervención fascista en la guerra civil española*, Alianza, Madrid.
Crozier, B. (1969): *Franco: historia y biografía*, Emesa, Madrid.
Cuenca Toribio, J. M. (1989): *Relaciones Iglesia-Estado en la España contemporánea*, Alhambra, Madrid.
— y Miranda, S. (1998): *El poder y sus hombres. ¿Por quiénes hemos sido gobernados los españoles (1705-1998)*. Actas, Madrid.
Cubero, J. (1990): "El Partido Carlista. Oposición al Estado franquista y evolución ideológica, 1969-1975", en J. Tusell y otros, *La oposición al régimen de Franco*, UNED, Madrid, I, 1; 399-407.
Díaz Nosty, B. (1972): *Las Cortes de Franco: treinta años orgánicos*, Dopesa, Madrid.
Doctrina e Historia de la Revolución Nacional Española (1939), Editora Nacional, Barcelona.
Documenti Diplomatici Italiani. Nona Serie: 1939-1943 (1954-1988), Ministero degli Affari Esteri, Roma, 8 vols.
Documentos Inéditos para la Historia del Generalísimo Franco (1992-1994), Fundación Nacional Francisco Franco, Madrid, 4 vols.
Documents on German Foreign Policy. Series D (1937-1945) (1956-1964), Her Majesty's Stationary Office, Londres, vols. 6-13.
Doussinague, J. M. (1949): *España tenía razón (1939-1945)*, Espasa-Calpe, Madrid.
Durán, M. A. (1972): *El trabajo de la mujer en España. Un estudio sociológico*, Tecnos, Madrid.

Elorza, A. (1990): "Las raíces ideológicas del franquismo", en A. Elorza, *La moder-nización política de España*, Endymion, Madrid, 433-455.

— (1996): "Mitos y simbología de una dictadura", *Bulletin d'Historie Contemporaine de l'Espagne*, 24: 47-68.

Equipo Mundo (1970): *Los 90 ministros de Franco*, Dopesa, Barcelona.

Espadas Burgos, M. (1988): *franquismo y política exterior*, Rialp, Madrid.

Esteban, J. M. (1978): "La política económica del franquismo: una interpretación", en P. Preston (Ed.), *España en crisis*, FCE, Madrid, 147-180.

Fanés, F. (1977): *La vaga de tramvies del 1951*, Laia, Barcelona.

Febo, G. di (1979): *Resistencia y movimiento de mujeres en España, 1936-1976*, Icaria, Barcelona.

— (1988): *La santa de la Raza. Un culto barroco en la España franquista*, Icaria, Barcelona.

Fernández, C. (1985): *Tensiones militares durante el franquismo*, Plaza y Janés, Barcelona.

Fernández Cuesta, R. (1985): *Testimonio, recuerdos y reflexiones*, Dyrsa, Madrid.

Fernández Vargas, V. (1981): *La resistencia interior en la España de Franco*, Istmo, Madrid.

Fernández-Miranda, P. y A. (1995): *Lo que el rey me ha pedido. Torcuato Fernández-Miranda y la reforma política*, Plaza y Janés, Madrid.

Ferrando Badía, J. (1984): *El régimen de Franco. Un enfoque político-jurídico*, Tecnos, Madrid.

Ferrary, A. (1993): *El franquismo: minorías políticas y conflictos ideológicos (1936-1956)*, Eunsa, Pamplona.

Ferrer Benimeli, J. A. (1986): "Franco y la masonería", en J. Fontana (Ed.), *España bajo el franquismo*, Crítica, Barcelona, 246-268.

Ferri, Ll.; Muixí, J. y Sanjuán, E. (1978): *Las huelgas contra Franco, 1939-1956*, Planeta, Barcelona.

Foessa, Fundación (1966): *Informe sociológico sobre la situación social de España*, Euramérica, Madrid.

— (1970): *Informe sociológico sobre la situación social de España. 1970*, Euramérica, Madrid.

— (1978): *Síntesis actualizada del III Informe Foessa*, Euramérica, Madrid.

Folguera, P. (1997): "El franquismo. El retorno a la esfera privada, 1939-1975", en E. Garrido (Ed.), *Historia de las mujeres en España*, Síntesis, Madrid, 527-548.

Fontana, J. (Ed.) (1986): *España bajo el franquismo*, Crítica, Barcelona.

Fraga Iribarne, M. (1968): *Horizonte español*, s.e. (Editora Nacional?), Madrid.

— (1972): *La España de los años 70. II. El Estado y la política*, Moneda y Crédito, Madrid.

— (1975): *El desarrollo político*, Bruguera, Barcelona.

— (1980): *Memoria breve de una vida pública*, Planeta, Barcelona.

— Velarde Fuertes, J. y Campo Urbano, S. del (1972): *La España de los años 70. I. La sociedad*, Moneda y Crédito, Madrid.

Franco Bahamonde, F. (1939): *Palabras del Caudillo, 19 abril 1937-31 diciembre 1938*, Ediciones Fe, Barcelona.

— (1955): *Discursos y mensajes del Jefe del Estado, 1951-1954,* Publicaciones Españolas, Madrid.
— (1960): *Discursos y mensajes del Jefe del Estado, 1956-1959,* Publicaciones Españolas, Madrid.
— (1964): *Pensamiento político de Franco. Antología. Selección y sistematización de textos por Agustín del Río Cisneros,* Servicio Informativo Español, Madrid.
— (1975): *Pensamiento político de Franco. Antología,* Ediciones del Movimiento, Madrid.
— (1986): *Papeles de la guerra de Marruecos,* Fundación Nacional F. Franco, Madrid.
— (1997): *Raza. Anecdotario para el guión de una película* (bajo seudónimo de Jaime de Andrade), Planeta, Barcelona.
Franco Salgado-Araujo, F. (1976): *Mis conversaciones privadas con Franco,* Planeta, Barcelona.
— (1977): *Mi vida junto a Franco,* Planeta, Barcelona.
Fuente, I.; García, J. y Prieto, J. (1983): *Golpe mortal. Asesinato de Carrero y agonía del franquismo,* El País, Madrid.
Fuentes Quintana, E. (1988): "Tres decenios de la economía española en perspectiva", en J. L. García Delgado, (dir.), *España. Economía,* Espasa-Calpe, Madrid, 1-75.
Fusi Aizpurúa, J. P. (1985): *El "boom" económico español,* Historia16, Madrid.
— (1985): *Franco. Autoritarismo y poder personal,* El País, Madrid.
— (1986): "La reaparición de la conflictividad en la España de los sesenta", en J. Fontana (Ed.), *España bajo el franquismo,* Crítica, Barcelona, 160-169.
Galinsoga, L. de y Franco Salgado-Araujo, F. (1956): *Centinela de Occidente. Semblanza biográfica de Francisco Franco,* A. H. R., Barcelona.
Gallego Méndez, T. (1983): *Mujer, Falange y franquismo,* Taurus, Madrid.
Gallo, M. (1971): *Historia de la España franquista,* Ruedo Ibérico, París.
García de Cortázar, F. (1996): "La Iglesia", en R. Carr (dir.), *Historia de España Menéndez Pidal. XLI. La época de Franco,* Espasa-Calpe, Madrid.
García Crespo, C. (1983): *Léxico e ideología en los libros de lectura de la escuela primaria (1940-1975),* Universidad de Salamanca, Salamanca.
García Delgado, J. L. (1986): "Estancamiento industrial e intervencionismo económico durante el primer franquismo", en J. Fontana, *España bajo el franquismo,* Crítica, Barcelona, 170-191.
— (dir.) (1988): *España. Economía,* Espasa-Calpe, Madrid.
— (ed.) (1989): *El primer franquismo. España y la Segunda Guerra Mundial,* Siglo XXI, Madrid.
— y Jiménez, J. C. (1996): "La economía", en R. Carr (dir.), *Historia de España Menéndez Pidal. XLI. La época de Franco. I,* Espasa-Calpe, Madrid, 446-511.
— Martínez Serrano, J. A.; Mas Ivars, M.; Paricio Torregrosa, J.; Pérez García, F.; Quesada Ibáñez, J. y Reig Martínez, E. (1982): *Economía española, 1960-1980. Crecimiento y cambio estructural,* Blume, Barcelona.
García Escudero, J. M. (1976): *Historia política de las dos Españas,* Editora Nacional, Madrid, 4 vols.
— (1987): *Historia política de la época de Franco,* Rialp, Madrid.

García Fernández, J. (1976): *El régimen de Franco. Un análisis político*, Akal, Madrid.

García Jiménez, J. (1980): *Radiotelevisión y política cultural en el franquismo*, CSIC, Madrid.

García Pérez, R. (1988): "El envío de trabajadores españoles a Alemania durante la Segunda Guerra Mundial", *Hispania*, 170: 1031-1065.

— (1994): *franquismo y Tercer Reich*, Centro de Estudios Constitucionales, Madrid.

García Piñeiro, R. (1990): *Los mineros asturianos bajo el franquismo, 1937-1962*, Fundación Primero de Mayo, Madrid.

García Queipo de Llano, G. (1993): *La España de los cincuenta*, Historia16, Madrid.

García-Nieto, C. y Donézar, J. (1974): *Bases documentales de la España contemporánea. X. La guerra de España*, Guadiana, Madrid,

— (1975): *Bases documentales de la España contemporánea. XI. La España de Franco*, Guadiana, Madrid.

Garde Etayo, M. L. (1990): "La primera oposición de PNV al régimen de Franco", en J. Tusell y otros, *La oposición al régimen de Franco*, I-1, UNED, Madrid, 313-325.

Garrigues Díaz-Cañabate, A. (1978): *Diálogos conmigo mismo*, Planeta, Barcelona.

Gatti, P. (1997): *Il Sindicalismo franchista, con particolare riguardo alle Asturie (1838-1977)*, Università degli Studi di L'Aquila, Italia.

Georgel, J. (1972): *El franquismo: historia y balance, 1939-1969*, Ruedo Ibérico, París.

Gibson, I. (1979): *Granada en 1936 y el asesinato de Federico García Lorca*, Crítica, Barcelona.

Gil Pecharromán, J. (1995): *La Segunda República española*, UNED, Madrid.

Gil Robles, J. M. (1976): *La monarquía por la que yo luché, 1941-1951*, Taurus, Madrid.

Gillespie, R. (1991): *Historia del PSOE*, Alianza, Madrid.

Giner, S. (1978a): "La estructura social de España", en A. López Pina (Ed.), *Poder y clases sociales*, Tecnos, Madrid, 73-133.

— (1978b): "Libertad y poder político bajo la universidad española", en P. Preston (ed.), *España en crisis. Evolución y decadencia del régimen de Franco*, FEC, México, 303-355.

— (1985): *Sociología*, Península, Barcelona.

Giral, F. (1977): *La república en el exilio*, Ediciones 99, Madrid.

Giralt, E. (Dir.) (1981): *El franquisme i l'oposició: una bibliografía crítica, 1939-1975*, Enciclopedia Catalana, Barcelona.

Girón de Velasco, J. A. (1994): *Si la memoria no me falla*, Planeta, Barcelona.

Gómez de las Heras, M. S. y Sacristán, E. (1989): "España y Portugal durante la Segunda Guerra Mundial", *Espacio, Tiempo y Forma. Historia Contemporánea*, 2: 209-225.

Gómez Pérez, R. (1986): *El franquismo y la Iglesia*, Rialp, Madrid.

González, J. M. (1979): *La economía política del franquismo, 1940-1970. Dirigismo, mercado y planificación*, Tecnos, Madrid.

Gortázar, G. (1990): "Unión Española, 1957-1975", en J. Tusell y otros, *La oposición al régimen de Franco*, UNED, Madrid, I, 1; 387-397.

Heine, H. (1983): *La oposición política al franquismo. De 1939 a 1952*, Crítica, Barcelona.

— (1990): "Tipología y características de la represión y violencias políticas duran-te el período 1939-1961", en J. Tusell y otros, *La oposición al régimen de Franco*, I, 2, UNED, Madrid, 309-324.

Hermet, G. (1972): *Historia de la España franquista*, Ruedo Ibérico, París.

— (1985): *Los católicos en la España franquista. I. Los actores del juego político*, CIS, Madrid.

— (1986): *Los católicos en la España franquista. II. Crónica de una dictadura*, CIS, Madrid.

Hernández Sandoica, E. (1992): *Los fascismos europeos*, Istmo, Madrid.

Herrero Balsa, G. y Hernández García, A. (1982): *La represión en Soria durante la guerra civil*, Hernández García., Soria, 2 vols.

Hills, G. (1968): *Franco: el hombre y su nación*, San Martín, Madrid.

Hoare, S. (1946): *Ambassador on Special Mission*, Collins, Londres.

Hollyman, J. L. (1978): "Separatismo revolucionario vasco: ETA", en P. Preston (Ed.), *España en crisis*, FCE, Madrid, 357-387.

Ibárruri, D. y otros (1966): *Guerra y revolución en España*, vol. 1, Progreso, Moscú.

Iribarren, J. (Ed.) (1974): *Documentos colectivos del episcopado español, 1870-1974*, BAC, Madrid.

Jackson, G. (1976): *La república española y la guerra civil*, Crítica, Barcelona.

Jáuregui, F. y Vega, P. (1983-1985): *Crónica del antifranquismo (1939-1975)*, Argos Vergara, Barcelona, 3 vols.

Jáuregui, G. (1990): "ETA: Causas de su nacimiento, génesis ideológica y evolución estratégico-política", en J. Tusell y otros, *La oposición al régimen de Franco*, UNED, Madrid, I, 1; 351-364.

Jerez Mir, M. (1982): *Elites políticas y centros de extracción en España, 1938-1957*, CIS, Madrid.

Jiménez Redondo, J. C. (1993): "La política del Bloque Ibérico. Las relaciones his-pano-portuguesas, 1936-1949", *Mèlanges de la Casa de Velázquez*, XXIX, 3: 175-201.

Jones, N.L. (1978): "El problema catalán desde la guerra civil", en P. Preston (Ed.), *España en crisis*, FCE, Madrid, 389-444.

Juliá Díaz, S. (1990): "Sindicatos y poder político en España", *Sistema*, 97: 41-62.

— (1992): "Franco; la última diferencia española", *Claves de Razón Práctica*, 27: 16-21.

— (1993): *Historia económica y social moderna y contemporánea de España. II. Siglo XX*, UNED, Madrid.

— (1994): "Orígenes sociales de la democracia en España", en M. Redero (Ed.), *La transición a la democracia en España*, Ayer-Marcial Pons, Madrid, 165-188.

— (1997): *Los socialistas en la política española, 1879-1982*, Taurus, Madrid.

— (1999): *Un siglo de España. Política y sociedad*, Marcial Pons, Madrid.

— Casanova, J.; Solé i Sabaté, J.M.; Villarroya, J. y Moreno, F. (1999): *Víctimas de la guerra civil*, Temas de Hoy, Madrid.

Káiser, C. J. (1976): *La guerrilla antifranquista. Historia del maquis*, Ediciones 99, Madrid.

Kindelán Duany, A. (1981): *La verdad de mis relaciones con Franco*, Planeta, Barcelona.

Kleinfeld, G. R. y Tambs, L. A. (1983): *La División española de Hitler. La División Azul en Rusia*, San Martín, Madrid.

La Cierva, R. de (1969): *Historia de la guerra civil. I. Perspectivas y antecedentes*, San Martín, Madrid.

— (1972 y 1973): *Francisco Franco: un siglo de España*, Editora Nacional, Madrid, 2 vols.

— (1975): *Historia del franquismo. Orígenes y configuración (1939-1945)*, Planeta, Barcelona.

— (1979): *Historia del franquismo. Aislamiento, transformaciones y agonía, 1945-1975*, Planeta, Barcelona.

— (1986): *Franco*, Planeta, Barcelona.

Laín Entralgo, P. (1976): *Descargo de conciencia (1930-1960)*, Barral, Barcelona.

Laqueur, W. (Ed.) (1988): *Fascism. A Reader's Guide*, Aldershot, Wildwood House.

Linz Storch de Gracia, J. J. (1970): "From Falange to Movimiento-Organization; The Spanish Single Party and the Franco Regime, 1936-1969", en S.P. Huntington y C. H. Moore (Comps.), *Authoritarian Politics in Modern Society*, Basic Books, Nueva York, 128-203.

— (1974): "Una teoría del régimen autoritario. El caso de España", en M. Fraga, J. Velarde y S. del Campo (Dirs.), La *España de los años 70*, III, *El Estado y la Política. I*, Moneda y Crédito, Madrid, 1468-1531.

Lleonart Anselem, A. (1978), *España y ONU*, CSIC, Madrid, 3 vosl.

Lleixá, J. (1986): *Cien años de militarismo en España. Funciones estatales confiadas al Ejército en la Restauración y el franquismo*, Anagrama, Barcelona.

Llera, L. de. (1986): *España actual. El régimen de Franco, 1939-1975*, Gredos, Madrid.

López Pintor, R. (1982): *La opinión pública española: del franquismo a la democracia*, CIS, Madrid.

López Rodó, L. (1977): *La larga marcha hacia la monarquía*, Noguer, Barcelona.

— (1990-1992): *Memorias*. Plaza y Janés/Cambio16, Barcelona, 3 vols.

Lorenzo, J. M. (1988): *Rebelión en la ría. Vizcaya 1947: obreros, empresarios y falangistas*, Universidad de Deusto, Bilbao.

Losada Alvarez, J. C. (1990): *Ideología del Ejército franquista, 1939-1959*, Istmo, Madrid.

Ludevid, M. (1976): *Cuarenta años de Sindicato Vertical*, Laia, Barcelona.

Luebbert, G. M. (1997): *Liberalismo, fascismo o socialdemocracia. Clases sociales y orígenes políticos de los regímenes de la Europa de entreguerras*, Prensas Universitarias de Zaragoza, Zaragoza.

Madariaga, S. de (1979): *España. Ensayo de historia contemporánea*, Espasa-Calpe, Madrid.

Malerbe, P. C. (1977): *La oposición al franquismo, 1939-1975*, Naranco, Oviedo.

Mancebo, M. F. (1993): *La España del exilio*, Historia 16, Madrid.

Maravall, J. M. (1970): *El desarrollo económico y la clase obrera*, Ariel, Barcelona.

— (1978): *Dictadura y disentimiento político. Obreros y estudiantes bajo el franquismo*, Alfaguara, Madrid.

— (1980): "Transición a la democracia, alineamientos políticos y elecciones en España", *Sistema*, 36: 65-105.

— y Santamaría, J. (1985): "Crisis del franquismo, transición política y consolidación de la democracia en España", *Sistema*, 68-69: 79-129.

Marín i Corbera, M. (1998): "Fascismo en España. Política local y control gubernativo en la Cataluña franquista", *Hispania*, 199: 655-678.

Marquina Barrio, A. (ed.) (1981): *La descolonización de Gibraltar*, INCI, Madrid.

— (1983): *La diplomacia vaticana y la España de Franco (1936-1945)*, CSIC, Madrid

— (1986): *España en la política de seguridad occidental (1939-1986)*, Ediciones Ejército, Madrid.

Martin, C. (1965): *Franco, soldado y estadista*, Madrid, Fermín Uriarte, Madrid.

Martín Artiles, A. (1990): "Del blindaje de la sotana al sindicalis.no aconfesional. Breve introducción a la historia de la Unión Sindical Obrera, 1960-1975", en J. Tusell y otros, *La oposición al régimen de Franco*, I-2, UNED, Madrid, 165-188.

Martín Villa, R. (1984): *Al servicio del Estado*, Planeta, Barcelona.

Martínez Alier, J. (1975): "Crítica de la caracterización del franquismo como régimen de pluralismo limitado", *Cuadernos de Ruedo Ibérico*, 43-45: 67-75.

— (1978): "Notas sobre el franquismo", *Papers. Revista de Sociología*, 8: 27-81.

Mateos, A. (1993): *El PSOE contra Franco. Continuidad y renovación en el socialismo español, 1953-1974*, Fundación Pablo Iglesias, Madrid.

— (1997a): *Las izquierdas españolas desde la guerra civil hasta 1982. Organizaciones socialistas, culturas políticas y movimientos sociales*, UNED, Madrid.

— (1997b): *La denuncia del Sindicato Vertical. Las relaciones entre España y la Organización Internacional del Trabajo, 1939-1969*, Consejo Económico y Social, Madrid.

— y Soto Carmona, A. (1997): *El final del franquismo, 1959-1975. La transformación de la sociedad española*, Historia16-Temas de Hoy, Madrid.

Merino, I. (1996): *Serrano Suñer. Historia de una conducta*, Planeta, Madrid.

Mesa Garrido, R. (1982): *Jaraneros y alborotadores. Documentos sobre los sucesos de febrero de 1956 en la Universidad Complutense de Madrid*, Universidad Complutense, Madrid.

Miguel, A. de (1969): "Clase social y consumo en España", en A. Míguez y otros, *España: ¿Una sociedad de consumo ?*, Guadiana, Madrid, 55-83.

— (1974): *Manual de estructura social de España*, Tecnos, Madrid

— (1975): *Sociología del franquismo. Análisis ideológico de los ministros de Franco*, Euros, Barcelona.

— y Linz, J. J. (1975): "Las Cortes españolas, 1943-1970: Un análisis de cohortes", *Sistema*, 8 y 9: 85-110 y 103-123.

— Úbeda A. y Martín-Moreno, J. (1976): *Franco, Franco, Franco*, Ediciones 99, Madrid.

— y Oltra, B. (1978): "Bonapartismo y catolicismo. Una hipótesis sobre los orígenes ideológicos del franquismo", *Papers. Revista de Sociología*, 8: 53-102.

— y otros (1977): *La pirámide social española*, Fundación Juan March, Madrid.

Millán Astray, J. (1939): *Franco, el Caudillo*, Quero y Simón, Salamanca.

Miralles, R. (1999): "Una visión historiográfica: La dictadura franquista según Manuel Tuñón de Lara", en J. L. de la Granja, A. Reig y R. Miralles (Eds.), Tuñón de Lara y la historiografía española, Siglo XXI, Madrid, 55-68.

Molinero, C. e Ysàs, P. (1992): *El règim franquista. Feixisme, modernització i consens*, Eumo, Vic.

— (1993): "Un instrumento esencial del régimen franquista: la Organización Sindical", en J. Tusell y otros, *El régimen de Franco*, UNED, Madrid, I; 89-97.

— (1998): *Productores disciplinados y minorías subversivas. Clase obrera y conflictividad laboral en la España franquista*, Siglo XXI, Madrid.

Montero, J. R. (1986): "Los católicos y el Nuevo Estado. Los perfiles ideológicos de la ACNP durante la primera etapa del franquismo", en J. Fontana (Ed.), *España bajo el franquismo*, Crítica, Barcelona, 100-122.

Montero Díaz, S (1932): *Fascismo*, Cuadernos de Cultura, n.º 53, Valencia.

Montero Moreno, A. (1961): *Historia de la persecución religiosa en España, 1936-1939*, BAC, Madrid.

Montoro Romero, R. (1981): *La Universidad en la España de Franco, 1939-1970*, CIS, Madrid.

Moradiellos García, E. (1993): *La España aislada, 1939-1953*, Historia16, Madrid.

— (1995): "Francisco Franco. Un Caudillo caído en el olvido", *Claves de Razón Práctica*, 57: 2-11.

— (1996): *La perfidia de Albión. El gobierno británico y la guerra civil española*, Siglo XXI, Madrid.

— (1998): *La conferencia de Potsdam de 1945 y el problema español*, Fundación Ortega y Gasset, Madrid.

— (1999): "El general apacible: la imagen oficial británica de Franco durante la guerra civil" en P. Preston (Ed.), *La república aislada*, Península, Madrid, 21-39.

Moral Santín, J. A. (1981): "El cambio de rumbo del capitalismo español: De la autarquía a la liberalización. Del agrarismo a la industrialización", en R. Carballo, A. G. Temprano y J.A. Moral Santín (eds.), *Crecimiento económico y crisis estructural en España, 1959-1980*, Akal, Madrid, 67-88.

Morales Lezcano, V. (1980): *Historia de la no beligerancia española durante la II Guerra Mundial*, Cabildo, Las Palmas.

Morán, G. (1986): *Miseria y grandeza del Partido Comunista de España, 1939-1985*, Planeta, Barcelona.

Moreno Gómez, F. (1999): "El terrible secreto del franquismo", *La aventura de la Historia*, 3: 12-25.

Moreno Juste, A. (1998a): *España y el proceso de construcción europea*, Barcelona, Ariel.

— (1998b): *franquismo y construcción europea, 1951-1962*, Madrid, Tecnos.

Morodo, R. (1985a): *La transición política*, Tecnos, Madrid.

— (1985b): *Los orígenes ideológicos del franquismo: Acción Española*, Alianza, Madrid.

Moya, C. (1984): *Señas de Leviatán. Estado nacional y sociedad industrial: España, 1936-1980*, Alianza, Madrid.

Muniesa i Brito, B. (1996): *Dictadura y monarquía en España. De 1939 hasta la actualidad*, Ariel, Barcelona.

Murillo Ferroll, F. (1959): *Las clases medias españolas,* Escuela social, Granada.

Nadal, J.; Carreras, A.; y Sudrià, C. (comps.) (1987): *La economía española en el siglo XX. Una perspectiva histórica*, Ariel, Barcelona.

Navarro García, C. (1993): *La educación y el nacional-catolicismo*, Universidad de Castilla-La Mancha, Cuenca.

Navarro Rubio, M. (1991): *Mis memorias*, Plaza y Janés/Cambio16, 1991.

Navajas Zubeldia, C. (1993): "Fuerzas Armadas y sociedad en el régimen de Franco; estado de la cuestión", en J. Tusell y otros, *El régimen de Franco*, I, UNED, Madrid, 165-178.

Neumann, F. (1943): *Behemoth. Pensamiento y acción en el nacional-socialismo*, FCE, México.

Nicolás Marín, M. E. (1982): *Instituciones murcianas en el franquismo, 1939-1962*, Editora Regional, Murcia.

— (1991): "El franquismo", en *El Régimen de Franco y la transición a la democracia (de 1939 a hoy)*, Planeta, Barcelona, 9-248.

— (1993): "Los gobiernos civiles en el franquismo; la vuelta a la tradición conservadora en Murcia, 1939-1945", en J. Tusell y otros, *El régimen de Franco*, I, UNED, Madrid, 135-149.

— (1994): "Conflicto y consenso en la historiografía de la dictadura franquista: una historia social por hacer", en J. M. Trujillano y J. M. Gago (Eds.), *Historia y fuentes orales. Historia y memoria del franquismo*, Fundación Cultural Santa Teresa, Avila.

Nicolau, R. (1989): "La población", en A. Carreras (Coord.), *Estadísticas históricas de España, siglos XIX y XX*, Fundación Banco Exterior, Madrid, 49-90.

Olmeda Gómez, J. A. (1988): *Las Fuerzas Armadas en el Estado franquista*, El Arquero, Madrid.

Ortiz Heras, M. (1996): *Violencia y política en la II República y el primer franquismo*, Siglo XXI, Madrid.

Palacio Atard, V. (1989): *Juan Carlos I y el advenimiento de la democracia*, Espasa Calpe, Madrid.

Payne, S. G. (1965): *Falange. Historia del fascismo español*, Ruedo Ibérico, París.

— (1968): *Los militares y la política en la España contemporánea*, Ruedo Ibérico, París.

— (1987): *El régimen de Franco, 1936-1975*, Alianza, Madrid.

— (1992): *Franco, el perfil de la historia*, Espasa-Calpe, Madrid.

— (1996): "Gobierno y oposición, 1939-1969", en R. Carr (coord.), *Historia de España Menéndez Pidal. XLI. La época de Franco*, 3-142.

— (1997): *El primer franquismo, 1939-1959. Los años de la autarquía*, Historia16-Temas de Hoy, Madrid.

Pemán, J. M. (1976): *Mis encuentros con Franco*, Dopesa, Barcelona.

Pérez Ledesma, M. (1994): "Una dictadura «por la Gracia de Dios»", *Historia Social*, 20: 173-193.

Pike, D. W. (1985): "El estigma del Eje", *Historia 16*, 115: 50-66.

Piñeiro, R. (1990): *Los mineros asturianos bajo el franquismo*, Fundación Primero de Mayo, Madrid.

Portero, F. (1989): *Franco aislado. La cuestión española, 1945-1950*, Aguilar, Madrid.

— (1991): "El contencioso gibraltareño, 1936-1991", *Historia 16*, 186: 60-72.

— y Pardo, R. (1996): "La política exterior", en R. Carr (Coord.), *Historia de España Menéndez Pidal. XLI. La época de Franco*, Espasa-Calpe, Madrid, 193-299.

Pozo Manzano, E. del (1990): "La campaña de Ifni en la última guerra de África, 1957-1958", *Revista de la Asociación de Africanistas*, V-8/9: 108-128.

Powell, Ch. T. (1991): *El piloto del cambio. El rey, la monarquía y la transición a la democracia*, Planeta, Barcelona.

— (1997): "Crisis del franquismo, reformismo y transición a la democracia", en J. Tusell y otros, *Las derechas en la España contemporánea*, UNED, Madrid, 247-270.

Pozharskaia, S. (1987): *Breve historia del franquismo*, L'Eina, Barcelona.

Preston, P. (1976): *Leviatán. Antología*, Turner, Madrid.

— (ed.) (1978): *España en crisis. Evolución y decadencia del régimen de Franco*, FCE, México.

— (1986a): *El triunfo de la democracia en España, 1969-1982*, Plaza y Janés, Barcelona.

— (1986b): *Las derechas españolas en el siglo XX: autoritarismo, fascismo y golpismo*, Sistema, Madrid.

— (1987): *La guerra civil española*, Plaza y Janés, Barcelona.

— (1994): *Franco. Caudillo de España*, Grijalbo, Barcelona.

— (1997): *La política de la venganza. El fascismo y el militarismo en la España del siglo XX*, Península, Barcelona.

— (Ed.) (1999): *La República aislada: Hostilidad internacional y conflictos internos durante la guerra civil*, Península, Madrid.

Prieto, I. (1975): *Discursos fundamentales*, Turner, Madrid.

Primo de Rivera, P. (1983): *Recuerdos de una vida*, Dyrsa, Madrid.

Proctor, R. (1983): *Hitler's Luftwaffe in the Spanish Civil War*, Greenwood Press, Wesport.

Raguer, H. (1977): *La espada y la cruz: la Iglesia, 1936-1939*, Bruguera, Barcelona.

Ramírez, L. (1964): *Francisco Franco. Historia de un mesianismo*, Ruedo Ibérico, París.

Ramírez, M. (1978): *España, 1939-1975. Régimen político e ideología*, Guadarrama, Madrid.

Rebollo Torío, M. A. (1978): *Lenguaje y política. Introducción al vocabulario político republicano y franquista, 1931-1971*, Fernando Torres, Valencia.

Redondo, G. (1999): *Política, cultura y sociedad en la España de Franco. Tomo I. La configuración del Estado español Nacional y católico (1939-1947)*, Eunsa, Pamplona.

Reig Tapia, A. (1984): *Ideología e historia. Sobre la represión franquista en la guerra civil*, Akal, Madrid.

— (1996): *Franco, Caudillo. Mito y Realidad*, Tecnos, Madrid.

Ridruejo, D. (1976): *Casi unas memorias*, Planeta, Barcelona.

Riquer i Permanyer, B. y Culla, J. B. (1988): *Història de Catalunya. VII. El franquisme y la transició democràtica*, Edicions 62, Barcelona.

Rodríguez Aisa, M. L. (1981): *El cardenal Gomá y la guerra de España*, CSIC, Madrid.

Rodríguez Osuna, J. (1978): *Población y desarrollo en España*, Cupsa, Madrid.

Ros Hombravella, J. (1979): *Política económica española, 1959-1973*, Blume, Barcelona.

Ruhl, K. J. (1986): *Franco, Falange y Tercer Reich*, Akal, Madrid.

Ruiz Carnicer, M. (1996): *El Sindicato Español Universitario, 1939-1965*, Siglo XXI, Madrid.

Ruiz González, D. (1978): *La dictadura franquista*, Naranco, Oviedo.

— Erice, F.; Fernández, A.; García, C.; Girón, J.; Moro, J. M. y Vaquero, J. (1981): *Asturias contemporánea, 1808-1975*, Siglo XXI, Madrid.

— (Dir.) (1993): *Historia de Comisiones Obreras*, Siglo XXI, Madrid.

— Sánchez, I. y Ortiz, M. (Coords.) (1993): *España franquista. Causa General y actitudes sociales durante la dictadura*, Universidad de Castilla-La Mancha, Cuenca.

Ruiz Rico, J. J. (1977): *El papel político de la Iglesia católica en la España de Franco*, Tecnos, Madrid.

Sabín Rodríguez, J. M. (1997): *La dictadura franquista, 1936-1975. Textos y documentos*, Akal, Madrid.

Sáez Marín, J. (1988): *El Frente de Juventudes. Política de juventud en la España de la postguerra, 1937-1960*, Siglo XXI, Madrid.

Sainz Rodríguez, P. (1978): *Testimonio y recuerdos*, Planeta, Barcelona.

— (1981): *Un reinado en la sombra*, Planeta, Barcelona.

Salas Larrazábal, R. (1977): *Pérdidas de la guerra*, Planeta, Barcelona.

— (1980): *Los datos exactos de la guerra civil*, Rioduero, Madrid.

— (1989): "La División Azul", *Espacio, Tiempo y Forma. Historia Contemporánea*, 2: 241-269.

Sánchez López, R. (1990): *Mujer española, una sombra de destino en lo universal. Trayectoria histórica de Sección Femenina de Falange, 1934-1977*, Universidad, Murcia.

— y Nicolás Marín, M. E. (1993): "Sindicalismo vertical franquista: la institucionalización de una antinomia, 1939-1977", en D. Ruiz (Dir.), *Historia de Comisiones Obreras*, Siglo XXI, Madrid, 1-46.

Sánchez Recio, G. (1996): *Los cuadros políticos intermedios del régimen franquista, 1936-1959. Diversidad de orígenes e identidad de intereses*, Instituto Juan Gil-Albert, Alicante.

— (Ed.). (1999): *El primer franquismo, 1936-1959*, Marcial Pons-Ayer, Madrid.

Sánchez Silva, J. M. y Sáenz de Heredia, J. L. (1975): *Franco... ese hombre*, Lidisa, Madrid.

Sánchez-Gijón, L. P. (1984): *La planificación militar británica con relación a España, 1940-1942*, Instituto de Cuestiones Internacionales, Madrid.

Sánchez-Reyes de Palacio, C. (1978): *Cifras de la España económica. Macrométrica*, Fondo Editorial de Standard Eléctrica, Madrid.

Saña, H. (1982): *El franquismo sin mitos. Conversaciones con Serrano Suñer*, Grijalbo, Barcelona.

Saz Campos, I. (1986): *Mussolini contra la Segunda República. Hostilidad, conspiraciones, intervención, 1931-1936*, Institució Valenciana d'Estudis i Investigació, Valencia.

— (1993): "El franquismo. ¿Régimen autoritario o dictadura fascista?", en J. Tusell y otros, *El régimen de Franco*, UNED, Madrid, I; 189-201.

— (1996): "Salamanca, 1937: los fundamentos de un régimen", *Revista de Extremadura*, 21: 81-107.

— y Tusell, J. (1981): *Fascistas en España. La intervención italiana en la guerra civil a través de los telegramas de la Missione Militare Italiana in Spagna*, CSIC, Madrid.

Scanlon, G. M. (1976): *La polémica feminista en la España contemporánea, 1868-1974*, Siglo XXI, Madrid.

Seco Serrano, C. (1984): *Militarismo y civilismo en la España contemporánea*, Instituto de Estudios Económicos, Madrid.

— (1989): *Juan Carlos I*, Anaya, Madrid.

Serrano Sanz, J. M. (1994): "Crisis económica y transición política", en M. Redero (Ed.), *La transición a la democracia en España*, Ayer-Marcial Pons, Madrid, 135-164.

Serrano Suñer, R. (1973): *Entre Hendaya y Gibraltar*, Nauta, Barcelona.

— (1977): *Entre el silencio y la propaganda, la Historia como fue. Memorias*, Planeta, Barcelona.

Sevilla Guzmán, E. (1978): "El campesinado en el desarrollo capitalista español", en P. Preston (Ed.), *España en crisis. Evolución y decadencia del régimen de Franco*, FCE, México, 183-216.

— (1979): *La evolución del campesinado en España. Elementos para una sociología política del campesinado*, Península, Barcelona.

— y Giner, S. (1975): "Absolutismo y dominación de clase. El caso de España", *Cuadernos de Ruedo Ibérico*, 43-45: 83-104.

— y González de Molina, M. (1989): "Política social agraria del primer franquismo", en J. L. García Delgado (Ed.), *El primer franquismo*, Siglo XXI, Madrid, 136-187.

Sevillano Cavero, F. (1998): *Propaganda y medios de comunicación en el franquismo*, Universidad de Alicante, Alicante.

Shubert, A. (1991): *Historia social de España, 1800-1990*, Nerea, Madrid.

Silva Muñoz, F. (1993): *Memorias políticas*, Planeta, Barcelona.

Sinova, J. (1989): *La censura de prensa durante el franquismo*, Espasa-Calpe, Madrid.

Smyth, D. (1986): *Diplomacy and Strategy of Survival. British Policy and Franco's Spain, 1940-1941*, CUP, Cambridge.

Solé i Sabaté, J. M. (1986): *La repressió franquista a Catalunya, 1938-1953*, Publicaciones de la Abadía de Montserrat, Barcelona.

— y Villarroya, J. (1986): "La represión en la zona republicana", en AA. VV., *La guerra civil*, vol. 6, Historia 16, Madrid.

Solé-Tura, J. (1971): *Introducción al régimen político español*, Ariel, Barcelona.

Sotelo, I. (1985): "La significación histórica del franquismo", *Revista de Occidente*, 53: 123-142.

Soto Carmona, A. (Dir.) (1994): *Clase obrera, conflicto laboral y representación sindical. Evolución socio-laboral de Madrid, 1939-1991*, GPS, Madrid.

— (1995): "Auge y caída de la Organización Sindical Española", *Espacio, Tiempo y Forma. V. Historia Contemporánea*, 8: 247-276.

Southworth, H. R. (1986): *El mito de la Cruzada de Franco*, Plaza y Janés, Barcelona.

Stillman, E. (Dir.). (1975): *El resurgir económico de España. Informe del Hudson Institute Europe*, Instituto de Estudios de Planificación, Madrid.

Suárez Fernández, L. (1984): *Francisco Franco y su tiempo*, Fundación Francisco Franco, Madrid, 8 vols.

— (1986): *Franco. La historia y sus documentos*, Urbión, Madrid, 20 vols.
— (1993): *Crónica de la Sección Femenina y su tiempo*, Asociación Nueva Andadura, Madrid.
— (1997): *España, Franco y la Segunda Guerra Mundial. Desde 1939 hasta 1945*, Actas, Madrid.
Sullivan, J. (1988): *El nacionalismo vasco radical, 1959-1986*, Alianza, Madrid.
Tamames, R. (1973): *La República. La era de Franco*, Alianza, Madrid.
— (1986): *Introducción a la economía española*, Alianza, Madrid.
Tello, J. A. (1984): *Ideología y política. La Iglesia Católica española (1936-1959)*, Pórtico, Zaragoza.
Terrón Montero, J. (1981): *La prensa en España durante el régimen de Franco. Un intento de análisis político*, CIS, Madrid.
Tezanos, J. F. (1978): "Notas para una interpretación sociológica del franquismo", *Sistema*, 23: 47-99.
Thomas, H. (1976): *La guerra civil española*, Grijalbo, Barcelona, 2 vols.
Thomàs, J. M. (1992): *Falange, guerra civil, franquisme. FET y de las JONS de Barcelona en els primers anys de régim franquista*, Abadía de Montserrat, Barcelona.
Tierno Galván, E. (1981): *Cabos sueltos*, Bruguera, Barcelona.
Toquero, J. M. (1989): *Franco y Don Juan. La oposición monárquica al franquismo*, Plaza y Janés, Madrid.
— (1990): "La oposición monárquica. La política del conde de Barcelona", en J. Tusell y otros, *La oposición al régimen de Franco*, UNED, Madrid, I, 1; 377-385.
Tortella, G. (1986): "Sobre el significado histórico del franquismo", *Revista de Occidente*, 59: 104-114.
— (1994): *El desarrollo de la España contemporánea. Historia económica de los siglos XIX y XX*, Alianza, Madrid.
Tuñón de Lara, M. (1977): "Algunas propuestas para el análisis del franquismo", en *Ideología y sociedad en la España contemporánea. Por un análisis del franquismo*, Edicusa, Madrid, 89-102.
— Aróstegui, J.; Cardona, G. y Viñas, A. (1985): *La guerra civil española. 50 años después*, Labor, Barcelona.
— y Biescas, J.A. (1980): *Historia de España. X. España bajo la dictadura franquista, 1939-1975*, Labor, Barcelona.
— Domínguez Ortiz, A. y Valdeón, J. y (1991): *Historia de España*, Labor, Barcelona.
— y García-Nieto, C. (1981): "La guerra civil", en M. Tuñón de Lara (Dir.), *Historia de España*, IX, Labor, Barcelona, 241-545.
Tusell Gómez, J. (1979): *La oposición democrática al franquismo*, Planeta, Barcelona.
— (1984): *Franco y los católicos. La política interior española entre 1945 y 1957*, Alianza, Madrid
— (1986): "La Junta de Defensa de Burgos", en AA. VV., *La guerra civil*, vol. 6, Historia 16, Madrid.
— (1988): *La dictadura de Franco*, Alianza, Madrid.
— (1992): *Franco en la guerra civil. Una biografía política*, Tusquets, Barcelona.
— (1993): *Carrero. La eminencia gris del régimen de Franco*, Temas de Hoy, Madrid.

— (1994): "La transición a la democracia en España como fenómeno de la historia política", en M. Redero (Ed.), *La transición a la democracia en España*, Ayer-Marcial Pons, Madrid, 55-76.

— (1995a): *Franco, España y la II Guerra Mundial. Entre el Eje y la neutralidad*, Temas de Hoy, Madrid.

— (1995b): *Juan Carlos I. La restauración de la monarquía*, Temas de Hoy, Madrid

— (1996): "El tardofranquismo", en R. Carr (Dir.), *Historia de España Menéndez Pidal. XLI. La época de Franco*, Espasa-Calpe, Madrid, 143-192

— (1997): *Historia de España. XIII. La época de Franco*, Espasa, Madrid.

— y García Queipo de Llano, G. (1985): *Franco y Mussolini. La política española durante la Segunda Guerra Mundial*, Planeta, Barcelona.

— Alted, A. y Mateos, A. (Coords.) (1990): *La oposición al régimen de Franco*, UNED, Madrid, 3 vols.

— Sueiro, S.; Marín, J. M. y Casanova, M. (1993): *El régimen de Franco, 1939-1975*, UNED, Madrid, 2 vols.

Utrera Molina, J. (1989): *Sin cambiar de bandera*, Planeta, Barcelona.

Valle, J. M. del (1976): *Las instituciones de la República española en el exilio*, Ruedo Ibérico, París.

Vázquez Montalbán, M. (1998): *Crónica sentimental de España*, Grijalbo, Barcelona.

Vázquez Vázquez, M. R. (1992): *El Movimiento Nacional y la Sección de Presidencia del Gobierno en el Archivo General de la Administración*, Barbarroja, Madrid.

Vilallonga, J. L. de (1995): *El Rey. Conversaciones con D. Juan Carlos I de España*, Salvat, Barcelona.

Vilar, S. (1977): *La naturaleza del franquismo*, Península, Barcelona.

— (1984): *Historia del antifranquismo, 1939-1975*, Plaza y Janés, Barcelona.

Villarroya, J. (1999): "La vergüenza de la República", *La aventura de la Historia*, 3: 26-33.

Viñas, Angel (1977): *La Alemania nazi y el 18 de julio. Antecedentes de la intervención alemana en la guerra civil*, Alianza, Madrid.

— (1981a): "Por una historiografía del franquismo desde dentro", en *Estudios de Historia de España. Homenaje a M. Tuñón de Lara*, Madrid, Universidad Internacional Menéndez Pelayo, Madrid, vol. 2, 263-377.

— (1981b): *Los pactos secretos de Franco con Estados Unidos*, Grijalbo, Barcelona.

(1984): *Guerra, dinero y dictadura; ayuda fascista y autarquía en la España de Franco*, Crítica, Barcelona.

— (1987): "La historia de la contemporaneidad española y el acceso a los archivos del franquismo", *Sistema*, 78: 17-36.

— y otros (1979): *Política comercial exterior de España, 1931-1975*, Banco Exterior de España, Madrid, 3 vols.

Viver Pi-Sunyer, C. (1978): *El personal político de Franco, 1936-1945. Contribución empírica a una teoría del régimen franquista*, Vicens-Vives, Barcelona.

Waldmann, P. (1997): *Radicalismo étnico. Análisis comparado de las causas y efectos en conflictos étnicos violentos*, Akal, Madrid.

Whealey, R. (1989): *Hitler in Spain. The Nazi Role in the Spanish Civil War*, University Press of Kentucky, Lexington.